Jörg Zink

Sieh nach den Sternen – gib acht auf die Gassen

# Jörg Zink

# Sieh nach den Sternen – gib acht auf die Gassen

Erinnerungen

Kreuz Verlag

4. Auflage (27.–36. Tausend)

Umschlaggestaltung: Jürgen Reichert
Foto: Rolf Herkner
Gesamtherstellung: Clausen & Bosse, Leck
ISBN 3 7831 1201 X

*Inhalt*

## 1. In den Kulissen eines Krieges



## 2. Am Anfang stand ein Traum



## 3. Feuer und Wasser



## 4. Mühsamer Neuanfang

## 5. Jahre der Suche



## 6. Ein volles Menschenleben



## 7. Wandern im Wüstensand



## 8. Alles Leben ist auch Politik



## 9. Das Symbol des kosmischen Christus

## 10. Aufträge dieser Generation



## 11. Ist noch Hoffnung?



## 12. Die Zeichensprache der Zuversicht

*Meiner Frau*
*nach über fünfzig Jahren*

# 1.
# In den Kulissen eines Krieges

## *Erschießung im Morgengrauen*

Es ist lange her und inzwischen ins kaum mehr Wirkliche versunken. Ich war eben einundzwanzig Jahre alt. Ich stand in einem trüb erleuchteten Raum in einer tristen, alten Kaserne. Vor mir hinter einem Tisch saß ein Kriegsgerichtsrat, stumpf und verdrossen, breit und dick, flankiert von zwei Unteroffizieren. Es war Nacht.

»Sie sind sich darüber im klaren, daß Sie wegen Fahnenflucht hier stehen?« schnauzte er mich an. »Ihr Fall ist klar. Der Kopf ist ab. Stellen Sie sich auf Ihre Erschießung ein. Morgen früh. Haben Sie Angehörige, denen Sie noch eine Nachricht zukommen lassen wollen?«

Ich weiß nicht mehr, was mir damals durch den Kopf ging. Es war zu schnell gegangen. Zu plötzlich. Es drang irgendwie nicht bis zu mir durch. Nur »der Kopf ist ab« blieb hängen. Ich war mit der Bahn unterwegs gewesen von Ostpreußen durch das Reichsgebiet zur Westküste Frankreichs. Mit den anderen Besatzungen meiner Fliegerstaffel zusammen. Über der Ostsee hatten wir nach russischen U-Booten gesucht und, wenn wir sie fanden, sie gejagt. Im Westen sollte unser Auftrag sein, deutsche U-Boote gegen alliierte Bomber zu schützen, über dem Atlantik, dem Mittelmeer und der Nordsee. Das große Sterben der U-Boote hatte begonnen.

Am Heiligen Abend 1943 waren wir durch Hannover gefahren. Der Bahnhof war mit Christbäumen, Sternen und Kerzen geschmückt gewesen und hatte uns plötzlich daran erinnert, daß eigentlich Weihnachten war. Fest des Friedens. Eine Welt voll lichter Bilder hatte uns erfaßt. Ein paar Freunde und ich hatten uns vom militärischen Transport getrennt und waren erst einmal nach Hause, nach Böhmen, Österreich und sonstwohin gefahren. Am 28. Dezember sollten wir uns in der Bretagne im Einsatzfliegerhorst melden. Das hatte Zeit. Drei Tage war ich zu Hause in Ulm und feierte Weihnachten. Am 27. Dezember wollte ich den Fronturlauberzug nach Paris besteigen, da standen im Waggon plötzlich zwei »Kettenhunde« vor mir. Kettenhunde nannte man die Militärpolizisten, weil sie kenntlich waren an einem Brustblech, das ihnen an einer groben Kette um den Hals hing. »Ihre Ausweise!« Sie blickten in meine Papiere, sahen meinen Umweg und die Lücke von drei Tagen in meinem Marschbefehl und nahmen mich fest. In Stuttgart lieferten sie mich in dem tristen Gemäuer der Rotebühlkaserne ab.

Die beiden Unteroffiziere am langen Tisch dösten vor sich hin. Der Kriegsgerichtsrat schaute ungeduldig. Er wartete auf eine Antwort. »Ich mache Sie«, gab ich zurück, »verantwortlich für die Folgen, die der deutschen Kriegführung dadurch entstehen, daß Sie mich hier festhalten.« »Wieso?« Er wurde lauter. »Was soll das heißen?« »Sie haben die Führerrede an Weihnachten gehört«, fuhr ich fort, »der Führer hat dort eine neue Waffe angekündigt, die nach Neujahr gegen England eingesetzt werden soll und die den Krieg entscheiden wird. Ich bin an dieser Waffe ausgebildet.« Kein wahres Wort. Weder bei Hitler noch bei mir.

»Was ist das für eine Waffe?« »Wenn ich Ihnen das sagen würde, würden Sie mich mit Recht erschießen.« »Was für eine Einheit?« »Das Zerstörergeschwader 1«, gab ich wahrheitsgemäß Auskunft. Er griff nach dem Telefon: »Das werden wir gleich prüfen.« »In dieser Sache«, sagte ich, »dürfen Sie keine Telefongespräche führen.« »Dann schicken wir einen Kurier hin.« »In dieser Sache dürfen Sie nur einen besonders vereidigten Offizier schicken. Es handelt sich um eine geheime Reichssache.« Das war das Geheimste des Geheimen. Er saß da und starrte mich an. Die beiden Unteroffiziere erwachten mühsam. »Was soll ich dann mit Ihnen tun?« »Setzen Sie mich in den nächsten Zug nach Paris. Dann werde ich noch rechtzeitig am Einsatzort sein. Und schicken Sie einen Tatbericht hinterher.« Das leuchtete ihm ein, und so ging es denn auch. Ein Tatbericht – das bedeutete, bei der Truppe noch einmal Kriegsgericht. Aber ich vertraute darauf, daß man an der Front nicht ganz so leichthin auf meine lebendige Person verzichten würde wie hier.

Ich stieg in den Zug nach Paris und dachte über das Wort »Fahnenflucht« nach. Flucht von einer Fahne. Warum begeisterte mich eigentlich nichts für eine Fahne? Für die Hakenkreuz- oder die Kriegsfahne? Die besten Erzieher, die ich erlebt hatte, als Kind schon, hatten selbst nie irgendeine Begeisterung für die Fahne des Dritten Reiches gezeigt, und den meisten unter ihnen war anzumerken gewesen, daß sie die Fahnen der Nazis haßten oder verachteten.

In Paris hatten wir, die wir nach Hause gefahren waren, uns am Gare de l'Est an einem bestimmten Zigarettenkiosk treffen wollen, um gemeinsam im Einsatzfliegerhorst anzukommen. Als ich vor dem Kiosk stand, fand ich den Platz leer. Die anderen waren weitergefahren, und ich kam allein zu meiner Staffel in der Bretagne, auf den kleinen Flugplatz bei Vannes.

Der Staffelkapitän, ein Oberleutnant, kaum drei Jahre älter als ich und mehr Kamerad als Vorgesetzter, hörte sich die Geschichte an und meinte am Ende: »Für Tatberichte haben wir einen Papierkorb.« Aber der Bericht kam nicht zu ihm, sondern zum Geschwader, das in Lorient lag, und zu einem weit weniger lockeren Oberst. Und wieder Kriegsgericht. In den Wochen bis dahin nutzte ich meine Freizeit mit dem Studium des Militärstrafrechts, da ein Angeklagter vor einem Kriegsgericht keinen Verteidiger hat.

Und so fuhr ich eines frühen Morgens von Vannes an den U-Boot-Bunkern von Lorient vorbei nach Quimperlé an der bretonischen Küste, wiederum in eine finstere Kaserne, und fand mich schließlich allein in einem riesigen Raum vor einem langen Tisch, an dem wiederum ein Kriegsgerichtsrat saß, flankiert, weil ich selbst Unteroffizier war, von zwei Unteroffizieren, von denen keiner je das Wort ergriff.

Ich hielt eine lange Rede, in der ich die Anklage wegen Fahnenflucht herunterdefinierte auf »unerlaubte Entfernung von der Truppe« – darauf stand nur Gefängnis oder Strafbataillon –, und als das gelungen war, weiter hinab auf »Unterbrechung einer Dienstreise«. Darauf stand Arrest oder Gefängnis. Schließlich kam das Urteil: Acht Wochen Gefängnis. Vier Wochen sofort absitzen, vier Wochen nach dem »Endsieg«. Und tatsächlich erhielt ich nach dem Krieg vom hessischen Justizminister die Aufforderung, den Rest meiner Strafe abzusitzen, die sich freilich erledigt hatte. Erschießen wollte der Richter von Quimperlé mich nicht. Bei einer Lebenserwartung von vier, längstens acht Wochen in unserem Verband konnte man sich Erschießungen sparen.

## *Einer aus dem Maquis*

In der alten Hafenstadt Vannes an der Bucht von Morbihan stand zwischen schmalen Häusern und engen Gassen das finstere Gemäuer eines alten französischen Gefängnisses. Das schwere Tor ging auf und schloß sich hinter mir mit dumpfem Schlag. Es war Winter. Ein mürrischer Schließer in der Uniform eines Feldwebels führte mich in meine Zelle, ein dunkles, kaltes Loch, in dem ich vier oder fünf andere Gefangene antraf. Und wieder schlug eine Tür hinter mir zu.

Die anderen Häftlinge waren deutsche Matrosen von den in den französischen Häfen liegenden Kriegsschiffen und den dortigen Docks. Wegen Fahnenflucht saßen sie, wegen Zersetzung der Wehrkraft, und zum Teil zum Tode verurteilt. »Was hast du gemacht?« fragte ich einen, der neben mir auf der Pritsche saß. »Ich bin in die Last eingebrochen.« »Was ist das, die Last?« »Das ist das private Gepäck, das die U-Boot-Leute zu Hause lassen, wenn sie auf Feindfahrt gehen.« »Und was hast du bekommen?« Er zitterte am ganzen Leib. »Erschießung.« Keiner wußte, wann die Hinrichtungen stattfinden würden. Es konnte jeden Morgen sein. Arme, einfältige Burschen waren es. Kaum fähig, zu begreifen, was ihnen bevorstand. Lange Abende saßen wir bei der trüben Beleuchtung zusammen und spielten Karten, das Entsetzen im Nacken und die stumpfe Angst überspielend, morgen früh könne wieder einer aus der Runde aufgerufen werden. Ich selbst freilich gehörte zu den Bevorzugten, die wußten, daß sie dieses Haus nach kurzer Zeit wieder verlassen würden.

Über den Flur weg von uns getrennt saßen Leute aus der französischen Widerstandsbewegung, aus dem »Maquis«, wie man sagte. »Klar, die haben keine Chance. Die werden alle erschossen«, sagte mir ein Aufseher.

Wir sahen sie nur, wenn sie zum Essenfassen in der Schlange standen. Wenn ich durch das kleine Guckloch schaute, das in die Tür zu meiner Zelle geschnitten war, konnte ich sie sehen: Männer in allen Altersstufen in zerknitterten grauen Drillichanzügen. Und da hatte ich eine Begegnung, die wichtig und folgenreich war. Einer unter ihnen fiel mir auf. Schmal und leicht gebeugt stand er zwischen den anderen, in der Hand den Blechnapf, und wartete, bis er an der Reihe war. Vierzigjährig vielleicht. Ein Uniformierter kippte ihm eine Kelle Suppe in die Schüssel. Dann wendete sich der Gefangene und ging ruhig, langsam in die Ecke am Fenster, das den langen, düsteren Gang abschloß, und blieb dort stehen. Immer wieder sah ich ihn, wie er in der Schlange stand, ruhig und in sich gekehrt. Er nahm seine Suppe in Empfang und dankte dem Aufseher mit einem Lächeln. Dann ging er ans Fenster mit dem schweren Eisengitter. Ein paar Augenblicke stand er dort still und gesammelt, dann richtete er sich auf, hob die Hand und zeichnete ein Kreuz vor seine Brust, ehe er aß. Und dieses Zeichen, so schien es, diese senkrechte und diese waagerechte Linie, stand nun wie festgezeichnet vor seiner Gestalt. »Ach so«, dachte ich, »ein Katholik. Vielleicht ein Priester.« Aber ich habe nie erfahren, wer er war.

Eines Tages fehlte er unter den Gefangenen. Für mich lebt er. Er steht in meinem Gedächtnis, wie er seinen Napf hinhält, unangreifbar in seiner stillen, unauffälligen Freundlichkeit. Konnte ein Mensch so seiner Hinrichtung entgegensehen? So eins in sich, so in sich ruhend, so spürbar geborgen inmitten einer Hölle? Offenbar ja. Das also gab es. Ich glaube, daß er zu den Zeichen von Gott gehört hat, die mich im Laufe der Jahre auf meinen Weg gewiesen haben.

Wenn ich damals in meinem kleinen Neuen Testament den Psalm 1 las, fiel er mir ein: Wie ein Baum, dem nichts geschehen kann, dem nichts fehlt, der Frucht bringt und dessen Blätter nicht welken. In dem schmalen Franzosen sah ich zum erstenmal, was das bedeutete. »Wie ein Baum.« Was war da noch der Krieg? Was hieß da »Freund« oder »Feind«? Wie seltsam machtlos nahm sich da das Urteil eines deutschen Kriegsgerichts aus! Wie veränderte sich der Tod an der Gefängnismauer! So zu sein wie er, dieser Maquisard, das würde sich lohnen. Und ehe ich in mein vorgeschriebenes Schwarz-Weiß-, Freund-Feind-Denken zurückfinden konnte, merkte ich, daß mich mit einem Menschen des französischen Widerstands eine so echte Zuneigung verband wie mit irgendeinem deutschen Kameraden. Es war ein Teil der tiefen und dauernden Bewußtseinsspaltung, in der ich diesen ganzen Krieg erlebte, zwischen meinem militärischen Tun und meiner so ganz anderen Überzeugung.

Ich weiß, daß mancher es nicht gerne mag, wenn man so alte Geschichten aus dem Krieg erzählt. Daß damals Krieg war, ist heute auch nur am Rande wichtig. Wichtig ist, daß es Augenblicke im Leben gibt, in denen der Ernstfall erfahren wird. Und wie man mit diesem Ernstfall weiterlebt.

Und daran ist wiederum nicht dies das Kennzeichnende, daß man in solchem Ernstfall irgendeinen Strohhalm braucht, an den man sich klammert, zum Beispiel den christlichen Glauben, sondern dies, daß wir Menschen uns nur dann ändern oder ändern lassen, wenn wir einer elementaren Herausforderung begegnen. Wir bedürfen alle der Herausforderung durch den Ernstfall, wenn in uns etwas geschehen soll. Eine Änderung, eine Wandlung, ein Wachstum. Und darum ist es gut, den Ernstfall nicht zu verdrängen, sondern sich lieber vor ihm zu fürchten.

Dieser Ernstfall braucht nicht ganz so brutal zu sein, wie die Angst und die Enge in einem Nazigefängnis waren, auch nicht so brutal wie die Enge der Zeit bis zum nächsten Morgen, der das Ende bringt. Aber Ernstfälle gibt es für jeden von uns. Und sie wollen, daß wir sie wahrnehmen. Anders verliert die Angst die Macht über unsere Seele nicht.

Der Gefangene und das Kreuz, das er sich vor die Brust zeichnete, waren eine der Urerfahrungen, die mich geprägt haben. Sie haben mir eine innere Freiheit gezeigt, die mir ein Leben lang wichtiger war als meine Übereinstimmung mit einem Dogma oder einer Kirche, einem Staat oder irgendeiner Modeerscheinung der letzten fünfzig Jahre. Sie haben mir die Welt gezeigt, in der wir heute noch immer leben: In der mancher allein steht auf Leben und Tod, ohne Beistand, wenn er seinen

Weg gehen will und nur seinen Weg. In der er keine Gerechtigkeit zu erwarten hat, wenn er sich aufrichtet gegen das Unrecht, das ihm in der Verkleidung des Rechts entgegentritt.

Alles, was ich hörte und sah in jenen düsteren Gewölben, war wie ein einziger Anruf: Laß nicht andere für dich denken! Denke selbst. Laß dich nicht einmauern! Nimm wahr, was ist! Steh für das, was ist, und steh im Zweifelsfall allein!

Viele Jahre später las ich im Tagebuch von Dag Hammarskjöld, das wohl eines der stärksten Dokumente einer geprägten christlichen Mystik in diesem Jahrhundert ist, einen Satz, der sich mir danach mit jener Szene beim Essenfassen und mit der Gestalt des schmalen Franzosen verbunden hat als ein Wort, das mir deutete, was damals mit mir geschah:

»Ich weiß nicht, wer oder was die Frage stellte;
ich weiß nicht, wann sie gestellt wurde.
Aber einmal antwortete ich Ja
zu jemandem oder zu etwas.

Von dieser Stunde rührt die Gewißheit,
daß mein Dasein sinnvoll ist und darum mein Leben
– in Unterwerfung – ein Ziel hat.
Seit dieser Stunde habe ich gewußt, was es heißt,
nicht hinter sich zu schauen,
nicht für den anderen Tag zu sorgen.« [1]

»Die längste Reise ist die Reise nach innen«,
sagt Hammarskjöld an anderer Stelle und:
»Wenn die Zeit reif ist,
nimmt Gott das Seine.«

Warum ich davon erzähle, heute, nach runden fünfzig Jahren? Weil ich gerne ein Bild hätte von mir selbst, das ich verstehen kann. Ich habe mir lange überlegt, was es denn eigentlich gewesen sei, das mich im Lauf der Jahre und Jahrzehnte geprägt hat, und kam immer wieder auf die Zeit zurück, in der ich fünfzehn bis fünfundzwanzig Jahre alt war. Vielleicht ist das nichts Besonderes. In jener Altersstufe ist noch viel offen und beweglich in der Seele eines Menschen, das später sich verfestigt.

In jener Zeit aber hat meine ganze Generation ihre Prägung erfahren dadurch, daß sie das Reich Hitlers, einen Krieg und am Ende Gefangenschaft und einen Zusammenbruch von weltgeschichtlichen Ausmaßen erlebt hat. Vielleicht erkennen Menschen meines Alters ihre eigenen Erfahrungen wieder. Vielleicht auch verstehen die Jungen, für die jene Zeit eine ferne Sage ist, uns Alte besser mit all dem, was ihnen an uns merkwürdig erscheinen mag.

Dabei ist mir der äußere Lebensgang weniger wichtig als vor allem, was in mir selbst dabei vorging. Was mich zunehmend interessierte, war vor allem, wie es zugeht, daß sich aus jugendlichen Unklarheiten eine Überzeugung formt, daß Lebensziele sich bilden, daß ein Sinn im Ganzen eines Lebens gesucht und gefunden wird. So ging ich den Erfahrungen nach, die ich als junger Mensch machte. Aus Erfahrungen heraus denkt einer nach. Das Nachdenken macht wach für neue Erfahrungen, und allmählich formt sich ein Bild der Welt, ein Selbstbewußtsein, eine Absicht, eine Überzeugung, ein Glaube.

Was mich also interessierte, war der innere Zusammenhang zwischen dem jungen und dem erwachsenen Menschen, zwischen dem Siebzigjährigen und dem Kind, das er einmal war und möglicherweise noch ist. Und vielleicht wird dabei an einem weniger wichtigen Einzelschicksal deutlich, was uns Menschen gemeinsam ist.

## *Etwas Besseres als der Sieg*

Quer durch die Zelle schob sich in halber Höhe, schräg ansteigend, ein Ofenrohr. Es kam von einem Kanonenofen, der drei Zellen entfernt stand, wohl für etwa sechs Zellen Wärme liefern sollte und die Temperatur immerhin auf zehn Grad anhob. Das Rohr war lauwarm, bestenfalls, und man konnte sich daran lehnen.

So stand ich, das Rohr im Rücken, und las. »Mein Kampf«, das Programmbuch Hitlers, war erlaubt. Es langweilte mich unsäglich. Daneben hatte ich eine kleine Taschenbuchausgabe des Neuen Testaments, die ich mitgebracht hatte. Es war das einzige Buch, das neben dem Hauptbuch der Nazis gelesen werden durfte. Es war mir praktisch unbekannt, und ich könnte nicht sagen, es hätte mich plötzlich ergriffen oder gar meinem Denken eine Wendung gegeben. Vieles verstand ich nicht, und manches andere war nicht nach meinem Geschmack. Aber immer wieder las ich mich irgendwo fest.

Da war dieser Jesus von Nazaret. Der hatte mit dem Franzosen aus dem Maquis eine gewisse Ähnlichkeit. Unbeugsam stand er da, mitten im Hin und Her der Auseinandersetzungen seiner Zeit. Kompromißlos in seinen Reden. Freundlich den Geringen und Armen zugewandt. Gütig. Kein Held. Helden gab es rings um die Welt der Gefängnisse her genug. Ein Mensch, der seinen Weg durchhielt bis zum bitteren Ende, wie der schmale Gefangene. Und er redete von Gott. Vielleicht wußte er sogar etwas über ihn. Vielleicht sagte er die Wahrheit. Dieser Jesus interessierte mich. Immer wieder waren es ähnliche Szenen, die mich anzogen.

Ich las, wie Jesus eines Tages einer Frau begegnete, die seit achtzehn Jahren krank gewesen war. »Verkrümmt« war sie und »konnte sich nicht aufrichten«. Jesus rief sie zu sich, legte ihr die Hände auf und sagte: »Sei frei von deiner Krankheit!« Da richtete sie sich auf und pries Gott. Der aufrechte Stand und der aufrechte Gang! Das verstand ich. Das würde sich lohnen.

Und dieser Jesus sprach vom »Frieden«. Das verstand ich. Seit vier Jahren tobte der Krieg. Täglich kamen sie um, die Freunde und die Feinde. Sinnlos und endlos. Das konnte ich verstehen: daß es diesem Jesus um den aufrechten, gedeihenden Menschen ging, der seine Kräfte nicht mehr gegen andere Menschen, in denen die Herrschenden ihre Feinde sahen, zu wenden brauchte. Ich hätte damals wohl kaum formulieren können, was es war, das mich ergriff. Aber es hat mich erreicht.

Freiheit, das war für uns, die wir als Kinder des Dritten Reiches aufgewachsen waren, etwas, das man nicht als einzelner beanspruchen durfte. Frei war nur das Volk, und der einzelne opferte sich dieser Freiheit, die von so vielen bösen Mächten in dieser Welt bedroht war. Wer frei sein wollte wie einer, der Weihnachten zu Hause feierte, fand sich im Gefängnis wieder. Bestenfalls.

Und nun las ich Worte wie diese: »Über mir ist der Geist Gottes. Der wirkt durch mich. Er sendet mich, den Armen das Evangelium zu bringen, den Gefangenen die Freiheit, den Blinden das Licht und den Unterdrückten die Erlösung.«

Dieser Jesus also beschrieb seine Aufgabe so: Ich muß in die dunklen Gefängnisse der Menschen absteigen, die Gefängnisse aus Stein und die Gefängnisse in den Seelen, die Gefängnisse aus Angst und Zwang. In die Kellergewölbe, in denen die Menschen sich krümmen. In die Kasernen und die Schützengräben und die Bunker. Ich muß, so hörte ich ihn, die Zellentüren öffnen, die Luftschutzkeller, und die Menschen ans Tageslicht bringen. In die Freiheit.

Immer wieder las ich, er habe »Geister« aus den Menschen »ausgetrieben«, er habe »Besessene« von Mächten befreit, von denen sie besetzt gewesen seien. Einer unserer Lehrer, ein bewundernswert freier Mann, hatte es gewagt, uns Schülern den Geist des Dritten Reiches zu erklären, indem er uns schilderte, was eine Psychose, was Zwang, was Schizophrenie sei, Wahn und Hysterie. Ich konnte mir die »bösen Geister« des Evangeliums durchaus vorstellen. Es war mir nicht überraschend, daß es zwischen Himmel und Erde und in allen Höhen und Tiefen der menschlichen Seele Mächte geben sollte, für die wir keinen Namen haben, die sich wie Nachtschatten über einen Menschen breiten und ihn binden, knechten und zerstören, und daß es nicht darauf ankam, daß wir über sie Bescheid wüßten und ihnen etwa die Namen von Teufeln und Dämonen beizulegen vermöchten, wohl aber darauf, daß wir von ihnen frei würden. Und das eben hörte ich Jesus im düsteren Geviert meiner Zelle sagen: Sei ein freier Mensch!

Das Größte für die einzelnen Bürger unseres Landes, so waren wir seit unserer Kindheit belehrt worden, ist das Reich. Das große, das großdeutsche Reich, das tausendjährige. Seine konkrete Ausformung fand dieses Reich in der alles beherrschenden Gestalt des »Führers«. Das »Reich«, ich muß gestehen, daß es mich als ein großer Gedanke immer wieder fasziniert hat. Las ich nun in dem kleinen Neuen Testament, das ich aus meiner Hosentasche holte, so kehrte eben dieses Wort immer wieder, und jedesmal rührte es mich an. Jesus sprach von einem »Reich Gottes«. Er meinte das Ziel der Menschheit und die Endgestalt der Welt. Aber dieses Reich zeigte sich anders als das Reich der Deutschen. Es war nicht Mittelpunkt und Rahmen einer ungeheuren Militärmaschine. Es war wie ein Samenkorn. Das nimmt einer und steckt es in die Erde, und es wächst und wird ein Busch oder ein Baum, und die Vögel wohnen in seinen Zweigen. Wenn ich vom »Reich Gottes« las, schlug ich das Buch zu und ging hin und her zwischen der eisernen Tür und den eisernen Gitterstäben: Das könnte es sein, das sich lohnte auf dieser Erde!

Wofür starben meine Freunde? Für ein Reich, von dem wir im Grunde nicht überzeugt waren. Könnte man nicht leben für ein Reich, das zu wollen lohnte? Da redete Jesus von kleinen, verschwiegenen Zeichen, unauffälligen, denen anzumerken sei, daß sie voll Leben sind. Laß sie wachsen, sagte er, laß sie ausreifen und werden und mach deine Hoffnung an ihnen fest. Denn groß ist, was wächst. Zukunft ist in dem, was verborgen ist und von Gottes Geist durchwirkt.

Im Gemeinschaftsraum in der Baracke auf dem bretonischen Flugplatz hing ein Brett, auf das alle paar Tage neue Namen geschrieben wurden, die Namen der Abgeschossenen, der Verbrannten, der von irgendeiner Flakgranate Zerfetzten. Über den Namen war zu lesen:

> »Die ihr für Deutschland euer Bestes habt gegeben,
> ihr lebt und fliegt in unseren Herzen ewig mit.«

Die Phrasen war man gewohnt zu überhören. Wohin waren sie gegangen, die toten Freunde? Und was war hier ewig?

Das ahnte ich damals: Wenn ich wahrnehme, daß die Grenzen meiner Welt durchscheinend sind für eine größere Wirklichkeit, dann sind da Zusammenhänge zwischen Tod und Leben, zwischen der gegenwärtigen Zeit und dem, was ewig ist. Wirklich ewig.

Das konnte ich verstehen: Wenn das Wort vom »Reich« eine Wahrheit bezeichnete, dann gab es etwas Besseres als den Sieg. Dann war die Welt nicht dem Untergang geweiht, auch wir selbst nicht, die längst nicht mehr an den Sieg glaubten. Dann hat sie eine Wandlung vor sich. Und diesen Weg durch die Wandlung hindurch in die Vollendung geh hinter mir her, so hörte ich Jesus. Ich gebe dir den Mut, es mit der Zukunft aufzunehmen. Du brauchst kein Held zu sein. Aber wachse deiner eigenen Gestalt entgegen, die Gott gemeint hat, als er dir das Leben gab.

Was ich da las, auch in den langen Nächten, in denen eine einzelne trübe Birne hoch über mir ein wenig Licht gab, war mir andererseits sehr fremd. Ganz anders als alles, was ich gelernt hatte. »Seht die Vögel unter dem Himmel an! Sie säen nicht. Sie ernten nicht. Sie sammeln keine Vorräte. Euer Vater im Himmel ist es, der sie ernährt. Was nützt die Sorge? Wer verlängert mit seinen Sorgen die Zeit seines Lebens auch nur um eine Elle?«

Sollte das erlaubt sein? Nicht sorgen, nicht vorausdenken? Nicht planen? Wer unter uns sich vor einem Flug nicht hinsetzte und nicht mit Karte, Winkelrechner und Kursdreieck rechnete, wie er zu fliegen habe, hatte alle Chancen, nicht wieder nach Hause zu finden. Atlantikfliegerei im U-Boot-Krieg – das war keine Sache für Traumtänzer. Kannte Jesus die Zwänge nicht, unter denen die Menschen standen? Den Druck der Mächtigen? Die Gefährdungen? Die Ängste und die Schmerzen? Und das ständig gegenwärtige Bild des Todes? Nein, das eigentlich konnte es nicht sein. Wenn irgendeiner um das Gefährdende gewußt hat, so schien mir, dann er.

Vielleicht meinte er: Bring deine Lebenskraft in das ein, was ich das Reich der Gerechtigkeit nenne. Die Sorge, mit der du dich um dich selbst drehst, ist unfruchtbar. Sieh zu, daß dir das Kleine klein und das Große groß vor Augen steht. Vielleicht meinte er so:

Die Welt ist wirklich randvoll vom Gedröhn gefährlicher

Mächte. Aber wenn du Frieden suchst, dann findest du ihn nicht dort, wo man vom Sieg über böse Feinde redet, denen du das Leben nehmen sollst mit den Waffen, die man dir in die Hand gedrückt hat, mit Bordkanonen und Zwillingsmaschinengewehren. Der Endsieg hat mit dem Frieden nichts zu tun.

Und wenn ich es heute höre? Das Wort klingt noch immer kühn. Aber es ist auch nach 2000 Jahren des Elends und des Unrechts, der Schrecken und Gewalttaten und endloser Enttäuschungen nicht widerlegt. Es ergeht noch immer, nach Weltkriegen und Vernichtungsöfen und immer neuer Rüstung und wird die Menschheit weiter begleiten. Und wenn im Wort »Friede« Wahrheit ist und nicht nur ein Traum, dann lohnt es, ein ganzes Leben danach zu suchen, bis es irgendwo Wesen und Gestalt findet.

Das war mir deutlich zwischen den tristen Wänden meiner Zelle: Das Christentum, das ich kannte, aus Schule oder Kirche, war nicht dasselbe wie das, was ich von Jesus las. Mir schien, es werde in unseren Kirchen immerfort irgend etwas versprochen, aber nicht eingelöst. Mir schien, wenn die Menschheit überleben wolle, müsse spürbar und wirksam werden, was wirklich in den Worten dieses Jesus verborgen liegt.

Und kann man denn, ob damals oder heute, in einer Epoche, die so voll ist vom Leiden der Menschen und dem Leiden der Kreatur, die Frage nach Gott auf sich beruhen lassen? Oder kann man sich angesichts der Schlachtfelder und der Bombenteppiche auf Apathie festlegen?

Deutlich war mir auch, daß ich selbst es nicht hatte, was da zu gewinnen war. Ich ahnte es allenfalls. Und mir wurde immer klarer, daß ich einen langen Weg des Suchens vor mir hatte, um das zu fassen, was ich in so großer Entfernung sah.

Man hat aus der Tatsache, daß viele aus meiner Generation in den Katastrophenzeiten von damals den Weg zum christlichen Glauben gefunden haben, immer wieder geschlossen, es müsse sich dabei wohl um eine Reaktion auf die Todesangst handeln, um den letzten Halt, den einer eben noch findet. Aber das kann sehr täuschen. Für viele war, was sie erlebten, eine Herausforderung, die sie nur bestehen konnten, wenn sie sehr wach wurden und wenn sie zu einer eigenen und standfesten Überzeugung fanden. Wir müssen ja an Grenzen stoßen, früher oder später, wollen wir Klarheit gewinnen über das, was jenseits unserer Grenzen ist. Denn die Wahrheit ist, daß wir Grenzen haben und daß gerade jenseits dieser Grenzen die Wahrheit ist.

Inzwischen habe ich versucht, die Wege, die die Menschheit ging, mitzugehen, ohne den eigenen Schritt dabei dem Schritt anderer allzusehr anzupassen. Wenn ich aber heute erzähle, möchte ich von dem reden, was wichtiger ist als ich und was diese Epoche, die Zeit um den Wechsel vom zweiten zum dritten Jahrtausend, mir heute zu fordern scheint. Was müssen wir gewinnen, um Menschen zu sein über die Brüche dieser Zeit hinweg? Es wird viel Vertrauen nötig sein, um in der Zukunft, die uns bevorsteht, den Boden unter den Füßen und die Hoffnung nicht zu verlieren. Der Weg zum Leben war noch immer der, zurückzulassen, was der Vergangenheit angehört, sorgsam zu bewahren, was sich bewährte und was lebendige Kraft hat, und dann mit wenig Gepäck dem entgegenzugehen, was uns aus dem Kommenden anrührt.

Damals las ich zum erstenmal das Wort aus den Abschiedsreden: »In der Welt habt ihr Angst, aber seid getrost, ich habe die Welt überwunden.« Wir hatten damals verhältnismäßig wenig Furcht vor dem Fliegen oder auch vor dem Fliegertod. Wir lebten einigermaßen unbekümmert zwischen Begeisterung und Pflichtbewußtsein. Und ich las, erstaunt, wie einfach Jesus das sagt: »Ihr habt Angst.« Sollten die, die keine haben, sich etwas vormachen? Oder sollten sie nicht sehen, was geschieht?

Was das Wort meint, ist mir an jenem schmalen Franzosen zum erstenmal aufgegangen, und es ist mir bis zum heutigen Tag an seiner Gestalt sichtbar. Ich habe an ihm gelernt, mich auf dieses »Ich habe die Welt überwunden« zu verlassen und mich weniger zu fürchten.

Es war ein stürmischer, regnerischer Tag im Frühjahr 1944, als ich ins Freie trat und das schwere Gefängnistor sich wieder, knarrend und dröhnend, hinter mir schloß. Ich stand in einer engen Gasse. Stünde ich heute, fast fünfzig Jahre danach, dort, so sähe ich eine Tafel neben dem runden Torbogen, auf der zu lesen ist, was mein damaliger Beobachter mir vor kurzem mitgeteilt hat, als er den Ort besuchte: »Hier waren während der Besetzung durch die Nazis von 1940 bis 1944 Männer und Frauen gefangen, deren einziges Verbrechen darin bestand, daß sie Franzosen bleiben wollten. Widerstandskämpfer und Maquisards wurden hier schrecklich mißhandelt. Die meisten verließen dieses Gefängnis nur auf dem Weg zur Hinrichtungsstätte oder zur Deportation. Wir werden niemals vergessen.«

Einem von ihnen war ich dankbar, als ich den Platz verließ. Während ich aber die Gasse entlangging, hörte ich, irgendwo in den grauen Wolken, ein fernes Brummen von Flugzeugen. Sie hatten den Ton der unseren. Vielleicht waren es meine Kameraden. Und in einer dieser Maschinen, die so grau waren wie der Himmel über mir, würde morgen wieder mein Platz sein.

## *»Nur die Lumpe sind bescheiden«*

Den Weg von der Stadt Vannes zu unserem Flugplatz ging man in knapp zwei Stunden. Er führte durch karges Land. Ginsterbüsche zogen sich über die schmalen Hänge. Dann und wann führte er durch einen Hohlweg an einer steilen Wand aus brüchigem Gestein entlang. Einzelne Bäume. Da und dort armselige Bauernhäuser. Brachlandschaft. Heide.

Ich hatte zwei Stunden Zeit für meine ordnungslos hier- oder dorthin laufenden Gedanken. Und die Gedanken waren so karg wie das Land. So fremd auch. Wer ich eigentlich sei, der Unteroffizier Zink. Wozu es mich überhaupt gebe. Was ich solle. In welchem Zusammenhang mein Leben stehe.

An meine Kindertage erinnerte ich mich, in denen ich oft so einsam durchs Land strich und nicht sagen konnte, was ich eigentlich suchte. Ich wußte auch auf diesem Weg durch die französische Heide nicht, was ich eigentlich wissen wollte. Nicht, woher ich kam, und nicht, wohin mein Leben gehen sollte. Was sein Sinn war. Dabei hatte ich mir nicht wenig vorgenommen, als ich vierzehn Jahre alt war.

Damals hatte ich mit meinen drei Brüdern zusammengelebt und mit einer zweiten Mutter, nachdem meine eigene Mutter gestorben war, als ich zwei Jahre zählte. Diese zweite Mutter war Lehrerin und Psychologin, und sie war mit vielen interessanten Leuten befreundet. So saß eines Tages ein würdiger Philosophieprofessor als Gast am Mittagstisch und redete über allerlei kluge Dinge. Plötzlich wandte er sich an mich und fragte: »Worauf willst denn du einmal hinaus? Was willst du einmal erreichen?« Ohne nachzudenken schoß ich heraus: »Alles!«

Der alte Herr sah mich überrascht und interessiert an und sagte: »Das ist gut. Das ist das Zeichen für einen vornehmen Menschen, daß er das Ganze will. Nicht irgend etwas, sondern das Ganze. Bleib dabei, mein Junge!«

Die leise und kluge Korrektur, die er an meinem »Alles« vornahm damit, daß er statt dessen vom »Ganzen« sprach, bedeutete eine der entscheidenden Weisungen in meinem damaligen jungen Leben und hat mich nachhaltig bestimmt. »Nicht irgend etwas, sondern das Ganze.« Nicht nur denken wollte ich, sondern auch als Bildhauer oder Tischler mit den Händen arbeiten. Nicht nur reden, sondern auch malen und von Technik etwas verstehen. Nicht nur die Bücher mit den schönen Gedichten und Geschichten sollten es sein, sondern auch die Politik und die öffentliche Diskussion. Nicht nur Umgang mit Menschen, sondern auch das Leben und Arbeiten im Pferde- oder Schafstall. Nicht nur alles, was vor Augen lag, sondern auch das, was uns Menschen verborgen ist. Nicht nur kennenlernen, was die anderen denken, sondern auch nach den eigenen Erfahrungen den eigenen Weg suchen. Nicht nur die eigene innere Welt, sondern auch den Erdball und die Lichter und Feuerwelt der Sterne. Nicht nur die Blumen, sondern auch die wirtschaftlichen Zustände und die sozialen Probleme in meinem Land und auf dem Erdball. Nicht nur das Schöne, sondern auch das Elend. Nicht nur, was man mir in vielen Büchern über Gott erzählte, sondern Gott selbst. Nicht nur meine zufällige Gegenwart, sondern auch die ganze Tiefe der Vergangenheit. Nicht nur Wirkung für den Tag, sondern auch für die Zukunft dieser Erde. Die Wissenschaft ebenso wie die Meditation und den Traum, die Welt der Sinne und den Gottesdienst. Das Banale und das Heilige. Alles. Und alles so wollen, daß ein Ganzes entsteht aus dem unendlichen Vielerlei dieser Welt – das sollte die treibende Kraft sein, die ich zu meinem Leben beisteuern würde.

In Goethes Gedichten las ich damals den Ausspruch: »Nur die Lumpe sind bescheiden.« Ich habe ihn mir gemerkt und fand, er eigne sich wohl als Motto für ein ganzes Leben. Alle redeten von Bescheidenheit und priesen sie als die edelste der Tugenden. »Der Sperling in der Hand ist besser als die Taube auf dem Dach«, sagten sie. Aber ist der Spatz in der Hand wirklich mehr als die freie Taube? Ist nicht der Spatz auf dem Dach mehr als die Taube in der Hand? Wer die Taube in der Hand hat, erreicht ja nur, daß das Tier gehindert ist, zu fliegen, wer aber einen Spatzen auf einem Dach sehen will, muß immerhin das Haupt erheben.

Daß ich aber einige Mühe hatte, mich selbst zu finden als ein in sich stimmiges Wesen, das hatte einen sehr breiten und gefährlichen Hintergrund.

## *Politische Schizophrenie*

Ich bin ja in einer Zeit jung gewesen, in der unser Volk in einem kaum mehr begreiflichen Maß gespalten gelebt hat. Gespalten zwischen Denken und Reden, zwischen Überzeugung und öffentlichem Tun. Warum aber für mich in den fast fünfzig Jahren seither der christliche Glaube so sehr viel mit öffentlicher Rede zu tun hat, mit politischer Verantwortung, mit Einmischung auch überall dort, wo im gemeinsamen Leben die Risse aufbrechen, die Unwahrheiten, die Phrasen, das versteht nur, wer jene Zeit vor einem halben Jahrhundert erlebt hat. So interessiert mich bis heute an meiner eigenen Person, was damals mit einem ganzen Volk geschah, mit jenen Millionen, die damals nicht leben konnten, wie sie eigentlich gerne gelebt, und nicht sagen konnten, was sie eigentlich gerne gesagt hätten. Mich beschäftigt immer noch die politische Bewußtseinsspaltung jener Zeit, die es uns erlaubt hat, mit Euthanasie, mit Judenverfolgung, mit nationalem Größenwahn, mit einer primitiven Ideologie, mit Gewalttätigkeit und Spitzeltum, mit Konzentrationslagern, Krieg und Völkermord zurechtzukommen, zuletzt mit dem massenhaften Sterben für eine Sache, die wir längst nicht alle gewollt hatten.

Diese geistige Spaltung trat in mein Bewußtsein, als ich sechzehn Jahre alt war, im Herbst 1938. Ich war noch Schüler in einem Gymnasium in Ulm, in dem man es vermied, zu erwähnen, daß der Jude Albert Einstein zu seinen Schülern gehört hatte, als in der Nacht vom 9. auf den 10. November Haufen von uniformierten Nazis sich zusammenrotteten und in ganz Deutschland, so auch in Ulm, die Synagogen anzündeten. Mitten in den Städten. Sie verbrannten auf den Straßen die Torarollen der Juden. Sie holten jüdische Familien aus den Betten, zerstörten ihre Wohnungen, prügelten die völlig überraschten Menschen auf den Straßen und nahmen sie zuletzt fest. Einige erschossen sie. Überall wurden die Schaufenster jüdischer Firmen eingeschlagen, die Geschäfte geplündert und zerstört. In der Bevölkerung regte sich zwar Unmut, aber kein offener Protest. Die Feuerwehren waren angewiesen, nicht zu löschen. Auch bei den Feuerwehren kein Widerstand.

Die meisten meiner Schulkameraden erzählten, daß ihre Eltern zornig und verbittert über das ungeheure Unrecht sprachen, auch meine zweite Mutter tat dies.

Auf der anderen Seite wurden wir in den Zeitungen und in der Hitlerjugend dahin belehrt, das internationale Judentum plane die Vernichtung des Deutschen Reiches in einem nahe bevorstehenden Krieg. Die Schule schwieg sich aus. Kein Journalist sprach von Pogrom. Kein Richter ging der Sache nach. Kein Staatsanwalt klagte an.

Unter tausend Pfarrern sprachen zwei oder drei auf der Kanzel von einem Verbrechen. Man schwieg. Man wand sich. Man übersah. Man hielt still. Es begann das, was ich die kollektive Schizophrenie nennen möchte und was uns begleitet hat bis zum Ende des Kriegs. Da gab es eine Hälfte unseres Bewußtseins, in der wir Hitler haßten und verabscheuten, und eine andere, in der er der große Führer war, der letztlich ein neues, gerechtes und großes Deutschland wolle und für den man sich mit allen Kräften einzusetzen habe bis zur Aufopferung des eigenen Lebens. Wenn ich heute, fünfzig Jahre danach, davon spreche, bin ich mir darüber im klaren, daß Erfahrungen sich nicht vererben lassen. Aber sie lassen sich bezeugen. Sie können so gezeigt werden, daß ihre geschichtlichen Wirkungen über die Generationen hin sichtbar werden.

Die Trennung dieser beiden Bewußtseinshälften ging auch durch unsere Schule. Wir hatten einen jüdischen Kameraden in der Klasse, dessen Familie noch 1938 nach England auswandern konnte. Die Klasse begleitete ihn auf den Bahnhof und verabschiedete ihn in Zorn und Trauer. Wir konnten nicht begreifen, daß ein von allen Seiten so geachteter Freund in unserem Land keinen Raum haben sollte.

In derselben Klasse waren mehrere Hitlerjugendführer, straff in die Disziplin des Nationalsozialismus eingebunden. Aber keinem von ihnen wäre es eingefallen, die Sache höheren Orts anzuzeigen. Kein Lehrer, der sich kritisch über Hitler äußerte, wäre von uns denunziert worden, und es gab eine ganze Reihe unter ihnen, von denen wir wußten, daß sie erklärte Feinde des Nationalsozialismus waren.

Was wir in unserer Schule lernten, das war, das Doppelbödige zu hören und einzuordnen, zu trennen zwischen dem, was einer sagte, und dem, was er meinte. Eines Tages war Abiturfeier der 12. Klasse. Der Krieg hatte eben begonnen, und die Abiturienten standen vor ihrer Einberufung an die Front. Da hielt der Rektor eine Rede über den Sinn der humanistischen Bildung. Er war ein großer, aufrechter Mann mit kahlem Schädel. Wir wußten alle, daß er ein Gegner der Nazis war. »Wozu lernt man heute noch Griechisch?« fragte er in den Saal. »Man lernt Griechisch«, so fuhr er fort, »damit man an einem entscheidenden Punkt seines Lebens sagen kann, was die Griechen ihren Freiheitskämpfern an den Thermopylen in den Mund legten:

›Wanderer, kommst du nach Sparta, verkündige dorten,
du habest uns hier liegen gesehen, wie das Gesetz es befahl.‹«

Das paßte nahtlos in die Gedanken seiner Schüler und ihre Bereitschaft, Helden zu werden. Aber ich ahnte – und heute ist es mir klar –, daß der Mann am Pult etwas anderes meinte. Ich fühlte schon damals, er meine ein ganz anderes Gesetz, nach dem er selbst, der Hitlergegner, angetreten war und dem gehorchend er vielleicht eines Tages daliegen würde.

Damals erfaßte mich – er sagte den Spruch natürlich griechisch – der Sprachklang allein so tief, daß ich ihn von da an unverlierbar im Kopf hatte, aber er brachte keine Lösung für meine Schulfreunde und mich, sondern vertiefte die Spaltung des Bewußtseins zwischen Kriegsbegeisterung und Widerstand.

In meiner Schulzeit gab es, zehn Minuten zu Fuß von unserem Haus entfernt, ein kleines Konzentrationslager in einer alten Befestigungsanlage. In unserem Stadtteil wußte das jeder. Man nannte es das Konzertlager, weil man auf diese Weise sich nicht so sehr berühren zu lassen brauchte. Als ich nach dem Krieg von Nachbarn wissen wollte, was aus dem KZ geworden sei, wußte niemand – niemand, den ich fragte! –, daß es dort, zehn Minuten zu Fuß, je so etwas wie ein KZ gegeben habe. Auch eine Variante der Schizophrenie.

Als ich das Abitur hatte, Anfang 1941, war Hitler auf dem Höhepunkt seiner Triumphe. Österreich war ein Teil des Reichs, das Sudetenland war einbezogen, Böhmen, Danzig, das Memelland. Der Krieg in Polen in achtzehn Tagen beendet, Oberschlesien Teil des Reichs. Westpreußen, Dänemark und Norwegen erobert. Frankreich in einem einzigen Sturm besetzt. Deutschland lebte in einem Siegesrausch, und die Skeptiker, die sich nicht vorstellen konnten, daß dieser Krieg gewonnen werden könne, verloren mehr und mehr an Boden. Hitler war eben doch, aller Kritik zum Trotz, nach Meinung auch seiner Gegner, ein genialer Politiker und Feldherr. Er war, wie man später nur noch spöttisch sagte, der Gröfaz, der größte Feldherr aller Zeiten. Und der Gedanke vom großdeutschen Reich hat uns eben doch ergriffen, jedenfalls am Anfang.

Unsere Klasse meldete sich fast geschlossen freiwillig. Und weil ich später Flugzeugkonstrukteur werden wollte, meldete ich mich zur Fliegerei. Uns trieb ganz einfach die Sorge, der Krieg mit seinen phantastischen Abenteuern würde zu Ende sein, ehe wir an ihm hätten teilnehmen können.

Aber mit den Jahren des Krieges erlosch die Begeisterung. An ihre Stelle trat eine tiefe Gespaltenheit. Als ich nach dem Krieg in den Briefen las, die ich nach Hause geschrieben hatte, fand ich aus dem Jahr 1943 den Satz: »Es ist unmöglich. Wir dürfen diesen Krieg nicht gewinnen. Es wäre ein Unglück für die ganze Menschheit.« Aber von diesem Zeitpunkt an tat ich noch zwei Jahre lang als einer der vielen »Helden« durchaus das Meine, um den »Endsieg« zu bewirken. Wir führten unter Kameraden aufsässige Reden, aber wenn der Einsatzbefehl kam, bestiegen wir unsere schwer bewaffneten Maschinen und flogen nach Rußland oder England, nach Afrika oder übers Meer. Wir schossen. Wir ließen uns abschießen – ich selber fiel dreimal brennend vom Himmel – und flogen aufs neue. Es war völlig selbstverständlich. Wir wußten, daß unsere Chance, den Krieg zu überleben, höchstens 1 : 10 stand, und fanden uns damit ab.

Eines Tages stand ich während eines Eisenbahntransports auf einem elsässischen Bahnhof und wunderte mich über ein Aufgebot von Hunderten bewaffneter SS-Leute, die den Bahnhof sicherten, und über riesige deutsche Doggen, die zwischen den Waggons umherliefen. Ich ging der Sache nach und stand vor den offenen Türen eines Menschentransports. In fünf oder sechs Lagen übereinander waren da Menschen in den Güterwaggons liegend eingepfercht, entsetzlich abgemagert, und schauten mich aus hohlen Augen an. Es war ein Transport von einem Konzentrationslager in ein anderes. Fortan war mir klar, was ein KZ wirklich sei und wozu es diente, und mir war klar, daß dies der Krieg des Unmenschen war.

Auf der anderen Seite ging mir nichts über das Fliegen, über seine Schönheit und Freiheit. Wir genossen den Himmelsraum und die Weite der Erde. Wir zeichneten, einfach zum Vergnügen, mit unseren schweren Maschinen bei Nacht im Mondschein über den Schneefeldern der Pyrenäen Kunstflugfiguren an den Himmel. Und welchen begeisterungsfähigen jungen Menschen hätte es nicht vom Stuhl gerissen, wenn er in großer Höhe zugleich den Atlantik und den Mont Blanc sah? Auf dem Boden der Glaskanzel zu liegen, während der Ausbildung in Navigation, und die Landschaft unter sich dahinziehen zu sehen, wen hätte es nicht beglückt? Wenn wir zwischen Bretagne und Provence hin- und herflogen, weil hier oder dort ein Einsatz geflogen werden sollte, diente der Flug der Übung im Tieffliegen. Ich höre noch, vor dem Start zu einem solchen Flug, die ironische Anweisung des Staffelkapitäns während der Befehlsausgabe: »Jeder fliegt allein. Mindestflughöhe dreißig Zentimeter über der Grasnarbe.« Und so brausten wir durch das Land. Zwischen den Häusern und unter den Hochspannungsleitungen hindurch oder zwischen den Reihen der Obstbäume. Ich habe heute noch ein Stück vom Ast eines Apfelbaums, den ich nach einem solchen Flug neben meinem Sitz fand. Und so tauchten wir, singend vor Vergnügen, einer hinter dem anderen bei Orleans unter den Loirebrücken durch. Daß einer von uns dabei in ein Haus raste, hielt uns nicht davon ab, das nächste Mal wieder Kopf und Kragen zu riskieren. Es war Fliegen in seiner absurdesten, für uns in seiner herrlichsten Form.

Wir stellten in achttausend Metern Höhe die Maschine auf den Kopf, stürzten senkrecht durch und fingen in tausend oder in achthundert Metern Höhe ab, gerade so spät, daß die Abfangkurve noch knapp über dem Boden endete. Einmal flogen bei einem solchen russischen Roulette die Schiebefenster weg und die Tankdeckel, und am Ende zogen wir zu dritt am Steuerknüppel mit dem Erfolg, daß wir zwischen den beiden Blökken eines Krankenhauses abfingen. Es war der Kitzel der Gefahr, die Frage: Wo ist die Grenze, technisch, fliegerisch, psychisch?

Eines Tages stand neben mir an einem Flugfeld eine Dame,

*Frühjahr 1944. Wir waren Kinder. Begeistert und ausgebeutet zugleich und tief gespalten in uns selbst.*

die ein wenig weltfremd und vornehm wirkte und die mich fragte: »Was passiert eigentlich, wenn euch Fliegern da oben das Benzin ausgeht?« Ich schaute ihr tief und ernst in die Augen und sagte: »Das sind die ganz schweren Schicksale. Wenn das Benzin ausgeht, dann kann man nicht mehr herunter, dann muß man oben verhungern.« Sie glaubte es und war erschüttert.

Wir waren Kinder. Aber diese Tatsache hat uns durch diese schreckliche Zeit hindurchgetragen. Man kann ja einen Krieg überhaupt nur mit Kindern führen. Mit echten Kindern oder auch mit Erwachsenen, die aus der kindlichen Freude an Uniformen, an Orden und an Knalleffekten nicht herausgefunden haben.

Dicht daneben in mir lag eine andere, abgeschlossene Kammer meines Bewußtseins. Es gab ein Thema, von dem ich zu niemandem sprach, auch nicht zu besten Freunden: das Thema »Weiße Rose«. Einige Schulfreunde gehörten diesem Kreis des Widerstands an, darunter ein fröhliches Mädchen namens Suse mit blonden Zöpfen, für die ich als Siebzehnjähriger heimlich und heftig schwärmte. Sie war befreundet mit den Geschwistern Scholl und stand mit ihnen im Widerstand, und es wäre mir nicht im Traum eingefallen, dies verwerflich zu finden. Im Grunde wußte ich, daß sie den richtigen, den eigentlich notwendigen Weg gingen, den Weg von Menschen, die ihr Bewußtsein nicht zu spalten vermochten, konsequent und in sich selbst eins bis zu dem Tag, an dem sie vor dem Blutrichter Freisler standen, vor dem »Volksgerichtshof«, und einige von ihnen vor dem Galgen oder der Guillotine.

Wenn ich in meinem späteren Leben, oft vielleicht hart und intolerant, nach Klarheit fragte, nach Eindeutigkeit und auch ein wenig Courage in dem, was die Kirche sagte oder tat oder was ich selbst als meine Aufgabe ansah, wenn ich bis heute empfindlich bin, wo die christliche Sprache die Gegensätze verwischt und sich in schwammigen Allgemeinplätzen ergeht, statt zu sagen, was Sache ist, so steht die Erfahrung mit mir selbst in jenen längst vergangenen Jahren immer wieder aufs neue dahinter.

Auf dem Weg durch die Heide zwischen der Stadt Vannes und unserem Flugplatz war dies die beunruhigende Frage, die ich mir stellte: Wie ich mit dem, der ich eigentlich sei, übereinstimmen könne, wie ich der bleiben könne, der ich bin, auch wenn andere um mich her mir vorschrieben, was ich zu tun hätte. Wie ich meinen eigenen Ausdruck finden, wie ich authentisch werden, mit meinen Möglichkeiten auf den Punkt kommen, in Einklang mit mir selbst sein könne. Wie mein

Weg geradlinig, wie mein Denken und mein praktisches Tun einigermaßen stimmig werden könnten. Denn vor Gericht zu lügen ist ja kein Zeichen von Heldentum, sondern eher Zeichen einer elementaren Gespaltenheit.

Sehe ich heute auf jene Zeiten zurück, dann scheint mir, gerade der Druck arroganter Befehlsgeber und gerade die Wehrlosigkeit, in der der Soldat sich einzurichten hatte, hätten mir zu dem Stehvermögen verholfen, auf das ich mich ein Leben lang verlassen konnte, und zu der Energie, mit der ich durch die langen Jahrzehnte auf meiner Unabhängigkeit bestanden habe.

Ich habe mich damals damit gerettet, daß ich lernte, in aller Verborgenheit das Meine zu denken und dabei eine ebenso arrogante Gegenkraft gegen die ungebildeten Ausbilder zu entwickeln, die natürlich von den Büchern nichts verstanden, in die ich mich flüchtete. Das war ein möglicher Weg, aber es war auf die Dauer gewiß eine Sackgasse. Denn was mir dabei eben nicht gelingen konnte, das war, in einer erträglichen Übereinstimmung mit meiner Umgebung zu leben, mit Menschen und Meinungen, mit Kameraden und ihrer rauheren Lebensweise, vor allem aber eben mit Institutionen und Autoritäten, die um mich her am Werk waren.

Rekrutenzeit damals konnte eine Hölle sein, für mich war es das im vollen Sinn. Unsere Unteroffiziere tobten ihren Haß gegen die »Herrensöhnchen«, die mit Abitur daherkamen und nach kurzer Zeit Offiziere sein würden, brutal aus. Vierhundertfünfzig »Kniebeugen für Deutschland« mit Stahlhelm und Gewehr in glühender Sonnenhitze habe ich einmal gezählt. Wer umfiel, wurde mit Stiefeltritten wieder hochgejagt. Wer sich anmerken ließ, daß er den Schinder haßte, wurde auf einen der Feuermelder gejagt, die damals, einen Meter hoch, um den Platz standen und die oben eine Stehfläche von ca. 20 mal 20 Zentimetern aufwiesen. Dort oben machte er Kniebeugen, verbunden mit Gewehrgriffen, und hatte jedesmal, wenn er wieder stand, zu schreien: »Hurra, ich bin gern Soldat!« Man überlebte, wenn man sich in seiner Verzweiflung allem fügte. Eines Tages warf mein Unteroffizier alles, was sich in meinem Schrank befand – weil die Wäsche nicht exakt genug gestapelt war –, durchs Fenster auf den regennassen Kasernenhof, Wäsche, Anzug, Bücher, Briefe, Fotos, Lebensmittel, Andenken. Man stand daneben und brauchte alle Kraft dazu, dem Kerl nicht ins Gesicht zu springen. Es war eine einzige seelische und körperliche Versklavung, verbunden mit Beschimpfung und Entwürdigung. Man fühlte sich wie ein besetztes Land, von Wörtern besetzt, die feindselig dreinschauten, von Phrasen, von Lügen, von fremder Gewalt, und sehnte sich nach Freiheit und nach einer Art von Menschenwürde.

Während jener Zeit rückte unabwendbar der Tag der Vereidigung heran. Das Wort »Fahneneid« fällt mir ein bei dem Wort »Fahnenflucht«, das ich in jener Kaserne gehört hatte. Aber ich habe nie einen Fahneneid geleistet. Das kam so: Ich hätte damals nicht gewußt, was man unter einer psychosomatischen Revolte versteht, aber ich reagierte genau mit einer solchen. Als der Tag des Fahneneids kam, legte ich mich mit einer fiebrigen Angina ins Krankenrevier. Da von den Ärzten dort niemand nach dem Hintergrund einer solchen Krankhcit fragte, blieb die stille »Revolte« unentdeckt. Und so war ich über vier Jahre lang Soldat, ohne mich Hitler je verpflichtet zu haben. Sich krank zu melden ist freilich noch kein Zeichen von Heldentum oder von rühmlichem Widerstand. Es ist eher ein Zeichen von Hilflosigkeit. Aber so lebten wir, so aufgetrennt zwischen innen und außen und so ratlos in Gedanken und Empfindungen. Ich hatte jedenfalls das ungenaue Gefühl, ein Eid auf Hitler lege mich auf einen Gehorsam diesem System der Gewalt und des Zynismus gegenüber fest, den ich nicht leisten wollte, und niemand kam danach auf die Idee, ich müsse den Fahneneid nachholen.

Ich konnte mich übrigens auch später im Krieg auf diese Art Angina verlassen. Sie stellte sich wie von selbst ein, wenn ich wieder einmal an den Punkt kam, an dem ich dieses System der Entwürdigungen und Schikanen, diese allgegenwärtige Destruktion nicht mehr aushielt, oder an dem ich die Doppelheit, die Gespaltenheit meines eigenen Bewußtseins nicht mehr durchstand.

Wenn ich mir vergegenwärtige, heute, da ich dies schreibe, wie es von da an mit mir weiterging, dann bin ich dankbar für das große Glück, einen Beruf gefunden und ausgeübt zu haben, der mich immer und immer wieder von mir selbst weg auf andere Menschen verwies, so daß schließlich die Waage ausgeglichen war zwischen dem eingeübten Eigensinn und dem zunehmend leichten und selbstverständlichen Umgang mit den Menschen.

Ich habe mir schon als Soldat das Goethewort zueigen gemacht, als wäre es für mich gesprochen: »Was euch nicht angehört, müsset ihr meiden.« Später kam die umgekehrte Weisung des Evangeliums hinzu: Wer immer dir begegnet, gehört dir an. Meide keinen.

Ich bin dankbar dafür, daß ich nicht als psychisch blockierter Einzelgänger alt geworden bin, sondern im weitgehenden Einvernehmen mit mir selbst sowohl als auch im weitgehenden Einvernehmen mit den Erfahrungen, die ich als Pfarrer im nahen Umgang mit sehr vielen Menschen finden konnte. Nicht in ständigen Bedrohungsängsten, sondern dem, was mich umgab, einigermaßen freundlich zugewandt, von ihm mitgeprägt und einverstanden damit, daß ich eben ein Kind dieser Zeit und ein Kind dieser meiner gebeutelten Generation war, einbezogen in viele kollektive Erfahrungen und vielen Aufgaben zugewandt, die ich mir nicht gewählt habe, sondern die ich antraf zugleich mit vielen anderen Menschen dieser Zeit.

Als ich damals jenen Weg ging von Vannes zu unserem Einsatzfliegerhorst, sah ich, unscharf freilich und beunruhigend, daß ich noch eine lange Strecke zu gehen haben würde durch allerlei Gefangenschaft, wenn ich die Freiheit finden wollte. Daß ein Suchweg vor mir lag. Ein langer und vielleicht vergeblicher, ein Suchweg nach mir selbst und dem, was mich zu einem ganzen Menschen machte.

Nach zwei Stunden passierte ich das Kasernentor und trat in die Staffelbaracke ein, zu dem Oberleutnant, der unsere Staffel führte. Die Staffel bestand aus zwölf Flugzeugen. »Unteroffizier Zink meldet sich aus dem Gefängnis zurück.« Er gab mir warm und freundschaftlich die Hand. Und mir schien, es werde nun, da der Dienst wiederkehrte, die Pflicht, der Krieg, die Kameraden, alles einfacher. Unserer Maschine, die am Platzrand stand, streichelte ich liebevoll die metallene Außenhaut und sagte ihr guten Tag. Schließlich saß ich bei den Kameraden und ließ mir erzählen, was inzwischen gewesen war und wer inzwischen fehlte. Eine übersichtliche Welt, in der ich klare Funktionen hatte, nahm mich, wohltuend und fast erlösend, wieder auf.

Wenn ich mich heute recht erinnere, so kam mir auf jenem Weg durch die Ginsterheide zwischen dem Gefängnis und dem Fliegerhorst zum erstenmal der Gedanke, es müsse wohl ein Zusammenhang bestehen zwischen meinen Vorstellungen von Gott und meinen Vorstellungen von mir selbst. In beiden Richtungen aber sei es wohl sehr schwer, auch nur kleine Schritte weiterzukommen. Wie kommt einer dazu, zu verstehen, wer er selbst ist? Und wie kommt er dazu, zu verstehen, wer Gott ist? Und wie hängt beides zusammen? Weil aber beides so schwer ist, habe ich damals mit dem angefangen, was mir näher lag.

Ich empfand, wenn ich wissen wolle, wer ich sei, so müsse ich mich sozusagen erst einmal einsammeln. Einsammeln meine verschiedenen Interessen, meine Widerstände gegen dies und jenes, auch die Rollen, die ich diesen und jenen Menschen gegenüber spielte. Ich müsse mich sozusagen auf einen Punkt bringen. Ich müsse mich konzentrieren. Ich müsse also mich einüben in ein gesammeltes Leben, um dem zu begegnen, der ich – wahrscheinlich – war. Ich empfand, daß meine Seele einer Haut bedürfe und daß ich diese Haut stärken müsse. Wenn ich »Ich« sagte und mich aufrichtete, dann entstand diese Art Haut.

Ich empfand, ich müsse irgend etwas tun, um die Kräfte und Fähigkeiten, die in mir rumorten oder schliefen, zusammenzuordnen. Ich fand schließlich allerlei Übungen der Selbstdisziplin, der Konzentration, der Mobilisierung bestimmter Fähigkeiten. Und es dauerte lange Jahre, bis ich bemerkte, daß alle Anleitungen zum religiösen Leben, zum geistlichen, zum Leben überhaupt mit einem solchen ersten Schritt beginnen, daß in allen Meditationswegen, die mir aus fremden Religionen bekannt wurden, dies, die Sammlung, der Anfang ist. Darum also geht es: Sich selbst finden. Sich in die Hand bekommen. Mit sich selbst umgehen wie mit einem Werkzeug.

Bis zu jener Zeit im Frühjahr 1944 hatte ich in jeder freien Stunde philosophische Literatur gelesen. Platon. Die Vorsokratiker. Die Stoiker. Descartes. Spinoza. Leibniz. Kant. Die deutschen Idealisten. Die Lebensphilosophie des 19. Jahrhunderts. Ein unserer Familie verbundener Professor, nicht derselbe, von dem ich oben gesprochen habe, war starker Raucher und konnte ohne Zigarren nicht denken. Ich selbst hatte keinen Geschmack am Rauchen gefunden, und so ergab sich ein für mich außerordentlich hilfreicher Austausch. Ich schickte ihm regelmäßig alles Rauchbare, das uns Soldaten zugeteilt wurde, und er revanchierte sich damit, daß er mir ebenso regelmäßig Bücher schickte, die er als für mich geeignet ansah, und schließlich führte ich das Edelste der philosophischen Literatur in meinem Koffer mit mir von Flugplatz zu Flugplatz.

Wenn ich meine damaligen Versuche heute betrachte, ergibt sich von dort aus ein nicht geradliniger, aber folgerichtiger Weg bis zum heutigen Tag. Ich denke heute mehr an die religiöse Überlieferung, an die Meister und Meisterinnen der spirituellen Tradition. Ich denke an die Großen der ersten Jahrhunderte, an Origenes oder die Mönche der ägyptischen Wüste. An Dionysius Areopagita im 6. Jahrhundert, an den orthodoxen Visionär Simeon im 10. Jahrhundert, an Frauen wie Hildegard von Bingen, Mechthild von Magdeburg, Katharina von Siena, Therese von Avila oder Simone Weil, die Zeitgenossin aus dem letzten Krieg. Ich denke an die Mystiker Gregor von Nyssa, Bonaventura, Meister Eckehardt, Johannes Tauler, Heinrich Seuse, Jan von Ruysbrock, Nikolaus von Flüe, Johannes vom Kreuz, an Johann Arndt, Jakob Böhme, Friedrich Spee, Angelus Silesius, Gerhard Tersteegen, Friedrich Christoph Oetinger oder die Zeitgenossen Dag Hammarskjöld und Thomas Merton. Und ich denke an die geistlichen Denker wie Nikolaus von Cues oder Blaise Pascal, Pierre Teilhard de Chardin oder an die großen einzelnen wie Franz von Assisi oder Martin Luther.

In einem Brief aus dem Kriegsjahr 1943 schrieb ich nach Hause: »Wenn das Christentum nicht seinen mystischen Hintergrund wiederentdeckt, dann hat es uns nichts mehr zu sagen.« Das ist ein Satz, den ich heute, fast fünfzig Jahre später, unverändert wiederholen kann.

Inzwischen haben mich die Mystiker der christlichen Tradition ständig begleitet. Und immer wieder fiel mir auf, daß die inneren Wege, die sie zeigten, einander in auffallender Weise ähnlich waren.

Es waren im Grunde immer wieder die gleichen Schritte, zu denen sie rieten: Du mußt dich sammeln. Du mußt die Augen öffnen und sehen, was ist. Du mußt dein Denken klären. Du mußt hören, was die Bibel sagt. Du mußt umkehren von deinen falschen Wegen und Verantwortung übernehmen für das, was du tust. Du mußt die Grenzen betrachten und aushalten, die dir gesteckt sind. Am Ende wirst du, indem du deinen Willen einbringst in den Willen Gottes, in Gott sein, wie Gott in dir ist.

Und immer wieder bin ich seitdem die Wege dieser Übungen gegangen und habe sehr beglückt erfahren, wie viel durch sie zu gewinnen ist.

Manches, was ich dazu sagen will, wird dem ähnlich sein, was wir heute Meditation nennen. Aber an diesem Wort liegt mir nichts. Was wird nicht alles unter diesem armen, zertretenen, mißbrauchten Wort gehandelt! Auch »Einkehr« möchte ich es nicht nennen, weil der Weg, den ich zeigen möchte, sich keineswegs nur nach innen wendet, sondern auch nach außen, in unsere Umgebung und zu den Menschen. Ich meine eine Offenheit gegenüber allem, was begegnet, eine Wachheit des Geistes und der Seele, des Herzens und des Leibes, die dem zugewandt ist, was in uns und um uns her geschieht. Ich meine eine lebendige Art, zu erfahren und nachzudenken und schließlich zu handeln.

## *Erste Versuche*

Das war mir damals klar: Wer ein freier Mensch sein will, der muß den aufrechten Gang üben, das Stehen. Aber wie lernt man das? Ich stand einmal eine Zeitlang auf freiem Feld, zur Wache eingeteilt, um auf Partisanen zu achten. Und da erinnere ich mich an eine Reihe sehr stiller und schöner Nächte. Der Himmel war klar, der Horizont frei. Die Kuppel der Sterne über mir. In der Navigationsschule hatte ich gelernt, wie sie alle heißen und wie sie zu Sternbildern zusammengehören, woran man etwa auch Planeten und Fixsterne unterscheide. Nun machte ich mit diesem einfachen Wissen eine der großen Erfahrungen meines Lebens. Ich sah, wie das ganze Himmelsgewölbe sich im Lauf der Stunden über mich hinwegbewegte, die Sterne aufstiegen oder in den Dunst des Horizonts eintauchten. Ich brauchte sie nur mit ihrem Namen zu begrüßen und zu verabschieden. Die Erde lag unter mir, weit und eben. Unbeweglich. Und unbeweglich stand ich auf ihr. Sie lag waagerecht, ich stand senkrecht zu ihr. Ich war eine Art Verbindung zwischen Himmel und Erde. Ich ahnte die unmeßbaren Energien überall im Kosmos, versuchte sie aufzunehmen und war mir des großen Zusammenhangs gewiß, in dem ich stand und aus dem ich nicht fallen konnte. Ich tue das zuweilen heute noch, und ich tat es vor allem dreißig Jahre nach jenen Anfängen, als ich mit Beduinen in der Wüste im Sand nächtigte. Ich lag, ein wenig abseits der Ziegen und Kamele, auf dem Rücken, während über der unglaublichen Stille der Sanddünen und der Felsklippen die Sterne von Osten nach Westen wanderten. Es wäre ein unersetzlicher Verlust gewesen, hätte ich in solchen Nächten ein Auge zugetan. Denn wenn die Sterne zu mir reden sollen, muß ich ein Hörender sein, ihnen zugewandt mit ganzem Herzen, ganzer Seele und mit allen Kräften.

So auch suchte ich mir einmal im Ruinenfeld von Palmyra, der wunderbarsten alten Stadt im Nahen Osten, einen Platz auf einem Mauervorsprung, den die Schakale nicht erreichten, und sah eine Nacht lang die Säulenreihen und mich selbst eingefaßt in den großen Zusammenhang der Welt, die Gottes Welt und Ausdruck von Gottes Willen ist.

Auf Spaziergängen in der Umgebung unseres Flugplatzes fing ich damals im Krieg an, da und dort stehenzubleiben, wo ein einzelner Baum sich aus seiner Umgebung heraushob. Ich sah ihn so lange und so genau an, daß ich seine Linien nachzeichnen konnte. Denn kein Baum ist wie der andere, keiner drückt im Gegenüber zum Menschen dasselbe aus wie der andere.

Ein Baum hat eine Gestalt, die ihn mit anderen Bäumen seiner Art verbindet und ihn kenntlich macht, und er zeigt ein Schicksal, das ihn aus seinen Artgenossen heraushebt. Sturm, Trockenheit, Nachbarschaft anderer Bäume, Eingriffe des Menschen machen sein Schicksal aus und geben ihm seine »persönliche« Gestalt. Dabei »macht« der Baum nichts. Er lebt. Er wächst und behauptet sich. Er »will« nichts. Er gehorcht dem Gesetz, das in ihm ist.

Man findet sich, wenn man so vor einem Baum steht und ihm begegnet, unversehens bei der Bemühung, »wie ein Baum« zu sein. Zu stehen. Sich aufzurichten. Wurzeln zu schlagen. Raum zu gewinnen. Ein Mensch zu werden, der aufrecht dasteht. Man verläßt den Baum wieder und setzt seinen Gang fort. Aber man hat ihn kennengelernt und ihm gegenübergestanden. Vielleicht gar: sich selbst für diese Stunde gewonnen.

Oder, ganz anders: Ich legte mich manchmal bei einem Gang durch einen Wald unter einen großen alleinstehenden Baum, so daß mein Kopf am Stamm lag und der Körper vom Baum weg, als ginge er wie ein Strahl vom Baum aus. Dann schaute ich den Stamm nach oben, woher das Licht kam, und empfand die Erde, auf der ich lag. Ich stellte mir die Wege der Wurzeln durch das dunkle Erdreich unter mir vor. Sie suchen ja die gleiche Richtung vom Baum weg und auf den Baum zu wie mein eigener Körper. Sie sammeln das Wasser aus der Erde und leiten es zum Stamm. Dort steigt es auf und durchdringt die Zweige und das Blattwerk. Das Blattwerk aber nimmt das Licht auf, und die Kraft, die es aus dem Licht gewinnt, kehrt zurück in den ganzen Baum bis in die letzte Wurzel. Es kann dabei nach einiger Zeit gelingen, wie eine Wurzel zu sein, Kräfte aufzunehmen, weiterzugeben und wiederzugewinnen. Die einfache Konzentration, die ich mir selbst und dem Baum zuwandte, empfand ich als eine Quelle von Lebendigkeit und Kraft.

Manchmal später, an einem warmen Sommertag, legte ich mich auf den Rücken auf die Erde und ließ die Wolken über mir ziehen. Ich nahm nichts wahr als die Wolken, und sie wirkten auf mich wie Bilder der fließenden Zeit. Und ich empfand: Die Zeit ist nichts weiter als die Weise, in der ich mein Dasein erfahre. In Wahrheit bin ich, bleibe ich, ruhend im großen Zusammenhang. Und eines Tages wird sich die Zeit für mich auflösen, wie eine Wolke an einem warmen Tag sich auflöst ins Blau des Himmels, und ich werde sein, ohne Zeit, ruhend in Gott.

Solche Versuche haben nichts mit Naturromantik zu tun. Sie sind nötig, damit wir als ganze Menschen die Wahrheit unserer Welt erfahren. Wir müssen mit unserem heimatlosen Verstand wieder in die elementare Welt außen und damit zugleich in die elementare Welt unserer eigenen Seele einwurzeln. Oder eine Schicht tiefer: Wir müssen mit unserer anfälligen und gefährdeten Seele neu einwurzeln in die Vitalität unseres Körpers. Und noch eine Schicht tiefer: Unser Leib muß, wenn er unserer Seele Kräfte zuführen soll, einwurzeln in das elementare Kräftespiel des kosmischen Zusammenhangs.

In wohl allen spirituellen Anleitungen, gleich aus welchem Jahrhundert und welcher Landschaft, stehen am Anfang Übungen in der geistigen Konzentration, Übungen in der Sammlung der Gedanken, der Sinne, der Kräfte. Ich muß, so sagen die Meister unermüdlich, am Anfang wenigstens fähig sein, mich ungeteilt einem einfachen Ding zuzuwenden, wie sollte ich sonst fähig sein, eine geistige Erfahrung zu erfassen und festzuhalten? Mit Übungen dieser Art habe ich während meiner Soldatenzeit bewußt begonnen.

Ich nahm also irgendein Blatt von einem Baum und betrachtete es. Mich interessierte im Augenblick nichts als dieses Blatt. Ich tat fünf Minuten lang nichts anderes, als dieses Blatt mit aller Aufmerksamkeit zu sehen. Seine Form, seine Farbe, seinen Aufbau, seinen schmalen Stiel, die Spitzen, aber auch seine Elastizität, die weichen und die harten Stellen seiner Struktur, die tragenden Streben, das feine Geäder, die Leichtigkeit, mit der es in meiner Hand lag, seine Transparenz für das Licht.

Versuche ich das zum erstenmal, so werden mir nach spätestens zwanzig Sekunden andere Dinge einfallen, irgendein Laut wird mich stören, eine Bewegung um mich her, irgendeine Anspannung auf das hin, was ich nachher tun will oder soll. Meine Ungeduld wird mich stören oder das Kratzen meines Pullovers am Hals. Aber man kann das lernen. Ich habe es lange geübt auf den Fahrten mit dem Fahrrad, wenn ich als Student vierzig Kilometer unterwegs war, um meine Braut zu besuchen, zum Beispiel so, daß ich versuchte, zwei Kilometer weit konzentriert bei einer Blume zu verweilen, die ich mir an den Lenker gesteckt hatte.

Ich habe damals gemerkt, daß ich es nicht konnte. Nach spätestens einer Minute waren die Gedanken anderswo. Aber wie will ich mich selbst wahrnehmen können, wenn ich für ein einfaches Blatt keine Sammlung aufbringe? Wie will ich ein Wort, das mich angeht, aufnehmen können, wenn ich immer zugleich zehn andere Dinge im Kopf habe? Im Evangelium sind alle wichtigen Worte so geartet, daß ich sie mit meinem zerstreuten, oberflächlichen Normalbewußtsein nicht verstehen werde. Ich muß auch ein Wort wie »ihr seid das Salz der Erde« oder »dein Wille geschehe« fünf Minuten lang mit behutsamer Ausschließlichkeit hören, vor mir sehen, es betrachten, sein Gewicht fühlen, seine weiter wirkende Ausstrahlung bedenken, sonst wird es mir nicht viel sagen.

In den chassidischen Geschichten erzählt Martin Buber von einem jüdischen Rabbi, dem man klagte, es gebe Leute im Dorf, die ganze Nächte Karten spielten. »Das ist gut«, sagte der Zaddik. »Wie alle Menschen wollen auch sie Gott dienen und wissen nicht wie. Aber nun lernen sie sich wach halten und bei einem Werk auszuharren. Wenn sie darin die Vollendung erlangen, brauchen sie nur noch umzukehren – und was für Gottesdiener werden sie dann sein!«

Dabei muß mir deutlich sein, daß Sammlung, Konzentration nicht das Ergebnis einer Willensanstrengung ist, sondern die Frucht eines »Lassens«. Ich lasse los, was mich bindet. Ich lasse, was ich tun möchte oder sollte. Ich lasse, was mich nach allen Seiten hin interessiert. Ich lasse, was in mir im Kreis jagt oder nach allen Richtungen am Laufen ist, und wende mich dem einen zu, das ich suche und das mir wichtig ist.

Wir sagen, wir hätten fünf Sinne. Aber schon mit dieser Zahl zeigen wir an, wie arm wir geworden sind. Haben wir nicht mindestens ein Dutzend? Wir hören, wir sehen, wir tasten, wir riechen, wir schmecken. Aber wir fühlen auch die Wärme der Sonne oder des Feuers. Wir empfinden das Gewicht, mit dem wir auf der Erde stehen. Wir fühlen, ob wir im Gleichgewicht sind gegenüber den Anziehungskräften der Erde. Wir wissen, was Raum ist und wie wir ihn füllen oder uns in ihm bewegen. Wir wissen, was groß ist und was klein, und verhalten uns dem Großen und dem Kleinen gegenüber verschieden. Wir leben in der Zeit und unterscheiden, was langsam sich bewegt und was rasch vorübergeht. Wir messen – auch ohne Uhr – Stunden und Augenblicke, Tage und Nächte. Wir empfinden Schmerz, wenn wir uns verletzen. Wir fühlen Müdigkeit und legen uns schlafen. Der Magen meldet uns, wenn die Zeit ist zu essen, der Mund, wann wir trinken sollen. Und hat nicht die Liebe ihren eigenen wunderbaren Weg von der zarten Empfindung bis zu der Ekstase, die dann meinen ganzen Körper füllt? Alle meine Sinne reichen auch tief in den Zusammenhang mit Wahrnehmungen, die scheinbar ganz unsinnlich sind. Wir fürchten etwas, das auf uns zukommt. Wir empfinden Angst oder Vertrauen oder Unsicherheit – und alles immer zwischen den Nachrichten der Sinne und unserer inneren Antwort.

Wir sind reicher, als wir meinen, wenn wir mit all den Sinnen und den Kräften leben, die uns Erfahrung verschaffen, Empfindung oder Einsicht. Wir sind in einem unendlich feinen Netzwerk von Aufnehmen und Antworten, von Wissen und Erinnern, von Denken und Fühlen, von Freude und Weinen, Liebe, Spiel und Kampf geschaffen. Viele aber tun so, als besäßen sie nichts als den kleinen, sehr kleinen Verstand.

Wer sich sammeln möchte, um mehr erfahren, erkennen und verstehen zu können, muß in diesem Netzwerk zu Hause sein. Er muß sensibler mit sich selbst umgehen können als mit irgendeinem Ding, das er an die Hand nimmt. So hat unser Körper zum Beispiel seine ihm eigenen Rhythmen. Er lebt im Februar anders als im August. Er lebt morgens um vier anders als nachmittags um fünf oder abends um zehn. Morgen- und Abendstunden sind für den Austausch der Kräfte zwischen Leib, Seele und Geist keineswegs gleichwertig. Wie es nicht gleichgültig ist, ob jemand mit leerem oder vollem Magen nachdenkt, ob er ausgeschlafen oder abgehetzt zu den Menschen kommt. Beruhigungs- und Anregungsmittel helfen gar nichts, wenn sie nicht das Auf und Ab unterstützen, das im Körper ohnehin geschieht. So wird jeder, der geistig weiterkommen will, ergründen müssen, zu welcher Tageszeit, in welcher Umgebung, in welcher Haltung des Sitzens oder Liegens oder Stehens sein Leib, seine Seele und sein Geist am besten und willigsten tun, was er ihnen gerne abfordern möchte.

Und weiter, er wird versuchen, mit seinen eigenen Organen und Sinnen ins Gespräch einzutreten. Ein Organ unseres Körpers ist ja merkwürdigerweise zugleich eine Art eigenes Wesen, wie es andererseits Teil eines strömenden, lebenden und wirkenden Ganzen ist. Nehmen wir es als etwas Eigenes, etwa Herz oder Magen, so ist es durchaus möglich, es anzusprechen.

Als mir einmal ein Arzt einen Schaden am Herzen bescheinigte, stellte ich in einem langen Gespräch, das ich mit meinem Herzen führte, fest, daß es mir sagte, es sei gesund. Und das war es dann auch. Als ich einmal in einen Computertomographen, in eine enge Röhre, geschoben wurde und ich die mir bevorstehende unbekannte Art der Durchleuchtung als unbehaglich empfand, sprach ich mit meinem Gehirn und sagte: »Jetzt kommt etwas ganz Neues auf dich zu. Bitte, sei so gut und zeige mir, was du erlebst.« Und da sah ich einen feinen silbernen Schneefall aus ganz zarten Flocken, aus weißen Kristallen oder Lichtpunkten, der sich langsam auf mich zubewegte, sehr still und voll strömender Kraft. Wie ein Tanz aus unendlichen Energien. Es war ein wunderbares Bild, ein Bild von großer Weite, Stille und Schönheit.

Sich konzentrieren heißt hier sich mit allen geistigen und seelischen und körperlichen Fähigkeiten einem Geschehen in uns selbst zuwenden und bei ihm verharren, bis es sich offenbart.

Das kann uns auch, wenn wir eine Landschaft erleben, zu neuen Bildern und Erfahrungen führen. Als ich einmal auf dem Dschebel el Acra, dem heiligen Götterberg der Syrer, wanderte, der sich 1700 m hoch unmittelbar aus dem Mittelmeer erhebt, und dabei meine Reaktion auf den steilen, weißen Gipfel und die Sagenwelt, die mit ihm verbunden ist, empfand, während seitlich meines Weges Schafe zogen, war mir plötzlich, als seien das Land, der ungeheure Horizont, der Berggipfel, die Welt der Sagen und der vieltausendjährigen geistigen Geschichte um diesen Berg und der eigene innere Mensch, der ich selbst bin, auf seltsam dichte Weise eins. Man kann durchaus Augenblicke erfahren, in denen die Trennungslinien zwischen einem selbst und dem Ganzen der umgebenden Erde, Luft und Landschaft sich aufheben, wie es ja auch wirklich ist. Alle Trennungen sind künstlich, in Wahrheit leben wir im Austausch mit allen Elementen, die um uns sind und in uns selbst.

Jeder von uns wird seinen eigenen Weg finden müssen. Ich erzähle dies alles nicht, um den Leser zu ermuntern, dasselbe zu wollen. Ich zeige Beispiele aus meiner Erfahrung. Was in anderen geschehen soll und kann, das muß jeder für sich selbst finden. Der Irrtum beginnt erst dort, wo eine bestimmte Methode, ein bestimmter Meditationsweg, ein bestimmtes geistliches Verfahren vorgeschrieben werden. Ich kann mich nur von dem anregen lassen, von dem ich empfinde, es habe mit mir zu tun.

## *Anwesend sein*

Wir heutigen Menschen in unserer lärmerfüllten Innen- und Außenwelt wünschen uns, es möge doch wenigstens dann und wann etwas wie Stille um uns her und in uns einkehren. Nichts begreiflicher als das. Aber Stille ist nicht der Anfang unserer Bemühungen um ein menschenwürdiges Leben, sondern ein fernes Ziel. Denn der eigentliche Lärm kommt ja nicht von außen, sondern von innen, und die Stufen in die Tiefen unserer eigenen Seele hinab sind verstellt mit vielerlei Gerümpel. Stille ist nicht einfach da, wo das äußere Leben zurücktritt. Das einsame Zimmer am Ferienort ist noch kein Ort der Stille, denn wo die äußere Welt schweigt, setzen die inneren Stimmen ein, da beginnt das Herz zu reden, zu schreien, zu fragen und sich selbst Antworten zuzulärmen, da kommen die Selbstgespräche mit Anklage und Verteidigung. Es gibt ein Schweigen, das leer und trostlos ist wie ein Schuttabladeplatz, dunkel wie ein Gefängnis oder gefährlich wie ein Raubtier, von Stimmen durchschwirrt wie die Hölle selbst.

Eine Stille, der auf die Dauer unsere Liebe gehören kann, schließt immer etwas ein, das mehr ist als wir selbst. Ein Gespräch mit einem Du. Sie bringt ein Wort oder ein Zeichen einer anderen Welt. Ein Zeichen, an dem abzulesen oder abzutasten ist, was der Sinn all der Bedrängnis ist, deren wir uns zu erwehren haben. Was das alles soll. Wo es hinaus will. Ob es einen Ausweg gibt, einen Durchbruch, eine Befreiung. Ob nach der Finsternis noch einmal ein Tag kommt, ob etwas von Liebe in allem ist oder nur ein dummes, einfallsloses Schicksal. Ob einer ist, der die Stimme der Angst hört.

Aber was können wir nun praktisch tun, wenn es uns darum geht, so gesammelt zu leben, daß wir uns selbst finden? Ein Ballonfahrer, der Höhe gewinnen will, muß Ballast abwerfen, aber nicht einfach drauflos, sondern behutsam und nach genauem Maß. Ich habe damals vieles gefunden, das mir dabei geholfen hat.

Ein erstes, das wir tun können, ist ein freundliches Verabschieden dessen, was uns stört. Da ist in uns selbst alles voller

Bilder, unruhiger, wie eine Mischung aus vielen Filmen. Wir können sie nicht einfach abschalten. Wir können sie kommen lassen, sie anschauen, sie für einen Augenblick gelten lassen und sie loslassen. Sie ziehen dann durch uns hindurch, wie Wolken am Himmel vorüberziehen.

Es ist alles voller Worte, die unsere Aufmerksamkeit fordern. Wir lassen sie kommen, hören ihnen eine Weile zu, lassen sie einen Augenblick gelten und lassen sie los. Wir werfen sie wie ein Stück Holz in einen Fluß, und sie werden ruhig davonschwimmen.

Es ist alles voller Empfindungen, auch unangenehmer, voll von Erinnerungen und voll von Erwartungen, was wohl die nächste Stunde bringen möge. Sie treiben in uns um, und wir können sie nicht erschlagen. Lassen wir sie eine Weile gelten. Sie werden sich legen wie Wellen, wenn der Wind nachläßt.

Ein zweites: Das eigene Ich zurücktreten lassen. Ich mache mir deutlich, daß fast alles, was in mir geschieht, nicht von mir selbst »gemacht« wird. Wir bezeichnen auch äußere Dinge oft bewußt unscharf. Wir sagen: Es tagt. Wer ist das, der tagt? Wir sagen: Es regnet. Es schneit. Es stürmt. Es donnert. Es ist hell. Es duftet. Es ist still. Es friert mich. Was ist das für ein »Es«, das all dies tut? Das fragen wir nicht, und wir brauchen es nicht zu fragen.

Ähnlich können wir uns selbst empfinden. Nicht ich atme, sondern es atmet in mir. Nicht ich bin ruhig, sondern es ist ruhig in mir. Nicht ich lebe, sondern es lebt in mir. Nicht ich denke oder empfinde, sondern es denkt oder empfindet in mir. Nicht ich habe Angst, sondern es ängstet sich in mir. Nicht ich will, sondern es will in mir.

Ich werde dabei bemerken, wieviel weniger wichtig ich dabei werde, wieviel unauffälliger »es« dabei in mir denkt. Wieviel ruhiger »es« in mir wird. Wenn ich ein paar Schritte weiter sein werde als am Anfang, werde ich die Möglichkeit betrachten, daß all das, was da von irgendeinem Es her in mir geschieht, im Grunde die alles durchdringende und durchwirkende kosmische Gegenwart Gottes ist, die mein Leben, meinen Leib und Seele, meine Person und alles, was an mir lebendig ist, ausmacht. Aber das brauche ich jetzt noch nicht zu bedenken. Mir soll genügen, daß mein aufdringliches Ich ein wenig stiller wird.

Oder ein anderer Weg: Ich versuche einfach, zu »verweilen«. In früheren Jahren verbrachte ich meine Ferien mit meiner Frau und meinen Kindern oft in einer Hütte unmittelbar am Meer. Wenn ich früh aufstand und alles noch ruhig war, die Sonne kaum den Horizont überstiegen hatte, fand ich das Wasser still, ein kaum spürbarer Wind zog vom Land aufs Meer hinaus. Dann fuhr ich hinaus, eine Stunde lang, und legte draußen das Paddel ins Boot. Danach hörte ich nichts mehr als das leise Glucksen kleiner Wellen an der Bootshaut, manchmal einen Vogel schreien, einen springenden Fisch leise ins Wasser gleiten. Das Getucker eines Fischerbootes. Sonst nichts. Über mir ein blaßblauer Himmel mit den Resten weißer Streifenwolken, in der Ferne ein dunkles, gewelltes Band, die Küste, und das Meer. Der unendliche Horizont.

Dann eine halbe Stunde nichts wollen als in der Weite dasein, wie das Wasser da ist und der Himmel und der leise Wind. Nichts tun als den Raum empfinden, mit den Vögeln ziehen, den Fischen zusehen und ohne Absicht dasein wie sie.

Und noch einen Schritt weiter: Im allgemeinen ist für uns das Gebet ein Reden des Herzens oder ein Reden des Mundes. Immer wird etwas gesagt. Immer muß etwas formuliert werden. Aber manchmal werden die gesprochenen Gebete deshalb so leer und formelhaft, weil sie immer in Worten bestehen. Ich habe im Lauf meines Lebens mehr und mehr gefunden, daß ich auch vor Gott sein kann, ohne zu reden. Wenn ich glaube, daß Gott mein Wort hört, dann ist mein Wort im Grunde unnötig. Dann hört Gott auch, was ich denke, ohne es auszusprechen. Dann sieht Gott, was in mir ist, und nimmt mich an, wie ich, ohne Wort, vor ihm anwesend bin, mich vor ihm ausbreite, ohne mich oder irgend etwas in mir zu verbergen. Wenn Menschen um mich sind, die von mir Worte des Gebets brauchen, dann bete ich mit Worten, aber mein eigenes Gebet wurde im Lauf meines Lebens immer leiser, bis es heute fast nur noch in meiner wortlosen Gegenwart vor Gott besteht, einem wortlosen Hören auf das, was Gott redet, und einem wortlosen Nachsprechen dessen, was Gott mir sagt.

Anwesend sein vor Gott ist im Grunde schon das Ziel. Wenn ich nach Burgund komme, gehe ich gerne in die alten Kirchen und steige hinab in die Krypten. Dort fand ich einmal einen der ergreifendsten Räume, die ich kenne, den Rest einer Kirche aus dem zehnten Jahrhundert. Kreisrund ruht er unter der gotischen Kirche. Ein doppelter Kranz mannshoher Säulen unter einem rohen Gewölbe steht um eine fast dunkle Mitte. Wenn ich zwischen die Säulen trete, die so schweigen und warten, wie sie seit tausend Jahren stehen, bin ich ein Teil dieses Raums, der so unerhört schweigt und so gesammelt auf die eine Mitte deutet. Er ist anwesend. Und ich kann es in ihm und mit ihm sein.

Denn bei allem Nachdenken über Gott und mich selbst finde ich, daß weniger dies das schwierigste Problem ist, ob Gott gegenwärtig sei, sondern das andere, ob ich selbst die Kraft habe, vor ihm anwesend zu sein.

Die Bibel redet immer wieder von dieser »Anwesenheit«. Sie schildert, irgendein Mensch werde von Gott bei seinem Namen angerufen, der Mensch bleibe stehen und sage nichts als das eine Wort: »Hier bin ich.« Und diese Antwort sei der Beginn eines neuen und eigenen Bewußtseins, eines neuen Weges und Auftrags, der Beginn einer neuen Selbstfindung und Selbstgewißheit. Hier liege der Ursprung des Stehvermögens und der Freiheit, hier finde das Dasein eines Menschen sein Fundament und seine Richtung. Aus dem Urgestein »Gott« bilde sich das stabile Ich.

Als ich zwanzig Jahre alt war, stand ich eines Tages in einer französischen Festungsanlage bei Lyon wie festgebannt vor einem über und über weißblühenden Schwarzdorn, als wäre er eine himmlische Erscheinung, und ich wußte: Da rührt dich etwas an, das kommt von weit her. Und das geht dich an. Das mußt du festhalten. Ich spürte förmlich die Kräfte, die hinter der Erscheinung am Werk waren. Weit hinter ihr. Aber ich hätte nicht sagen können, wer oder was mich da berührt habe. Noch jahrelang ging das Bild des Busches mit mir, und im Grunde wuchs in mir aus diesem Bild der Wille, mich nie in meinem Leben mit dem zu begnügen, was vor Augen liegt, sondern immer nach dem zu fragen, was denn in Erscheinungen und Begegnungen von weiter her zu mir dringen wolle. Und als ich später zum erstenmal die Geschichte von der Offenbarung Gottes an Mose im brennenden Busch las, war mir, als erzählte die Bibel meine eigene Erfahrung.

Dreißig Jahre später stand ich zum erstenmal auf dem Dschebel Musa, dem Moseberg im Sinai, an einem glühend heißen Tag. Rings um den Gipfel ruhten die runden Felskuppen aus rotem Granit. Unendlicher Blick über Berge und Ebenen hin. Vollkommene Stille. Da sagte ich mir das »Lied des Mose« vor, den 90. Psalm.

»Herr Gott, du bist unsere Zuflucht für und für.
Ehe die Berge wurden und die Erde und die Welt geschaffen wurden, bist du Gott von Ewigkeit zu Ewigkeit.«

Und ich empfand: Diese Verse der Bibel gehören zum Urgestein menschheitlicher Überlieferung. Sie veralten nicht in den Jahrtausenden, so wenig wie die Felskolosse um mich her.

Ich bin danach immer wieder dort oben gewesen. Wenn ich nur einen Tag Zeit hatte, stieg ich in der Mittagshitze auf den 2600 m hohen Gipfel. Wenn es mehrere Tage waren, wanderte ich mit Freunden oder allein in der Nacht hinauf so, daß ich den Sonnenaufgang auf dem Gipfel erlebte. Dann glühten die Felsen in ihrem roten Feuer um mich her wie ein Meer aus Flammen. Und die Sonne hob sich mit überhellem Licht über den Horizont.

Hier oben, so sagt die Bibel, begegnete Mose dem im Feuer erscheinenden Gott und empfing von ihm das Gesetz, auf das er danach sein Volk verpflichtete. Und Mose wird selbst geschildert, als wäre er ein Fels, der hinaufragte in die Feuerzone seines Gottes. Man muß ab und zu erfahren, was das ist: Wüste ohne Baum und Gras. Berg. Fels. Stein. Härte. Hitze. Kälte. Klarheit. Was das ist, daß etwas Bestand hat, daß etwas gilt, daß etwas gegolten hat und gelten wird. Es ist ein Gesundbrunnen für uns verwöhnte Mitteleuropäer, die meinen, sie könnten ihrem Dasein die Nase machen, die ihnen gefällt.

Wenn die Bibel von der »Herrlichkeit« Gottes spricht, gebraucht sie dafür ein Wort, das auch soviel heißt wie Gewicht, Schwere, Härte, Beständigkeit, Kraft. Und wenn sie von Ewigkeit spricht, dann ist darin nicht nur die Länge der unendlichen Zeit gemeint, sondern zugleich auch das, was wir die Unendlichkeit des Raums nennen, die Welt überhaupt in der Kraft ihres Beharrens. Herrlichkeit Gottes, das ist das, was der Mensch nicht erfaßt, nicht verändert, nicht in den Griff bekommt, was er respektieren muß, was seinem Leben den Halt gibt und das Fundament, seinen Gedanken die Klarheit, seinem Schicksal die Unausweichlichkeit.

Ich bin damit im Kriege noch nicht weit gekommen. Es blieb bei den Anfängerübungen. Aber ich begriff, was es heißen würde, ein Mensch zu sein, der steht. Und dieses Stehen-Lernen, diese Wurzel der Standfestigkeit, der Beständigkeit, hat mich durch tausend Erfolge und Mißerfolge mein Leben lang begleitet bis zu dem Punkt, an dem es nicht mehr um das geht, was wir geübt haben, sondern was uns Gott geben will: vor ihm zu stehen auf dem letzten Weg zu ihm hin, der den Namen »Auferstehung« trägt.

# 2.
# Am Anfang stand ein Traum

## *Die Mutter und die Erde*

Ich denke an meine ersten Jahre. Sie liegen für mein Empfinden so weit zurück wie die graue Vorzeit, die ich nur aus Büchern kenne. Woher ich komme, das erfuhr ich erst als erwachsener Mensch aus den Berichten anderer. Aber dann wurde gerade diese Herkunft eine Sache von großer Bedeutung für mein weiteres Denken.

In einem armseligen Bauernhaus, in dem es weder elektrisches Licht noch eine Wasserleitung gab und das einsam am Hang einer kargen Höhe stand, im hessischen Bergland, kam ich zur Welt. Und da ich mit zwei Jahren mich schon an einem ganz anderen Ort befand, erinnere ich mich nur undeutlich, es hätten mächtige Bäume am Berghang gestanden und sie seien recht eigentlich der Hauptgegenstand meines Vertrauens und meines Nachdenkens gewesen.

Der »Habertshof« beherbergte eine Art christlicher Bruderschaft. Es war eine Gemeinschaftssiedlung junger Leute, die meine Eltern nach dem Ersten Weltkrieg 1919 gründeten. Sie suchten nach dem ungeheuren Zusammenbruch alles dessen, was bis dahin als selbstverständlich gegolten hatte, nach einem Anfang, der etwas ganz Neues bringen sollte. Frieden zwischen den Völkern suchten sie und ein Ende des militaristischen Denkens in unserem Land. Einen behutsameren Umgang mit der Erde, einen freundlicheren und lebendigeren. Eine veränderte, lebendigere Kirche, die sich in kleinen Gemeinschaften bilden sollte und ihre verhängnisvolle Bindung an den Staat aufgeben würde. Einen Lebensstil, der von Schein und Fassade und So-tun-als-ob frei sein würde, ehrlicher in der Kleidung und natürlicher in der Ernährung. Eine Gesellschaft, die frei wäre von den alten Ständen der Adligen, der Bürger und der Proletarier, die barmherziger und gerechter mit den Benachteiligten umging. Sie wollten im Gegensatz zur Restauration der Nachkriegszeit einen weniger zwanghaften Umgang mit Geld und Macht. Alle, die dort wohnten, lebten nur mit dem Allernötigsten. Und all das wollte bewältigt sein mitten in der Armut des Anfangs, in den Not- und Hungerjahren jener

*Der »Habertshof«, das Haus der Siedlergemeinschaft. Nach der Renovierung 1989 wirkt er geradezu schön.*

Zeit. Morgens und abends gab es Haferbrei in Tonschalen. Mittags Gemüsesuppe und eine trockene Scheibe Brot. Verängstigte und verwirrte junge Soldaten, die innerlich und äußerlich abgerissen aus dem Krieg heimkehrten, fanden dort eine Bleibe, bis sie wieder den Mut fanden, es mit dem Leben aufzunehmen. Und während sie selbst hungerten, richteten meine Eltern und ihre Freunde ein Haus ein, in dem sie verlassene Kriegskinder aufnahmen.

Sie suchten einen intensiven Landbau, der es mehr Menschen ermöglichen sollte, von der Stadt aufs Land zu ziehen, so daß auf dem Stück Erde, das bisher eine einzelne Bauernfamilie ernährt hatte, zwei bis drei Familien leben konnten. Sie gedachten auf diese Weise der Großstadt mit ihrer Lebensfeindlichkeit, auch ihrer zunehmenden Arbeitslosigkeit eine breitere Verwurzelung vieler Menschen entgegenzusetzen. Natürlich bildeten sie sich nicht ein, mit ihrem eigenen Versuch einen geschichtlich wägbaren Beitrag zu leisten, doch wollten sie für sich selbst und einige Freunde der Erkenntnis des Notwendigen die Treue halten. Sie sahen ihren Versuch als Zeichen an, das andere in Bewegung setzen sollte.

Der zweite Grundgedanke war der einer neuen, dichten Gemeinschaft des Lebens, des Arbeitens und des gemeinsamen Besitzes. Jeder brachte alles, was er besaß, in die Gemeinschaft ein. Niemand hatte eigenen Besitz oder eigene Einkünfte. Niemand erhielt Lohn oder Gehalt. Die Gemeinschaft beriet, wenn ein Mitglied der Gemeinschaft ein Paar Schuhe brauchte. Spenden, die der einzelne von seinen Angehörigen erhielt, wanderten in die gemeinsame Kasse.

Der dritte war der Gedanke einer »Jugendkultur«. Mein Vater kam aus der freideutschen Jugend, die ihrerseits im Zusammenhang stand mit dem alten Wandervogel der Vorkriegszeit. Bereits die Urwandervogelbewegung war ein fast lautloser Protest gegen die herrschende Kultur des wilhelminischen Zeitalters gewesen. Gegenüber der künstlichen Umwelt der Städte hatte man die Natur neu entdeckt, anstelle des bürgerlichen Anzugs kleidete man sich in kurze Hosen, verwegene Kittel und den Schlapphut des »Kunden«; man schlief in Scheunen und auf Wiesen. Dies alles geschah ohne direkte Revolte gegen die alltägliche Umwelt, die die Wandervögel während ihrer Schulzeit vorfanden, sondern eher rückwärtsgewandt zu einer erträumten Kultur wandernder Scholaren des Mittelalters. Es war Ausdruck einer Sehnsucht nach einem einfacheren, ehrlicheren Leben, die sich hier eine Form schuf. Erst später werden gegenüber dem stillosen Liederschatz des Urwandervogels neue Normen gesetzt: Das Volkslied wird entdeckt, Laienspiele gedichtet und gestaltet, in den Zeitschriften setzen Jugendstil und Expressionismus neue ästhetische Maßstäbe. Abstinenzbewegung und Lebensreform zeigen die Verachtung dieser Jugend gegenüber den Formen bürgerlicher Geselligkeit.

Dazu kam ein weiteres charakteristisches Merkmal der Jugendbewegung: die pädagogische Absicht. Die Jugendbewegung hat ja vor allem auf einem bestimmten Gebiet hervorragend Neues geschaffen: einen neuen Typ des Lehrers und die »freie Schulgemeinde«, in der Lehrer und Schüler gemeinsam in gegenseitiger Hilfe und Achtung zusammenlebten. So sollte etwas wie eine Insel des Geistes der Zukunft in der gegenwärtigen Kultur entstehen. Koedukation war dabei ebenso selbstverständlich wie eine völlige Neuorientierung des Unterrichtsstoffes nach geistigen Gesichtspunkten, wobei der Kunst eine vorrangige Bedeutung zukam.

Dieser Gedanke hat schon in der ersten Anfangszeit auf dem Habertshof zur Idee eines Kinderheims und später einer Landvolkshochschule geführt.

Ein fünfter Gedanke war, wie schon angedeutet, eine grundlegende Erneuerung der erstarrten Kirchlichkeit in unserer Gesellschaft. Man suchte nach den Merkmalen der urchristlichen Gemeinschaft, wie das Neue Testament sie zeigte. Man stand sowohl der heuchlerischen, doppelten Kirchenmoral als auch der Überbewertung jeder Art von Dogma kritisch gegenüber und suchte die Glaubwürdigkeit und Geradlinigkeit eines Lebens, das nach den Weisungen Jesu ausgerichtet sein sollte.

Das Aufkommen einer solchen religiösen Sehnsucht und Stimmung in der Jugendbewegung ist nicht allein aus einer Art Naturmystik und aus Protesten gegen die bestehende Kirche und Moral zu erklären. Es war die Lehre des Krieges, die das optimistische Lebensgefühl, die Sicherheit der Vorkriegsjugend, das Leben »aus eigener Kraft« gestalten zu können, zerstört hatte. Ein tragisches Lebensgefühl, entsprungen aus realer Existenzunsicherheit, das Bewußtsein einer allgemeinen Krise, wie sie auch die Kunst und Literatur der ersten Nachkriegsjahre bestimmen, kommt hier zum Ausdruck, verbunden mit der phantastischen Hoffnung, nach dieser Katastrophe müßten nun alle Formen des Lebens neu und besser werden. Der letzte Grundgedanke war der vom Frieden. Man kann Frieden nur finden, das war deutlich, wenn man nicht mehr haben oder sein will als andere. Frieden kann finden, wer auf Reichtum, Macht und Ehre verzichten kann. Es war eine Vorwegnahme jener einfachen Einsicht, die von der heutigen Menschheit um ihres Überlebens willen gefordert sein wird.

*Das Bergwinkelmuseum in Schlüchtern brachte vor einigen Jahren eine Gedenktafel am Wohngebäude des Habertshofs an, die an die Initiative der jungen Leute nach dem Ersten Weltkrieg erinnert.*

Den Versuch umgab ein ungemein lebendiger Kreis von Menschen. Georg Flemmig, der Lehrer und Dichter, war der väterliche Freund, der seine Hand über dem Haus hielt. Eberhard Arnold, dessen Freundeskreis heute den Hutterern in Amerika angehört, siedelte in der Nähe. Heinrich Vogeler, der Maler aus Worpswede, erscheint im Gästebuch meiner Eltern. Otto Salomon, der Dichter. Victor von Gebsattel erscheint, Eugen Diederichs, der Verleger, und Lulu, seine Frau, Martin Buber, der jüdische Religionsphilosoph. Viele aus dem Kreis der religiösen Sozialisten der Schweiz um Leonhard Ragaz und den jungen Karl Barth, Günther Dehn, Karl Heim und andere waren zu Besuch oder standen mit den Siedlern vom Habertshof in brieflicher Verbindung. Als geistige Vorfahren galten Blumhardt und Kierkegaard. Tolstoi und Dostojewski wurden viel gelesen.

Schließlich verband sich eine neugegründete Zeitschrift, genannt »Der christliche Demokrat«, mit dem Habertshof und der dort verlegerisch tätigen »Neuwerk-Bewegung«, deren Geschäftsführer mein Vater war. In dieser Zeitschrift wurde »Pflege aller echten Demokratie« gefordert, was damals hieß, dem kaiserlichen System von gestern und dem bürgerlichen nach dem Krieg eine soziale Kraft entgegenzusetzen. Es wurde gefordert, die Bergpredigt Jesu nicht nur für das Einzelleben geltend zu machen, sondern auch für das Leben der Völker und ihrer Politik. Und es wurde gefordert, das Christentum stärker mit der politischen Linken zu verbinden, um beide vor dem Fehler zu bewahren, daß das Christentum mit der politischen Rechten verbunden wird und so in die Arme der politischen Reaktion treibt.

Es war alles auf das Ende des alles bestimmenden Egoismus unserer Zivilisation gerichtet. Der einzelne ist nicht für sich selbst da, sondern für eine Aufgabe am Ganzen. Die Völker sind nicht für nationale Träume da, sondern für die Menschheit. Und die Menschheit muß sich statt auf ihre eigenen Interessen auf das Leben aller Geschöpfe ausrichten und auf die Entstehung, das Kommen des Gottesreichs.

Einer der ständigen Mitarbeiter dieser Zeitschrift war ein Mann, dem ich hier gerne ein kleines Denkmal setzen möchte, obwohl ihn heute kaum noch jemand kennt: der Heimatdichter Georg Flemmig. Er war Lehrer an der Volksschule in Schlüchtern, nahe beim Habertshof, später ihr Rektor und wurde zum väterlichen Freund und Schutzpatron der Siedler auf dem Berg. Er war erfüllt von einer tiefen Frömmigkeit ohne konfessionelle Grenzen. In der Stube dieses Dorfschullehrers trafen sich Leute wie Karl Barth und Paul Tillich, der Hamburger Reeder Woermann, Martin Buber, Konservative und Sozialisten, Regierungsbeamte und unzählige junge Menschen, und es wird erzählt, es habe nie belanglose Gespräche gegeben, sondern immer gewichtige und bewegende, Rat sei von dort ausgegangen, Trost und eine klare spirituelle Anleitung zum Leben. Wenn ich heute Jörg heiße, so steht hinter diesem Kurznamen mein Taufname Georg, der mir von Georg Flemmig mitgegeben wurde.

Der große Versuch jener Siedlung auf dem Berg scheiterte nach wenigen Jahren. Die jungen Leute kleideten sich anders als die Bauern ihrer Umgebung, sie lebten anders, sie redeten anders. Sie galten rundum als das, was wir heute »Chaoten« nennen. Man boykottierte sie auf den Märkten. Sie machten auch selbst allerlei wirtschaftliche Fehler. Und so hielten sie sich fünf Jahre lang mühsam über Wasser, bis ihr Unternehmen an der Not zugrunde ging. An der Inflation. Meine beiden Eltern starben schon 1925 und 26 an der Schwindsucht, am Hunger buchstäblich. Aus dem Hof wurde später eine Landvolkshochschule, danach eine Führerschule der Nazis.

Wenn ich heute gelegentlich auf einer Reise durch das hessische Bergland bei Schlüchtern fahre, nehme ich gerne den Umweg über jenen Hof. Die alten Bäume stehen noch. Und die Kühnheit des Herzens, die besonders meiner Mutter eigen gewesen sein muß, ist mir dort sehr nahe. Meine Mutter, Maria Zink, war der Mittelpunkt der Gemeinschaft, und es war vor allem ihr leidenschaftlicher Glaube, der die Menschen dort zusammenhielt. Praktisch, handfest. Und bis zum Ende. Wenn einer neu eintreten wollte oder mit seinen Problemen, die er aus dem Krieg mitbrachte, nicht fertig wurde, sagte man ihm: »Sprich mit Maria!« Eine der jungen Helferinnen von damals erzählte mir als achtzigjährige Frau, sie habe in der letzten Zeit

*Georg Flemmig, Schulrektor in Schlüchtern, der väterliche Freund und Mentor der Siedler und der Mittelpunkt des Kreises der Freunde.*

dieses Versuchs sich einmal an einem Morgen krank melden wollen. Da habe ihr meine Mutter geantwortet: »Bei uns ist man gesund oder man stirbt.« Und so starb sie denn auch mit achtundzwanzig Jahren. Am Hunger. Am Verzicht. Am Opfer.

Mein Vater hatte als Gärtner angefangen und wollte eine Zeitlang Mönch werden. Kartäuser. Aber dann bewog ihn die

Begegnung mit meiner Mutter doch, seine Pläne zu ändern. Er war eigentlich ein verträumter Mensch, phantasievoll, mehr mit Ideen als mit der erdhaften Wirklichkeit verbunden, eine künstlerische Natur mit großem Bildungshunger und intensiver, erdhafter religiöser Leidenschaft, gleichwohl zufassender Tatkraft. Ich habe nur eine einzige Erinnerung an ihn: Ich sehe ihn, wie er in einem Wald auf der Erde kniet, wir Kinder im Kreis vor ihm, und wie er uns eine kleine Blume zeigt, von der ich meine, sie sei blau gewesen.

Meine Mutter kenne ich nur aus Träumen. Gelegentlich erscheint sie mir, wenn ich in irgendeiner mühsamen Situation Rat suche. Sie steht dann in einem bogigen Tor, das in irgendeine Helligkeit führt, schmal, ernst und still in einem bodenlangen, grauen Kleid. Sie hat noch nie ein Wort geredet in solchen Träumen, aber wenn ich danach erwachte, wußte ich, was ich tun sollte. Ich glaube, vieles, was mich als Kind erfüllt hat, geborgen und getragen, kam, als sie längst tot war, von ihr und aus ihrer großen Kraft.

Ich glaube auch, daß mir, hätte ich meine Mutter nicht mit zwei Jahren verloren, der warme Heideboden auf der Schwäbischen Alb nicht im selben Maß zum Inbegriff von »Heimat« geworden wäre. Ohne diesen Verlust wäre mir die Verletzung der Erde durch den Menschen nicht so qualvoll zum Bewußtsein gekommen, lange Jahre, ehe in der Öffentlichkeit davon die Rede war. Ohne das immer gegenwärtige Bewußtsein von der Bedrohtheit allen Lebens und aller menschlichen Liebe und Nähe wäre mir der Krieg nicht so verhaßt gewesen, wie er es war, und wäre mein Weg in die Friedensbewegung nicht so entschieden vorgezeichnet gewesen. Der Verlust der Mutter war die eigentlich traumatische Erfahrung meines Lebens, aber er war viel mehr als das.

An die Stelle meiner Mutter trat die Erde. Ich lag als Junge auf einem der sommerlich warmen Heidehänge und streichelte das karge Gras, die schönen weißen Steine oder die trokkene Erde. Hier war ich zu Hause wie nirgends sonst, obwohl ich nicht sagen könnte, meine zweite Mutter hätte uns drei Brüdern und dem vierten, der ihr eigener Sohn war, nicht alles gegeben, was sie zu geben hatte. Meine Heimat war dennoch, weit abseits der Menschen, die wunderbare Erde über den Waldtälern, waren die Quelltöpfe unter den Felsen und die Bäche, die da rauschten.

Und wenn mein ganzes späteres Leben im Grunde, zunächst leidenschaftlich, später in bedachter Aufmerksamkeit, die Suche nach der Mutter gewesen ist, so war dies immer verbunden mit der Erde, der schönen, der bedrängten, der leidenden. Mit einer Erde, die sich zurückzog vor der Ahnungslosigkeit der Menschen. Auch Verwundungen können eine eigene, lebendige Kraft wecken. Jedenfalls war mir das Trauma, das der Tod meiner Mutter in meiner Kindheit mir zugefügt hat, lebenslang der Quellort für alles, was wirklich aus mir selbst kam an Gedanken und an Kräften. Auch meine ich, sie habe sozusagen in meiner Seele ihr Lebenswerk niedergelegt, das ihr und den Freunden auf jenem Hof am Herzen gelegen hat, und zwar so, daß es mich mitbestimmt hat schon in Zeiten, in denen ich über das Werk meiner Eltern noch so gut wie nichts wußte. Ich war sicher fünfunddreißig oder vierzig Jahre alt, als ich zum erstenmal Menschen begegnete, die mit meinen Eltern gelebt und gearbeitet hatten, und war damals doch schon selbst auf ähnlichen Wegen.

Ich war nicht weit von den Gedanken meiner Eltern, als ich schon kurz nach dem Krieg, als junger Vikar, anfing, für das Ende des Aufrüstens zu streiten und gegen die Wiederbewaffnung der Bundesrepublik. Als in den sechziger Jahren eine junge Generation auftrat, die neue und andere Vorstellungen vom Sinn ihres Daseins fand, die die überlieferten Strukturen ihrer Gesellschaft aufzubrechen versuchte und von Zielen sprach, die Gerechtigkeit hießen oder Friede oder Veränderung des Bewußtseins, sprach man unter den Älteren von »Chaoten«, und ich habe, was ich vermochte, zu tun versucht, um meiner eigenen Generation zu zeigen, was sie von diesen jungen Leuten zu lernen hätte. Ich galt danach vielen selbst als »Chaot«, wie meine Eltern damals ihren Nachbarn.

Es waren nicht zuletzt auch die Ideen der damaligen Lebensreform, die in veränderter Weise lebendig waren, als ich vor gut fünfundzwanzig Jahren anfing, über Rundfunk und Fernsehen und in Büchern und Schriften den Zeitgenossen das Lei-

*Meine Familie Anfang 1924. Vater Max, Mutter Maria Zink. Unter den Kindern links der Älteste, Gerhardt, später Ornithologe der Vogelwarte in Radolfzell, in der Mitte Friedrich, der als Soldat kurz vor Kriegsende fiel, rechts Jörg, der Jüngste. Die blühende Idylle in dem Wald, der zum Habertshof gehörte, täuscht. Es war mitten in der Notzeit der Inflation.*

den der Kreatur unter dem zerstörerischen Zugriff des Menschen und seiner Technik vor Augen zu stellen und für einen neuen Umgang mit den Elementen der Erde, des Wassers und der Luft zu streiten.

Man war damals, paßte man sich nicht nahtlos in das neue westliche Staatsbewußtsein und in die Regeln, nach denen das Wirtschaftswunder funktionierte, ein, sehr rasch ein Außenseiter, ein Tor, ein Wirrkopf, ein nützlicher Idiot der Sowjets –

mindestens aber war man ein Kommunist. Später, ich war schon zwanzig Jahre lang Pfarrer gewesen, erzählte mir jene alte Dame, die als junges Mädchen auf dem Hof mitgelebt hatte, meine Mutter habe sich auf dem Sterbebett gewünscht, ihr Jüngster, ich, möge ein Pfarrer werden und das reden und tun, was dem Reich Gottes unter den Menschen diene. Ich hatte nie davon gehört.

Ich weiß heute, daß die Aufträge, die uns am Anfang mitgegeben werden, immer wiederkehren. Ich sehe heute, was das ist: Führung eines Lebens und eines Schicksals durch eine höhere Hand, und ich verstehe meine eigenen Entscheidungen aus Impulsen, die meinem eigenen Willen unbekannt und doch vorgegeben waren. Am Anfang meines Lebens stand eine Utopie. Ein großer Tagtraum, der noch keinen Ort finden konnte in der Welt von damals. Und wenn ich heute vorausschaue auf die Zukunft der Menschen, so wird vor meinen Augen wiederum ein Tagtraum stehen, der um des Überlebens der Menschheit willen endlich seinen Ort auf dieser Erde finden muß: der Tagtraum vom Frieden, der von einer neuen Zartheit mit der Schöpfung und der von der Gerechtigkeit auf dieser Erde.

Eine Utopie ist ein Traum, der bei Tage geträumt wird, in der Unschärfe, mit der Kommendes geahnt wird. Er ist die unzeitige Vorwegnahme einer Aufgabe, die Späteren vorbehalten ist. Er ist die Utopie vom unlösbaren Zusammenhang, in dem der Mensch steht mit der Erde, mit ihren Kräften, mit ihrer Schönheit. Die Utopie von der Überwindung des theoretischen Geredes im Christentum, von der Aufhebung der Spaltung des Menschen in den obrigkeitsfrommen Untertan und in den frommen Christen. Die Utopie letztlich von einem gelingenden Leben.

Die Zeit nach dem Tode meiner Mutter und nach dem raschen Abschied von jenem Hof im Sommer 1925, bis mein Vater uns Kindern eine neue Mutter brachte, im Frühjahr 1926, erlebte ich als ständigen Szenenwechsel. Großeltern, Tanten, ein Kinderheim und wieder irgendeine andere Unterkunft. Nirgends war eine Bleibe auf die Dauer. Ich erinnere mich, daß ich mich in jenen frühen Jahren hart entschloß, niemandem fügsam zu sein. Niemand sollte mit mir tun können, was er wollte, niemand mit mir fertig werden. Niemand sollte mich nach seinem Geschmack erziehen können. Die Folge war, daß ich als unhandliches, trotziges Kind galt, später als eigensinniger Schüler, und nur wenige Lehrer dürften mit mir glücklich geworden sein.

Aber auch mein Vater hatte die Tuberkulose in sich. Er hatte sechs Wochen mit seiner zweiten Frau gelebt, da holte ihn seine Krankheit ein, und er starb plötzlich. So erlebte ich den größten Teil meiner Kindheit und Jugend mit einer zweiten Mutter, die uns drei Kinder, die sie übernahm, und ein eigenes in größter Einfachheit und mit unermüdlichem Einsatz aufzog. Sie war auch insofern ein Glücksfall für mich, als sie meinen Drang nach Unabhängigkeit verstand und mir früh eigene Wege erlaubte.

In der Nähe der Stadt, in der ich meine Jugendzeit zubrachte, Ulm, beginnen die Höhen der Schwäbischen Alb, beginnen die tief eingeschnittenen Täler mit ihren Quellen, mit ihren lichten Buchenwäldern und den weißen Kalkfelsen. In den Felsen bergen sich die Höhlen. Als ich sieben Jahre alt war, ging ich oft in ein trockenes Albtal in der Nähe von Ulm, das Schammertal, an dessen Ende an einem Heidehang ein Brunnen war, und verbrachte Stunden allein mit dem Getier, das dort lebte. Ich nahm Grashalme, steckte sie in die Löcher, in denen die Grillen wohnten, so daß sie herauskamen, um zu sehen, was los war, dann nahm ich sie in die Hand und sprach mit ihnen. Ließ mir sozusagen erzählen, wie es dort sei, drinnen in der Erde. Als ich acht oder zehn Jahre alt war, fing ich an, allein in den Wäldern zu leben, tagelang, in den Ferien durch Wochen hin. In den Höhlen schlief ich auf trockenem Laub, auf den Felsen saß ich und träumte oder briet mir Kartoffeln in der heißen Asche. Unter den regennassen Bäumen verbrachte ich Nächte sitzend unter einem Holzschild, den ich als Indianer mit mir führte. Mit der Wäscheleine von zu Hause kletterte ich die Felsen auf und ab. Und nichts hat mich so elementar geprägt wie dieses geheimnisvolle, verschwiegene Land aus Fels und Wald und Wasser und Höhlen. Ich saß tagelang an einem Bach, sammelte kleine Steine und warf sie wieder ins Wasser. Tagelang betrachtete ich die Gestalten der Bäume und die Farben, die in den weißen Felsen spielten. Tagelang streifte ich ohne Weg und Steg quer durch die Wälder, Hang auf, Hang ab, und holte mir irgendwo von einem Baum Kirschen oder Äpfel. Ein Zelt, das meinem Vater gehört hatte, aus feiner Seide gemacht und so eng zusammenzulegen, daß ich es in einem kleinen Rucksack mit mir nehmen konnte, hat mich manches Jahr begleitet und liegt heute noch bei den Schätzen meiner Kindheit.

Eines Tages zeigte mir irgend jemand, wie man eine Schleuder macht. Nicht eine Schleuder mit einem Gummizug, sondern eine wie die des David, eine Ledertasche mit zwei etwa 70 cm langen Schnüren, die man über dem Kopf im Kreis schwang. Am richtigen Punkt ließ man die eine der beiden Schnüre los, so daß der Stein mit großer Geschwindigkeit bis zu zweihundert Meter weit übers Feld flog. Ich suchte mir prismenförmige Kalksteine, möglichst solche mit einem ausgewaschenen Hohlraum, und je nach der Form der Steine entstand durch ihre hohe Eigendrehung ein zauberhafter Klang, ein Schwingen und Rauschen und Singen, ein Brausen oder Schnattern, ein Surren oder Summen oder Heulen. Die erste Musik, die mich wirklich bewegt hat und die ich geliebt habe, war der Gesang der Steine unter dem offenen Himmel der Schwäbischen Alb.

Ich habe damals mit allem geredet, mit dem ich zusammenkam, mit Käfern und mit dem Moos, mit Steinen und Quellen. Es war alles lebendig, und ich selbst war nichts anderes als sie alle. Hier war ich unter meinesgleichen. Die Stadt und die Welt der Menschen waren mir fremd. Ich fand, es sei gut für den Wald und die Bäche, daß ich da war, daß einer sie sah, daß einer sie liebte und sich in ihnen wohl fühlte. Ich gehörte zu ihnen und war glücklich. Als ich später die Novellen Adalbert Stifters las, war ich wieder in dieser Welt des Lebendigen zu Hause. Da wurden mir der alte Waldläufer Gregor aus dem »Hochwald« und der junge Maler aus der »Narrenburg« zu Freunden, von denen ich überzeugt war, sie könnten mich verstehen.

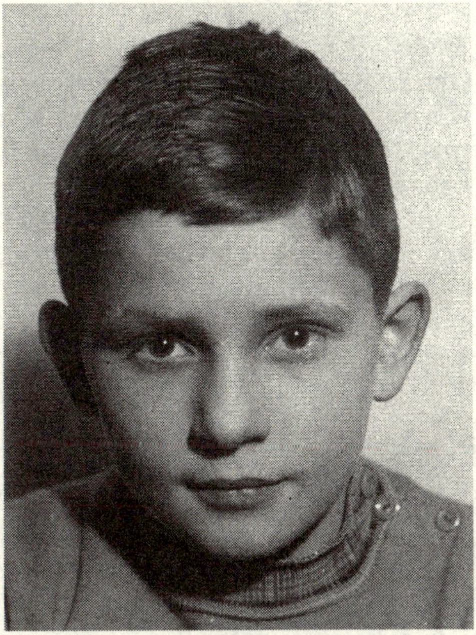

*Mit zwölf Jahren hatte ich einmal Arrest in der Schule abzusitzen, weil ich meine Aufgaben nicht gemacht hatte. Die Aufsicht führte unser Chemielehrer. Bei der Gelegenheit machte er dieses Foto von mir, das eigentlich nur von einem sehr lieben Jungen spricht und kaum von einem Sträfling.*

Wenn ich über die waldigen Abhänge hinschaute, geschah es mir immer wieder, daß aller feste Stoff sich vor meinen Augen auflöste und alles durchscheinend wurde, als sei es aus Glas. Die Bäume verloren ihre Dichte und wurden, als wären sie aus Licht. Die Felsen wurden durchscheinend auf die Erdtiefe, die dahinter und darüber war. Die Hügelkämme am Horizont gingen über in die abendliche Helligkeit, so, als wäre diese ganze wunderbare Welt, in der ich lebte und schaute, nur ein kaum wirklicher Vordergrund zu einem Land aus Licht und geistiger Kraft.

Wenn ich den Wald wieder verließ, war er in mir, und ich war selbst eine Art Wald. Ich brachte ihn mit in die Stadt und füllte die Stadt mit »Wald«. Mit Unabhängigkeit. Mit Phantasie. Mit Lebendigkeit. Nur an einer Stelle begegnete ich ihm auch in der Stadt selbst: in den Säulenwäldern und Deckenkronen des Ulmer Münsters. Und dort war es vor allem die große, alte Kanzel. Wie eine schmale Pappel hob sich der Schalldeckel ins Dämmer des hohen Raums, und wenn ich genau hinschaute, sah ich, daß da eine zweite Treppe schmal hinaufführte zu einer zweiten, kleineren Kanzel, die in dem gotischen Flechtwerk versteckt war. Irgend jemand erklärte mir damals, von dieser Kanzel spreche der Geist Gottes, hoch über dem Mann, der als Prediger auf der unteren Kanzel steht. Und so nistete der christliche Gedanke vom Geist Gottes sich in meinem Wald und in meinen Träumen ein. Daß Gott die ganze Welt aus sich hinausgesprochen habe, leuchtete mir von da aus immer wieder ein. Und ich stellte mir vor, Gott sei ein Vogel, der aus den Ästen eines Waldes, aus seiner Unzugänglichkeit, die Welt aus sich hinaussingt.

Ich war damals nie erstaunt, wenn die Grenzen zwischen der Wirklichkeit und ihrem geistigen Hintergrund sich mir verwischten. So war eben, wie ich überzeugt war, die Welt. Und wenn andere sie nicht sahen, so wußte ich doch, daß hinter allen Dingen dieser Erde eine geistige Wirklichkeit sei, eine Welt aus Farbe und Licht und Energie, und daß dort der Sinn von allem lag, was sich im Vordergrund abspielte. Was wollte all dem gegenüber der naive Anspruch, den die Naturwissenschaft im Schulunterricht mancher Lehrer erhob, sie beschreibe die Welt, wie sie sei?

Was wir als Christen »Schöpfung« nennen, ist ja nicht dasselbe wie »Natur«. Vor einigen Jahren, als ich auf einem Wanderurlaub am Colorado im Südwesten der USA unterwegs war, fuhr ich eines Tages auf dem Lake Powell mit dem Boot und war fasziniert von dem reinen Gestein der Felsgipfel, die aus dem Wasser ragten. Als ich wieder an Land war, nahm ich mir ein Auto und suchte den nächsten Flugplatz, mietete mir dort ein kleines Flugzeug und verbrachte eine traumhafte Stunde des Fliegens im sinkenden Abendlicht über den Gebirgsketten und der vielfältig gegliederten Seenplatte dieser Landschaft, am Rand der Trance, und das Land wurde mir erneut durchscheinend auf seinen letztlich geistigen Hintergrund.

Manchmal ist eine Begegnung eine Befreiung. Gegen Ende meiner Schulzeit – es ging alles schon auf den Krieg zu – erlebte ich einen Lehrer, einen Biologen und Chemiker. Der hatte den Mut, Unterricht zu geben gegen Geist und Lehrplan des Dritten Reiches, und zugleich den nicht geringeren Mut, Naturwissenschaft darzubieten gegen den Geist des 19. Jahrhunderts. Immer und immer wieder deutete er an, was denn der Hintergrund dessen sei, was die Wissenschaft vorzeige: ein Kosmos von Kräften, von Zusammenhängen, von Aufbrüchen, von Geheimnissen, die es gelte zu ahnen, zu ehren, zu ertasten. Er zeigte, was hinter den Theorien und den Formeln lebte, was da geistig sei in der materiellen Welt. Er dachte sensibel und kundig dem tiefreichenden Wandel des naturwissenschaftlichen Denkens voraus, der seit einer Reihe von Jahren vor aller Augen geschieht.

Er hatte es schwer. Er begab sich in Gefahr, als er in der Nazizeit von jenem primitiven, der Schule vorgeschriebenen Biologismus schwieg und von so vielem das gerade Gegenteil lehrte. Und er war um so gefährdeter, als uns Schülern wohl nicht ausreichend deutlich war, welcher Mut dazu gehörte, nach beiden Seiten hin, gegen die Ideologie jener Jahre einerseits, die sogenannte exakte Wissenschaft andererseits das feinfühlig Erkannte uns Anfängern weiterzugeben. Für mich freilich war es eine vertraute Welt, die er deutete, und eine Bestätigung, mein Empfinden und Erfahren könnten wohl so gänzlich verkehrt nicht sein.

Es gilt also, »hinüber« zu schauen. Man verliert dabei keineswegs den Boden unter den Füßen. Im Gegenteil, man beginnt überhaupt erst zu ahnen, auf welcherlei Boden man steht. Man braucht sich nicht in Träumen zu verlieren. Im Gegenteil, man kann dabei lernen, genauer zu unterscheiden zwischen Traum und Wahrheit. Man braucht dabei nicht untüchtig zu werden, auf dieser Erde zu tun, was nötig ist. Im Gegenteil, man kann dabei durchaus erkennen, was heute geschehen muß. Die Welt ist unendlich, und wir wissen, indem wir über unsere bisherigen Grenzen hinübersehen, genauer, was es auf sich hat mit unserem Dasein in dieser Welt.

Ich denke noch einmal zurück in die ersten Anfänge. Als ich wohl kaum mehr als drei Jahre alt war, empfand ich es als höchstes Glück, nichts zu tun als unter einem der Apfelbäume zu sitzen, die sich vor unserem Haus den Abhang hinunterreihten. Nichts als dazusitzen und zu sein. Nichts zu tun, nicht herumzurennen, nicht mit anderen Kindern zu spielen oder zu streiten, sondern nur eben dazusitzen und zu sehen, was sich zwischen den Bäumen ereignete. Da war einmal ein Schmetterling, einmal ein fallendes Blatt, einmal eine Brise Wind in den Ästen, und eigentlich genügte ein Grashalm dazu, mich lange Zeit zu beschäftigen.

Wenn ich versuche zu verstehen, mit welcherlei Gedanken ein Kind sich in dieses Leben hineintastet und was sich da an späteren Überzeugungen, an Lebenszielen, auch an Wünschen und Gesinnungen vorbereitet, auch an der Bereitschaft, religiöse Gedanken aufzunehmen und in das Bild, das es von der Welt hat, einzufügen, dann finde ich in meiner Kindheit eine seltsame Gewißheit. Wenn später Erwachsene mir sagten, über allem in der Welt wohne ein Gott und der sei etwas wie ein großer Vater der Menschen, dann habe ich ihnen immer zugestimmt mit dem selbstverständlichen Vertrauen, so oder ähnlich müsse es sich wohl verhalten.

Dabei gab mir in meinen Kinderjahren das Wort »Vater« nichts, das irgend etwas Anschauliches oder Greifbares hätte bezeichnen können. Weder Liebe zu einem Vater noch Vertrauen zu ihm, weder Angst vor ihm noch Abwehr gegen ihn bot mir meine Kindheit. Mein Vater starb, wie gesagt, als ich drei Jahre alt war. Weder, was ein Kind glücklich macht, noch was ihm nach landläufiger Meinung die lebenslangen Vaterprobleme bereitet, hatten in meiner Kindheit Raum. Im übrigen habe ich gelernt, lange ehe ich zur Schule ging, mich auf meine eigenen Füße zu stellen und dem Leben insgesamt und allen Menschen, die es anging, zu erklären, ich sei ein eigener, unabhängiger Mensch. Ich bewohnte früh eine innere Welt in mir selbst, in die niemand einzudringen befugt war.

Ich fand als Kind und als junger Mensch immer wieder zu dem tiefen, im Grunde unbegreiflichen Vertrauen, das Leben sei etwas, das bestanden werden könne, es habe auf irgendeine Weise einen verläßlichen Hinter- und Untergrund. Ich empfand, ich käme aus einer unsichtbaren Heimat, die mich auch auf dieser Erde schützend umgebe, und dort sei am Ende auch das Ziel und der Sinn meines Lebens zu suchen. Und so paradox dies scheinen mag: Auch als ich mit achtzehn und zwanzig Jahren in das große Leiden und Sterben meiner Generation hineingeriet, in die Zeit, als ungezählte Freunde und Altersgenossen den Tod erlitten, ja, als ich selbst nach allem menschlichen Ermessen keine Aussicht mehr hatte, am Leben zu bleiben, blieb mir ein seltsames Vertrauen, mein Weg sei keineswegs zu Ende. Ich hätte noch eine Aufgabe auf diesem Erdboden vor mir und einen langen und sinnvollen Weg.

Irgendwie, ohne daß meine Erziehung dazu viel hätte beitragen können, war Gott für mich der Grund und Zusammenhalt meines Daseins und der Welt insgesamt, ohne daß er je ins Vertrauliche geraten wäre. Es war nichts eigentlich Christliches an ihm. Er war eben Gott. Er war da, ohne daß ich ihn ständig anzureden brauchte und auch ohne daß ich ihn gegen den gottlosen Geist jener Zeit oder gegen die Künste des Denkens, die ich in der Zeit des Kriegs bei den Philosophen lernte, hätte verteidigen müssen. Er »war« schlechthin, und ich war in ihm. Sein Bild wurde größer im Laufe meiner ersten dreißig Jahre. Weiter, differenzierter, gefüllter, zerklüfteter, heiliger. Es nahm auch viel Abgründiges in sich auf und verband sich immer tiefer auch mit allem Schrecklichen und Rätselhaften und blieb doch sein Bild.

In den Jahren des Krieges hatte ich nie Verbindung mit irgendeinem Christen, der mehr gewußt hätte als ich. Es gab keine Militärpfarrer in Hermann Görings Luftwaffe und im Gefängnis keinen Gefängnispfarrer. Ich ging meinen Weg allein. Erst nach seinem Tod erfuhr ich von den Angehörigen meines gefallenen Freundes und Besatzungskameraden Gerd, er sei ein bewußter und frommer Christ gewesen. Aber wir haben über religiöse Dinge nie miteinander geredet. Warum redet man nicht über das, was man erfahren hat und was einem durch Kopf und Herz geht? Aus Sorge wohl, es werde zerredet.

Es werde mißverstanden. Es werde etwas Heiliges auf die Straße geworfen.

Dabei habe ich an vielen Menschen, die mir später begegneten, vor allem aber auch an mir klar gesehen, daß wir Menschen durchaus nicht einfach unfähig sind, zu horchen und zu schauen, was uns von Gott her treffen will. Es gibt Erfahrungen, die uns prägen, die uns verändern, die uns die Richtung unseres Lebens und unseres Auftrags zeigen. Es kann durchaus für jeden von uns die Stunde kommen, in der ihm, wie die Bibel sagt, »der Himmel offensteht«. Es ist nicht nötig, daß er danach beschreiben oder beweisen kann, was ihm da geschehen ist, aber er wird ein Leben lang der sein, dem dies widerfuhr.

## *Hölderlin im Schnee*

Was hat mich im Kriege innerlich über Wasser gehalten? Es war eine Art innerer Emigration. Ich schuf mir eine innere Welt, die unzerstört war und in der ich leben konnte. Abends, in der Mannschaftsstube, wenn das Exerzieren vorüber war, die Wache oder der Feindflug, las ich Hölderlin, Rilke oder Mörike und vieles andere, das zum Edelsten der deutschen Literatur gehört, und ließ den Krieg draußen vor der Tür. Ich las später auch in den Reden des Jesus von Nazaret, die mir damals neu und unbekannt waren, und wußte, daß es für das, was wir taten, etwas wie einen Segen oder auch nur eine Erlaubnis Gottes nicht geben konnte, und wünschte mir, dieser Krieg möge baldmöglichst sein verdientes, vielleicht schreckliches, aber endgültiges Ende finden.

An meine Stubentür schrieb ich einmal das Goethewort, das der Leutnant Wurche in »Der Wanderer zwischen beiden Welten« von Walter Flex während der Materialschlachten des Ersten Weltkrieges an seinen Unterstand schrieb: »Selig, wer sich vor der Welt ohne Haß verschließt.«

Es war an dieser Flucht in die innere Welt durchaus etwas

Fragwürdiges. Es war ein ästhetisches Suchen nach der Würde, die von der Welt des Soldatseins geleugnet wurde. Ich konnte mich so selbst aufbauen gegen eine verachtete Welt des Niedrigen und Gemeinen und so getröstet an mir selbst hinaufschauen. Draußen waren die Verbrecher, die Banausen, die Angepaßten, die zynischen Verächter des Menschen, und mir entging dabei weithin, daß ich selbst zu den Verächtern gehörte.

Dennoch war die Welt des Schönen und des Erhabenen meine Zuflucht, und sie hat ihre Aufgabe an mir aufs wohltuendste erfüllt. Malen, Lesen, Schreiben, Meditieren waren die innere Kammer, in die ich mich einschloß. Und vielleicht verdanke ich dieser Welt des Schönen, daß ich ohne tiefergehenden seelischen Schaden überstand, was da in fünf Jahren Krieg und Gefangenschaft zu überstehen war.

Ich las Rilke und fand das Wort: »Wer spricht von Siegen? Überstehn ist alles.« Überstehen – darauf kam es an, wollte einer nicht untergehen. Und in der Tat: Mit der Auswanderung in das Reich seiner Träume rettete der Träumer sich selbst, seine Identität, seine Seele.

Wie hätte ich es nicht verstehen sollen, damals, Ende der sechziger Jahre, als die jungen Leute auftraten, die von einer Veränderung der Verhältnisse sprachen, die damals im Protest gegen das, was die Republik geworden war, auf die Straße gingen und dabei inmitten der brutalen Geschäfts-, Macht- und Geldwelt von einem »Reich der Zärtlichkeit« träumten, ohne doch irgend etwas Entscheidendes verändern zu können? Ich bin damals – und viele haben das nicht verstanden – in der Öffentlichkeit dafür eingetreten, daß wir Älteren doch um Gottes willen wenigstens versuchen sollten, ihnen zuzuhören, ehe wir sie verurteilten. Wie hätte ich es nicht verstehen sollen, daß sie ihren Traum für wichtiger und für wirklicher hielten als die Durchsetzung wirtschaftlicher und sozialer Egoismen, und sei es bis an die Grenze der Komplizenschaft mit jenem Antipoden, dem doch eigentlich der Haß galt: dem Untier der bloßen Gewalt. Aber wie hätte es ihnen auch gelingen sollen, das ihre auf gewaltlosen Wegen zu sagen, da doch weder der Staat noch auch vor allem die Kirchen je fähig gewesen sind zu zeigen, was der Sinn gewaltlosen Vorgehens sei und wie es praktiziert werden könne?

Nun mag man sagen: Diese innere Emigration ist nicht etwa etwas Besonderes, das in Extremsituationen gesucht wird. Sie ist für einen sensiblen Achtzehn- oder Zwanzigjährigen normal. Aber dieser Traum von einem Reich der Seele ist gründlich mißverstanden, wenn er nur als Produkt einer Störung zwischen Innen- und Außenwelt gesehen wird. Er hat durchaus seine Wahrheit. Denn die Seele des Sechzehn- bis Zwanzigjährigen ist in einem nicht wiederkehrenden Maß offen für die größere, geistige Wirklichkeit. Sie ist freier und beweglicher als je später zu irgendeinem Zeitpunkt im Durcheilen von Räumen und Zeiten. Sie ist ungefesselter und der Erde ferner als die des Älteren.

Die erotische Nähe zum Tod, die Todessehnsucht, die dem jungen Mann möglich ist, die frei bewegliche Hingabefähigkeit an einen Traum, die Fähigkeit auch, vom Interesse am eigenen Überleben abzusehen, machte junge Menschen von jeher fähig, etwa als Kornett, fünfzehnjährig, mit der Fahne in der Hand einem Regiment voraus in die Schlacht zu reiten. Der Mythos von Langemarck hat für uns große Bedeutung gehabt, jene Sage von den jungen Kriegsfreiwilligen, die das Deutschlandlied singend sich zusammenschießen ließen. Denn der junge Mensch stirbt leichter. Die eigentlichen Helden, die ich erlebte, waren achtzehn, höchstens zwanzig Jahre alt, und man pflegte bei uns, wenn einer beim Heimaturlaub heiratete, zu sagen: »Jetzt kannst du ihn vergessen, der hängt jetzt am Leben.« Aber an den traumatischen Veränderungen, die mancher Kriegsteilnehmer am Ende mit nach Hause brachte, krankten jene Jüngsten ungleich tiefer als die Älteren. Eines der Merkmale bleibender Unfähigkeit, in diese Welt und Wirklichkeit einzuwurzeln, war denn auch bei manchem, der im Krieg seinen Helden gespielt hatte, die Unfähigkeit, sich durch eine Ehe der Erde anzuvertrauen, jener leiblichen Konkretheit, die in der Bindung an eine reale und nicht nur erträumte Frau bewältigt werden muß. Und mancher, der abstürzend nach seiner Mutter geschrien hatte und dabei überlebte, krankte auf lange Jahre hinaus an der heimlichen Verzweiflung, daß die Mutter eben nicht da war, wenn es auf sie ankam.

Der Tod ist in jenem Alter auch etwas wie das Tor in die ersehnte Traumwelt der Seele. Er ist der Punkt, an dem Traum und Wirklichkeit, die sonst so schmerzhaft getrennt sind, endlich eins werden. So zwang der verzweifelte Versuch, Traum und Wirklichkeit endlich zusammenzubringen, junge Menschen der Terrorszene immer wieder zu dem Gewaltakt, an dem der magische Punkt der Erlösung, der Tod, der eigene oder der fremde, ins Gesichtsfeld rückte. Und dies alles vielleicht deshalb, weil die scheinbar intakte Welt des heutigen Europa keiner Helden bedarf.

Es war im Winter 1942/43. Rund um unseren Flugplatz in Böhmen stand dichtes Gebüsch, in dem immer wieder Partisanen aufgegriffen wurden. Wir mußten also unsere Flugzeuge Tag und Nacht bewachen. Wir gingen Stunden und Stunden um unsere Maschinen. Wenn Schnee lag, folgten wir mechanisch einem Quadrat aus gestapften Spuren im weißen Einerlei. Dreißig Schritte geradeaus, dreißig nach rechts, dreißig noch einmal nach rechts und dreißig wieder bis zum Ausgangspunkt. Ein Sprühregen aus Schnee setzte sich in die Mantelfalten und sikkerte zwischen Stahlhelm und hochgeschlossenem Kragen ein. Die Flugzeuge standen verkrustet in dicken Packungen angewehten Eises, und um jedes der starrenden Ungetüme trampelte ein frierender Mensch sein weißes Quadrat.

Mir ging in jener Zeit nichts über das Fliegen, nichts über den Sternenhimmel jenseits der Wolken, über die unendliche Bläue von Meer und Luft. Aber ich haßte die Uniform, den Karabiner und den Stahlhelm. Ich habe mich nie damit abfinden können, daß drei Mann auf Kommando nebeneinander zu gehen hatten, auf ein anderes Kommando hintereinander, daß sie auf Befehl marschieren und auf Befehl stehenbleiben sollten. Ich fand, der Mensch sei ein Mensch und könne nicht leben, ohne seinen Weg selbst zu bestimmen.

»Der Unteroffizier Zink«, so war in meinen Personalakten später zu lesen, »neigt bei einer gewissen Engstirnigkeit zur Kritik an Vorgesetzten.« So brachte ich immer wieder zwei oder drei Tage im Arrest zu, ganz einfach deshalb, weil ich einen eigenen Schritt ging oder ein Wort sagte, nach dem ich nicht gefragt war.

An jenem kalten, nebligen, verschneiten Tag stapfte ich also befehlsgemäß immer im Viereck um ein Flugzeug. Milchiggrau stand die Nachbarmaschine in dem unendlichen Weiß, und der Kamerad dort ging seinen Weg, befehlsgemäß, wie ich. Immer, wenn ich am Leitwerk vorbeikam, das etwa in Brusthöhe über dem Spornrad stand, warf ich einen Blick in ein vereistes, zerknittertes Buch. Zwischen Flosse und Ruder konnte man es einklemmen, so, daß es aufgeschlagen festhielt. Zehn Sekunden blieb ich stehen und las:

»Wohl dem Manne,
dem ein blühend Vaterland das Herz erfreut und stärkt!
Mir ist, als würde ich in den Sumpf geworfen,
als schlüge man den Sargdeckel über mir zu,
wenn einer an das meinige mich mahnt.«

Vier oder fünf Zeilen konnte man sich einprägen und sie dann auf dem Dreißig-Schritte-Quadrat wiederholen, fünfmal oder sechsmal, bis man wieder zwei Augenblicke verharren konnte, mit dem Blick auf die nächsten Zeilen:

»Aber du scheinst noch, Sonne des Himmels!
Du grünst noch, heilige Erde!
Noch rauschen die Ströme ins Meer,
und schattige Bäume säuseln im Mittag.
Der Wonnegesang des Frühlings
singt meine sterblichen Gedanken in Schlaf.«

Und wieder, gegen den eisigen Wind, die nächsten Schritte durch die quadratische Spur und zurück zu dem verkrusteten Buch. Daß da nichts zusammenstimmte, weder zwischen meinem Dienst als Posten und dem, was ich dabei tat, noch zwischen dem winterlichen Krieg und dem »Wonnegesang des Frühlings«, das war indes keine Ausnahmesituation, sondern Dauerzustand. Es war der Versuch des empfindsamen Jungen, sich innerlich am Leben zu erhalten dadurch, daß er eine zweite Welt bewohnte, eine bewohnbare, in der er einen Freund wußte, der es so müde war wie er selbst,

»sich wegzuwerfen,
Trauben zu suchen in der Wüste
und Blumen über dem Eisfeld.«

Die Wache auf dem Rollfeld währte ein paar Wochen. Von da an begleitete mich der erste Band von Hölderlins »Hyperion«, ohne daß ich noch des Buchs bedurfte, und ich sagte ihn mir auswendig vor, so oft ich mich der banalen und brutalen Welt des Krieges entziehen konnte, wie mich am Ende auch Goethes Faust und sicher mehr als dreihundert auswendig gelernte Gedichte von Goethe und Mörike bis Christian Morgenstern begleiteten, oder auch die Sonette von Reinhold Schneider, die eine einzige große Klage waren über die verlorene Würde des Menschen und die mit Füßen getretene Heiligkeit des Rechts.

Das zweite Buch des »Hyperion« lernte ich über den Wäldern der Karpaten, in einem Horchtrichter, in welchem ich, im Wipfel einer riesigen Eiche, ein paar Wochen lang Flugzeuge zu melden hatte. Es kam kaum je etwas Feindliches vorbei, indes unter mir das Land sich wandelte in die Welt der Inseln Griechenlands. Ich genoß die Tage aus vollem Herzen und kam mir vor wie Lynkeus, der Türmer, der in Faust II singt:

»Zum Sehen geboren,
zum Schauen bestellt,
dem Turme geschworen,
gefällt mir die Welt...
Ihr glücklichen Augen,
was je ihr gesehn,
es sei, wie es wolle,
es war doch so schön!«

So begleiteten mich die Briefe an Bellarmin durch das Europa des Kriegs und auch durch die Zeit des großen Sterbens, in die ich hineingeriet. Und es begleiteten mich die Hymnen jenes jungen Mannes Friedrich Hölderlin, dessen Wort ich verstand und dessen Sprache mich erfüllte »wie des Feuers Rauschen, wenn es auffliegt und die Asche hinter sich läßt«. Und was hätte ich mir mehr wünschen sollen, als die Asche einer, wie ich überzeugt war, verlorenen Kultur hinter mir zu lassen und in eine ganz andere, eine Welt einzugehen, in der Wahrheit zu finden war?

Ich weiß nicht mehr, ob es mehr das war, was die Dichter aussagten, oder einfach nur der Klang des Rhythmus und die Melodie der Sprache, die mich faszinierten. Aber ich fing alsbald an, selbst in dieser Sprache zu schreiben. Stöße von Papieren stauten sich in meinen Koffern, auf die ich Gedichte schrieb. Hefte mit Bühnenstücken, in denen sehr unwirkliche Figuren nach einer träumerischen Choreografie miteinander und gegeneinander spielten.

Ich erzähle das heute aus großem Abstand. Aber ich sage es, ohne dem jungen Mann von damals das Schulzeugnis auszustellen, er habe das Thema verfehlt, er habe sich auf der Flucht vor der Wirklichkeit befunden. Er träumte den Traum des Bedrängten, er befand sich auf Wegen der Emigration aus einer von Verbrechen, Gewalt und Lüge befleckten Welt und hatte recht damit. Und ich gestehe gerne, daß solche innere Emigration bis zum heutigen Tag als heimlicher Wunsch mich weiterhin verlockt. Eine Insel im Pazifik, eine Hütte auf dem Mond! Alleinsein mit nicht mehr als einem einzigen Menschen. Mein Beruf, der eines Pfarrers, meine lebenslange Aufgabe, mit Menschen umzugehen und in der Öffentlichkeit in allen Medien ständig zu reden, hat mich davor bewahrt. Vielleicht war die Wahl dieser Arbeitsweise ohne mein bewußtes Wissen eine Art Therapie meiner Seele an sich selbst.

Aber was war es eigentlich, das mich damals, zwischen Hölderlin und Kriegshandwerk, dazu trieb, mit der Sprache zu experimentieren, Reime zu bauen, zu konstruieren, sie auf ihre Möglichkeiten hin durchzuspielen durch alle Varianten der Verskunst?

Da gab es Wörter, die sich reimten in ihrem Tonfall und ihrem Laut. Andere Wörter widerstanden einander oder fügten sich umgekehrt in ein Fließen und einen rhythmischen Ablauf. Wieder andere waren wie eine Antwort auf die Frage, die der Klang eines Worts in den Raum gestellt hatte.

Und darin lag ein Trost in einer Zeit, in der das Wort der Mächtigen nur wie Gleichschritt klang, nur wie Befehl, wie ein Gehämmer. In der das Wort meist von der Lüge nicht zu unterscheiden war und dem Scheppern der leeren Blechbüchse ähnlicher als dem Klang eines Instruments. Was wir täglich hörten, war das doppeldeutige, das gewalttätige, das falsche Wort. Da zu erfahren, daß die Sprache eigentlich das ganze Geheimnis des Daseins umgreift, daß sie es öffnet, daß sie Licht bringt, wohl gar etwas wie Wahrheit, das war Trost. Öffnete die Sprache nicht eine Welt, in der es möglich war zu leben?

Während ich so mit der Sprache spielte, empfand ich, wenn ich sie verstünde, ihren Klang, ihre Wortfolgen, ihre Rhythmen, ihre Bilder, ihre Paradoxien, so verstünde ich zugleich etwas vom Leben, von der Welt, von meinem Dasein und Geschick. Denn das Leben und seine Bilder und Energien öffneten sich offenbar in der Sprache, in ihren Bildern und Abläufen. Andere mögen elementare Entdeckungen dieser Art in der Musik finden, wieder andere in der Schauspielkunst oder in noch anderen Bereichen. Mir begegneten sie jedenfalls in der Sprache.

Und in der Tat: Was in der Sprache des Menschen sich äußert, ist nicht weniger als die Gesamtgeschichte des Universums seit jenem Feuerball, aus dem es hervorgegangen ist. In der Sprache spricht die Erde zu sich selbst seit den Urzeiten, seit es Leben auf dieser Erde gibt. Und in den fünfzig- oder hunderttausend Jahren, in denen sich die menschliche Sprache bildete, gingen alle Erfahrungen der Menschen in sie ein, die Erfahrungen der Jäger und Sammler, der Bauern und Hirten und Krieger, der Kinder und der Mütter, alle Erfahrungen, die sie mit ihrer Welt und mit sich selbst machten. Was immer sie erlebten, was sie fanden, was sich ihnen bewährte, was sie miteinander verband und was ihnen ihr Schicksal deutete, es fand Eingang in die Laute, die Rufe, die Bilder und die grammatikalischen Verbindungen ihrer Sprache. Die Sprache wurde zum Spiegelbild der Wirklichkeit ihrer Welt. Und es ist das Zeichen einer tiefen Einsicht, daß dann, vor mehr als zweitausend Jahren, die Priester und die Weisen der Bibel sagten: Die Welt entstand so, daß Gott ein Wort aussprach, und die Welt lebt und bewegt sich weiter, solange Gott sein schöpferisches Wort spricht.

Und so empfand ich, im griechischen Hexameter komme eine andere Welterfahrung und Weltdeutung zum Vorschein als in der Rheinhymne Hölderlins mit ihrer fremden, ja jenseitigen Rhythmik, im Wanderlied Mörikes mit seiner phantasievollen Unregelmäßigkeit etwas anderes als in den eindringlichen, hölzernen Zweizeilern Conrad Ferdinand Meyers in »Huttens letzte Tage« oder im starren Gleichmaß einer Ballade von Schiller. Oder auch: In einem japanischen Haiku, dessen siebzehn Silben einem Atemzug entsprechen, einem Atemzug, der das Leben ist mit seinem Humor und seiner Melancholie.

Das war meine Frage: Was geht eigentlich aus dem seltsamen Geschehen in der Sprache für das Dasein im Ganzen hervor? Was ist dem Dasein und der Sprache gemeinsam? Das war es, was mich faszinierte und was ich in der Zurückgezogenheit einsamer Nächte bei einer trüben Funzel in neue Worte und Sätze, in Reime und Rhythmen zu fassen suchte, wenn ich meine Unklarheit, meine Fragen, meine jugendlichen Übertreibungen, meine Stimmungen, meine Sehnsüchte und meine Träume aufs Papier »dichtete«.

Ich empfand – und empfinde bis heute – die Sprache wie ein Haus, in dem es gut ist zu wohnen. Das klare Konturen zeigt und freundliche Wärme bietet und an dessen Innenwänden viele Bilder sind, in dessen Dämmer das Licht der Sonne scheint und das auf einem breiten und festen Grund steht, der »Schweigen« heißt.

Ich empfand, man könne mit den Worten ins Land des Unbekannten eintreten und brauche nur zu horchen, was sie dann sagen. Manchmal auch empfand ich, man müsse um jedes Wort einen Raum lassen, einen unbebauten, und ihn schützen, wenn es denn sagen soll, was in ihm ist oder sich in ihm spiegelt.

Und es hat mir damals sehr geholfen, konzentriert zu leben,

daß ich merkte, man müsse an seinen Wörtern arbeiten, wenn man sie aus ihrer Beliebigkeit lösen wolle. Bis zu fünfundzwanzigmal habe ich später manches »Wort zum Sonntag« durchgeschrieben und manches Buch bis zu siebenmal, bis ich glauben konnte, nun sei die Sprache fähig zu zeigen, was ich sagen will. Vielleicht auch ist mir das Schreiben so viel näher als das Reden, weil man im Sprechen seine Worte nicht schleifen, nicht feilen, nicht ordnen, umstellen, zurücknehmen und neu gestalten kann und weil darum das Mißverständnis wie ein Schatten, wie ein dunkler Bruder mit dem gesprochenen Wort einhergeht.

Es war auf dem Schulweg, den ich als Sieben- und Achtjähriger ging, von der kleinen Volksschule in Söflingen hinauf auf den Kuhberg bei Ulm. Ich sehe mich den Heimweg entlangtrödeln, der, wenn ich eilte, dreißig Minuten in Anspruch nahm, wenn ich nachdachte weit über eine Stunde, und mir irgendeine neue Entdeckung vorsagen. Irgendein interessantes Wort war mir begegnet, das Wort »Matador« oder das Wort »Schwarzwald«, und ich sagte es mir vor, horchte es ab auf seinen Klang und auf seine Bedeutung, unablässig, bis irgendein anderes Schulkind mich überholte und mit dem Finger an die Stirn tippte.

Es war faszinierend für mich zu erleben, wie aus dem Klang und aus der Bedeutung von Wörtern Bilder entstanden, Bilder, die nicht von außen kamen, sondern von innen. Und was gab es denn Schöneres anzuschauen als Bilder, die aus mir selbst kamen?

Ich gestehe gerne zu, daß ich heute noch denke wie auf meinen langen Schulwegen, und noch heute geschieht es mir, daß ich ein Wort aus irgendeiner der großen geistigen Traditionen der Menschheit mir vorsage, wie ein Mantra, eine Viertelstunde lang vielleicht, ohne mir dabei töricht vorzukommen, und erlebe, wie eine große Wirklichkeit sich aus dem Wort erhebt und mir gegenübertritt, Aspekt oder Teil jenes Ganzen, das ich meinte, als ich dem alten Herrn antwortete: »Alles!«

Es stört mich dabei nur wenig, daß ich inzwischen tausendmal erfahren habe, wie wenig von diesem »Alles« und von diesem »Ganzen« in unserem Geist und Herzen Raum hat. Es war wieder jener Professor Feigel, der mir dafür lebenslangen Trost gespendet hat. Ich erinnere mich an eine Szene in einem Gespräch an einem anderen Tag, als ich zu irgendeinem großen Thema, über das die Erwachsenen sprachen, ein Wort beitragen konnte, das mir im Lateinunterricht begegnet war. Der Professor streifte mich mit einem anerkennenden Lächeln und sagte: »Du weißt ja schon eine ganze Menge!« Ich antwortete: »Ach, das ist Zufall.« Da schaute er mich ernsthaft an und sagte: »Es ist immer zufällig, was man gerade weiß. Es ist immer wenig. Man findet dies oder jenes, und aus dem, was so zufällig zusammenkommt, setzt sich die Bildung zusammen. Aber alles, was du weißt, ist wichtig.«

Und das habe ich später oft erfahren: Mitten zwischen all dem, was »zufällig« unser Herz und unseren Kopf füllt, finden wir die Einsichten, aus denen wir die Ahnung schöpfen von dem einen, dem großen Ganzen, um das mit seinen Gedanken zu kreisen ein Leben lang lohnt.

Ich glaube nicht, daß ich Hölderlins »Hyperion« seit jenen Tagen je wieder ganz gelesen habe. Die Freunde im Reich der inneren Emigration bleiben zurück. Ein Mensch findet seinen Weg, er findet anderswo Wahrheit und trifft seine Entscheidung. Aber er erinnert sich, daß da, ein Menschenalter zurück, ein sehr naher Freund mit ihm in die Traumwelt der Inseln Griechenlands gegangen war. Und ein Freund wie dieser bleibt. Man verrät ihn nicht, auch nicht dadurch, daß man aus der Überlegenheit des späten Schulmeisters seine verträumte Gestalt zur Illusion oder zum psychischen Defekt macht und zur krankhaften Phantasie die Welt, in der man sich vor Zeiten mit ihm ergangen hatte.

Und das gilt, auch wenn der Ältergewordene weiß, daß unser Haus nicht die eigene Seele, sondern die Welt ist und daß wir in ihr wohnen mit unserem Glauben und unserer Hoffnung und mit dem verträumtesten aller Träume: der Hingabe, deren die Liebe fähig ist. Es gilt, auch wenn mit dem länger werdenden Weg auf den Schollen dieser Erde das Traumreich der Seele sich im Lauf der Jahre allmählich in ein Reich handfest gelebter Güte verwandeln will.

Innere Emigration. Noch einen zweiten Weg dorthin hatte ich gefunden. Wenn wir, meine Kameraden und ich, damals in der Fliegerkombination auf dem Rollfeld unter den Tragflächen unserer Maschinen saßen und auf den Startbefehl warteten, malte ich auf primitivem Papier und mit den stumpfen Farben, die man in irgendeinem französischen Laden bekam, die Ginsterbüsche, die grünlich-gelb am Rand des Platzes standen, oder die Blumen zwischen den Gräsern. Ich war auf der Suche nach einer bewohnbaren Welt und nach dem Menschen in mir, der für etwas anderes bestimmt war als für das brutale Kriegshandwerk.

Zu einer anderen Zeit lagen wir auf einem Flugplatz in der Lüneburger Heide. Hinter unseren Baracken fing dieses zauberhafte Land an und weitete sich endlos. Kiefern, Sandwege, kleine Tümpel, Wollgras und Schilf, in dunklen, schweren Farben, braun, dunkelgrün, grau, und dazwischen in leuchtendem Licht die Blumen vor den Häusern der Bauern.

Mir war damals klar: Man muß sich mit den zarten, den verletzlichen Dingen beschäftigen, will man sich selbst verstehen und hinter die heimliche Weisung kommen, die unseren Lebensweg bestimmen will. Man muß, was gesehen werden kann, sehen, will man das Unausgesagte wahrnehmen, das Geheimnis Gottes in den Dingen und um die Dinge her. Man muß durch die Dinge hindurchsehen und bemerken, daß es in dieser Welt mehr gibt, als zu berechnen und zu beweisen und zu greifen ist. Es gilt wahrzunehmen und wahrzugeben, das meint: zu sehen, was wirklich ist, und dann die Wahrheit des Gesehenen weiterzugeben. Dabei heißt aber Wahrheit wahrzunehmen nicht, es müsse davon alles wiedergegeben werden. Es wird immer das Wichtige ungesagt bleiben.

Wer sich heute wundert, daß ich mich für Gras und Kraut und ein neues Bewußtsein von der Schöpfung Gottes gerade unter den Christen einsetze, muß wissen, daß dies für mich in Erfahrungen wurzelt, in denen es um Sein und Nichtsein ging, wie es für die Menschheit morgen angesichts einer sterbenden Erde um Sein und Nichtsein gehen wird. Denn darum geht es, ob wir Augen haben, die das Verletzliche, das Zarte, das Angedeutete wahrnehmen, und den Willen, die Freiheit der Erde und ihrer Geschöpfe zu schützen. Und so, als elementaren Ausdruck eines sorgsamen, ehrfürchtigen Umgangs mit dem Licht und mit den Dingen, liebe ich das Aquarell. Es erlaubt auch einem Nicht-Künstler, noch im Untergang alles Schönen das Schöne zu preisen.

Das ist ein alter Traum schon von jenen Zeiten auf den Flugplätzen der Kriegsjahre: nicht mehr zu brauchen als ein wenig Wasser, eine winzige Spur Farbe, viel Licht und ein einfaches weißes Blatt, um zu sagen, was es über das Sichtbare und das Unsichtbare zu sagen gibt. Es ist ein Zauber in seiner einfachsten Form. Denn auch die Farbe ist nicht eigentlich Stoff, sie löst sich in einem Tropfen Wasser. Und das Licht legt sich auseinander in die Farben des Regenbogens. Die Farbe aber deckt nicht den Untergrund, sie läßt dem Licht den Raum und die Freiheit, durchzudringen bis zu dem Weiß, das der Anfang aller Farbe ist, und das Weiß dringt wieder zurück durch das farbige Wasser und zeigt dem Auge eine Wirklichkeit aus Licht und Wasser und Spiel und Phantasie. Wir können also versuchen, die Wirklichkeit zu entmaterialisieren, die Konturen aufzulösen, bis nur mehr Licht und farbiger Abglanz bleibt.

Das Wasser ist der Ursprung des Lebens. Am Anfang war Wasser. Das Licht rief das Leben aus dem Wasser. Und das Leben erstrahlte in Farben. Das Wasser aber ist das Element der Wandlung. Denn es ist wohl das lebendigste Element unter allen; mühelos wandelt es sich von einem Zustand in den anderen. Von den weißen Sommerwolken in die Gewitterwand, vom Nebelschleier in den Tautropfen, vom Regen in das Grundwasser, die Quelle und den Bach, in die Schneeflocke und das Hagelkorn und die Eisblume, immer aber durchlässig für das Licht. Es ist in vielfältiger Gestalt auch in uns selbst anwesend, uns umprägend von einer Phase unseres Daseins in die nächste. Und so drücken wir mit Licht, Wasser und Farbe auf weißem Papier die lebendige Erfahrung aus, daß wir selbst Wesen sind in steter Wandlung.

Vielleicht ist es eine Landschaft, die einer nachgestaltet. Eine Landschaft, sich kristallisierend in der Andeutung des

Augenblicks und so Zeichen eines lebendigen Übergangs zwischen dem, was ist, und dem, was schon nicht mehr ist. Und so kommen und gehen alle Bilder der Dinge, tauchen auf und versinken und zeigen sich in einem flüchtigen farbigen Schimmer. Und der Malende selbst hat seinen Anteil an ihnen, dunkel oder hell, gebrochen oder rein, zwischen dem Licht und dem weißen Grund.

Wenn ich nun frage, was für eine Art Wirklichkeit ich vor Augen habe, wenn ich meine Welt betrachte, dann erfahre ich im Umgang mit der schwebenden Farbigkeit des Malens, daß die Landschaft außen und die Landschaft innen einander entsprechen. Jede Stimmung einer Seele entspricht einer möglichen Stimmung über einem Land. Licht und Gewölk, Wasser, Erde spiegeln zwischen innen und außen hin und her. Und wenn ich einen Menschen verstehen will, so frage ich mich, in welcher »Landschaft« seine Seele denn in diesem Augenblick lebe.

Alle Wirklichkeit, die wir außen wahrnehmen, ist zugleich Erfahrung und Antwort oder Ausdruck unser selbst. Und wir können dies Außen und dieses Innen und die wechselseitigen Beziehungen zwischen beiden nicht trennen. Unser Verhältnis aber zur Außenwelt bedarf immer neuer Gestaltung, und eine der möglichen scheint mir die Spiegelung unserer Erfahrung in den schlichten Mitteln des weißen Bogens, des Wassers und einer Spur von Farbe.

Es ist nicht wichtig, daß solche Bilder schön sind. Sie mögen es auch sein, aber das ist nicht das Ganze und nicht das Wesentliche. Alle wirkliche Erkenntnis des Lebens auf dieser Erde hat einen Anflug von Schwermütigkeit. Es liegt in ihr immer auch ein gewisses Leiden unter der massiven Gegenwart des Vordergründigen, das uns den Horizont verdeckt und das Auge müde macht.

Ich wünsche mir jedenfalls für die Tage, die ich noch auf dieser Erde leben soll, die Fähigkeit, Unsichtbares zu sehen, Unerreichbares zu erreichen, wie sie im Malen von Aquarellen zum Ausdruck kommt. Die Dinge in ihrer Vergänglichkeit und in ihrer Gültigkeit zugleich zu erfassen, in ihrem Erscheinen und ihrem Versinken im Augenblick des Schauens. Denn das Andeutende und Versuchte an einem kleinen Bild auf weißem Papier ist zugleich das Zeichen seiner Wahrheit, auch wenn es der Versuch eines Anfängers ist und bleibt.

## *Zu Hause in einem großen Zusammenhang*

Es war eine zauberhafte Nacht. Eine der wunderbarsten, an die ich mich erinnere, obwohl sie schrecklich begonnen hatte. Es war im März 1944. Wir verlegten unsere Staffel nach Südfrankreich, auf den Flugplatz von Istres in der Provence, in der Crau. Dort erhielten wir den Befehl, einen Verband von Torpedofliegern nach Nordafrika zu begleiten. Auf der Höhe von Oran sei ein amerikanischer Geleitzug unterwegs an die Front in Italien, und die Torpedoflieger sollten ihn angreifen. Wir unsererseits sollten sie gegen die alliierten Jäger absichern.

Es ging also im Tiefflug, knapp über den Wellen – des Radars wegen – über das Mittelmeer. Es war später Nachmittag. Im »letzten Büchsenlicht«, als die Konturen der Schiffe noch sichtbar waren, nicht aber die Flugzeuge, griffen wir an, und während wir uns der Jäger erwehrten und die ersten von uns und von ihnen aufflammten und ins Meer stürzten, schossen die ersten Feuerbälle aus den Schiffen in die Dunkelheit.

Danach, als alles vorüber war und sechs oder acht Schiffe sanken, löste sich unser Verband auf. Den Rückflug suchte sich jede einzelne Besatzung selbst. Da war die afrikanische Küste, und plötzlich schrie Willy, der Beobachter: »Ziiiehn!« Der Pilot riß die Maschine hoch, und wir sahen, daß wir knapp dem Aufschlag an einer Bergwand entgangen waren.

Aber danach war Friede. Um ungestört nach Hause fliegen zu können, zogen wir hoch auf 8000 Meter – das war damals sehr hoch – und schauten nach den Sternen. Denn die Sterne sollten uns den Weg zeigen. Die »astronomische Navigation« hatte mich schon in der Ausbildung fasziniert. Man suchte sich einen Stern in der Flugrichtung und maß seine Höhe mit dem Libellenoktanten, mit möglichst ruhiger Hand. Dann nahm man einen zweiten, querabstehenden Stern ins Visier und zeichnete die beiden Kurven in die Karte ein. Auf dreihundert Meter genau auf der Erdoberfläche konnte man so seinen Standort feststellen. Wir nahmen den Kurs auf Istres, auf die südfranzösische Küste. Und weil wir annahmen, die amerikanischen Jäger seien dabei, uns dorthin zu verfolgen, und würden uns wohl am Landeplatz erwarten, flogen wir gemächlich, mit halber Leistung. So wäre vielleicht, dachten wir, schon wieder Ruhe in Istres, wenn wir zur Landung ansetzten.

Aber dann sah ich den Himmel meines Lebens. Unsagbar klar über der Glaskuppel, unter der ich saß. Unvorstellbar groß und weit und voll majestätischer Ruhe. Und wir, die kleinen Menschen in ihrem brüchigen Flugzeug, gehörten dazu. Der Krieg war unendlich fern. Ich fühlte mich als ein Teil des Kosmos, eingefügt in die klaren Ordnungen und Gesetze des Himmelsraums, die uns zeigten, wo wir uns auf dieser Erde befanden. Ich wußte mich eingebettet in einen Zusammenhang, der wichtiger und wahrer erschien als Krieg und Kriegsgeschrei unten auf der Erde. Ich empfinde sie heute noch, wenn ich daran denke: die umfassende Ganzheit des Daseins, in die ich mein kleines Leben einbringen sollte. Ich wußte damals noch nichts von Antoine de Saint-Exupéry, der zu dieser Zeit auf der Seite der Alliierten über dem Mittelmeer flog. Er kehrte wenige Monate nach dieser Nacht von einem Aufklärungsflug nicht zurück. Niemand weiß, auf welche Weise er abstürzte. Später verband mich mit ihm ein tiefes Einvernehmen, nicht nur was die Erfahrung des Fliegens betraf, und ich empfand ihn mir auf verborgene Weise verwandt.

Tief in der Nacht flogen wir Istres an. Aber die Jäger waren noch über dem Platz. Einen von uns schossen sie während der Landung ab. Ein anderer von uns stürzte, weil er im Hafen von Marseille einen Kran berührte. So baten wir den Tower, für zehn Sekunden die Lichter der Landebahn einzuschalten, und während wir uns die Richtung der Landebahn einprägten und die Lichter wieder erloschen, umflogen wir, wieder in völliger Dunkelheit, den Platz und landeten. Es ging gut. Die

Landung war hart und das Geröll der Crau rauh, aber wir rollten, immer noch ohne Licht, aus und ließen die Maschine am Platzrand stehen.

Ich stand danach noch lange vor der Unterkunft im Freien. Was hatte ich in dieser Nacht erlebt? Eine tiefe und breite Übereinstimmung zwischen uns Menschen und dem Ganzen der Welt. Sollte man nicht, was am Himmel zu erleben war, auf der Erde nachvollziehen können? Aber wie konnte das geschehen? Es war ja keine naive Naturschwärmerei gewesen, sondern eine Erfahrung an der Grenze zwischen der Hölle unten und dem Himmel oben. Ein Wissen begann da aufzuwachen vom eigentlichen Sinn meines Lebens: eins zu werden, was immer geschehe, mit diesem Zusammenhang und mit dem Gott, der darin gegenwärtig war. Nach den Sternen zu schauen und nach ihnen auf dieser Erde zu steuern.

Damals habe ich allerlei Versuche angestellt, über die Schönheit nachzudenken. Auf unzähligen Blättern erschien immer wieder das Thema, ob nicht die letzte Einheit der Welt etwas mit Schönheit zu tun habe, mit Klang und Farbe, mit Wohlgeruch und Körpergefühl, mit einer im Schönen entstehenden Einheit der Gedanken und der Seele, um die her der Schmerz und die Freude ihren Ursprung haben. Ich dachte mir, die Art, wie wir mit der Welt umgehen, müsse von einem Traum ausgehen, sie müsse in die Ekstase führen, sie müsse Raum haben für Visionen, und am Ende müsse aus solcher mystischen Erfahrung das Einfühlen kommen und das Mitfühlen, heute würde man sagen: die Empathie und die Sympathie.

Dabei, so empfand ich, rückt, was außen ist, nach innen. Die Natur, die außen ist, rückt nach innen auf dem Wege der Bilder. Gott, der gegenüber ist, erscheint innen, auf dem Wege des Hörens. Und am Ende werden wir selbst zu einem Organ im lebendigen Körper des zugleich leiblichen und geistigen Kosmos.

Andererseits, so meinte ich, sei uns ein Gefühl der Trauer nötig, das in uns die Liebe weckt zu allem, was wir, nicht nur im Krieg, sondern auch im sogenannten Frieden, ums Leben bringen an Schönheit dieser Erde. Und erst, wenn wir den Elan unserer Vernunft und unserer Liebe zusammen zur Wirkung brächten, könne aus dem Menschenleben auf dieser Erde etwas Segensreiches, etwas Rettendes entstehen.

Ich bin heute überzeugt, daß die christlichen Kirchen, besonders die evangelische, an dieser Stelle einen Nachholbedarf von Jahrhunderten haben. Was wurde nicht alles, bis in die letzten Jahre herein, über die menschliche Seele und ihre Rechtfertigung, Versöhnung und Heiligung gesagt und geschrieben, während das Einwohnen in der Schöpfung kaum der Erwähnung wert war! Es war ein Teil jener tiefreichenden Bewußtseinsspaltung, die in der Neuzeit des Abendlandes herrschte, in den gut dreihundert Jahren seit etwa 1600, als man die Welt teilte in das, was man wußte, und das, was man nicht glauben mochte, in Naturwissenschaft und Religion. In der die Naturwissenschaft die religiöse Dimension »den Engeln und den Spatzen« überließ und die Theologie die Natur aus ihrer Zuständigkeit ausschied und sie der Naturwissenschaft zur Untersuchung und zur Verwendung überließ. Die Folge war, daß der Mensch zum Mittelpunkt aller Dinge wurde, daß am Bewußtsein des Menschen sich Wahrheit und Unwahrheit entschied und der Mensch die Freiheit in Anspruch nahm, vernichten zu dürfen, was ihm schädlich schien auf dieser Erde.

Es wird Zeit, daß wir erkennen, daß wir nicht der Mittelpunkt der Welt sind, wir Menschen, daß weder die Schöpfung um unseretwillen geschah noch auch das Reich Gottes als ein »Reich der Menschen« gedacht werden kann, sondern daß wir von Anfang an und über unser Ende hinaus eingebunden sind in die Gemeinschaft alles Geschaffenen.

Ich sehe also und befühle die Stoffe, aus denen die Dinge bestehen, und weiß: In all dem ist Gott. Ich empfinde oder messe die Kräfte, die sie bewegen, und weiß: Es ist seine Kraft. Ich lerne, was erkennbar ist an den Gesetzen, nach denen alles geschieht, und weiß: Es sind Gedanken Gottes. Und ich versuche, das Geheimnis dieser Schöpfung zu ahnen, von dem die Bibel sagt, es bestehe in einem leisen und allgegenwärtigen Wort.

Christen aller Zeiten sagen, dieses Geheimnis bestehe in einem von allen seinen Geschöpfen ausgehenden, antwortenden Gesang. Vielleicht kann es mir gelingen, in diesen großen Gesang der Schöpfung einzustimmen mit einem eigenen Wort oder Lied und den zu rühmen, von dem Paulus sagt, alle Dinge seien von ihm, durch ihn und zu ihm hin.

Ich nehme eine Handvoll Erde und fühle die Schwere und die heimliche Lebendigkeit Gottes. Ich taste die Oberfläche eines Felsens ab und taste Gottes Gegenwart. Ich ruhe im Moos oder auf meinem Lager und ruhe in Gott. Ich stemme mich gegen den Wind und beuge mich vor dem vorübergehenden Gott. Ich lehne mich an einen Baum und lehne mich an Gott. Ich schüre das Feuer und fühle die Wärme und die verzehrende Kraft Gottes. Ich stehe in der Nacht und ahne die tiefe Dunkelheit, die in Gott ist. Ich versuche die Schmerzen und Ängste der Kreatur mitzuempfinden, das unendliche Leiden und Sterben, die rätselhafte Grausamkeit zwischen den Geschöpfen auch und die Verzweiflung derer, die dem Leben anderer geopfert werden, und weiß: Auch in all dem ist Gott. Auch dies ist aus ihm, auch dies geschähe nicht, wäre nicht Gott, der leidende, in allem.

Es ist nicht nur eine sinnliche, sondern auch eine geistliche Übung, über ein Feld zu gehen nach einem Regen und den Duft der Erde und des Wassers einzuatmen. Dabei zu wissen: Ich bin ein Wesen dieser Erde. Ich gehöre zu ihr. Diese Erde ist meine Heimat, mein Leben und mein Lebensraum. Ich bin aus ihr gemacht, und ich kehre zu ihr zurück. Sie wird mich wieder aufnehmen.

Dann eine Handvoll der frischen Erde aufnehmen. Sich das unvorstellbar lebendige Leben in jeder Krume vergegenwärtigen, sich die Erdamöben, Springschwänze und Saftkugler vorstellen, von denen in jedem Fingerhut guter Erde fünfhundert Millionen leben. Dazu die Bakterien, die Schimmel- und Bodenpilze und Algen, von denen jeder Kubikzentimeter Milliarden beherbergt und ohne die kein Grashalm wachsen würde. Sich die ungeheure Vitalität vorstellen, von der wir umgeben und selbst durchdrungen und durchwirkt sind. Für uns moderne Menschen, die leichter an ihrer Lebendigkeit zweifeln als aus ihr leben, ist dies eine Übung, die wie ein Heilmittel wirken könnte.

Oft habe ich in der Dunkelheit vor Tag am Ufer irgendeines Sees gesessen, ehe der Schein der Sonne in den Wolken oder am Rande des Sternenhimmels spürbar wurde, um da zu sein, wenn das Licht kam mit seiner geringen Helligkeit in all den erwachenden Farben, die uns in der Stunde vor dem Aufgang der Sonne berühren. Das erfahren: in einem Hauch von Licht das Licht schauen. Licht glauben, wo fast kein Licht ist. Das Licht besser verstehen aus der Erfahrung kaum sichtbaren Lichts.

Oft auch stehe ich auf freiem Feld und sehe, wie die Wolkengebirge am Himmel aufquellen oder vergehen, wie Türme von Wolken sich aufbauen und in sich zusammensinken. Ich fühle die Kräfte, die da am Werk sind. Ich kann stärker werden, indem ich sie aufnehme. Ich stehe in einem Kraftfeld. Ich lebe aus ihm. Und ich weiß: Da sind Energien, von denen unsere Schulweisheit nichts weiß. Kräfte aus Gott.

Ich beuge mich in einen Bach hinab und nehme einen großen rundgewaschenen Stein in die Hand. Ich betrachte ihn. Ich versuche, durch die harte Außenfläche von Sandstein oder Granit zu dringen. Ich versuche, die Energie zu empfinden, die im Stein ist, die warme Bewegung, die verborgene Lebendigkeit. Ich versuche, die seltsame Art Licht zu verstehen, die im harten Innenraum des Steins leuchtet, die nur eben meinem Auge nicht sichtbar ist. Und von da denke ich weiter und versuche, das Schwerere zu denken: daß Gott im Stein ist in meiner Hand.

Der Psalm 102 zeichnet das hinreißende Bild, Himmel und Erde seien das Gewand Gottes. Alle Gewänder würden einmal alt. Wenn aber Himmel und Erde alt seien, werde Gott sie wechseln wie ein Kleid. Der Psalm 104 fügt hinzu, das Kleid Gottes sei das Licht. Und so ergeht sich die Bibel in einer Sprache aus Bildern und Zeichen, so oft sie von Gott spricht und von uns Menschen, sofern wir auf ihn hingeordnet sind und mit ihm zu tun haben.

Ich muß hier etwas erklären. Es könnte sein, daß jemand, der dies gelesen hat, von »Pantheismus« spräche. Aber das wäre ein Irrtum. Wenn ich sage: »Gott ist der Stein« oder »der Stein ist Gott«, dann rede ich »pantheistisch«. Es gibt dann keinen Unterschied zwischen dem Ding und Gott, zwischen der Welt und Gott. Sage ich aber: »Gott ist im Stein« oder »der Stein ist in Gott«, dann drücke ich damit nur aus, was der alte christliche Glaubenssatz von der Allgegenwart Gottes sagen wollte. Ich kann dann im Gegensatz zum Pantheismus von Pan-entheismus sprechen, ich trenne dann zwischen Gott und dem Geschöpf, ohne dabei Gott in einen fernen »Himmel« zu verbannen. Wer nicht sagen will, Gott sei im Baum oder der Baum sei in Gott, der muß mir erklären, wo denn Gott sonst sei. Er läuft Gefahr, in einer gott-losen, einer von Gott geschiedenen Welt zu leben und also auch selbst von Gott verlassen zu sein. Indem ich aber zu verstehen suche, was das Wort »Gott« meint, suche ich nach meiner eigenen Verwurzelung im Ganzen der Welt. Ich suche meinen Ursprung zu verstehen und mein gemeinsames Schicksal mit allem, was um mich ist. Vieles werde ich auf den Wegen der Intuition verstehen, auf den Wegen des Traums oder der Vision, der Ahnung oder des flüchtigen Empfindens. Und das Ziel ist nicht das »exakte« Begreifen – wie wenig man mit dem begreift, was man exakt nennt, ist heute überdeutlich –, das Ziel ist vielmehr das Zugehören zum großen Zusammenhang.

Gilt das, so brauche ich mich weder zu vergrößern noch zu verkleinern. Ich brauche nicht von allen geliebt oder bewundert zu werden. Ich bin damit einverstanden, daß ich so viel Dummheit in mir habe und so viel Unansehnlichkeit wie jeder andere Erdgeborene. Indem ich mich auf dieser Erde sehe, brauche ich nicht zu versuchen, irgendwo über den Wolken zu sein, sondern liebe die Erde und nehme sie an. Und wenn ich dann auch von einer Welt spreche, die mir entzogen ist, etwa der, die ich das Reich Gottes nenne, dann weiß ich doch, daß beide Welten einander nahe sind, miteinander verbunden, miteinander im Spiel und im Austausch. Gott ist nicht unendlich fern, und der Mensch ist nicht wertlos, vielmehr sind beide verbunden so, daß ich kleiner Mensch auf dem Wege zu ihm bin, mehr noch, schon auf dem Wege zu ihm in seiner Hand.

## *Wach sein*

Es gibt einen zweiten Schritt nach jenen Übungen in der Konzentration, von denen ich im ersten Kapitel geredet habe: den des Wahrnehmens, das sensibler und umfassender werden muß, als es bei uns modernen Menschen zunächst ist.

Ich bleibe manchmal auf einer Wanderung stehen, wo abseits ein Gehöft steht. Ich sehe es genau an. Das Wohnhaus, die Scheune, den Schuppen, die Fenster, die Dächer, die Schornsteine, die Türen, die Hundehütte. Und ich präge mir dieses Bild so ein, daß ich es zeichnen könnte. Daß ich es mir noch vor Augen stellen kann, wenn ich längst an ihm vorbeigegangen bin. Manchmal gelingt es.

Auf einer Wiese liege ich und höre das Gesumme der Mükken. Ich höre nicht den gleichzeitigen Lärm von der Straße, den Ton eines Flugzeugs oder einer Baumsäge. Ich höre nur das Gesumme der Mücken und versuche zu hören, wie viele verschiedene Töne es sind.

Menschen besuchen mich. Sie erzählen irgend etwas. Nach zehn Minuten ist deutlich, daß ihr Bericht nur der Vorwand ist, hinter dem sich ein ganz anderes, nicht ausgesprochenes Problem verbirgt. Der Vorwand verbirgt es und offenbart es zugleich. Ich muß heraushören, was das wirkliche Problem ist, will ich verstehen, weshalb sie zu mir kamen.

Ich schlage eine Zeitung auf und begegne einer Fülle von Schicksalen, den Gewalttaten, die damit verbunden sind, den Lügen und Vorwänden. In der Regel sind es nicht die Sensationen, auf die es ankommt, sondern das kleine Glück, das Elend, das hinter den Annoncen stehende Leid, die kranke Gemeinschaft der Menschen, Schuld und Sühne, guter Wille und geringes Können. Die Verhältnisse, die es zu ändern gilt, die um der Menschen und ihrer Schicksale willen nicht so bleiben können.

Aber es geht auch um die Wahrnehmung unser selbst. Nun haben wir seinerzeit als Kinder gelernt, es sei ganz unnötig, sich mit sich selbst zu beschäftigen. Ich erinnere mich noch einmal, von wo meine Generation ausgegangen ist und was ihr eingeprägt wurde. Als ich dreizehn war, lernte ich:

»Ein deutscher Junge weinet nicht.
Er macht ein steinernes Gesicht,
auch wenn man ihm die Knochen bricht.«

Ich lernte auch: »Du bist nichts. Dein Volk ist alles.« Und ich lernte vor allem, daß es ganz uninteressant sei, wie es in mir aussieht, was ich möchte, was mir wichtig ist. Sentimentalität war nur erlaubt, wenn es um die Verehrung des Führers und den Traum vom Tausendjährigen Reich ging.

Ich rede davon, weil mittlerweile eine Generation herangewachsen ist, für die eine solche Einstellung, eine solche Erziehung unvorstellbar ist. Was aber aus der Kriegs- und der Wirtschaftswundergeneration unter diesem Zwang, sich selbst hintan zu stellen und etwas Vorzeigbares zu schaffen, geworden ist, das versteht nur, wer ihre Anfänge kennt.

Wir haben gelernt, daß der Mensch aufrecht zu stehen habe, reglos und verkrampft. Hände an der Hosennaht. Denn wer kann schon lockere Soldaten brauchen? Gehorsam ist die Tugend der Unbeweglichen, der Festgezurrten. Und nicht nur Männer, auch Frauen dieser Generation leiden bis heute unter jener Erziehung zur Starrheit, die in ihrer Kindheit als richtig gegolten hat.

Wieviel wir einander inzwischen an Güte und Nähe schuldig geblieben sind, auch mit jener »christlich«-bürgerlichen Moral, die im Bremsen, im Neinsagen, vor allem auch in Angst und Mißtrauen gegenüber dem Kräfte- und Liebespotential in uns selbst bestand, kann ich kaum schätzen. Wenn viele meiner Generation Jahrzehnte gebraucht haben, um auch mit sich selbst feinfühliger umzugehen, dann sollten die Jungen dies verstehen aus der Erziehung, die wir alle genossen haben: durch den Staat einerseits zu Helden und Kämpfern für Führer, Volk und Vaterland, später aber andererseits auch durch die Kirche zu Bekennern und Kämpfern für Christus, seine Ehre und sein Reich. Denn auch die Theologie, die den Widerstand gegen das Dritte Reich nachträglich zum großen Muster nahm, obwohl er in Wahrheit denkbar schwach ausgefallen war, empfand sich weithin als heroischen Gegenentwurf. Dietrich Bonhoeffers großartiges »Widerstand und Ergebung« war das Buch, das uns zu Theologen erzog.

Was auch war das für ein weiter Weg bis zu dem Punkt, an dem unsere zur aufrechten, gesunden, leistungsfähigen und vor allem auch moralisch festen, unangreifbaren Menschengestalt erzogene Generation erkannte, es gelte, auch was in uns selbst ist, freundlich zu sehen, auch das, was da an Wünschen, an Ängsten, an Phantasien lebendig ist, und es nicht zu verurteilen, nicht der Feind des eigenen Menschen zu sein! Das haben wir inzwischen verstanden, daß, wer sein eigener Feind ist, auch nach außen ohne Feind nicht leben kann. Aber es war eine lange Strecke bis zu der Stelle, an der uns aufging, es gelte, freundlich zu achten auch auf Ungereimtes, Peinliches und Bedrohliches in uns, wenn wir über Ähnliches in anderen Menschen barmherzig urteilen und barmherzig mit ihnen verfahren wollten. Da findet man in sich den Unzufriedenen, den Nörgler, den Totschläger, den Angsthasen, den Rechthaber, und alle wollen sie freundlich angesehen sein. Alle die dunklen Brüder und Schwestern in uns selbst. Und auch der andere Mensch in uns bedarf der Aufmerksamkeit: der Neugierige, der Spaß am ungesicherten Experiment hat, der Phantast, der Alberne, der Träumer. Wie anders sollte Neues in uns Raum finden?

Immer wieder, während ich in den letzten Jahren mit Krankheit zu tun hatte, empfand ich, daß auch unsere Krankheiten dieser freundlichen Aufmerksamkeit bedürfen. Nicht, daß wir jedem davon erzählen, sondern daß wir es unserem Körper erlauben und nicht verübeln sollen, daß er krank ist. So ist ja die Krankheit auch nicht der Feind, der vom Arzt totgeschlagen werden soll. Auch der Tod ist kein Feind. Er ist eine Verwandlung, die allem Lebendigen widerfährt. Ich soll ihn also, wenn seine Zeit kommt, nicht verdrängen und nicht hassen. Die Aufgabe des Arztes besteht darin, daß er das Leben lebendig hält bis zum Tod, daß er den todähnlichen Erscheinungen während des Lebens lebendige Kräfte entgegensetzt. Aber es gibt auch ein natürliches Zugehen des Lebens auf den Tod, das der Arzt nicht hindern soll. Wir sind auch an diesem Punkt noch immer nicht über ein tiefeingeprägtes Freund-Feind-Denken hinausgekommen.

Wir werden, wenn wir in diesen und vielen anderen Feldern unsere Wachsamkeit verfeinern, entdecken, daß neue Fähigkeiten in uns heranwachsen, neue Energien, neue gestaltende Kräfte, und wie da vieles, das in uns im Schatten lag, anfängt, sich des Lebens und seines Wirkens zu freuen.

Wer meinen sollte, ich ginge mit Erfahrungen unter den Menschen romantisch um, der mißversteht mich. Zur Schöpfung gehören auch und sehr entscheidend das Häßliche und das Elend.

Die Einkaufsstraße, die ich entlanggehe, gehört nicht zu den Schönheiten dieser Erde. Alles ist voll von Lichtreklamen in einem ordinären Mischmasch aufdringlicher Farben. Plakate und laufende Buchstaben mit allerlei Hieb-, Stich- und Schlagworten. Menschenverachtende Architektur. Ich komme mir wie erstochen oder erschlagen vor, nehme ich sie auf. Und ich nehme mir doch die Zeit, all dies wahrzunehmen. Es ist meine Welt. Und ich lebe ja auch so, daß sie durch mich und mein Verhalten so sein kann, wie sie ist. Ich wehre mich also nicht dagegen, sondern lasse dies alles in mich ein. Vielleicht gelingt es mir, meine Feindseligkeit zu überwinden.

Es ist wohl etwa zwanzig Jahre her, da wollten meine Frau und ich New York kennenlernen. So gingen wir an einem der Tage, die wir dort waren, zu Fuß von der Südspitze von Manhattan aus die Avenuen entlang bis zur 130. Straße und von dort zurück durch die Elendsquartiere der East Side und der Bowery bis zur Südspitze. Es waren wohl etwa dreißig Kilometer Beton zu Fuß. Und es wollte uns fast nicht gelingen, in dieser Welt aus Straßenschluchten irgend etwas schön oder großartig zu finden; ein Übermaß des Lebensfeindlichen und des Häßlichen erdrückte uns vielmehr so, daß wir uns fragten, wieviel des Widerwärtigen wir denn am Ende sollten bejahen wollen.

Lange habe ich gebraucht, bis ich begriff, was das Elend von uns will. Es war im Sommer 1944. Nicht weit von unserem

Flugplatz stand die amerikanische Armee, und wir flogen mit unseren letzten Flugzeugen noch ein paar aussichtslose Einsätze. Als wir nicht mehr fliegen konnten, weil es einfach keine Flugzeuge mehr gab, bummelten wir durch die Tage, während am Horizont der Krieg hörbar heranrückte. Von der ganzen Staffel, rund vierzig Mann, lebten wohl noch etwa zehn. Was blieb uns? Wir standen vor dem Ende alles dessen, wofür wir uns eingesetzt hatten. Wir sahen keine Chance mehr. Keine Zukunft.

Abends kamen französische Frauen und Mädchen in unsere Baracke, von den Kameraden hereingeholt, und sie verbrachten mit ihnen ihre Nächte. Frauen und Mädchen vom Rand der Gesellschaft, die selbst, wie wir, keine Zukunft hatten. »Kollaborateure«. Ausgestoßen von den Ihren.

Sie kamen, weil es sie hungerte. Man hat, so sagte man, im weiten Umkreis die letzten Hunde geschlachtet. Und hier, in der Baracke der Deutschen, gab es Brot im Überfluß. Wurst. Butter. Zigaretten. Wer eine von den Frauen oder Mädchen wollte, legte eine Bürste mit den Borsten nach oben vor seine Tür. Wer schon versorgt war und ungestört sein wollte, drehte die Bürste so, daß das Holz oben war. Und der Lohn für die Frauen war schon eingepackt.

Ich selbst konnte mir nicht vorstellen, daß ich eine von ihnen in den Arm nehmen könnte. Vielleicht auch hatte ich Angst vor dem Neuen und Unbekannten, das da auf mich zukam. Mir fehlte wohl auch einfach ein wenig Barmherzigkeit. So ließ ich sie merken, daß ich keinen Besuch wünschte.

Als wir eines Morgens unsere Ausrüstung und unsere Waffen auf zwei Lastwagen luden, um uns nach Deutschland abzusetzen, standen die Mädchen dabei, verzweifelt weinend. Sie wußten so genau, wie wir es wußten, daß auf sie nur die Rache ihrer Landsleute wartete und daß sie diese Rache kaum überleben würden.

Was hätte ich tun sollen? Auf alle Fälle hätte ich ihnen an jedem Abend vorher mitgeben können, was ich an Lebensmitteln und Zigaretten übrig hatte. Auf alle Fälle hätte ich sie einladen können, mit mir eine Tasse Kaffee zu trinken. Ich hätte ihnen zeigen können, daß mir ihr Schicksal nicht gleichgültig war. Es war ja nicht die Unmoral gewesen, die abends in unsere Baracke kam, sondern das Elend. Und ich hatte das Elend ausgesperrt. Es brauchte Jahre, bis mir aufging, daß ebenso wichtig, wie nach den Sternen zu schauen, sei, auf die Gassen zu achten und auf das unendliche Leid, das in ihnen erlitten wird.

Es gilt für jeden, der heute nach Frömmigkeit sucht, tief empfindlich zu werden für alles, was auf dieser Erde gelitten wird, das Leid der Menschen und das Leid der Kreatur. Es gibt eine Empfindungsfähigkeit für soziale Dinge und für politische. Eine Sensibilität für Gerechtigkeit. Und eine Wachheit für die tausend Zusammenhänge zwischen unserem Wohlstand und dem Elend anderer. Es ist keine modische Verirrung, wenn es heute Christen gibt, die überzeugt sind, das erste und wichtigste an ihrem Glauben sei dieses Mitfühlen und Mitleiden mit dem, was so weit entfernt scheint, und das Mitschreien und Mitwirken dort, wo das Geschehen in der weiten Welt und unsere Beteiligung an den Ursachen beim Namen genannt werden müssen.

Immer gilt es aufzunehmen, was an uns kommt, es nicht abzuwehren, nicht zu verhärten, es in uns zu bewahren und ihm unsere Kraft zur Verfügung zu stellen und unser Wort. Gerade der innere Weg, der Weg, den wir vor Gott gehen, hat seine Wahrheit aus diesem aktuellen Aspekt unseres christlichen Daseins. Denn die Erde anzusehen als Schöpfung des Geistes Gottes und als Gottes Ort, das bedeutet, allem eine Herberge zu sein, was ohne Ort ist, und es zu empfangen mit dem Gruß des Friedens.

# 3.
# Feuer und Wasser

## *Zweitausend Meter Meerestiefe*

Es war am 10. April 1944, einem sonnigen, stürmischen Tag an der Westküste Frankreichs. Aus den riesigen Bunkern im Hafen von St. Nazaire lief ein deutsches U-Boot aus. Auf Feindfahrt. Eines der Hunderte, die damals, mehr gejagt als selbst jagend, Europa umschwärmten und weit hinaus in den Atlantik fuhren. Die Alliierten bauten in jener Zeit zum ersten Mal Radargeräte in ihre Bomber ein, und die U-Boote wurden von den Flugzeugen entdeckt, ohne daß sie merken konnten, daß sie entdeckt waren. Als das Boot in der Biskaya am Tag darauf rund hundert Seemeilen gefahren war, erschien es auf den amerikanischen Bildschirmen. Ehe es tauchen konnte, war es von Bomben getroffen und sank.

Wir saßen um diese Zeit zu Hause auf unserem Flugplatz in Vannes und genossen, so war es vorgesehen, einen freien Tag. Aber um die Mittagszeit schrillte plötzlich Alarm: »Ein U-Boot ist gebombt! Überlebende suchen!« Wir trugen in aller Eile das Planquadrat in unsere Karten ein, rannten zu unseren Maschinen und starteten – immer zwei zugleich nebeneinander – über die felsige Küste hinaus aufs Meer.

Wir waren zu dritt in unserer Ju 88, Pilot, Beobachter und Funker. Es war eigentlich ein Bombenflugzeug, zweimotorig, das umgerüstet war auf die Funktion eines Fernjägers. Ich war damals noch Funker – Pilot wurde ich erst später – und saß mit dem Rücken zur Flugrichtung und mit Blick nach hinten. Die zwölf Maschinen unserer Staffel flogen in Keilform geordnet, und wir waren die letzten. Wir waren »Holzauge«, das heißt verantwortlich für den Blick nach hinten, woher in der Regel die Gegner kamen.

Nach einer halben Stunde Flug über den stürmischen Atlantik näherten wir uns der Stelle, an der wir das U-Boot vermuteten. Da plötzlich war der Himmel hinter uns voll von Jägern. »Mosquitos in sechs Uhr!« schrie ich ins Mikrophon. Sechs Uhr – das hieß hinten. Die Richtungen wurden bezeichnet nach der Uhr. Vorn war 12 Uhr. Rechts 3 Uhr usw. Die Mosquitos waren zweimotorige englische Jäger, zum Teil aus Holz gebaut und sehr leicht, die uns an Beweglichkeit und Schnelligkeit überlegen waren, die eigentlich gefährlichen Gegner damals. Sie mußten von vorn gekommen sein, tief unter uns, unmittelbar hinter uns hochgezogen und sich hinter uns gesetzt haben. Sekunden nach meinem Ruf kippten die Maschinen unseres Verbandes in eine scharfe Linkskurve und versuchten, in den »Zirkus« zu kommen, das heißt in eine Kreisbahn, in der wir hoffen konnten, uns selbst hinter die Mosquitos zu setzen. Wer hinten war, konnte schießen. Aber für uns, das Schlußlicht, war es schon zu spät. Ich sehe ihn heute noch vor mir: Weniger als dreißig Meter hinter unserem Leitwerk saß er, ein Schwarzer in weißer Fliegerhaube, breit lachend, während er aus seinen zehn Kanonen schoß. Sekunden danach war unser Flugzeug ein einziges Feuer. Die Tragflächen brannten, die Motoren, der Rumpf. Ich sah nur noch, wie der Staffelkapitän von der Seite her die verfolgende Maschine hinter uns in Brand schoß und zwischen ihr und uns hindurchraste. In einem Feuerball stürzte die Mosquito ins Meer.

Während hinter uns der »Zirkus« in vollem Gang war – rund fünfundzwanzig Mosquitos und elf Ju 88 wirbelten durcheinander –, begann unsere Maschine zu stürzen. Ich sah noch, wie hier und dort und noch einmal und noch einmal eines der Flugzeuge abschmierte oder explodierte, dann glitten wir steil auf das Meer zu. Willy, der Beobachter, behielt die Ruhe. Wie nach dem Programm, das er gelernt hatte, sagte er Gerd, dem Piloten, vor, was zu tun war: Luftschraube auf Segelstellung, Landeklappen, Motoren weg usw. Aber es gab nichts mehr, das noch gehorcht hätte. Es gelang lediglich, nicht senkrecht, sondern flach ins Wasser zu schlagen.

Sekunden vor dem Aufschlag versuchte ich, das Dach abzuwerfen. Es war verklemmt und rührte sich nicht. Ich versuchte, das große Schlauchboot, das im Rumpf war, herauszukatapultieren. Es brannte bereits. Und das war uns bekannt: Nie kamen die Besatzungen in unseren Maschinen mit dem Leben davon, wenn sie mit geschlossener Dachhaube ins Wasser schlugen. Wir hatten keine Chance.

Als wir in die erste Welle brachen, fetzten Teile der hölzernen Luftschraube ins Cockpit und erschlugen Gerd, den Pilo-

*Gerd Fritz, Student des Maschinenbaus, mein Flugzeugführer, der bei dem Absturz am 11. 4. 1944 umkam.*

ten. Dann ein harter Schlag. Plötzliche Totenstille... Finstere Nacht... Schweigen... Eine sekundenlange Ewigkeit...

So ist es also, wenn man tot ist, ging mir durch den Kopf. Aber ich war nicht tot. Ich fühlte kaltes Wasser. Vor mir tastete ich noch die Geräte. Über mir war kein Dach mehr. Ich versuchte, mich zu befreien, aber mit irgendeinem Riemen hing ich an einem Gerät fest. Ich trat mich los und fand mich plötzlich im Leeren. Nur noch Wasser und vollkommene Nacht. Aber wo war oben? Ich fing an, in irgendeine Richtung aufzutauchen und merkte nach kurzem, daß mein Fallschirm, den ich noch an mir trug, mich in eine ganz andere Richtung zog. Ich überließ mich also der Luftblase im Fallschirm und kam so allmählich durch helleres Wasser an die Oberfläche, mit einem Bauch voll Salzwasser. Später haben wir errechnet, wir müßten wohl in dreißig oder vierzig Metern Tiefe ausgestiegen sein.

Oben war die Hölle los. Atlantikdünung im April ist keine Kleinigkeit. Schaum und Gischt und Sturm. In der Luft das Heulen der Flugzeuge und das scharfe Knattern der Bordkanonen. Das erste, was ich sah, war, daß wenige hundert Meter von mir entfernt eine deutsche Maschine ins Meer stürzte.

Neben mir tauchte Willy auf, der Beobachter. »Mensch, Jörg!« schrie er durch den Lärm. »Mensch, Willy!« schrie ich zurück. Wir halfen einander in die kleinen Einmannschlauchboote, die wir um den Leib trugen – sie waren nicht viel größer als Autoreifen –, und banden sie zusammen, damit wir uns nicht verloren. Es waren eigentlich keine Boote. Sie waren ganz unter Wasser, und man saß in ihnen bis zum Bauch in der Nässe. Ich zog aus der Knietasche eine Signalfackel und zog sie ab. Sie entzündete sich nicht. Rauchzeichen. Auch sie versagten. Einzig die Signalraketen aus der Leuchtpistole gingen auf. Aber wer konnte sich von denen, die oben waren, um Leuchtzeichen kümmern? Und wer sieht bei solcher See einen Menschen, der im Wasser schwimmt?

Wir fingen an zu rechnen: Sechs Stunden blieb man am Leben, dann war man ausgekühlt. Fünf Stunden brauchte ein Schiff bis zu uns. Aber nur vier Stunden waren es bis zum Einbruch der Dunkelheit. Und bei Nacht würde uns niemand finden. Wir würden auskühlen und in sechs Stunden tot sein. Schließlich verloren sich die Flugzeuge irgendwohin. Nur ein einzelnes deutsches kreiste noch über dem Wasser. Später erfuhren wir: Es hatte uns gesehen und den Ort gemeldet. Dann drehte auch dieses letzte ab nach Hause, und wir waren allein mit dem Ozean.

Kurz vor Dämmerung waren wir am Ende unserer Kräfte. Wir konnten kaum mehr reden. Die Hände konnten nichts mehr halten. Wir trieben nur noch. Die Kälte saß in den letzten Knochen. Da plötzlich tauchte aus dem Gebirge der Wellen ein Schiffsbug auf, dicht neben uns. Ein Schnellboot. Man sah uns, drehte bei. Weil wir uns an nichts festhalten konnten, zogen sie uns schließlich mit langen Haken aus dem Wasser. Das Boot war schon in der Nähe gewesen auf der Suche nach den U-Boot-Leuten.

Wir waren kaum an Deck, da sah sich Willy auf der See um.

Er war sehr jung. Neunzehnjährig, Gefreiter. Aber die Fliegerkombination zeigte keinen Dienstgrad. Wir konnten auch Offiziere sein. Und so richtete er sich zu seiner vollen Größe auf – er war ein kräftiger und groß gewachsener Westfale – und trat vor den Kapitän: »Drüben – dort! Ein paar hundert Meter – dort muß noch eine Besatzung am Schwimmen sein. Bitte, holen Sie die auch heraus!« Aber der Kapitän weigerte sich: »Die Mosquitos sind hinter mir her. Ich muß zurück!« Willy wurde lauter: »Wenn Sie nicht dort hinüberfahren und suchen, stelle ich Sie vor ein Kriegsgericht wegen Feigheit vor dem Feind.« »Das können Sie tun«, bellte er zurück, »ich muß fahren.« Da zog Willy die schwere Leuchtpistole: »Und ich schieße Sie auf der Stelle nieder, wenn Sie nicht nach unseren Kameraden suchen!«

Das wirkte. Das Boot drehte in die Richtung, und nach wenigen Minuten sahen wir backbords zwei kleine Schlauchboote und in ihnen zwei unserer Freunde. Als sie herausgezogen waren, saßen wir zu viert in der Kajüte und tranken Tee mit Rum. Wir stießen an, wie es in solchen Fällen üblich war: »Herzliche Glückwünsche zum Geburtstag!« und fuhren im letzten Licht zurück nach St. Nazaire.

Es war ein wenig wie zwei Monate zuvor, als ich aus dem Gefängnis zu Fuß auf den Flugplatz zurückging. Ich stieg aufs Deck hinauf und stand an der Reling, während das Wasser scharf an mir vorbeirauschte. Die Gedanken drängten sich in meinem Kopf. Auf dem Grund dieses Wassers, vielleicht zweitausend Meter tief, lag unsere Maschine mit dem toten Gerd. Auf dem Grund desselben Wassers lag ein U-Boot mit über hundert jungen Menschen, die heute morgen noch gelebt hatten. Da lagen wohl an die acht Flugzeuge, englische und deutsche, mit Freunden und Feinden. Wasser – das war das Grab, in das sie alle versunken waren. Das Grab, das uns noch einmal freigegeben hatte. Bis zum nächsten Mal. Die Gedanken kamen und gingen. Sie blieben unruhig gegenwärtig. Wir waren an der Grenze gewesen. Aber was tut einer, der die Grenze berührt hat? Ich hatte noch keine Deutung dafür.

## *Die dunkle Nacht der Seele*

Es war nicht Angst, was mich erfüllte. Mit Angst hatten wir damals nicht viel zu schaffen, mit dem Erschrecken vielleicht vor der Art des Sterbens, die wir an anderen gesehen hatten, wenn sie lebendig verbrannten oder unter den Trümmern ihrer abgestürzten Maschine schwer verletzt erstickten, nicht aber eigentlich vor dem Tod selbst. Was mich erfüllte, war vielmehr eine tiefe Traurigkeit. Ich dachte an Gerds Braut, die in einigen Tagen erfahren würde, er sei »für Führer, Volk und Vaterland« gefallen. Ich stellte mir die mehr als hundert Mütter, Frauen und Bräute vor, deren Wichtigstes und Liebstes, das sie hatten, seit ein paar Stunden drunten lag auf dem Grund der Biskaya. Aber das war ja nur ein einziger Tag gewesen. In jenem Frühjahr hatte das große Sterben der U-Boote begonnen. Vierhundert solcher Boote sanken innerhalb weniger Monate, sagte man uns. Vierhundert! Ich stellte mir die Menschen vor. Vierhundert mal hundert. Und auch das war ja wieder nur ein kleiner Ausschnitt von dem, was damals erlitten wurde, rund um Europa. Und irgendwann würden wir übrigen wohl auch irgendwo dort unten liegen. Aber auf mich wartete ja keine Braut. Ich war nicht ganz so wichtig wie viele der anderen.

Und welchen Sinn hatte es, den Mädchen und Frauen drüben in England oder Amerika ihre Männer und Freunde wegzuschießen? Was überhaupt mochten es für Menschen sein, die wir als unsere Feinde bezeichneten? Woher sollte ich die nötige »Feindschaft« nehmen etwa gegenüber jenem Amerikaner, der mich abschoß? Denn es herrschte zwischen ihnen und uns – gerade in der Fliegerei – eine geradezu ritterliche Spielordnung. Eines Tages sahen wir irgendwo über dem Meer ein englisches Flugboot. Als wir uns in Gefechtsordnung darauf stürzten, fing die fremde Maschine an, regelmäßig zu schwanken, zu wackeln, wie man unter Fliegern sagt. Das hieß: Ich habe Verwundete an Bord. Wir glaubten es, wackelten unsererseits freundlich und drehten ab. Als wir einmal nach einer unserer im Wasser schwimmenden Besatzungen suchten, trafen wir an der fraglichen Stelle ein englisches Schiff an. An der Reling standen unsere Kameraden, von den Engländern aus dem Wasser gefischt, und winkten. Wir flogen dicht vorbei und grüßten. Wir schossen nicht, das Schiff schoß nicht, und beide begaben wir uns auf den Heimweg. Wie rührend, und: Wie sinnlos nahm sich diese Art Ritterlichkeit aus in all dem erbarmungslosen Töten und Sterben ringsum! Oder war sie doch mehr? Ein Fenster zur Helligkeit in einer hoffnungslos dunklen Welt?

Die Wellen schossen in der Dunkelheit an mir vorbei, als wir uns der Loiremündung näherten, während ich auf dem Deck stand. Ich brachte meine Gefühle nicht zusammen über der Doppelgesichtigkeit dieser Welt. Was für ein herrliches Fahren in Sturm und Fahrtwind und Wellen! Was für eine Sinnlosigkeit in all dem, was da durch uns wie durch die anderen geschah! Was für eine Dunkelheit, in der unsere Freunde und viele andere auf dem Grund lagen, unter dem Druck von zweitausend Metern nachtschwarzen Wassers.

Daß irgendwo ein Gott sei, habe ich nie ernsthaft bezweifelt. Ich machte ihm keine Vorwürfe. Ich klagte ihn nicht an. Ich forderte von ihm keine Rechenschaft. Aber mich erfüllte eine Dunkelheit, die mich noch nicht verlassen hatte, als ich am anderen Morgen in einer Baracke im Hafen von St. Nazaire mit den drei anderen zusammen meine übriggebliebenen Sachen zusammensuchte und den Zug bestieg, um mich bei meiner Staffel zurückzumelden. Die Fahrt ging durch frühlingsfrisches Land; Wiesen und Baumreihen und kleine Dörfer zogen vorbei. Und ich wurde ein bestimmtes Lied nicht los, das wir in der Hitlerjugend an den Lagerfeuern gesungen hatten. Geisterhaft stand die Romantik jener Nächte da, und ich konnte sie nicht loswerden. Das Lied war von Georg Herwegh. Es lautete:

»Die bange Nacht ist nun herum.
Wir reiten still, wir reiten stumm,
wir reiten ins Verderben.
Wie weht so scharf der Morgenwind!
Frau Wirtin, noch ein Glas geschwind
vorm Sterben, vorm Sterben.

Du junges Gras, was stehst du grün?
Wirst bald wie lauter Röslein blühn,
mein Blut ja soll dich färben.
Den ersten Schluck – ans Schwert die Hand! –
den trink ich, für das Vaterland
zu sterben, zu sterben.

Nun schnell den zweiten hinterdrein,
und der soll für die Freiheit sein,
der zweite Schluck vom Herben.
Dies Restchen – nun, wem bring ichs gleich?
Dies Restchen dir, o römisch Reich,
zum Sterben, zum Sterben.

Dem Liebchen – doch das Glas ist leer,
die Kugel saust, es blitzt der Speer;
bringt meinem Kind die Scherben!
Auf, in den Feind wie Wetterschlag!
O Reiterlust, am frühen Tag
zu sterben, zu sterben.«

Ich fand keine Verbindung mehr zurück zu dem Gefühlsüberschwang jener Nächte. Ich mußte damals sehr jung gewesen sein. Jedenfalls kam ich mir sehr alt vor und für solche Verse nicht mehr ansprechbar. Vielleicht war ich überhaupt zu alt, um noch zu leben.

Aber wenn ich durchs Fenster schaute, so täuschte auch die Landschaft. Friede. Schönheit. Über die Schönheit hatte ich lange Aufsätze geschrieben. Sie schien mir eine Art Schlüssel zur Deutung des Daseins überhaupt. Sie wurde mir unendlich fremd. Und Gott? Wenn ich ernsthaft über Gott nachdenken wollte, so konnte ich ihn mir nicht selig vorstellen irgendwo »überm Sternenzelt«. Trug zuletzt nicht Gott selbst die Verantwortung für die Menschen, die er geschaffen hatte, auch die Gewalttäter, die Lügner, die Verbrecher, die Tyrannen und die Massenmörder? Kommt nicht auch alles Schreckliche von Gott, aus dem Abgrund, aus dem Schatten Gottes? Aus einem dunklen, unerforschbaren Willen?

Was war denn ein Hitler Gott gegenüber, wenn er nicht sein Werkzeug war? Und wer ist Gott, wenn Hitler ihm zum Werkzeug dient? Und wer trägt denn hier auf dieser Erde die Schuld, wenn zuletzt doch von Gott verschuldet ist, was geschieht? Die dunkle Erfahrung schuf in mir das Bild nicht eines bösen, aber eines dunklen, eines abgründigen Gottes. Und nach den Erfahrungen von weiteren fünfzig Jahren scheint mir noch immer, wir müßten dem Gedanken standhalten, der Allmacht Gottes stehe eine seltsame Ohnmacht desselben Gottes gegenüber, seiner unendlich lebendigen Geistigkeit auch seine tödliche Unbewußtheit. Seiner allumfassenden Liebe auch seine entsetzliche Destruktivität. Alles ist in ihm.

Niemand hat sich sein Schicksal ausgesucht, sein Wesen, seine Schwächen, seine Neurose oder seinen brüchigen Charakter und all seine Gespaltenheit. Niemand hat sich die Grenzen seiner Kraft selbst verordnet. Wir erleiden alle ein Leben, das uns ein anderer bereitet hat, und es hat keinen Sinn, daß wir uns selbst oder einander die Schuld daran aufbürden.

Ich begann damals zu ahnen, daß der Schmerz, den alle diese Erfahrungen bedeuteten, nicht wieder zum Feind werden durfte wie der Feind eines Soldaten, den man niederkämpft. Daß man ihn gleichsam lieben lernen müsse, sich aneignen und in sich selbst verwandeln in eine Kraft, die Einsicht gibt in die verborgenen Zusammenhänge des Leidens, das in der ganzen Welt, wo immer, gelitten werden muß.

Was ich damals, auf dem Schnellboot, empfand, war am ehesten das, was ich später bei den Mystikern wiederfand, wenn sie von »resignatio ad inferos« redeten, vom Einvernehmen mit dem dunklen Gott. Sie sagten: Wenn es Gottes Wille ist, daß ich in der Hölle versinke, dann will ich einverstanden sein mit diesem Willen Gottes. Denn wenn ich in der Hölle mit Gott eins bin, dann bin ich in Gott und nicht in der Hölle, dann ist die Hölle nicht mehr die Hölle, sondern ein Ort in Gott.

Es führt kein Weg daran vorbei: Es gibt keinen »lieben Gott«, dem das Böse, das Schreckliche, das Leidvolle, das Rätselhafte fremd wären so, daß ich ihn wie über einen unendlichen Abstand hinüber fragen müßte: Kannst du, wenn du doch die Liebe bist, das Schreckliche nicht bezwingen? Bist du zu schwach, Gerechtigkeit zu schaffen? Bist du zu weit weg, um meine Schmerzen zu fühlen? Bist du zu himmlisch abwesend, um zu wissen, was Tod ist? Nein, wenn Gott ist, so ist er in allen Dingen, und alle Dinge sind in ihm, auch die Nacht in zweitausend Metern Meerestiefe.

Wenn ich Gott erfahren will, dann werde ich über lange Zeit hin mit meiner ganzen Sehnsucht und meiner ganzen Angst und Sorge erst einmal erfahren, daß Gott nicht zu fassen ist, nicht zu begreifen. Daß er Hintergrund und unbegreifliche Ursache auch alles Bösen ist, auch des Bösen in mir selbst, mit dem ich mir selbst fremd werde oder gar mich selbst zerstöre.

Ich habe danach, als ich wieder auf unserem Flugplatz meinen Dienst tat, Gedichte geschrieben von einer so abgründigen Schwermütigkeit, daß ich heute kaum noch mitempfinden kann, was ich damals erlitten haben muß. Aus dem Abstand von fast fünfzig Jahren andererseits empfinde ich jenen Tag als eine Art Initiation in die Elemente Feuer und Wasser. Ich habe beide schon als Kind geliebt wie auch Erde und Wind. Aber von da an war mir der tödliche Charakter dieser beiden Elemente, ihre Gefahr und elementare Überlegenheit über uns Menschen ebenso unverlierbar bewußt wie ihre überwältigende Schönheit. Und so fühle ich mich bis heute zu Hause, wo Meer ist und Sturm, und ich liebe das Feuer, weil es mir einerseits hilft, das Ende der Dinge und mein eigenes Ende zu bejahen, weil es mir andererseits zeigt, wie sich Materie in Wärme und Licht wandelt, weil es sozusagen das transzendierende Element ist. Ich liebe das Feuer, weil es das Element ist, aus dem das Universum hervorging und unsere kleine Erde mit allem, was ich liebe; weil es also nicht nur das zerstörende, sondern auch das schaffende Element ist. Wenn ich das Feuer liebe, dann liebe ich das Ganze der Welt, grenzenlos und unbedingt.

Aber es gibt eine Erfahrung Gottes, die noch eine Stufe tiefer in der Dunkelheit geschieht. Ist Gott wirklich der Ursprung auch des Leides und des Bösen, Ursprung auch der Mächte der Zerstörung und des Todes, ist es denkbar, daß er uns wirklich verläßt und uns dem überläßt, was wir Gottverlassenheit nennen? Dann ist Gott für Menschen, die dies erfahren, wirklich der Gefährliche, der Zwiespältige, ja der Feindselige. In der Geschichte der christlichen Frömmigkeit hat es immer Menschen gegeben, die in jene tiefe Angst und Schwermut verfielen, die Johannes vom Kreuz die »dunkle Nacht der Seele« nennt. Sie sahen den Gegengott, den Gott, der selbst die Macht der Finsternis ist. Und sie verloren nicht nur ihr Zutrauen, sondern auch alle Hoffnung, denn sie fühlten wohl, daß nach dem Tode nichts mehr folgen könne, wenn Gott am Ende selbst die Finsternis und der Tod sei. Und doch konnten sie diesem Gott nicht entrinnen in die Absage, in die Gott-losigkeit. Ich fand gerade unter diesen Leidenden immer wieder die, denen ich mich am nächsten fühlte.

Ob es sich um den Hiob der Bibel handelte, um Martin Luther, Reinhold Schneider, Johannes vom Kreuz, Therese von Lisieux, Simone Weil oder Marie Noël – was sie berichten, ist die völlige Gottverlassenheit im Angesicht des finsteren Gottes, das Bewußtsein, ausgestoßen, verdammt, verloren zu sein, ohne Hoffnung auf Gegenliebe zu lieben oder gar zur Liebe unfähig zu werden vor dem schrecklichen Gott. Sie fühlten sich als Opfer, als Schlachtfeld von Mächten, und manchmal versuchten sie, sich zu empören, um alsbald zu erkennen, daß auch damit nichts zu gewinnen war. »Ich schwimme im Dunkeln«, sagt einer, »wie ein fast Ertrinkender, der von Zeit zu Zeit die Oberfläche des Wassers erreicht.«

Am Ende konnten viele von ihnen ihre Liebe zu Gott nur dadurch retten, daß sie die Stacheln, die sie diesem Gott gegenüber ausstellen mußten, gegen sich selbst wendeten und dabei sich selbst zerstörten oder gar töten mußten. Sie erfuhren, wie Marie Noël es ausdrückt, ein Übergewicht an Unendlichkeit, unter dem alles Eigene erstickt, alles Lebendige, Blühende und Gedeihende. Und wie Gott seine Wirklichkeit verliert, so verliert die Seele sich selbst, und die Welt, das Dasein insgesamt, werden unwirklich. Sie liebten Gott und wußten doch nicht einmal, ob es ihn wirklich gebe, oder ob es einfach das Dasein selbst sei, das in so tiefe Finsternis getaucht ist. Sie lebten sozusagen mit offenen Fenstern. Durch diese Fenster aber drang mehr ein, als ihre Seele bewältigen konnte. Sie durften aber die Fenster, durch die die schreckliche Wahrheit hereinwehte, nicht schließen, auch wenn sie wußten, daß sie nur leben könnten, wenn sie das schwache, flackernde Licht in ihrer eigenen Seele vor dem Verlöschen bewahrten. Und ich habe dieses allzu offene Fenster meiner Seele gerade in der Zeit des Krieges tiefer, als ich beschreiben kann, kennengelernt.

Es kommt wohl darauf an, die Erfahrung der »dunklen Nacht« verstehen und annehmen zu können als etwas, das von Gott kommt, das also Zusammenhang hat und Sinn enthält und das durchzustehen in die Wahrheit unseres Daseins führt. Johannes vom Kreuz meint, das gelte auch, wenn die dunkle Nacht den Blick auf die Gegenstände des Tages verberge, wenn man sozusagen am Himmel hänge, ohne ihn zu berühren, und über der Erde schwebe, ohne an ihr Halt zu finden.

In Dantes Hölle sind unter den Verdammten auch die Schwermütigen. Sollte Dante meinen, wer in diesem Leben schwermütig sei, habe für die Ewigkeit die Hölle verdient, so verdiente er selbst unseren Abscheu. Welche Ahnungslosigkeit des großen Dichters über den Hintergrund eines solchen Leidens! Welche Unbarmherzigkeit! Schildert er freilich im Bild seiner Hölle Seelenzustände, die heute, in diesem Leben gelitten werden, so trifft es zu, was er malt: das abgründige und hoffnungslose Leiden besonders leidensfähiger Menschen.

## *Ein Weg in die Helligkeit*

Nun ist es mühelos möglich, bei oberflächlichem Hinsehen den Zustand solcher Menschen als Depression, vielleicht auch als Verfolgungswahn zu bezeichnen und als solche therapeutisch anzugehen. Dann ist das Ziel des Umgangs mit ihnen ihre »Heilung«, das heißt die Normalität, in der in der Seele nichts Auffälliges mehr geschieht.

Aber die dunkle Nacht der Seele ist keine »Krankheit«, sondern das, was wir eine »Heimsuchung« nennen. In einer Heimsuchung ereignet sich mehr Wahrheit als in der Unangefochtenheit der »Gesunden«. Als krank erscheinen Menschen in der dunklen Nacht der Seele allenfalls deshalb, weil sie unfähig sind zu verdrängen, was sie erfahren. Soll diese Erfahrung, diese unendlich kostbare Wahrheit nicht verlorengehen, so werden wir die so Leidenden im Gegenteil vor aller Psychiatrie schützen müssen, es sei denn, wir fänden einen Arzt, der selbst ein begnadeter Mystiker ist.

Denn gegen alle oberflächliche Therapie gilt die alte Erfahrung, daß der Anfang des Tages in der Mitte der Nacht und im Erleiden der Nacht liegt, nicht in ihrer Aufhellung. In der dunklen Nacht der Seele erweitert sich das menschliche Bewußtsein nach dem Ganzen des Daseins hin, nach dem hin, was im Abgrund des Daseins ist, und nach dem, was ihm von Gott her aufliegt. Es beginnt, Unbewußtes und Überbewußtes zu umgreifen. Irgendwann aber, das bezeugen sie alle, irgendwann, vielleicht erst ganz am Ende einer langen, qualvollen Lebensgeschichte, geht das Licht auf, das wirkliche Licht. Nicht der künstliche Tag des Psychopharmakons.

Am Ende ihres Lebens schrieb Marie Noël: »Wenn ich mich umwende, um zurückzuschauen, so sehe ich, wie ich durch meine traurigen Jahre, meine geduldigen Finsternisse, bis zum Ende, o mein Gott, von deinen Händen wie eine Gelähmte getragen wurde auf göttlicher Straße.«

Die Schweizer Franziskanerin Clarita Schmid zeichnet die Erfahrungen jener dunklen Nacht so:

»So sei auch gepriesen, mein Herr,
für unsere Schwester, die Traurigkeit,
Still geht sie durch jeden unserer Tage,
heilt nicht Wunden
und trocknet nicht Tränen,
stillt nicht den Wehlaut,
die Schreie der Angst,
der bitteren Verzweiflung.
Doch manchmal,

in sternloser Nacht,
fällt ihr von Blut und Tränen
schweres Gewand,
und da steht sie
hellen Gesichtes
als der strahlendste Engel des Lichts.«[2]

Es mag durchaus sein, daß zwischen seelischer Krankheit und dem geistlichen Weg durch die Nacht der Seele enge Beziehungen bestehen, und sicher waren viele große Heilige psychisch krank. Aber die Nacht der Seele zeigt vor allem, daß hier Menschen sind. Je mehr einer ein Mensch ist, um so verletzlicher wird er sein, offener für Angst und Trauer. Die Trauer aber ist ein Tor zur Weisheit und zur spirituellen Reife. Der Helfende sieht die Grenzen seiner Kraft, und wer zu den Menschen absteigt, in die Gefängnisse ihrer Trauer, muß am Ende haltmachen vor einem Dickicht ungelöster Fragen, ehrfürchtig und schweren Herzens.

Diese Krankheit der Seele hat zudem für viele andere erlösende Kraft. Denn der Mensch in der Nacht der Seele ist nicht nur der Kranke oder Leidende, er kann auch der Schwache an der Seite der Schwachen sein, der Traurige in der Gemeinschaft mit den Traurigen, der Kranke am Bett der Kranken, der Bedrängte in der gemeinsamen Gefahr mit den Bedrängten. Und vielleicht wird er zum Überwinder für die, die nicht zu überwinden vermögen, ein Liebender in der Verlassenheit der Ungeliebten. »Es kann mancher seine eigenen Ketten nicht brechen und doch anderen ein Erlöser sein« – so Nietzsche – ein Instrument des befreienden Geistes. Und er wird dabei gesünder sein in all seinem Leiden als tausend andere, die über die Abgründe in ihrer Seele blind und störungsfrei hinweggehen.

Hier ist nicht von der Therapie der Psychosen zu reden, sondern zu fragen, ob der dunklen Welt der Depressionen nicht eine ganz eigene und wesentliche geistliche Qualität zukomme. Ob es nicht Grenz- und Übergangsformen zwischen Depression und spirituellem Leiden gibt, die wir bislang nicht abgesteckt, deren Merkmale wir noch nicht festgestellt haben.

Denn sie schildern einen Weg der Seele, der anders verläuft als der, den wir heute Therapie nennen, einen Weg der Erlösung, der weiter führt als bis zu dem, was wir oberflächlich mit »Gesundheit« bezeichnen.

Die Menschen in der »Nacht der Seele« sprechen von einer Last, die von Gott komme und im Willen Gottes einen verborgenen Sinn habe. Sie meinen, es bedürfe der Nacht, damit der Mensch zur Erkenntnis seiner selbst gelangt, und sie berichten, anders als der an einer Depression Erkrankte es tut, von höchst aktiven Vorgängen zwischen Gott und ihnen selbst. Nicht von Mattigkeit allein, sondern von kämpferischen Auseinandersetzungen, freilich nicht gegen die Dunkelheit, nicht gegen Ungeheuer der Tiefe im psychologischen oder theologischen Sinn. Sie ringen vielmehr mit Gott, dem abwesenden, unbegreiflichen, schattenhaften, gefährlichen, dem Gott mit dem Gesicht des Dämons. Es ist nicht ein Kampf auf der Seite des Lichts gegen die Finsternis, sondern ein Kampf um das Licht, der gleichsam in Christus selbst stattfindet, der seinen Weg durch die dunkle Tiefe der Seele geht.

Es gibt geistliche Lieder, die eben dies ausdrücken. Es gibt Marienlieder, die nicht nur von Maria erzählen, sondern unter ihrem Namen von der menschlichen Seele. Sie singen von einer wandernden Frau, die das Kind Christus in sich trägt und so ihren einsamen, gefährlichen Weg geht. Eines davon hört sich wie ein kleines Märchen an:

»Maria durch ein Dornwald ging,
der hat in sieben Jahr'n kein Laub getragen.

Was trug Maria unter ihrem Herzen?
Ein kleines Kindlein ohne Schmerzen.

Da haben die Dornen Rosen getragen,
als das Kindlein durch den Wald getragen.«

Da geht eine Frau durch einen Wald, der Dornen trägt, und die Dornen sind hart und trocken, seit sieben Jahren ohne ein grünes Blatt. Sie geht durch eine Zone der Schrecken und der

Trostlosigkeit, eine Zone des Elends und der tödlichen Weglosigkeit.

Aber sie trägt auf ihrem gefahrvollen Weg das Kind in sich, Christus. Und indem das Kind durch den Wald getragen wird, beginnt an den Dornen etwas aufzubrechen, zu knospen und zu blühen, da verwandelt sich die düstere Unterwelt der Seele in einen Garten. Nicht, daß der Wald sich öffnet und ein paradiesisches Land sich auftut. Die Dornen bleiben, aber an den Dornen wachsen Rosen, die Symbole der himmlischen Vollendung. Es fängt etwas an zu blühen und zu duften.

Das Lied schildert, was in der Unterwelt der Seele geschieht, wenn sie den einsam und wehrlos wandernden Christus in sich trägt, und sei es in der anfänglichen Form, in der dieser Christus noch gleichsam ein Kind ist. Denn er soll ja in Maria, in der Seele, Gestalt annehmen. Und mit ihm soll etwas anfangen zu wachsen und zu blühen, eine neue, tiefere, eine erlösende Gotteserkenntnis, die der Wandernden eine Ahnung gibt von der inneren Fülle und Schönheit, zu der sie berufen ist. Davon freilich war ich während der Fahrt von St. Nazaire nach Vannes um viele Jahre meines Lebens entfernt.

Es führt kaum ein Weg daran vorbei: Es gilt, einen Gott zu glauben, der leiden, sterben und auferstehen kann. Es gilt, in das Bild, das wir von Gott haben, die Härte, die Schrecklichkeit des Kreuzes einzuzeichnen. Und das begann ich damals zu ahnen, daß mir eines Tages die Geschichte vom Leiden und Sterben des Jesus von Nazaret eine Deutung bringen werde, durch die ich in meiner Dunkelheit meinen Weg finden könnte.

Kommt aber Gott herein in die Szene unseres Leidens und Sterbens in der Gestalt des Christus, dann kommt Christus nicht, um uns Sinn und Zweck seines Leidens zu erklären oder unsere Fragen zu beantworten. Er kommt, um unser Leiden bis zum Rand mit seiner Gegenwart zu füllen und es so zu einem Weg zu machen, den zu gehen Sinn hat.

Sind wir aber bereit, unser Leid zu bewohnen, so werden wir es nicht hassen, wie wir auch Gott, den Geber des Leidens, nicht hassen werden. Wir werden in Gott leiden und damit auch seinen Rätseln näher sein. Damit wird das Leid nicht beendet, aber es wird leichter um die Last unserer Gedanken und unserer Vorwürfe gegen Gott. Unser Leid wird tragbarer, je deutlicher uns ist, daß Christus im Leiden und im Tod nicht untergeht, sondern in seiner Auferstehung eine Zukunft für uns alle und für die ganze Schöpfung eröffnet. Wir sagen dann nicht mehr nur: »So ist es«, sondern vor allem: »So wird es sein.« Inzwischen nehmen wir das Leid und den Tod aus der Hand Gottes und versuchen, uns seinem Plan und seiner Führung anzuvertrauen.

Ich habe später viel in Bildern der Kriegszeit geträumt. Und so geschah auch eine wunderbare Befreiung einige Jahre später in den Bildern eines Traums, und der Traum ging und geht bis heute mit mir. Ich kroch im Schützengrabensystem eines Schlachtfeldes umher, immer gebückt vor einem Feind, der mich nicht sehen durfte, und merkte nach einiger Zeit, daß die eigentliche Gefahr über mir war: Eine fliegende Untertasse, ein Ufo, dunkel und ohne Zweifel sehr gefährlich, schwebte nahe über mir, und ich sah, daß es keine Möglichkeit gab, ihr zu entrinnen. Aber da schwebte die fliegende Scheibe hinüber in die Richtung, in der ich den Feind vermutet hatte, wurde hell und heller und stand am Ende aufrecht, glühend in einem wunderbaren goldenen Licht auf der Erde, groß wie ein riesiger Baum, und ich wußte: Das ist kein Feind! Ich stieg aus dem Graben, richtete mich auf und ging über das Feld hinüber, der Wärme und dem Licht entgegen, das von der Scheibe ausging, und wußte: Das ist Gott! Der wirkliche Gott. Und ich – ich bin mitten in der großen, goldenen Scheibe. Ich lebe. Ich bin selbst ein Licht aus dem großen Licht »Gott«. Es war ein Aufstehen aus viel Dunkelheit, das da in mir geschah, und der Beginn einer Erlösung. Und ich glaube, es war seit jenem Traum, daß ich empfand, die Dunkelheit habe die Macht über meine Seele verloren, vielleicht für ganz und für immer.

Auf dem jahrelangen Weg von der Dunkelheit jenes Abends auf dem Schnellboot bis zu diesem Traum spielte eine ganz bestimmte Übung die entscheidende Rolle. In Gesprächen mit Romano Guardini während meines Studiums und in seinen Büchern war immer wieder die Rede von der Leidensgeschichte des Jesus von Nazaret. In langen, eindringlichen Meditationen ging er mit seinen Hörern den »Kreuzweg« entlang, die Geschichte der Passion vom Einzug in Jerusalem bis zum Tode am Kreuz und bis hinein in die Ostertage, und er ging diesen Weg so, daß, wer ihn hörte, seine Lebensgeschichte, seine Gedanken, seine Pläne, seine Zweifel und seine Hoffnungen mitnahm, bis er selbst es war, der die Passion und die Auferstehung erfuhr. Und ich sehe bis heute kein stärkeres Mittel, aus den Dunkelheiten der Seele frei zu werden, als diesen Weg.

Wenn für mich heute die Auferstehung der Toten, die Auferstehung des Christus, meine eigene Auferstehung sozusagen der selbstverständliche Hintergrund meines Denkens ist, wenn heute für mich mein eigener Tod nichts Ängstigendes hat, wenn er vielmehr der Überschritt ist in die andere Wirklichkeit, der Ort nicht des Endes, sondern der Wandlung, dann danke ich es weithin den Leidensmeditationen Romano Guardinis in den Jahren meines Studiums und danach.

Der Jesus auf dem Weg durch die Stationen der Leidensgeschichte ist der Bruder, mit dem man seine inneren Gespräche führt. Er ist der Meister der stellvertretenden Hingabe, auf dessen Weg wir selbst zu Stellvertretern werden, für ihn selbst wie für die Menschen um uns her. Nirgends ist Jesus für mich leiser als hier, so bedürftig auch des Schutzes vor dem Gerede, bedürftig der Verschwiegenheit. Er ist der Jesus, über den man nicht alles sagt, was man auf seinem Weg erfährt. Er ist aber vor allem der, der seine Gestalt in unserer eigenen Seele finden soll, bis wir ihm ähnlich werden – wie Paulus sagt – »in der Gestalt seiner Leiden und in der Gestalt seiner Herrlichkeit«.

Der Kreuzweg ist ein Weg durch eine Dunkelheit, in der das Licht ist. Ein Weg auf ein Ende zu, das kein Ende ist. Ein Weg, auf dem wir unseren Willen opfern, um Kräfte des Willens zu empfangen, auf dem wir unsere Freiheit hergeben, um Freiheit zu gewinnen, auf dem wir unser Recht preisgeben, um unsere wirkliche Menschenwürde zu finden, auf dem wir das Ende alles dessen erleben, was uns wichtig war, um das eine Wichtige zu empfangen: das Ziel, das Leben heißt.

Ich gehe gern, wenn ich eine der alten Kathedralen, Frankreichs vor allem, besuche, die langen Kirchenschiffe entlang von Pfeiler zu Pfeiler, vom Portal an bis zu dem Chor, in dem das Kreuz steht.

Wir werden nicht nach Ausgängen suchen, wenn wir in der Kirche des Leidens stehen, sondern unseren Willen der Richtung einfügen, die uns der Grundriß zeigt. Und werden mitgehen mit dem Christus, dessen Wille sich gefügt hat und der darin mitten in der Angst auf dem Heimweg war. Wir werden unsere Pläne weglegen und die Verantwortung für alles weitere dorthin zurückgeben, wo die größere Klarheit und das eigentliche Ziel sind. Wir resignieren nicht. Wir geben die Verantwortung Gott zurück und wirken darin mit an seinem Plan. Wir begleiten Jesus bis an die Grenze seiner Freiheit und sehen, wie er gerade dort, wo sein Wille sich fügt, seine neue und letzte Freiheit gewinnt.

## *Auferstehen*

Es ist seltsam: Obwohl mir die Geschichte der Passion Jesu von Anfang an wichtig war und ich hier vor allem immer wieder dem Christus begegnete, dem ich mich anvertrauen wollte, habe ich mich mit dem Kreuz selbst nie recht anfreunden können. Ich finde bis heute, es sei nur in einem sehr indirekten Sinn ein strahlendes Heilszeichen. Das Kreuz ist zunächst einmal ein Folterinstrument und sonst nichts. Könnte ich die Fleischerhaken, an denen man die Opfer des Nationalsozialismus in Plötzensee aufgehängt hat, zum Heilszeichen machen? Oder die Holzhaufen, auf denen man die Hexen verbrannte, oder den elektrischen Stacheldraht, in dem die hängen blieben, die aus einem KZ fliehen wollten? Oder alle diese und andere Instrumente des Quälens und Tötens, die aus der schier unerschöpflichen Henkerphantasie der Menschheit im Lauf der Jahrtausende hervorgegangen sind?

Nein. Das Kreuz von Golgatha ist kein Heilszeichen, sondern ein Zeichen aus der Hölle. Vor dem Kreuz erschrecke ich.

Wohin ist es mit den Menschen gekommen? Mit mir? Die Psychologie des Henkers ist durchaus begreiflich aus dem Zirkel von Erleiden und Leid-Schaffen, und diesen Zirkel zeigt das Kreuz.

Das Kreuz ist die Erinnerung an einen scheußlichen Justizmord und sonst zunächst einmal nichts. Es sagt: So gehen Menschen mit Menschen um. Aus Torheit, aus Angst, aus Rachsucht, aus Sadismus oder sonst einem Grunde. Ich halte den Anblick dieses Kreuzes nur aus, wenn ich dahinter, fern vielleicht und ungewiß, Auferstehung ahne, und zwar nicht so, daß die Auferstehung die Geschichte vom Kreuz fortsetzt, sondern so, daß sie ihr widersteht, ihr widerspricht. Die Auferstehung sagt nicht: Es war nicht so schlimm mit der Kreuzigung. Sie sagt nicht: Es war doch schon vorher klar, daß Jesus auferstehen würde. Sie sagt vielmehr: Gegen all das, was da grauenhaft war, entsetzlich, gibt es eine Gegenkraft. Gegen diesen Tod steht ein Leben. Es gibt eine Kraft in der Welt, die fängt das Unheil auf, die wendet es, und diese Kraft aus Gott ist uns Menschen erlösend, schaffend, verwandelnd, erneuernd zugewandt.

Ein Trost ist die Tatsache, daß es das Kreuz in vielerlei Gestalt gibt. So steht es oft in einem Ring, nicht als Hinrichtungszeichen, sondern als kosmisches Symbol, und als solches kann ich es annehmen. Nach Ostern ist es das Zeichen des kosmischen Christus und als solches ein strahlendes, erlösendes Heilszeichen. Darum liebe ich die irischen Kreuze so besonders, in denen das Hinrichtungszeichen so wunderbar umgriffen ist vom kosmischen Kreis.

In das düstere Zwielicht, in dem die ganze Leidensgeschichte abläuft, gerät mir auch Gott selbst. Wie soll ich es denn einordnen, wenn mir gerade fromme Christen immer wieder sagen, am Kreuz offenbare sich die Liebe Gottes? Wie soll ich eine Liebe Gottes glauben, die sich in der erbarmungslosen Ferne von dem Leidenden und Sterbenden ausdrückt? In einem tödlichen Schweigen, wo die Liebe ein Wort hätte? Im Verhängen von Angst und Schmerzen, wo die Liebe doch zu trösten vermöchte?

Nein, wenn Ostern nicht geschehen ist, ist der Gott der Passionsgeschichte für mich fremd und tot. Wenn die Passion das letzte ist, verliert sie allen Sinn. Der Glaube an den gekreuzigten Christus widerspricht zunächst einmal allem, was die Bibel uns rät, von Gott zu glauben. Von dem Gott, der das Wunder der Schöpfung hervorbrachte, der die Geschichte der Menschen mit der Kraft seiner Gerechtigkeit durchwirkt, der im Menschen als dessen innerstes Wesen aufleuchtet, der dieser Welt ein Ziel gibt, in dem sie sich vollenden soll. Vielleicht erleichtert es mir, dieses Zeichen zu sehen, wenn ich mir deutlich mache, daß dieses allem religiösen Denken widersprechende Zeichen unmöglich aus einer Wunschvorstellung von Menschen hervorgegangen sein kann. Hier aber gerade ist der christliche Glaube recht eigentlich verwurzelt. Das Kreuz macht uns Menschen nicht harmonischer in uns selbst. Es söhnt uns nicht mit unserer Umwelt aus. Es bewirkt keine Sozialisation. Es macht im Gegenteil bindungslos. Es isoliert. Und nur so ist offenbar die Freiheit zu finden, die der Glaube sucht. Dann aber folgt der steilste Gedanke, den der christliche Glaube gedacht hat: daß der leidende Christus »für uns« gelitten habe. Für mich. Stellvertretend. Was ist hier gemeint?

Jeder mag mit der Geschichte vom Leiden des Jesus von Nazaret seine eigenen und besonderen Schwierigkeiten haben. Für mich lagen sie zwar im Zeichen des Kreuzes, nicht aber im Gedanken der Stellvertretung. Das geht auf eine bestimmte Erfahrung zurück, sehr am Anfang meiner Beschäftigung mit Jesus. Ich weiß einen jungen Mann, der vor fast fünfzig Jahren stellvertretend für mich gestorben ist. Fritz hieß er mit Vornamen. Ich sehe ihn noch vor mir, den kleinen Unteroffizier, wie er keuchend und atemlos in der Einstiegluke erschien, beladen mit Fallschirm und Schlauchboot, wie er den Kopf zu mir heraufdrehte und in den Motorenlärm schrie: »Mach, daß du rauskommst!«

Es war am Morgen des 6. Juni 1944. Wir traten im Morgendämmer vor die Baracke und sahen einander an. Ein gleichmäßiges Bullern lag in der Luft. Von der Küste der Normandie her. »Das sind sie!« Ja, kein Zweifel. Das war die Invasion.

Wir hatten es erwartet, daß die Amerikaner landen würden, und wir wußten, daß wir mit unseren paar Maschinen nichts gegen sie auszurichten hätten. Nun waren sie da. Wenige Minuten später folgte der Alarm. Die Lagebesprechung in der Staffelbaracke. »Die Lage ist verzweifelt, aber nicht hoffnungslos«, witzelte Oberleutnant Bellstedt, der Staffelkapitän, mit leicht unsicherer Stimme. »Nur ein paar tausend Schiffe und Landungsboote an der Küste. Nur ein paar tausend Jäger über der Landungsstelle kreisend. Auftrag: die Jagdglocke durchbrechen und die Schiffe angreifen. Die Wolken erst über der Landungsstelle verlassen und sofort in sie zurückwenden. Keine Sorge, die Wetterfrösche sagen: Wolken bis über der Landungsstelle.« So konnte es angehen. Und dann der Start.

Als wir aber, mit zwölf Maschinen knapp in die Wolken geduckt, an die Küste herankamen, riß der Himmel auf. Die Wetterfrösche waren offenbar nicht hier gewesen. Strahlende Bläue empfing uns. Keine Wolke vom Dienst, die uns hätte aufnehmen können. Und dann kamen die Jäger. Von allen Seiten. Zu Hunderten. Viertausend schwärmten über der Landungsstelle. Ehe wir die Schiffe erreichten, waren wir noch neun. Zu Hause noch sieben.

Um elf Uhr war der zweite Start. Der Flugzeugführer, Feldwebel Freiwald, schob noch einmal, zur Probe, die Gashebel nach vorn und trat auf die Bremse, um die Motoren zu prüfen. »Das ist ein Verbrechen«, stieß er heraus. »Mit sieben gegen viertausend!« Er riskierte seinen Kopf. Denn was man im Cockpit sagte, hörte man in den anderen Maschinen ebenso wie auf dem Tower. Es war ihm gleichgültig.

Er war nicht mein Pilot. Meine eigene Maschine war beschädigt, so sprang ich bei einer anderen Besatzung ein, deren dritter Mann, eben jener Fritz, mit Fieber im Krankenrevier lag. Jeder saß an diesem Tag eben an dem Platz, an dem irgendeiner fehlte. Als wir die Bodenluke schließen wollten, kam Fritz über das Rollfeld gelaufen, mit den Armen rudernd. Der Beobachter ließ noch einmal die Leiter hinunter. »Was ist?« »Ich will mit«, schrie er von unten in den Motorenlärm hinein. Und da kam er schon herauf, drehte den Kopf zu mir her und schrie: »Das ist meine Besatzung, mach, daß du rauskommst!« Der Pilot mischte sich ein: »Ist gut. Laß ihn mitfliegen. Mehr als ein-, zweimal starten wir ja doch nicht mehr.« Er winkte mir mit der Hand, Fritz Platz zu machen, und nickte freundschaftlich, während ich die Geräte und die Waffen übergab und die Maschine, die »Berta«, durch die Bodenluke verließ.

Eine Stunde später waren sie zurück. Von den sieben Maschinen noch vier. Die »Berta« war nicht dabei. »Was ist mit der Berta?« schrie ich den ersten an, der sich durch die Bodenluke einer der Maschinen herausquetschte, während die Motoren noch heulten. »Die Berta?« Er knöpfte das Kehlkopfmikrofon auf und zog die Haube vom Kopf. »Die Berta? Flakvolltreffer.«

So war das also. Ich ging zur Staffelbaracke zurück. Für mich war dieser Tag zu Ende. Für die vier kam noch ein dritter Einsatz. Und am Abend standen noch drei beschädigte Maschinen auf dem Platz. So war das also. »Mach, daß du rauskommst«, hatte er gesagt. Und ich blieb am Leben. Er hat nicht gesagt: »Ich will für dich sterben.« Er wollte nur einfach bei seinen Freunden sein, wenn es aufs Letzte ging. Er wußte, was auf ihn zukam, und niemand hätte es ihm übelgenommen, wenn er in seinem Bett geblieben wäre. Aber was eigentlich muß da mitgewirkt haben, daß er aus dem Bett aufsprang, sich eine Fliegerkombination suchte, über den Platz lief, fiebernd, und bei der Maschine ankam genau in dem Augenblick, in dem gestartet werden sollte? An dem Platz, an dem ich gesessen hätte, zerriß ihn jedenfalls die Granate. Und das bedeutet immerhin, daß ich nach fast fünfzig Jahren noch davon erzählen kann.

Erfahrungen lassen sich nicht herbeiführen, und sie lassen sich, wenn sie geschehen sind, nicht ausradieren. Sie wirken auf unser weiteres Schicksal ein, und sie wirken weiter in unserem ganzen Denken. Es war für mich nie schwierig, mir vorzustellen, was die Bibel meint, wenn sie vom stellvertretenden Sterben des Christus redet. Wenn sie sagt: An deiner Stelle ist Jesus dagewesen, als der Tod kam. Und du lebst. Du hast wieder eine Chance. Du hast die Chance, das Leben zu finden,

*Sommer 1944 in Westfrankreich. Mein jüngerer Bruder, Sohn meiner zweiten Mutter, der in Brest als Fallschirmjäger lag, besuchte mich auf unserem Flugplatz in Vannes. »Ich möchte einen Feindflug mitmachen«, sagte er. Sein Glück war, daß ich ihm dieses Vergnügen nicht gewährt habe. Dreißig Minuten nach diesem Foto fielen wir brennend vom Himmel, und er hätte, da für ihn kein fester Sitz vorhanden gewesen wäre, kaum eine Chance gehabt, den Aufschlag zu überleben.*

wenn das mörderische Geschäft dieses Menschenlebens auf der Erde zu Ende ist. Das Wort »Stellvertretung« war für mich der Schlüssel zu dem Geheimnis des sterbenden Jesus von Nazaret und der Grund, daß ich mich mit dem Zeichen des Kreuzes, mühsam freilich, anfreunden konnte.

Ich bin mir im klaren darüber, daß damit keineswegs alle Probleme gelöst sind, die sich mit dem Gedanken der Stellvertretung verbinden. Aber für mich war er danach mit Sinn gefüllt. Er war annehmbar. Ich konnte mich mit den Überlegungen des Paulus in Römer 4 anfreunden, daß Jesus Christus gestorben sei um unserer Sünde willen, das heißt mit der Folge, daß wir unserer Sünde ansichtig würden, und auferstanden um unserer Gerechtigkeit willen, das heißt mit der Folge, daß mit uns eine Wandlung geschieht.

Irgendwann gibt Gott jedem von uns einen Hinweis. Mir hat er viele gegeben, und einen davon gab er mir in dem schmalen, blonden Jungen auf dem Flugplatz Vannes in der Bretagne am 6. Juni 1944. Es war wieder eines der Worte aus der Zeichensprache Gottes.

Und eins habe ich in den Jahrzehnten seitdem gelernt: Daß wir unser ganzes Leben lang auf die angewiesen sind, die für uns etwas tun im Sinne von Stellvertretung. Wenn mich ein Verdacht trifft, ein unberechtigter, erreiche ich gar nichts, wenn ich mich verteidige. Da muß ein anderer hinzukommen, der für mich spricht. Das ist ein Lebensgesetz. Niemand, das hat sich mir hundertmal und mehr in meiner öffentlichen Tätigkeit erwiesen, kann sich selbst verteidigen, und es ist eine unserer wichtigen Aufgaben, zu merken, wo und wann einer in unserer Nähe ist, der unseres stellvertretenden Eintretens bedarf.

Die Evangelisten, die vom Sterben Jesu berichten, schließen ihre Erzählungen ab mit dem plötzlichen Ausruf: »Er ist auferstanden! Wir haben ihn gesehen! Er lebt!« Und Paulus, der über das, was am dritten Tag geschah, sich seine Gedanken machte, fügt unermüdlich an: »Er lebt!« Und wir alle werden auferstehen. Du und ich. Die Auferstehung ist deine und meine Zukunft.

Seltsam ist, daß mir die »Auferstehung der Toten« eigentlich nie zweifelhaft war, auch nicht in Zeiten, in denen mir viel anderes am christlichen Glauben unverständlich oder fremd war. Ich habe seit meiner Kindheit so viel an seltsamen Verbindungen hin und her zwischen den Lebenden und den »Toten«, zwischen dieser und einer anderen Welt, erlebt, daß mir die »Toten« nie wirklich tot erscheinen konnten und diese Welt nie in sich selbst verschlossen. Und was mir gerade in den letzten Jahren an Begegnungen mit der anderen Welt widerfahren ist, war so eindeutig, daß ich nicht wüßte, mit welchem Grund ich die Auferstehung, auch meine eigene Wandlung im Tode, bezweifeln sollte.

Ich habe von jenem Tag erzählt, an dem wir ins Meer stürzten. An jenem Morgen ging ich von meiner Stube in der Mannschaftsbaracke über den Flur in das Zimmer meines Flugzeugführers, meines Freundes Gerd. Er war zwei Jahre älter als ich, Student des Maschinenbaus, Unteroffizier, ein ruhiger, nüchterner und sehr verläßlicher Pilot. Als ich eintrat, saß er auf der Bettkante, das Foto seiner Braut in der Hand. Er schaute kurz auf und sagte: »Heute bin ich dran.« »Aber heute haben wir doch frei«, antwortete ich. »Heute ist doch gar kein Einsatz!« Aber er wiederholte nur, klarer noch als beim erstenmal: »Heute bin ich dran.« Um die Mittagszeit war unerwarteter Alarmstart. Zwei Stunden später stürzten wir in unserer brennenden Maschine ins Meer. Ich überlebte. Er war tot.

Wie geht das zu, daß Ereignisse, die auf keine Weise vorauszusehen sind – das U-Boot war noch nicht gebombt, die Entscheidung, daß wir nach ihm suchen sollten, noch nicht getroffen –, die sich also erst später aus vielen »Zufällen« konstellieren, sich vorab anmelden in der Seele eines Menschen? Daß etwas, das allenfalls von irgendeiner rätselhaften Macht »beabsichtigt« sein kann, sich als neu entstehende Wirklichkeit hereinschiebt in die vordergründige Situation? Was mag da alles stattfinden hinter den Kulissen unserer Schicksale? Was mag alles stattfinden zwischen der Welt, die wir kennen, und einer ganz anderen, die uns umgreift und durchdringt und die sich uns öffnen wird in dem Augenblick, in dem wir dieses Leben verlassen? Wir ahnen es nur. Aber ahnen, das können wir.

Es wäre eine eigene Geschichte, zu erzählen, was danach seiner Braut geschah. Ihr erschien ihr Bräutigam durch lange Zeit immer wieder, und zwar mit Botschaften, die sie sich selbst nicht hätte sagen können. Es würde zu weit führen.

Noch einmal: Was geschieht hinter den Kulissen unserer Schicksale? Als ich unlängst, es war 1990, mitten in einer

Veranstaltung einen Herzinfarkt erlitt, schleppte ich mich mühsam vom Podium in ein Nebenzimmer und legte mich auf den Fußboden, mit Schmerzen, die durch Arme und Brust schnitten. Freunde übernahmen den Rest der Veranstaltung. Danach setzte ich mich ins Auto, fuhr nach Hause und legte mich ins Bett. Nur schlafen, dachte ich, dann wird es wieder. Und weil ich allein zu Hause und meine Frau verreist war, bei Kindern und Enkeln, dachte ich nicht daran, einen Arzt zu rufen.

In der folgenden Nacht träumte ein junges Mädchen, das eine Zeitlang bei uns gewohnt hatte und nun fünfhundert Kilometer von uns entfernt lebte, ich hätte einen Herzinfarkt erlitten, und weil sie mit mir allein im Haus gewesen sei, sei sie völlig ratlos gewesen, was sie tun sollte. Am Morgen rief sie ihre Mutter an, völlig verstört, und erzählte ihr den Traum. Die Mutter setzte sich ins Auto und kam zu mir, sah meinen Zustand und brachte mich in eine Klinik. Der aufnehmende Arzt fand, es sei höchste Zeit gewesen.

Ich meine, wer die sensiblen Zusammenhänge nicht beachtet, die unabhängig von Raum und Zeit zwischen unseren Schicksalen spielen, sieht nur die halbe Wirklichkeit. Er sieht den Zusammenhang nicht, den wir andeuten, wenn wir das Wort »Gott« gebrauchen.

Ich meine auch, es geschehe auf diesem Feld viel mehr, als wir normalerweise erfahren. Denn viele, denen Ähnliches begegnet, verstummen dabei. Sie fürchten, sie könnten nur unangemessen davon reden. Oder sie erleben, daß andere darüber lächeln oder sie gar als gestört ansehen. Es gibt ja keine angemessene Sprache dafür. Ich selbst konnte, was mir in jungen Jahren begegnet ist, nie angemessen aussprechen, und unter meinen Freunden fand nie irgendein Gespräch statt über all das, was viele von ihnen zweifellos erlebt hatten. Andeutungen gab es, nicht mehr. Der Grund ist der, daß eine Sprache immer nur für das zur Verfügung steht, was uns gemeinsam und gewohnt ist. So formt sich dem überwältigten Menschen allenfalls ein Ausruf, ein hilfloser Hinweis, wie es den Menschen um Jesus geschehen ist, als sie ausriefen: »Er ist auferstanden! Ich habe ihn gesehen!«

Wir können heute mehr davon wissen als in den Zeiten, in denen alles, was die Fassungskraft des Verstandes überschritt, als Illusion, als Projektion, als Phantasie oder Zeichen geistiger Erkrankung gedeutet wurde. Wir wissen heute mehr über die Grenzen unseres Erkennens und über die Dimensionen und Schichten der Wirklichkeit, die über sie hinausliegen. Maria Magdalena und die Frauen am Grab und nach ihnen die Jünger sind offenkundig dem wirklichen, dem auferstandenen Christus begegnet, und so erwarte ich, daß mir in der Stunde meines Todes eine solche Begegnung widerfahren wird, die mich verwandelt und mir die Welt hinter den Grenzen unserer Menschenwelt eröffnet, ob ich nun heute die angemessene Sprache dafür finde oder nicht.

Eines der Erlebnisse, die mich aus der Zeit im Krieg bis heute begleiten, hat seine Kraft bis zum heutigen Tag nicht verloren. Es war wenige Wochen nach jenem Absturz ins Wasser der Biskaya, als der aufmerksame Zeitgenosse erkennen konnte, daß der Krieg verloren war. Ich war des allgemeinen Heldentums und seiner Verehrung müde und wünschte mir ein Ende des Schrecklichen. Da flogen wir eines Tages durch eine Gewitterzone zwischen ungeheuren Wolkentürmen, durch Regenvorhänge und blendende Sonnenhelligkeit, und plötzlich stand ein Regenbogen klar und leuchtend vor uns, ein großer, doppelter Kreis. Aber er war anders, als wir ihn von der Erde her kennen, er war nicht der Halbbogen, der auf der Landschaft aufruht, sondern ein voller, doppelter Ring, und der kleine Schatten des eigenen Flugzeuges stand in seiner Mitte.

Der Anblick traf mich wie eine Offenbarung. So ist das also! dachte ich. Wenn nicht die Erde die Hälfte verdeckt, ist der Regenbogen ein voller, runder Ring, so rund wie die Sonne, die er spiegelt. Er ist halb nur für unsere Augen, und nur, wenn wir unten auf der Erde stehen.

Vielleicht oder sicher lag es an Bildern dieser Art, daß mir damals das Vertrauen ins Dasein nicht ganz verlorenging, das Vertrauen in seine Verläßlichkeit und Sinnhaftigkeit, der Glaube auch, es sei da einer, der das Elend dieser zerfetzten

Welt barmherzig und heilend umgreift. Mir schien, wenn die irdische Begrenzung aufgehoben sei, dann könne zwischen den Wettertürmen unserer Erfahrungen auch die schmerzlich entbehrte Ganzheit dieses Daseins vor unseren Augen erscheinen, und wir könnten sie – mit Jesus – »Reich Gottes« nennen.

# 4.
# Mühsamer Neuanfang

## *Das Ende des Krieges*

»Das ist ein Verbrechen!« Ich höre noch die zornige Stimme des Feldwebels Freiwald. Warum flog er noch, als es doch offensichtlich ohne Sinn war? Hätte er sein Flugzeug am Platzrand abgestellt und erklärt: »Ich fliege nicht!«, hätte man ihn wegen Meuterei erschossen. Er wäre gestorben wie der Franzose, den ich im Gefängnis gesehen hatte.

Warum sind wir überhaupt als junge Menschen mit achtzehn oder zwanzig Jahren wie billiges Heizmaterial verfeuert worden? Bert Brecht klagte seinerzeit, er sei von Land zu Land geflüchtet, weil da überall nur Unrecht gewesen sei und keine Empörung. Wir setzten unser Leben, wie wir meinten, für das Leben unseres Volkes ein, in Wahrheit aber für ein verbrecherisches Regime, und empörten uns nicht, während Hitler längst entschlossen war, das deutsche Volk wegen erwiesener Unfähigkeit zur Weltherrschaft so gründlich wie möglich mit der völligen Vernichtung zu bestrafen.

Das Ende war eine sich immer tiefer einfressende Hoffnungslosigkeit. Dieser Krieg war verloren. Was danach kommen würde, wußte niemand. Das Chaos? Das Ende? Sibirien für den Rest unseres Lebens? Oder was sonst? Niemand rechnete mit irgendeiner Art sinnvoller Zukunft.

Ich selbst lebte in einer merkwürdigen Gespaltenheit. Ich war einerseits überzeugt, ich hätte, was auch geschehen mochte, auf dieser Erde noch etwas anderes zu tun, als zu fliegen und abzustürzen, und mir könne im Grunde nichts geschehen. Ich wußte andererseits, wenn ich nüchtern kalkulierte, ich hätte wie alle anderen eine Lebenserwartung von wenigen Wochen, zumal wir damals kurz vor der Invasion der Amerikaner an der Kanalküste standen. Das Härteste also würde erst kommen.

Eines Tages kamen wir von einem Flug zurück und suchten unseren Flugplatz. Die Wolken hingen tief, und es regnete. So verflogen wir uns weit ins Innere von Frankreich. Um irgendeinen Anhaltspunkt zu finden, wo wir uns befänden, versuchten wir unter die Wolken zu kommen. Da plötzlich sausten

Stahlmasten rechts und links an uns vorbei, und wir entdeckten in einiger Entfernung vor uns eine Landebahn. Es war Melun südlich Paris. Als wir unten standen, wurde uns das Wunder dieser Landung bewußt. Es ist ja hoch unwahrscheinlich, daß ein Flugzeug zwischen den Masten einer Sendeanlage durchkommt, ohne sie oder die zwischen ihr ausgespannten Antennendrähte zu berühren. Die Sache bewies beides: Das konnte auf die Dauer nicht gutgehen, und: Es hatte Sinn, einer besonderen Bewahrung zu vertrauen.

An einem anderen Tag – ich war nach dem Tod meines Piloten Gerd einer anderen Besatzung zugeteilt worden – erhielten wir einen Treffer in den linken Motor. Nach der Landung stellten wir eine Beschädigung der Ladepumpe fest. Sie wurde repariert, und wie nach jeder Reparatur war die Funktionsfähigkeit des beschädigten Teils in einem »Werkstattflug« zu prüfen. Diese Ladepumpe war so konstruiert, daß sie je nach Flughöhe auf einen anderen Ladedruck umschaltete. Die kritische Umschalthöhe lag bei dreitausend Metern. Also stiegen wir auf dreitausend Meter und warteten auf den Umschaltvorgang. Statt seiner aber geschah etwas anderes: Plötzlich brach ein Blitz aus dem Motor, irgendwelche Teile von ihm schauten qualmend aus dem Abdeckblech, und sofort brannten der Motor und die Tragfläche lichterloh. Eine der drei Schrauben, mit denen der Motor an der Tragfläche befestigt war, brach ab, und der Motor neigte sich abwärts, als wollte er abbrechen. Wenn ein Motor abbricht, hat die Besatzung keine Chance mehr, dann trudelt die Maschine senkrecht in den Grund. »Ich denke, es ist besser, wir steigen aus«, sagte ich zu dem Piloten. Ich meinte: mit dem Fallschirm. Aber der Pilot war neu und unerfahren und hatte den Ehrgeiz, den alle Anfänger mitbrachten. »Wir bleiben«, antwortete er, »ich bringe die Maschine hinunter.« So drückte er das Flugzeug in einen steilen Gleitflug, während der Motor sich immer tiefer neigte, überflog den Platz und ging danach in eine scharfe Steilkurve, um zur Landebahn zurückzuwenden. Dann drückte er die Maschine mit siebenhundert Stundenkilometern in eine Bauchlandung. Wir schlugen auf, prallten von der Erde ab, schlugen wieder auf, prallten wieder ab und blieben nach einem Tanz von zwei

Kilometern Länge schließlich liegen, sprangen aus den Flammen und – lachten. Es war das Gelächter, das die Spannung löst. Für mich war wieder beides bewiesen: Eines Tages würde es jeden von uns erwischen. Und: Ich würde bewahrt bleiben, was auch immer geschehen mochte. Was davon Angst, Illusion oder Tatsache sein mochte, konnte ich nicht wissen.

Als wir keine Flugzeuge mehr hatten und unser Verband sich praktisch auflöste, fuhren wir mit einem Lastwagen durch Frankreich zurück nach Deutschland, unterwegs in Gefechte mit den französischen Partisanen verwickelt, und meldeten uns in Berlin zu fünft beim General der Jagdflieger Galland, der in jenen Tagen Verbände von »Rammjägern« aufbaute. Um den Fliegerhorst Gatow zu erreichen, mußten wir mit dem Schiff die Havel überqueren, neben unseren Koffern stehend. In den Koffern war bester französischer Cognac verstaut. Wir öffneten die Koffer und verteilten den Cognac an die Schiffsbesatzung und an die Fahrgäste, auch an uns selbst, und fuhren lärmend und singend über den See, auch der Kapitän nur noch lallend. Zum Gaudium der Passagiere stieg Willy, mein Beobachter, über Bord, hinab auf einen schmalen Rand in der Schiffswand knapp über der Wasserlinie, ließ sich los und sang: »Wir sind schon in viel tieferen Gewässern geschwommen.« Einige, die noch bei Sinnen waren, holten ihn herauf. Am anderen Ufer setzten wir uns mitten auf die Straße und beschlossen, da zu übernachten, bis andere uns fanden und in den Fliegerhorst schleppten.

Es war wie ein Symbol. Niemand wollte sich in jenen Tagen mehr genau vorstellen, was eigentlich kommen würde, vor allem nicht wir selbst, die wußten, daß die Rammjägerei eine Art schon vorher ausgefertigten Totenscheins war. Man hatte da ein gepanzertes Jagdflugzeug. Man ging auf zehn Meter Abstand von hinten an die amerikanischen Bomber über Deutschland heran und, wenn diese vom nahen Beschuß nicht fielen, bohrte das eigene Flugzeug mit der Luftschraube in das gegnerische Leitwerk. Der Gegner stürzte dabei auf alle Fälle und die eigene Maschine mit ihm. Man hatte dabei – vielleicht – die Chance, sich mit dem Fallschirm zu retten, und manche haben tatsächlich zwei oder drei solcher Angriffe überlebt. Mein Staffelkapitän, Oberleutnant Bellstedt, fiel beim dritten solchen Angriff.

Für mich selbst wurde dann, weil ich ja zuerst noch eine Kurzausbildung zum Piloten zu machen hatte, aus der Rammjägerei nichts mehr. Inzwischen gab es die ersten Düsenjäger, und ich verbrachte den Rest des Krieges im Frühjahr 1945 mit der Ausbildung für diese neue Waffe. Und weil man für den neuartigen Umgang mit diesem Flugzeug offenbar Segelfliegen können mußte und es auch am Sprit für Übungsflüge mangelte, verträumte ich den wunderbar sonnigen Frühling 1945 bei Augsburg mit der zauberhaften Erfahrung des Segelfliegens.

Als die Amerikaner sich der Elbe näherten und die Russen vor Berlin standen, irrten wir, wohl etwa zwanzig Mann aus allerlei fliegenden Verbänden, wie ein verlorener Haufe in der Mark Brandenburg umher. In den ersten Apriltagen 1945 kamen wir an einem Flugplatz vorbei, an dessen Rand noch ein paar offenbar flugtaugliche Maschinen standen. Einer von uns erklärte: »Ich nehme mir eine und fliege nach Hause.« »Wo willst du landen?« fragte ich ihn. »Weiß ich nicht. Ich werde schon irgendwie herunterkommen.« »Wo bist du zu Hause?« »In Böhmen, bei Prag.« »Aber es ist jetzt kaum noch eine halbe Stunde hell. Wie willst du in der Zeit bis Prag kommen?« »Irgendwie werde ich auch bei Nacht herunterfinden.« Und er schwang sich in einen der Jäger, eine Me 109. Er wußte nicht, ob die Maschine intakt war. Er winkte und brauste ab. Es ist unwahrscheinlich, daß er den Abend überlebte.

Einer der Kameraden stieß mich an: »Dort steht eine 88. Die nehmen wir. Ich bin aus Donauwörth, du aus Ulm. Es ist mondhell. Da sieht man die Donau, und wir wassern irgendwo zwischen Ulm und Donauwörth.« Ich war einig, und wir fingen an, die Maschine durchzuchecken. Sie war intakt. Als wir langsam anrollten, brach vor uns ein Feuerschein aus der Erde, riesenhaft. »Die sprengen den Platz«, schrie mein Kamerad. Wir stoppten, starrten in ein flammendes Inferno, stiegen aus. »Das ist sinnlos.« Zu Fuß ging es weiter, und weil wir lieber den Amerikanern als den Russen in die Hände fallen wollten, suchten wir einen Weg, der nach Westen führte. Aber man griff uns auf und fügte uns einer Truppe ein, die ostwärts marschierte. Es war Mitte April. Die Russen standen vor Berlin, und wir sollten als unseren letzten Auftrag den »Führer« und die Hauptstadt verteidigen. Unsere Kompanie, zusammengewürfelt aus vielerlei unterwegs aufgesammelten, versprengten Soldaten, sollte bei Tangermünde über die Elbe gen Osten ziehen. Verpflegung gab es keine. Wir kochten unterwegs junge Brennesseln zu Gemüse. Der Hauptmann, der uns führte, war ein älterer Mann, besonnen und gütig uns Jungen gegenüber. Als wir Tangermünde sahen, meinte er: »Hier ist doch eine Schokoladenfabrik. Die kann man günstig verteidigen. Nicht gegen die Russen, sondern gegen die Amerikaner, die spätestens morgen hier sein werden.« Und so drückte er jedem von uns ein Paket Schokolade als Verpflegung in die Hand und sagte: »Der Führer hat befohlen, daß auch Zivilisten mitkämpfen sollen. Diese Zivilverbände heißen ›Wehrwolf‹. Wenn ihr die Verbindung zur Truppe verliert, dann besorgt euch Zivilklamotten und geht nach Hause.«

Ich habe ihn bewundert. Wegen solcher Reden sind in jenen Tagen Unzählige gehängt worden. Aber es ging, wie er sagte. Wir ließen uns in der Nacht in eilig gegrabenen Löchern von den amerikanischen Panzern überrollen und suchten den Weg nach Hause. Mit einem Freund zusammen ging ich die Richtung auf den Harz zu, in der Hoffnung, irgendwo im Bergwald den Krieg vollends zu überstehen.

Es wäre reizvoll, die Abenteuer jener Tage zu erzählen, etwa die dreimalige Flucht aus der Gefangenschaft in eine je kurze Freiheit, aber sie bringen nichts für das Thema, von dem hier die Rede ist. Irgendwo in der Letzlinger Heide südlich Gardelegen fing man mich endgültig ein. Auf Lastwagen dicht gepfercht, fuhr man uns in das Auffanglager in Namur.

Ich habe den Kriegsschluß nicht anders erlebt als Millionen anderer, die ihre jungen Jahre auf den Schauplätzen des Zweiten Weltkriegs zugebracht hatten, nämlich in der Stacheldrahtwelt des Gefangenenlagers, einer Landschaft aus Gittern, Scheinwerfern, grundlosem Schlamm und, soweit das Auge reichte, schwarzen Armeezelten, zusammen mit Hunderttausenden abgerissener, hungernder, durchnäßter, hoffnungsloser Gefangener in den einzelnen Käfigen.

Ich hatte den Krieg satt bis über die Ohren und wollte nichts mehr als nach Hause, um zu sehen, wer von den Meinen noch lebte, ob das Haus meiner Jugendjahre noch stand und ob sich vielleicht irgendeine Chance bot, ein »normales Leben«, das man sich noch kaum vorstellen konnte, zu beginnen.

Es war am 8. Mai 1945 im Gefangenenlager bei Cherbourg. Ich stand vor dem schwarzen Brett und las: »Deutschland hat kapituliert.« Der Krieg war aus. »Mensch, der Krieg ist aus!« ging es von Mund zu Mund. Dieser Tag, an dem der Krieg endete, hatte aber seine Innenseite. Da wuchs etwas wieder zusammen, das sich rund sieben Jahre zuvor gespalten hatte.

Ich stand lange da und wußte plötzlich etwas, was mir so klar nicht gewesen war: Ab heute lebst du anders. Diese Zerklüftung zwischen dem, was du tust, und dem, wovon du überzeugt bist, ist zu Ende. Das kommt nicht wieder. Ab heute bist du aus einem Stück. Ab heute trennst du nicht mehr zwischen dem, was politisch zu tun ist, und deinem eigenen inneren Maß. Und wie ich hat wohl mancher in der Enge der Drahtkäfige die Einheit seiner Person wiedergefunden, wie ja überhaupt mancher seine Identität nur unter Druck entdeckt.

Ich habe das nie wieder so klar empfunden und so genau gewußt wie damals. Aber auch in Zeiten, in denen ich mich mit mancherlei Spaltungen und Widersprüchen in mir selbst abzufinden hatte, war dies das heimliche Grundmotiv: Auf irgendeine Weise ein stimmiger Mensch zu sein. Ein Mensch, der aus einem Stück ist, damit es sich gelohnt hat, den Krieg lebendig zu überstehen als einer von den höchstens fünf Prozent meines Geschwaders, die nicht tot waren.

Wir lebten also in unseren Käfigen, eng, naß, kalt. Zweierlei war hilfreich: Daß ich sicher tausend oder mehr Seiten edelster deutscher Literatur auswendig wußte und so den Mitgefangenen ein wenig die Zeit verkürzen konnte, als wir zu hundert in einem Zelt lagen, das für fünfundzwanzig Personen bestimmt war. Vor allem aber, daß ich einem schwäbischen

Pfarrer begegnete, der damals für die Seelsorge an einer Viertelmillion Gefangener verantwortlich war und der mich in einen Kreis junger Studenten der Theologie und einiger Vikare und Pfarrer vermittelte, die in einem der Zelte eine Art theologischen Seminars aufgebaut und sich in der Masse der Gefangenen etliche Professoren gesucht hatten. Ich nenne heute mit unverminderter Dankbarkeit den Namen von Immanuel Grötzinger, dem schwäbischen Pietisten, der mir damals den Weg in die Theologie ebnete, der durch die Lager ging, unauffällig, sehr ruhig, sehr aufmerksam, und dem ich einige Gespräche verdanke, die für meinen Weg entscheidend waren. Er war kein Mann der langen Reden, und keines jener Gespräche dauerte länger als zwei oder drei Minuten. Als ich im vierten Semester in Tübingen vor der Wahl stand zwischen Philosophie und Theologie, lief ich ihm zum erstenmal nach der Gefangenschaft wieder über den Weg. »Womit beschäftigst du dich?« fragte er. »Mit Philosophie!« antwortete ich, nicht ganz ohne Stolz und Begeisterung. »Interessiert dich das?« »Ja, sehr.« Er schaute mich freundlich an und sagte: »Mich nicht. Leb wohl!« Und sein gelassenes »Mich nicht« blieb als Haken in mir hängen, bis ich mich endgültig für die Theologie entschieden hatte. Seine Gestalt aber blieb mir von da an vor der Seele stehen wie die jenes französischen Gefangenen aus dem Maquis.

Schon bald fing die Gruppe an, allmorgendlich, zur Zeit des Weckens, sich am höchsten Punkt des Lagers zu versammeln, eine Gemeinschaft schmutziger Schlammbewohner, und über das Meer der Zelte hin den großen, alten, wunderbaren Hymnus zu singen:

»Herr, Gott, dich loben wir.
Herr, Gott, wir danken dir.
Dich, Vater in Ewigkeit
ehrt die Welt weit und breit.
All Engel und Himmelsheer
und was dienet deiner Ehr,
auch Cherubim und Seraphim

singen immer mit hoher Stimm:
Heilig ist unser Gott, heilig ist unser Gott,
der Herre Zebaoth.«

Es war ein unglaublicher Widerspruch zu den täglichen Erfahrungen der Gefangenen, was da durch die langen Strophen dieses Hymnus hin gerühmt wurde, gedankt, gehofft und als Bekenntnis hinausgesungen. Es war ein erster »Wider-spruch«, ein Sprechen wider alles, was da greifbar und sichtbar war, wie er immer gesprochen werden muß, wo es wirklich um das Leben geht.

»Du hast dem Tod zerstört sein Macht
und uns das Leben wiederbracht«,

sangen wir den Widerspruch des Evangeliums wider eine Welt, in der nichts so real war wie der Tod.

»Täglich, Herr Gott, wir loben dich
und ehr'n dein' Namen stetiglich«,

sangen wir über uns selbst, die doch kaum die Kraft hatten, der Mattigkeit ihres Leibes und ihrer Seele etwas wie Gesang abzufordern. Und wir sangen, bis uns am Ende unseres Liedes unsere Situation einholte:

»Sei uns gnädig, o Herre Gott,
sei uns gnädig in aller Not.«

In den lang hinschwingenden Sequenzen dieses wohl siebenhundert Jahre alten Hymnus wurde mir zum ersten Mal zwar nicht deutlich, wohl aber ahnbar, in welche Tiefe der vorzudringen habe, der ernsthaft von Gott reden wolle, in welchen Abgrund des Elends auch, ehe er in den Gesang der »Cherubim und Seraphim« einstimmen könne. Ich begann zu ahnen, wie wunderbar stimmig, wo wirklich von Gott die Rede war, auch der Widerspruch sich erwies, der Widerspruch auch zu allen Erfahrungen meiner eigenen jungen Jahre. Und im Grunde begleitet mich die Melodie jener Morgenstunden als heimlicher Grundton meines eigenen Nachdenkens und Glaubens bis zum heutigen Tag.

In den Monaten des Sommers und des Herbstes 1945 spielte sich in mir eine Auseinandersetzung mit allem ab, das mir bis dahin wichtig gewesen war. Meine innere Welt war die des Zarten, des Schönen, des Ätherischen gewesen. In Dichtung und Philosophie hatte ich mich zurückgezogen, um zu überleben. Wie brachte ich sie zusammen mit dem, was ich von den Pfarrern hörte, von denen ich Hebräisch lernte und erfuhr, was Kirche sei? Denn es war offenbar etwas anderes, »Huttens letzte Tage« zu sprechen oder Goethes »Faust«, als mit zwanzig anderen zerlumpten Gefangenen allmorgendlich das große Tedeum zu singen. Allmählich aber gewann das letztere die Oberhand.

Es waren keine Heiligen und keine großen Theologen, die mir diese Umkehrung der Dinge zeigten, sondern ein paar schlichte Menschen. In den Resten militärischer Kleidung saßen wir zusammen hinter Stacheldraht, auf der nassen und kalten Erde, und die älteren Freunde halfen dem Träumer, seine Metaphysik hinter sich zu lassen und in die untere, die gehaßte, verachtete, gefürchtete Hälfte der Wirklichkeit abzusteigen.

Der Traum des jungen Menschen vom Reich der Seele ist eine Verbindung von Tag- und Nachttraum. Wenn der Nachttraum die Begegnung mit dem bringt, was von Urzeit her in den Menschen hineinwirkt, die Begegnung mit den Bildern mythischer Vorzeit, den Bildern des allen Menschen gemeinsamen uralten seelischen Untergrundes, dann bringt der Tagtraum das Bild einer noch offenen Zukunft, in der Erlösendes, Heilvolles geschehen wird, das in den Bildern der Hoffnung, der Erwartung, der Utopie erscheint. Geht es im Nachttraum um die Einbettung des Menschen in das Vorbewußte oder Unbewußte in ihm, in die Geschichte der Seele gleichsam, so geht es im Tagtraum um das Neue, das ihn in das Kommende einbezieht, das Mehr-als-Persönliche, das er für die Welt erhofft. Dieser Traum hat auch politische Züge, gesellschaftspolitische zumal. Er ist mehr als nur der Traum eines Geängstigten von einer heilen Fluchtwelt. Er ist zugleich in die Zukunft projizierte Hoffnung, und die Fluchtwelt ist Vorbild und Keimzelle einer wiederhergestellten künftigen Menschenwelt.

Der Traum vom Reich Gottes unterscheidet sich, psychologisch gesprochen, von jenem Idealtraum dadurch, daß er Schritte zeigt, die in die Wirklichkeit hineinführen. Er redet als Tagtraum von der Verwandlung realer, zunächst einmal bejahter und angenommener unreiner Verhältnisse auf dieser Erde.

Die Erde wird dabei bewohnbar, und der Mensch, der sie bewohnt, kann von da an weitgehend aus einem Stück sein. Die Inkarnation in die Kräfte und Strukturen der Erde ist das Modell, das beschreibt, wie ein Mensch entsteht, der in sich eins ist. Wenn Jesus sagt: »Ihr sollt vollkommen sein, wie euer Vater im Himmel vollkommen ist«, dann meint er – er sagt das immerhin im Zusammenhang mit seiner Forderung, nicht zwei Herren zugleich zu dienen – eben dies: ein in sich vollständiger Mensch, der sich nicht teilt. Wie Gott ganz Gott ist, so solle ich ganz ich selbst und ein ungeteilter Mensch sein.

Und dies blieb auf lange Zeit hinaus mein leidenschaftlich gesuchtes Ziel. Es wurde zuzeiten zu einem neuen, narzißtischen und wohl auch arroganten Idealismus, zuzeiten aber zeigte es umgekehrt die Aufgaben, die in Kirche und Gesellschaft anzufassen seien. Es brauchte einige Zeit, bis ich begriff, daß auch aus diesem Zielbild eines integrierten Menschen nicht ein neues »Muß«, ein neuer Zwang werden dürfe: es komme wohl weniger auf Maximalforderungen an als auf ein wenig Gelassenheit, Güte und Eindeutigkeit, auf ein wenig Liebe und Humor, und am Ende sei wichtiger das Bild, das Gott in seiner Güte von mir haben würde, als mein Bild vom vollkommenen Menschen, der zu werden ich mich bemühte.

## *Brot, Wasser und ein Fest*

In jenen Tagen in der Gefangenschaft begegnete mir als ein großes Symbol für die Gemeinschaft der Menschen und für ihre Beheimatung in Gott zum erstenmal die Eucharistie, das heilige Mahl.

Wir saßen im Zelt, umgeben von vielen anderen Gefangenen, und sangen. Lasen aus der Bibel. Beteten. Wir ließen kleine Brotstückchen herumgehen, dazu einige Becher mit Wasser, und feierten unsere gemeinsame Nähe zu Christus. Zu Gott. Die Eucharistiefeiern, die ich als Junge mitgemacht hatte, zu Hause, hatten mich nie überzeugen können, und bis heute überzeugen mich die landläufigen traurigen Bußfeiern, wie sie in meiner evangelischen Kirche da und dort noch immer üblich sind, nicht. Eucharistie heißt auf deutsch »Dank«. Dank ist etwas Festliches, Schönes, Beglückendes. Daß es mitten in der tristen Gefangenenszene mit ihren Kranken und Sterbenden, mit ihrem Hunger und ihren nervösen Streitigkeiten so etwas gab wie einen Dank für Leben und Gemeinschaft, für Vertrauen und Zuversicht und daß das Zeichen dafür ein Mahl war, das hat mich überzeugt.

Zwei Jahre später stand ich mit evangelischen und katholischen Freunden in einer barocken Klosterkirche auf der Schwäbischen Alb, und vorn am Altar feierte der Abt zusammen mit einem evangelischen Kirchenpräsidenten, es war Hans Asmussen, und einem orthodoxen Bischof eine Eucharistie. Es war der Morgen des Osterfestes, und mir schien, hier ende, endlich, die Rechthaberei der christlichen Konfessionen, und es entstehe die eine heilige Kirche. Daß aber für diese neue Gemeinschaft der Christen ein Mahl das Zeichen war, das macht mir das heilige Mahl bis heute zu einem Fest, dem Fest des gemeinsamen Wohnens in Gottes Haus und an Gottes Tisch.

In den achtziger Jahren stand ich auf einem Kirchentag in einer Halle vor etwa 15000 meist jungen Leuten, um mit ihnen zusammen das heilige Mahl zu feiern. Der Abend begann mit ein wenig Musik. Dann saßen sie zusammen auf dem bloßen Fußboden, nachdenkend, meditierend, und hörten Worte über das letzte Mahl Jesu mit seinen Jüngern. Dann wurde geschwiegen, gebetet und gesungen, und schließlich sprangen sie alle auf, faßten sich an den Händen und tanzten. Ich sehe noch immer das junge Mädchen, das wie traumverloren sich um sich selbst drehte, die Arme über den Kopf erhoben, bis es von einer Gruppe eingefangen und einbezogen wurde, die im Kreis tanzte, kraftvoll und bis zur Ekstase entrückt. Dann trat wieder Stille ein. In Kreisen zu zehn oder zwanzig setzten sie sich auf die Erde, begannen schweigend Brot auszugeben und anstelle des Weins Körbe mit Trauben. Niemand wurde übersehen. Junge Leute gingen von Kreis zu Kreis und schauten, ob alle versorgt waren. Und wieder Stille und festlicher Schluß. Nach fünf Stunden gingen wir hinaus in die Nacht.

Heute wird uns immer deutlicher, daß die Eucharistie über ihre bisherige Bedeutung hinaus immer mehr zu einem Modell wird, das zeigt, wie wir Menschen mit den Elementen umzugehen hätten, die uns unser Planet Erde anbietet. Brot und Wein als Repräsentanten der Schönheit und Fruchtbarkeit der Erde verlangen nach einem sakramentalen Umgang mit der Erde überhaupt. Und die Gemeinschaft, die wir im Zeichen von Brot und Wein schließen, ist dabei zugleich das Ende jener Vorstellung vom Menschen, die ihn in die einsame Mitte der Schöpfung rückte und zum einsamen Verbraucher machte. Eucharistie ist Verbindung mit den Elementen der Erde in ganzheitlicher Ehrfurcht. Sie ist wieder eines der Worte aus der großen Zeichensprache Gottes.

Nun währt unter den Christen seit einigen Jahrhunderten das Rätsel darüber, was es denn bedeuten soll, wenn Christus sagt: »Dies ist mein Leib.« Ist das Brot nun sein Leib? Hat es sich verändert? Und wenn es sich doch offenbar nicht verändert hat, wie ist das Sakrament zu verstehen? Die vielen Kirchen, die orthodoxe und die römisch-katholische, die lutherische und die reformierte oder die Freikirchen aller Länder haben je ihre eigene Deutung gefunden. Dazu haben sie alle Recht und Auftrag, und es liegt mir fern, von der einen Deutung zu sagen, sie sei richtig, und von der anderen, sie sei falsch. Ausgerechnet aber über den Deutungen dieses Stiftungsworts zum Gemeinschaftsmahl der Kirche wurde die Kirche zerrissen und ist sie es noch heute. Ich meine indessen, wäre unsere Deutung so entscheidend wichtig, so hätte Christus sie uns auf unseren Weg mitgegeben. Er sagte aber nur: »Tut das!« Also laßt es uns tun.

Und laßt uns sein, was Gott uns zugedacht hat. Er hat uns dazu bestimmt, uns Menschen, das eucharistische Lebewesen auf dieser Erde zu sein, das Wesen, das danken kann und den Sinn und das Glück seines Daseins aus solchem Dank gewinnt, aus der kosmischen Liturgie, in der der Mensch im Namen der ganzen Schöpfung für das Geschenk des Daseins dankt.

Der Gedanke, der Christus, dessen universale Gegenwart ich glaube, sei gegenwärtig, wo in seinem Namen gegessen, getrunken, gefeiert wird, hat für mich nichts Schwieriges. Indem ich ein Stück Brot in die Hand nehme und ihm auf dem Weg zu einem anderen Menschen das Wort mitgebe, das Jesus Christus gesprochen hat, habe ich sein Wesen und seinen Sinn verändert. Ich gebe es dem anderen als Zeichen der Gegenwart des Christus, und der es empfängt und ich selbst leben miteinander von ihm, der für uns auferstanden ist. Alles, was ich genauer wissen will, ist im Grunde weiter entfernt von diesem elementaren Geschehen des Sprechens, des Gebens und des Empfangens, das wir das »Sakrament« nennen.

Dieses Mahl ist keine Mysterienfeier für besonders Eingeweihte, sondern freie Gemeinschaft mit jedermann. Es ist auch keine Bekenntnisfeier der besonders korrekt Glaubenden, sondern Angebot an jeden Irrenden, Suchenden, Resignierten, Müden und Ratlosen. Es gibt nicht besonders richtige Mahlfeiern und weniger richtige. Wo immer im Namen des Christus eingeladen wird und der Tisch bereitet ist, wo das Wort des Christus gesprochen wird durch den Mund eines einladenden Menschen, ist das Mahl des Herrn der Kirche.

Es muß nicht, wie in der evangelischen Kirche seit langem üblich, eine Bußfeier vorangehen, und es muß keine Vergebung eigens ausgesprochen werden. Wenn Jesus die Armen von Galiläa einlud, ging kein Sündenbekenntnis und kein Vergebungswort voraus. Die Einladung selbst war die Vergebung. Mit der Einladung sagte Jesus: Du bist mir recht. Komm, wie du bist. Sei mein Tischgenosse, iß mit mir. Und geh danach in den Frieden. Wo dieses Mahl gefeiert wird, gilt kein Gesetz, weder ein moralisches noch ein dogmatisches noch ein hierarchisches. Das Volk Gottes feiert. Das ist alles. Es feiert mit Christus.

Und wo ein Tisch ist, hat dieses Volk sein Haus, ob es eine Höhle sei, eine Hütte, ein Schloß, eine Fabrik oder eine Kathedrale. Es hat den Schutz und die Festigkeit eines Hauses um sich. Und wenn das Mahl wie in Krieg und Gefangenschaft im Schlamm unter freiem Himmel und nicht mit Wein, sondern mit Wasser oder Tee gefeiert wird, haben wir doch das Haus um uns, in das der »verlorene Sohn« am Ende heimkehrte und das Gott selbst ist.

## *Was wir mitbrachten*

Während meines Einsatzes im Krieg hatte man in einem Lazarett einmal festgestellt, ich litte an einer Lungentuberkulose. Aber diese Diagnose war kein Grund gewesen etwa zu einer Heilbehandlung irgendwelcher Art. Wen scherte es, ob ein Junge wie ich mit oder ohne Tuberkulose vom Himmel fiel? »Legen Sie sich in Ihrer Freizeit in die Sonne!« Das war alles.

In der Gefangenschaft brach sie wieder auf, und ich lag im Herbst 1945 monatelang fast regungslos in einem Sack aus zusammengenähten Wolldecken auf der nassen Erde im Zelt. Als ich nach Hause kam – es war kurz vor Weihnachten –, war ich am Ende meiner Kräfte. Aber die Tuberkulose beruhigte sich. Mit einer Tante zusammen, die etwas davon verstand, machte ich Atemübungen. Und sie halfen. Dann lockte die Universität. Der überfüllte Zug, mit dem ich von Ulm nach Tübingen fuhr, besaß keine Fenster. Über die Scherben der Gläser waren Bretter genagelt. Es war, als würde eine Fracht Meuchelmörder in die Hölle gekarrt.

Als ich in Tübingen ankam, gab es keine Wohnungen. So hauste ich eine Reihe von Semestern lang mit meinem ältesten Bruder zusammen in einer vom Wohnungsamt als »unbewohnbar« eingestuften nassen und rauchigen Dachkammer im ältesten Teil der »unteren Stadt«. Mein Bruder war einer von denen gewesen, die zu Fuß durch die Ukraine nach Stalingrad marschiert waren und die ganze Schlacht um die Stadt mitgemacht hatten; das letzte Flugzeug, das von dort starten konnte, holte ihn schwerverletzt aus dem Kessel. Nun studierte er Biologie. Mein zweitältester Bruder war im März 1945 noch gefallen. Der jüngste vermißt.

Unser gemeinsames Leben bestand vor allem darin, daß wir im Wald Holz schlugen, es zehn Kilometer weit auf einem wackligen Leiterwägelchen in unsere Wohnung schafften und es hinter dem Ofen stapelten – zur Freude von Ameisen und allem Getier, das in den Rinden der Bäume lebte. Gegen den Hunger schnitten wir uns Möhren in dünne Scheiben, die wir in der Sonne trockneten, bis sie glashart waren, um sie für den Winter haltbar zu machen. Wenn wir sie dann kochten, gewannen sie immerhin die Elastizität von Sohlenleder und füllten irgendwie den Magen. Wenn es regnete, stellten wir eine Waschschüssel auf den Tisch, weil das Wasser durch die Decke auf die Papiere troff. Aber was hatten wir eigentlich mitgebracht in die Welt der Universität? Die Wünsche und Hoffnungen, auch die Seelenzustände der 45er Studentengeneration waren gewiß nicht einfarbig oder einheitlich.

Mancher suchte nach der Erfahrung von viel Einsamkeit die warme Gemeinschaft religiöser Zirkel. Mancher suchte inmitten der unübersichtlichen geistigen Szene von Kriegsende und allgemeiner Ratlosigkeit die starke Hand eines Lehrers, der zu sagen wußte, wo es langging. Dogmatiker mit klarer Linie waren gefragt. Manchem saß die Skepsis im Nacken, und so bohrte er dem biblischen Text nach in der zitternden Hoffnung, es gebe vielleicht doch noch eine Aussage des christlichen Glaubens, die kritischer Nachfrage standhielt. Mancher trat mit spielerischem Vergnügen in die polemische Auseinandersetzung mit dem alten und dem neuen Zeitgeist ein. Und mancher studierte vor sich hin, um in einem Amt endlich Boden unter die unsicheren Füße zu bekommen.

Aber eins war den Ernsthaften unter ihnen gemeinsam: Sie

hatten die Hölle gesehen, viele hatten sie durchschritten, alle wußten, was gemeint sei, wenn von Leben und Tod, von Haß und Krieg, von Schuld und Verdammnis, vom Bösen und vom Übermächtigen die Rede war. Die Widersprüche und die Rätsel, denen die Menschen auf dieser Erde von Urzeiten her immer schon ausgesetzt gewesen waren, hatten uns angefallen wie wilde Tiere. Wir hatten die Welt kennengelernt als eine Szene aus Bosheit, Gewalt, Lüge, Angst, Krankheit, Elend, Armut und Tod. Eine Szene aus Unrecht, aus körperlichen wie seelischen Schmerzen, Leiden und Entbehrungen, aus Trennungen und Überforderungen und wie immer man beschreiben will, was Leid, was Vernichtendes sei, Zerstörendes. Und was lag näher, als zu fragen, woher dies alles rühre und wer es am Ende verschulde? Jeder fraß jeden. Jeder setzte sich um seines Lebens willen durch. Jeder hatte teil am tödlichen Kampf ums bedrohte Dasein. Und – das war deutlich – am Ende würde ihn jeder Beteiligte verlieren.

Wir sahen das vermutlich illusionsloser als frühere Generationen von Studenten und wohl auch deutlicher als manche spätere. In manchem wiederholte sich die Untergangsstimmung, die das Ende des Ersten Weltkriegs begleitet hatte. Für welthistorischen oder kulturphilosophischen Optimismus war kein Raum. Die Zeit war vorbei, in der man meinen konnte, wenn der Mensch und seine Vernunft sich erst aus ihrer Unmündigkeit erhoben hätten, werde der Mensch eine leidfreie, angstfreie, gute Welt schaffen. Die Weltgeschichte erschien uns weithin als die Leidensgeschichte einer über alles natürliche Leiden und Sterben hinaus auch von den Menschen selbst gequälten Menschheit, und Gott, den wir alle suchten, war zunächst und auf lange hin der Verborgene, der Unbekannte, dessen Gegenwart und Wirksamkeit auf dieser Erde kaum oder gar nicht auszumachen war.

Einer meiner Freunde unter den Studenten, Germanist, war mit achtzehn Jahren nach Rußland marschiert. Er hatte den Vormarsch, den Rückzug, den russischen Winter und unendlich viel Entsetzliches erlebt. Er erzählte mir: »Weißt du, sie kamen am Nachmittag. Die ganze Talmulde war voll. Nichts als Russen. Und dahinter immer neue, immer neue. Und wir schossen. Einen Kasten nach dem anderen schossen wir leer. Immer in die Russen hinein. Es ging gut. Sie kamen nicht durch. Im Stacheldraht blieben sie hängen. In den Löchern blieben sie liegen... in Haufen. Als wieder Ruhe war, zählte ich die Leichen in meinem Abschnitt. Es waren ungefähr sechshundert. Dann war zwei Wochen lang nichts, und ich hatte immer die sechshundert Leichen vor mir. Sie stanken. Stell dir vor! Sechshundert Leichen! Immer, wenn ich heute einschlafe oder eine Weile an nichts denke, habe ich sechshundert Leichen vor mir. Dann stehe ich immer wieder mit nassen Füßen in meinem kalten Loch, und sie kommen. Immer neue. Bis wieder Ruhe ist und die Leichen daliegen.«

Ich glaube, daß mehr Menschen der älteren Jahrgänge, als wir denken, mit den Bildern des Grauens in langen Jahren nicht fertig geworden sind. Einen Flieger des Zweiten Weltkriegs kenne ich, der noch zehn Jahre nach dem Kriege zusammenzuckte, wenn er einen Motor hörte, und einen hochdekorierten Panzerfahrer, der jahrelang unfähig war, sich an das Steuer eines Autos zu setzen. Die Erfahrung des Schreckens, das war für uns das wirkliche Leben, wenn die Festbeleuchtungen ausgeschaltet waren, aber auch die Erfahrung der Mitschuld, einer unausweichlichen Mitschuld an all den Schrekken, die wir erlebt hatten.

Ein Freund aus München war mit sechzehn Jahren dazu eingeteilt gewesen, aus den zusammengestürzten Luftschutzkellern seiner brennenden Heimatstadt die von Phosphor zu halber Größe zusammengeglühten Leichen der Opfer auszugraben. Mit dreißig nahm er sich das Leben.

Ich habe indessen viel Grund, dankbar zu sein, daß mich nach Krieg und Gefangenschaft nicht das Nichts anstarrte wie viele meiner Altersgenossen. Mich hat sozusagen das Lied »Herr Gott, dich loben wir« aufgefangen nach den Schrecken des Hitlerreichs und des Zusammenbruchs, so daß ich nicht in die Verzweiflung abzustürzen brauchte, in der Wolfgang Borchert sich fand und Ungezählte mit ihm in unserer betrogenen, gequälten Generation. »Gibt denn keiner, keiner Antwort?« schrieb Borchert 1946 seine wilde Frage ins Leere. Mir kam als Antwort ein sehr stilles Lied zurück, ein Lied, in dem

*Zivil zu tragen war nach der Heimkehr aus der Gefangenschaft neu und ungewohnt. Die Welt hatte sich verändert, und es gab noch kaum Maßstäbe für das Leben in der neuen Freiheit.*

Jahrhunderte lebten und ein großer und starker Glaube mit festem Fundament. Er fragte damals: »Lieber Gott! Warst du in Stalingrad lieb? Lieber Gott, warst du da lieb, wie? Wann warst du denn eigentlich lieb?« Mir war vergönnt, zwar nie dem »lieben Gott« zu begegnen, wohl aber dem dunklen, dem großen, dem heiligen, der auf rätselhafte Weise die Liebe ist.

Was wir damals verstehen konnten, das war nicht so sehr die Botschaft von dem Gott, der die Welt geschaffen habe und sie erhalte. Dazu war an dieser Welt zu wenig von einem gütigen Gott abzulesen gewesen. Es war auch nicht so sehr der Glaube an eine Kirche, die vom Geist Gottes erfüllt sei und ein Hoffnungsbild für das Reich Gottes. Dazu hatten wir im Reich der Nazis von Mut und Widerstand dieser Kirche zu wenig gesehen.

Was wir verstehen konnten, das war, daß Jesus von Nazaret mit seiner Botschaft gescheitert war, daß der Staat und daß die Frommen seiner Zeit ihn ans Kreuz schlugen. Daß er, der von Gott kam, am Ende schrie: »Mein Gott, warum hast du mich verlassen?« Was wir verstanden, das war, daß dieses Zeichen des Kreuzes stellvertretend und kennzeichnend über dieser Erde stand, auf der zuletzt immer der Tod die Macht hat. Auf der von Gott nichts zu sehen ist. Auf der Unrecht und Lüge und Gewalt sich durchsetzen, wohin immer das Auge schaut.

Es mag sein, daß andere Gedanken und Bilder des christlichen Glaubens daneben verblaßten; daß viele es schwer hatten, an die Auferstehung dieses Christus zu glauben, an unsere eigene und an die Auferstehung der Schöpfung Gottes insgesamt, an das kommende Reich der Gerechtigkeit und die Erlösung der Welt. »Glauben« war für uns der Wille, auf dieser blutigen Erde dennoch und allem zum Trotz die Worte des Jesus von Nazaret auszurufen, seine Gestalt zu verkörpern, seinen Weg mitzugehen, und sei es, daß die Hoffnung auf das neue, das erlöste, das ewige Leben ein Irrtum wäre, und ich selbst brauchte lange Semester, um aus diesem im Grunde verzweifelten Trotzdem-Glauben allmählich herauszufinden. Aber dann war für mich die Auferstehung des Christus das erste, das primäre Datum, und der Umgang mit der unerlösten Menschheit und Erde wurde zu einer Aufgabe, die eben diese Auferstehung des Christus und die Gewißheit meiner eigenen zur großen und starken Voraussetzung gewann. In dem Maß, in dem für mich das Leben den Vorrang vor dem Tod bekam, der Blick auf die Erlösung den Vorrang vor dem bloß Faktischen auf dieser Erde, die Freiheit den Vorrang vor der Enge eines trotzigen und im Grunde resignierenden Glaubens, fand ich allmählich meinen eigenen Weg.

Dabei holten uns der Krieg und sein Widersinn immer wieder ein. Es war einige Jahre später, etwa 1952, im evangelischen Stift in Tübingen. Im Kreis der Repetenten, das heißt Mentoren, saßen wir beisammen. Einige Gaststudenten aus England und Amerika darunter. Wir erzählten einander aus den Erfahrungen der Kriegsjahre. Glen, einer unter ihnen, erzählte von seiner Versetzung an die amerikanische Front in

Italien: »Wir fuhren von Gibraltar mit unserem Geleitzug an der nordafrikanischen Küste entlang nach Unteritalien. Auf der Höhe von Oran wurden wir von deutschen Torpedofliegern angegriffen.« Er hielt einen Augenblick inne und fuhr fort: »Von etwa fünfzehn Schiffen sanken sieben. Es war furchtbar. Auch unser Schiff wurde getroffen. Ich saß unter Deck mit Hunderten anderer und hörte den wahnsinnigen Lärm der Explosionen. Aber unser Schiff sank nicht. Es konnte seine Fahrt bis Algier fortsetzen. Und dort stiegen wir um auf ein unbeschädigtes Schiff.« »Wann war das?« fragte ich ihn. Er rechnete nach. »Das muß am 8. März 1944 gewesen sein.« »In der Abenddämmerung«, sagte ich. »Ja – aber woher weißt du das?« »Weil ich bei denen war, die euch angriffen...«

## *Wer meine Meister waren*

Auf dem inneren Weg, den wir Menschen im Laufe unseres Lebens gehen, kommen wir weiter – das ist eine Erfahrung in allen Völkern und zu allen Zeiten –, wenn uns an den Wegbiegungen und Kreuzungen immer wieder irgend jemand begegnet, der uns zeigt, wie er selbst in den Augenblicken, die für ihn entscheidend waren, verfuhr. Irgend jemand, der zeigen kann, wohin die Reise gehen soll. Irgend jemand, an dem abzulesen ist, wie man zurechtkommt, wie man unterscheidet zwischen richtigen und falschen Wegen. Die spirituelle Tradition spricht immer wieder von den »Meistern«. Gibt es Meister? Und habe ich die Chance, einem davon zu begegnen?

Die Meister der geistlichen Überlieferung forderten von ihren Hörern oder Lesern immer auch, daß sie nachdachten. Daß sie nicht träumten, daß sie nicht gedankenlos glaubten, daß sie sich nicht mitreißen ließen in irgendeine Begeisterung, daß sie nicht dem gehorchten, was andere dachten, sondern selbst ihre Gedanken klärten. Und vor allem, daß sie nicht nur dachten, sondern verantworteten, was in ihren Gedanken war.

Gibt es Meister? Und habe ich Meister kennengelernt? Der

erste unter ihnen war eine Frau. Ich war für keinen meiner Lehrer ein einfacher Fall gewesen in meiner Schulzeit. Es gab nur eine Lehrerin, die mein Herz gewonnen hat, die etwa fünfunddreißigjährige Studienrätin Gretel Dinkelacker, die damals Englischlehrerin am Ulmer Gymnasium war. Ich erlebte als Achtzehnjähriger zu meinem grenzenlosen Erstaunen, daß ihr wichtig war, was durch meinen Kopf ging, und daß sie darauf mit Charme und Humor und Güte einging. Das gibt es also, dachte ich, daß ein Mensch einen anderen ernst nimmt, daß er ihn versteht oder jedenfalls zu verstehen sucht. Und wenn ich später mit schwierigen jungen Leuten zu tun hatte, erinnerte ich mich immer wieder ihrer mit Dankbarkeit. Vor kurzem habe ich sie, die Fünfundachtzigjährige, aufgesucht, um es ihr zu sagen.

Im Winter 1945/46 begegnete mir der zweite Meister. Ich kannte den Namen des berühmten Pädagogen und Kulturphilosophen Eduard Spranger und begegnete seinem Namen im Vorlesungsverzeichnis. Ein Seminar bei ihm, das mußte großartig sein. Ich meldete mich bei ihm an und besuchte ihn, den Fünfundsechzigjährigen, in seiner Wohnung. Wovon die Rede im einzelnen war, weiß ich nicht mehr, aber eins blieb mir. Er begleitete mich nach einer Stunde zur Tür, sah mich freundlich an, neigte das weiße Haupt ein wenig und sagte: »Ich danke Ihnen, daß Sie mich besucht haben!« Es traf mich wie ein Schlag. Auf der Treppe blieb ich noch lange stehen. Gibt es das? Ein solcher Mann bedankt sich für den Besuch eines abgerissenen dreiundzwanzigjährigen Anfängers? Zum ersten Mal begegnete mir die Vornehmheit eines wirklich überlegenen Menschen der alten Schule. Und alles, was ich danach von ihm hörte über allerlei Philosophen, hörte ich im Zusammenhang mit seiner eleganten und formvollendeten Gestalt und Gestik. Vielleicht hängt es damit zusammen, daß mich seine Vorlesung über Kant so tief beeindruckt hat, daß ich sie mehr als zwanzig Jahre danach einer Arbeitsgemeinschaft von jungen Leuten gegenüber aus dem Gedächtnis wiederholen konnte.

Seine Seminare waren Erlebnisse. Wir kamen, vorgeprägt durch die Ideologie, es gebe immer richtige und falsche Meinungen, richtige und falsche Gedanken, immer habe der eine recht und der andere sei im Irrtum. Das bedeutete, daß alle Gespräche, auch die theologischen, polemisch verliefen. Spranger zeigte uns, wie von der einen Meinung die Brücken zu anderen Meinungen gingen. Jeder unserer Gesprächsbeiträge, ob noch so falsch, wurde erst einmal anerkannt. Dann wurden die Voraussetzungen gezeigt, unter denen er richtig sein konnte. Und unmerklich verwandelte er sich in die oft gegenteilige Darstellung des alten Professors. Er verlangte nie etwas »Richtiges«, er verlangte nur die lebendige Bemühung des Denkens. Es war eine Atmosphäre freundlicher, vornehmer Präzision. Daß es in der Welt des Denkens nicht um Richtigkeiten, sondern um Wahrheit geht, um einen offenen Geist und um die Bescheidung dessen, der nach Wahrheit immer suchen wird, das war bei Eduard Spranger zu lernen.

Oder da war einer der jüngeren Leute, weniger als eine Generation älter als wir. Hinter den Gittern der Gefangenschaft hatten wir ein Buch aus Genf, vom Weltkirchenrat als Vorabdruck verteilt, von Hand zu Hand weitergegeben: »Fragen des Christentums an die moderne Welt.« Geschrieben von einem gewissen Helmut Thielicke. Nach der Heimkehr fanden wir uns, ein Haufe von rauhen Spätstudenten, in Tübingen als Gäste im Haus des Verfassers. Es gab nicht nur echten Tee – schon das war ein Erlebnis –, es gab Gespräche, es gab Versuche mit ersten Rundfunksendungen über das theologische Studium. Es war vor allem immer wieder zu hören, Theologie habe es mit Welt und Öffentlichkeit zu tun. Es gebe keine weltliche Lebensfrage, die nicht auf ihrem Grunde eine geistliche sei und also ein Thema der Theologie. Es gebe nicht nur Fragen, die die heutige Welt an die Theologie richte, sondern auch Fragen, mit denen die Theologie die heutige Welt herauszufordern habe. Schlager wurden theologisch interpretiert. Das Haus des jungen Professors wurde zur Spielwiese für Leute, die das Spielen eigentlich schon verlernt hatten. Wenn es mir später nie Schwierigkeiten gemacht hat, biblische Erkenntnisse in die öffentliche Diskussion über Zeitfragen einzubringen, so stand am Anfang dieser Freiheit Helmut Thielicke.

Der vierte meiner Meister, der wirksamste von allen, war

der katholische Religionsphilosoph Romano Guardini. Ich hatte Bücher von ihm schon im Feld gelesen und war glücklich, ihm nun persönlich zu begegnen. Wenn ich später anfing, biblische Texte in deutsche Sprache zu bringen, so war Guardinis Umgang mit der Sprache und seine Anleitung der Ausgangspunkt gewesen. »Gebrauchen Sie nie ein Wort, das Sie nicht verstanden haben«, sagte er, »machen Sie es auf, wie man eine Schatulle aufmacht, und schauen Sie, was darin ist.« Später begegnete ich einer kirchlichen Sprache, in der alles Entscheidende im Halbdunkel einer feierlichen Geheimsprache blieb. Der Versuch, in die Wörter »hineinzuschauen«, führte zwangsläufig zu dem Versuch, die Bibel neu zu übertragen. Wenn ich andererseits später mein Leben damit zubrachte, Bilder zu zeigen und zu interpretieren, Bilder der Sprache, Bilder der Kunstgeschichte, und versuchte, in Büchern, auf Plakaten und Postern, beim Bildmaterial für die Schulen, in der kirchlichen Publizistik oder in Fernsehfilmen Wort und Bild zusammenzuführen, so lag der Anfang in Guardinis sensiblem Umgang mit dem Bild und dem Wort, den ich in langen Stunden seiner Vorlesungen an ihm ablas. Er war freilich schwer zugänglich. Er war nicht eigentlich ein Lehrer, der im lockeren Gespräch mit seinen Schülern umging, sondern ein selbstbewußter und oft abweisender Einzelgänger. Ein Herr. Eines Tages, als er zu seinem Freund, einem Pfarrer in Mooshausen im Allgäu, fahren wollte, um dort seine Ferien zuzubringen, die französische Besatzungsmacht ihm aber den Passierschein ins amerikanisch besetzte Gebiet verweigerte, bot ich ihm an, ihn mit einem Wagen, den ich mir lieh, über die Schwäbische Alb ins amerikanische Gebiet und nach Mooshausen zu bringen. »Ich kenne dort oben auf der Alb«, sagte ich, »alle Holzwege, auf denen man die Grenzkontrollen umgeht.« So stand ich mit ihm an der Straße vor seinem Haus in Tübingen und lud seine Koffer ein. Der Kofferraum in dem altersschwachen Ford war verwinkelt und klein. »Diesen zuerst!« befahl Guardini und wies auf einen der Koffer. »Wenn ich den zuerst nehme«, antwortete ich, »bringe ich die übrigen nicht mehr unter.« »Doch, den zuerst«, war die kurze Anweisung. Ich lud den Koffer ein. Und wie befürchtet, versperrte er

*Romano Guardini, der katholische Religionsphilosoph, im Alter von etwa sechzig Jahren. Der Lehrer, den ich heute noch verehre. Dem ich heute noch zuhöre, auch wenn die Zeit und ihre Themen sich seitdem grundstürzend geändert haben.*

dem übrigen Gepäck den Platz. Als Guardini das sah, wandte er sich um und ging ein Stück die Straße entlang, bis ich das Gepäck verstaut hatte, und kam dann wortlos wieder. Meiner Verehrung für ihn hat das keinen Abbruch getan, und die

Fahrt nach Mooshausen verlief unter schönen und humorvollen Gesprächen. Auch seine gelegentlich schroff abweisende und empfindliche Art hat mich nicht irritiert. Im Gegenteil. Er war der Meister, der mir zeigte, daß Meisterschaft nicht bedeuten muß, daß der Meister vollkommen sei. Und wenn ich später meiner eigenen Unbeherrschtheit begegnete oder meiner eigenen vorschnellen Rechthaberei, dann tröstete mich die Erinnerung an jene Stunde mit dem verehrten alten Mann.

Ein fünfter begegnete mir nur während einer Zeit von zwei Stunden. Ich war Lehrer am theologischen Stift in Tübingen, zusammen mit acht Kollegen meines Alters. Es war 1953. Wenige Jahre nach dem Holocaust. Martin Buber, der jüdische Religionsphilosoph, weilte für zwei Tage in Tübingen. Wir faßten den Mut, ihn für einen Nachmittag in diesen Kreis der theologischen Lehrer einzuladen. Damals wußte ich noch nicht, daß er mit meinen Eltern befreundet gewesen war. Er kam. Einer der Kollegen begrüßte ihn und dankte ihm, daß er all das Leid, das seinem Volk angetan worden war, habe vergessen können und zu uns gekommen sei. Da brach es aus dem alten Mann, der breitschultrig und mit seinem mächtigen Vollbart oben am Tisch saß, wie ein Ungewitter heraus: »Vergessen? Wie kann man vergessen? Das gibt es doch gar nicht, vergessen!« Wir saßen bleich und verstört. Aber Martin Buber verwandelte die zerstörte Situation in ein tiefgründiges und anspruchsvolles Gespräch. Nicht zwischen ihm und der Tischgemeinschaft, sondern zwischen ihm und immer wieder einem bestimmten anderen am Tisch, und ich hatte nach zwei Stunden den Eindruck, er wisse nun von jedem der neun genau, wer das sei. Gespräch als Weg zur Klarheit aus der Verworrenheit einer Anfangssituation heraus, das habe ich nie wieder in dieser zwingenden Kraft erfahren; Dialog, der auch das ernst nahm, was sich hinter der Gedankenlosigkeit einer unbedachten Äußerung verbergen mochte. Wenn ich das Wort »Meister« gebrauche, steht mir zuallererst Martin Buber vor Augen.

Ein sechster: Wir waren damals, als Studenten, sehr empfänglich für klare Richtlinien. Wir empfanden es dankbar, wenn uns einer der maßgebenden Lehrer von damals sagte: »So ist es. Und anders ist es nicht.« Oder: »Das gilt. Das gilt nicht.« Oder: »Das ist wahr. Das andere ist Irrtum.« Wo eine klare Lehre ist, wird die Welt einfacher, übersichtlicher, lernbarer. Die Faszination, die Karl Barth damals auf uns ausübte, lag nicht nur in seiner immensen Gelehrsamkeit, sondern eben vor allem in seiner konturierten Klarheit, in den Grenzen, die er zeigte, in der Polemik auch gegen alles Halbe und Fremde, und, wie er lehrte, Falsche in der Theologie und in der Religionsgeschichte der Welt. Das Christentum hat die Wahrheit. Die anderen haben sie nicht. Der Christ hat es mit Gott zu tun, die anderen mit ihren selbstgebauten Göttern. Der christliche Glaube ist die angemessene Weise, Gott gegenüber zu sein, was sonst an Religion in dieser Welt zu finden ist, besteht in den eigenmächtigen Versuchen der Menschen, sich der Wahrheit Gottes gegenüber mit eigenen Gedanken und Wünschen durchzusetzen.

Ich selbst gehöre wohl zu den wenigen – sie gehen vermutlich nicht über ein Dutzend hinaus –, die das monumentale Werk der »Kirchlichen Dogmatik«, jedenfalls die damals geschriebenen vierzehn Bände, ganz gelesen haben, und ich habe viel daraus empfangen. Aber eines Tages, ich war noch Lehrer am Evangelischen Stift in Tübingen, löste ich mich daraus. Es entsprach dem nicht, was ich selbst erfahren und gefunden hatte, es schien mir eine Epoche zu spiegeln, die vorüber war, und es hat mich später sehr getröstet, zu sehen, wie dieser kämpferische Mann am Ende zu einem echten Weisen wurde.

Das war übrigens der Grund, warum ich bei den meisten meiner Lehrer nicht bleiben mochte. Ich habe den polemischen Stil der theologischen Diskussion nie mitvollziehen können. Da hatte immer der eine recht und der andere unrecht. Ganze Vorlesungen bestanden darin, daß gesagt wurde: Dies ist Unsinn. Jenes ist unwissenschaftlich. Das ist eine Fälschung, und dieser vertritt eine überholte Meinung. Und was dann als gültig dargestellt wurde, war die schmale Meinung eines Professors, dem ein anderer dasselbe vorwarf: Unsinn. Fälschung. Irrtum. Ketzerei. Ich habe mich darum keiner theologischen Schule zurechnen können, auch keiner kirchenpolitischen Gruppe unter den Pfarrern meiner Kirche, dem konservativen oder offenen Flügel, auch keinem spirituellen Stil, weder denen, die das Heil in einer gepflegten Liturgie suchten, noch auch dem Pietismus meines Landes. Wie genau weiß man doch auf allen Seiten, was wahr ist! Und wie schrecklich schließen die einzelnen Wahrheiten einander aus!

Als ich anfing, mich für publizistische Fragen zu interessieren, ums Jahr 1953, begegnete mir ein siebter unter meinen Meistern. Ein Grandseigneur des Verlagswesens. Er hatte von irgend jemand das Manuskript eines Vortrags erhalten, den ich in der Evangelischen Akademie in Bad Boll gehalten hatte, und besuchte mich in Stuttgart in der engen Eineinhalbzimmerwohnung, in der ich mit meiner Frau und zwei Kindern lebte. »Wollen Sie nicht ein Buch daraus machen?« fragte er mich. Aber mir war der Mann im Grunde wichtiger als das Buch: Heinrich Rennebach, der Leiter des Furcheverlags. Vornehm, dabei zupackend, klar und überlegen. »Wie ist das?« fragte ich ihn, »muß man als Verleger alles drucken, damit ein Verlag leben kann, auch wenn es dem eigenen Geschmack nicht entspricht?« »Nein«, war seine Antwort. »Ein Verleger ist am Ende angekommen, wenn er druckt, was er nicht verantworten kann. Ich kann bis heute zu jedem Buch stehen, das ich gedruckt habe.« Und das konnte er sagen nach all den Umbrüchen von den zwanziger in die dreißiger und in die fünfziger Jahre. Vielleicht liegt es an meiner eingeschränkten Personenkenntnis im Verlagswesen: Ich habe nie wieder von einem Verleger so bündig und klar die Maßstäbe gehört, nach denen der zu denken hat, der mit Büchern umgeht. Und als ich ein paar Jahre lang selbst einen Verlag zu leiten hatte, ging die Gestalt des alten Hanseaten wie ein Grundmuster mit mir.

Soll ich noch einige mehr nennen? Rudolf Bultmann, den kompromißlosen Kritiker, von dem ich mich schon als Student getrennt habe, freilich mit großer Dankbarkeit. Karl Jaspers, dem ich zuhörte, während er, wie er es oft tat, auf dem Rücken auf einer Couch lag, frei meditierend und glasklar darstellend. Eine Frau vor allem, die aus einem bitterschweren Schicksal heraus zu einer Begleiterin ungezählter Menschen, zu einer Mutter ihres Dorfs und zu einer Freundin von Straffälligen und Nichtseßhaften wurde, von der mehr erzählt werden müßte, als hier Raum ist: Lotte Spitta. Vielleicht werde ich an anderer Stelle einmal von ihr berichten.

Oder der Vater meiner Frau, der die eindrucksvollste Pfarrergestalt war, die ich kennenlernte: Rudolf Daur. Niemand hat mir so überzeugend gezeigt, wie man als Pfarrer mit Menschen umgehe, wie er. Niemand unter den vielen Kollegen hat mir so viel Unabhängigkeit vorgelebt, Unabhängigkeit vom Geist der Zeit, Unabhängigkeit von eingefahrenen Regeln und von vorgesetzten Behörden, so viel Mut auch, vorwegzunehmen, was er sich als künftig vorstellte, auch wenn es in den Köpfen der Zeitgenossen noch keinen Raum hatte, so viel Zähigkeit, wenn er allein zu stehen schien auf irgendeinem verlorenen Posten.

Nach dem Krieg, 1946, bat er einen katholischen Theologieprofessor, von der Kanzel seiner evangelischen Stuttgarter Markuskirche einen Vortrag zu halten. Es war ein ungeheurer Skandal, und es war durchaus nicht sicher, daß er danach noch als Pfarrer seiner Kirche geduldet werden konnte. Heute fände kein Mensch mehr etwas dabei. Damals durfte man es nicht einmal denken. Er hat mit Psychologen zusammen eine Arbeitsgemeinschaft mit dem Titel »Arzt und Seelsorger« begründet. Man hat es ihm angekreidet als ein Zeichen dafür, daß er sich doch mehr am Rande als in der Mitte seines Auftrags beschäftige. Heute gehört das Gespräch zwischen Ärzten, Theologen und Psychologen zum normalen Programm jeder Akademiearbeit.

In den dreißiger Jahren schon setzte er Christen und Heiden zusammen aufs Diskussionspodium: Juristen, Philosophen, Psychologen, Religionswissenschaftler, Dichter, Künstler. Was soll dabei herauskommen, wenn man C. G. Jung und Wilhelm Stählin aufeinander losläßt? wurde gefragt. Heute ist es eine Selbstverständlichkeit, daß man auch in der Kirche nur weiterkommt, wenn man auf fremde Meinungen hört und miteinander spricht. Und heute, nachdem die theologische Abwertung alles »Religiösen« einer neuen Aufmerksamkeit für fremde Glaubensformen und Glaubensinhalte weicht, nimmt man ganz selbstverständlich auf, was man ihm damals als Abweichung vom rechten Weg der Verkündigung vorwarf.

Seit seiner Soldatenzeit im Ersten Weltkrieg war er Pazifist. Seit dieser fernen Vergangenheit hielt er internationale Verbindungen fest, über den Versöhnungsbund, die Kriegsdienstverweigerer und die Quäker, und hat damit dem deutschnationalen Geist der zwanziger Jahre ebenso widerstanden wie der Ideologie des Dritten Reiches wie auch den Neuansätzen einer konservativen christlichen Politik nach dem Zweiten Weltkrieg. Ich habe damals viel von ihm gelernt, zu einer Zeit, als man sich, hilflos und bar aller vernünftigen Argumente, dem common sense gegenüber sah, daß das Christentum gegen den Bolschewismus zu verteidigen sei, nicht unser Land, sondern das Christentum. Auf einer schwarzen Liste der CDU stand er damals zusammen mit Gustav Heinemann und anderen rechtschaffenen Leuten als »bezahlter Agent Stalins«. Warum? Weil er sich der Wiederaufrüstung Westdeutschlands widersetzte. Und heute? Heute weiß kaum ein nachdenklicher Theologe mehr bündig zu sagen, woher denn ein Soldat seine christliche Motivation zu nehmen habe.

Daß der christliche Glaube in sozialer und sozialpolitischer Aktion sich auswirken müsse, vertrat er im Kreis der »Religiösen Sozialisten« seit den zwanziger Jahren. Heute ist es selbstverständlich, daß der Kirche nicht die Pflege der Seele allein, sondern auch die Mitarbeit in der Gesellschaft aufgegeben sei.

Daß der evangelische Gottesdienst in seiner herkömmlichen Form sprachlich wie dramaturgisch nicht mehr zureicht, ist heute eine Binsenweisheit, und jeder Pfarrer hat das Recht, sich etwas einfallen zu lassen. Als Rudolf Daur das Unzureichende des alten Konfirmandenbuchs klar war, schrieb er für sich und seine Konfirmanden eine neue Ordnung für die Einsegnung. Es war ein schweres Problem, ob man ihm das gestatten könne. Und wenn heute kaum mehr ein Mensch daran zweifelt, daß mit der Lutherübersetzung allein ein normaler Laie nicht mehr leben könne, dann ist es gut, sich zu erinnern, daß er mit seinem Freund Pfäfflin zusammen, dessen Übersetzung er später revidiert hat, das zu einer Zeit vertrat, als alle Welt noch Luthers Text für den einzig erlaubten hielt.

*Rudolf Daur, der Vater meiner Frau, der mir am nachhaltigsten gezeigt hat, was es heißt, ein Pfarrer zu sein. Er starb 1976 im Alter von vierundachtzig Jahren.*

Als man noch überzeugt war, daß »das Weib in der Gemeinde zu schweigen« habe, in den dreißiger und vierziger Jahren, hat er sich für die Zulassung von Frauen in den vollen pfarramtlichen Dienst eingesetzt. Zu einer Zeit, in der man auf solche Weise seinen guten Ruf als Jugendpfarrer ruinierte, hat er mit seinen Gruppen Tanzveranstaltungen abgehalten, die heute zum Programm jedes normalen Bezirksjugendpfarrers gehören. Und wenn er mit den Berneuchenern und allerlei Experten des geistlichen Lebens nach Wegen der gottesdienstlichen und der Einzelmeditation gesucht hat, dann arbeitete er an einer Sache, von der wir heute wissen, daß sie sich allmählich zu einer Grundfrage der Seelsorge unserer Kirche auswächst.

Immer war der Vorgang charakteristisch der gleiche: Ein Einzelgänger, ein nicht völlig ernst genommener Theologe, ein Frevler an den kirchlichen Ordnungen, ein Vermischer christlicher und politischer Dinge tat irgend etwas nach seiner Einsicht und seinem Gewissen, und zehn, zwanzig oder dreißig Jahre später ist es Gemeingut. Aber kaum jemand, der es ihm heute gleichtut, erinnert sich, daß es der Vorläufer und der Pioniere bedurfte, damit wir heute bewältigen, was uns vor der Hand liegt. Und es gehört zum Bild seiner bemerkenswerten Persönlichkeit, daß er den Gefahren der Rechthaberei wie der Bitterkeit so gänzlich entgangen ist.

Er war tief davon überzeugt, daß Gottes Geist die Menschen bewegen könne, wenn sie nur erst einmal hinaushorchten über die Zäune ihrer Meinungen und Vorurteile, und so setzte er Psychologen und Historiker, Philosophen, Dichter und Theologen, Künstler und Politiker an einen Tisch, unzählige Male, mehr als fünf Jahrzehnte lang, nicht, damit jeder seine Meinung sagen könne, sondern damit jeder anfange zu hören. Weil ihm der Geist Gottes konkrete geistige Macht war, brachte er Hindus, Zenmeister und Christen zusammen, feierte er mit Orthodoxen, Anthroposophen und Katholiken und ging mitten in die Arena gesellschaftlicher und politischer Auseinandersetzungen, um nicht nur den Seelen zu dienen, sondern auch nach einem menschenwürdigen sozialen Gefüge zu suchen.

Weil er vom Geist Gottes mehr erwartete als von »Heer oder Kraft«, darum forderte er die Christen so unermüdlich auf, doch endlich damit aufzuhören, für ihr sogenanntes Recht und ihre sogenannte Sicherheit mit Gewalt und Waffen sorgen zu wollen. Darum hielt er ein Leben lang die Freundschaft zu

Menschen in vielen Völkern fest. Und so hat er der Scheuklappen- und Kasernenhofpolitik unseres Volkes in den zwanziger und dreißiger Jahren ebenso hart widerstanden wie der Restauration dieses Geistes nach dem Krieg. Er war gewiß, daß es keinen Weg zum Frieden gibt, wenn nicht der Weg schon, wie Martin Luther King es ausdrückte, der Friede ist.

Weil er vom Geist Gottes etwas erwartete, suchte er nach neuen Formen eines lebendigen Gottesdienstes, nach einer neuen Sprache für die biblische Botschaft, und darum war er immer und zuerst der Prediger, der so vielen, die an der Enge und Festgelegtheit und Ängstlichkeit ihrer Kirche verzweifelten, die Zuversicht gab, es lohne sich um diese Kirche. Und darum war er der Kirchenpolitiker, der in einer ein wenig mühsam lebenden Synode mit Humor und Freundlichkeit die Extreme verband, ein Freund auch denen, die ihn für ihren Gegner hielten.

Wenn ich das so sage, wird mir deutlich, daß er im Grunde ein Mann des dritten Glaubensartikels war, ein Mann der Kirche des Johannes, einer Kirche des Heiligen Geistes.

Ich habe von jeher in manchen Dingen unseres Amtes oder der Theologie anders gedacht als er, aber ich habe hundertmal und öfter erfahren, wieviel ich gewinnen konnte, wenn ich einmal versuchsweise seinen Gedanken nachdachte. Alle meine übrigen Lehrer haben mir gezeigt, bis zu welcher Grenze die Wahrheit reicht. Bei ihm habe ich gelernt, daß wir Wahrheit gerade dort gewinnen, wo wir Grenzen überwinden zwischen Meinungen, Parteien, Lebensweisen oder auch den Systemen und Schulen der Theologie. Und ich lernte für den Rest meines Lebens, daß wir ganz gewiß, wenn wir einmal die Wahrheit schauen, lächeln werden über die Grenzen, bis zu denen unsere Wahrheit gereicht hatte.

Im Grunde stand er in der Reihe der großen Väter der schwäbischen Überlieferung, der Theosophen, der Frommen und Tiefsinnigen, der Weltkinder und der Dichter, die nach der Synthesis suchten, nach dem großen Zusammenspiel dessen, was sich in dieser Welt auszuschließen scheint, in Gott.

Sein eigentliches Charisma aber war seine Sensibilität für die Menschen, für die unendlich vielen Stimmen, die ihn im

Laufe seines Lebens erreicht haben. Man könnte ja durchaus einen Pfarrer an der Frage prüfen, wie viele Stimmen ihn im Laufe seines Lebens erreicht haben. Wie vielen Menschen er umgekehrt in ihrer Verlassenheit eine Stimme gewesen ist. Oder noch einmal anders: Wie vielen Menschen er aus ihrer Sprachlosigkeit zu ihrer eigenen Stimme geholfen hat. Und dies alles als ein Mensch, der die eine Stimme, auf die alles ankommt, von den vielen Stimmen, auch denen aus ihm selbst, zu unterscheiden vermag. Die eine Stimme, deren Anruf er weiterzusprechen hat in die Ohren und Herzen der Menschen.

Liegt hier das Maß, dann war dieses Leben ein begnadetes, ein vom Geist bewegtes, durchdrungenes und erfülltes Leben.

In seinem Herzen hatten alle Menschen einigermaßen guten Willens Zutritt, und böse – das gab es nach seiner Auffassung wohl überhaupt nicht, allenfalls geplagte oder suchende.

Er verband das ganz und gar Erstaunliche, daß er nämlich seinen genauen, unverwechselbaren Standpunkt hatte und festhielt und dennoch auf Feindbilder jeder Art verzichten konnte. Feinde, das gab es für ihn weder unter den Gottlosen noch unter den Andersgläubigen noch unter politischen Gegnern, sondern nur Menschen, die zu hören und mit denen zu sprechen nötig war. Ich glaube, nachdem ich so lange in seiner Nähe gelebt habe: Wenn ein Mensch noch Feindbilder nötig hat, ist das Evangelium gewiß noch nicht wirklich in sein Herz gedrungen.

Wo andere von Gefahr oder von Bosheit sprachen, da stand er wehrlos offen, da bot er das Erbarmen an, da suchte er nach Gerechtigkeit im Namen Christi, da erwartete er den verstehenden, den versöhnenden Geist.

Mich hat im Umgang mit ihm, dem dreißig Jahre älteren Vater und Freund, etwas hinreißend Jugendliches fasziniert: seine grenzenlose Farbenfreude und Musikalität, in der er alles Schöne, das die Welt für Auge und Ohr, für Geist und Leib bereithielt, auffing. Eine unbegrenzte Offenheit für die Fülle des Seins und dabei das hellwache Bewußtsein der Widersprüche und der Spannungen, jenes Wissen um den Grund und den Abgrund, das seiner Freude an allem Lebendigen ihr Gewicht, ihre Schwerkraft gab. Wandernd auf vielen langen Wegen fand er immer wieder das Wort, das er zu sprechen hatte, und sah in dieser Welt die kleinen und großen Zeichen der Hand dessen, der sie geschaffen hat.

Als dieser Mensch, der keine Feinde, aber überall Zeichen des göttlichen Geistes sah, war er ein Genie der Freundschaft, ein Gestalter menschlicher Beziehungen, begabt mit jenem großen und strahlenden Humor, der ein Kind des Vertrauens und der Zuversicht ist.

Er hat mehr als einmal das Wort ausgelegt: »Selig sind, die Heimweh haben, denn sie werden nach Hause kommen.« Und wenn man ihn fragte, worin die Logik dieses ja nicht biblischen Satzes liege, meinte er: Kopfweh hat nur ein Mensch, der einen Kopf hat. Und Heimweh nur ein Mensch, der eine Heimat hat. Und wohl dem, sagte er, der sein Heimweh nicht verleugnet, nicht wegschwatzt, weglärmt oder wegschuftet. Er soll nach Hause kommen. Laß das Heimweh in deiner Seele nicht sterben, sagte er. Der Sehnsüchtige in dir ist der eigentliche Mensch, der du bist und der du in Ewigkeit bleiben wirst. Mit vierundachtzig Jahren, an einem strahlend sonnigen Fronleichnamsmorgen, während eine Prozession mit dem Lied »Lobe den Herren, den mächtigen König der Ehren« vor seinem Haus vorüberzog und er meditierend im Garten ging, versagte sein Herz.

Als einen vertrauenden und zuversichtlichen Menschen, für den die Zukunft etwas war, das getan werden mußte, sehe ich ihn bis heute vor mir, ihn, der für mich zu den wenigen großen Vatergestalten gehört, die ich gesehen habe, den Großvater meiner Kinder und den Freund, den Meister. In seiner Gestalt fand ich ein Beispiel für die Suche nach dem »Ganzen«, das ich als Junge gesucht hatte, jenem »Alles«, das mich erfüllen sollte und durch das ich hoffte, selbst am Ende ein Mensch zu sein, der ein Ganzes und aus einem Stück ist.

# 5.
# Jahre der Suche

## *Gott, das Du, und Gott, das Meer*

Was mich als jungen Studenten beglückte, das war, daß mir die Theologie erlaubte, über meinen Glauben, über Gott und die Welt nachzudenken, daß der Glaube bedacht werden und das Denken sich vom Glauben inspirieren lassen durfte.

Ich begegnete damals vor allem auch den Meistern der mystischen Tradition, die das Nachdenken, die »cogitatio«, in ihre geistlichen Wege einordneten, das Nachdenken über die Welt, über Gott, aber auch über die Tragweite, die Grenzen und Bedingungen unseres Denkens. Sie dachten auf Grenzen zu, an Grenzen entlang und immer wieder auch über Grenzen hinaus, die uns Menschen gesteckt sind.

Ich habe immer in Bildern gedacht, in Gestalten, in Farben, in dramatischen Szenen. Ich bin mir bewußt, daß darin auch eine Schwäche liegt, die Gefahr auch der Selbsttäuschung, der Selbstüberredung, der Selbstverführung. Aber ich glaube, daß ich so auch näher an den Menschen gedacht habe und mir leichter auch fremde Schicksale einverleiben konnte, daß ich näher an meiner eigenen Erfahrung und der anderer Menschen gelebt habe.

Bei den Mystikern und bei der Weise, wie sie von Gott redeten, nämlich einerseits hochabstrakt, andererseits voller Bilder, wurde mir klar, daß das Denken in Begriffen, wenn es sich Gott zuwendet, keineswegs genauer sei als das Denken in Bildern, vielmehr sei es allemal das Bild, das die Sprache fähig mache, Wahrheit zu zeigen.

Das Denken in Bildern gehört offensichtlich nicht einer überholten Phase der Bewußtseinsgeschichte an, sondern eignet dem Menschen schlechthin. Die Theologie, die das Evangelium in Gestalt mythischer Bilder empfängt, kann die Bilder zwar durch rationale Interpretation klären, aber keineswegs ersetzen. Die mythischen Bilder sind unentbehrlich, wo und wann immer vom Unbedingten die Rede ist, vom Letztgültigen, vom Beständigen und von einer die Bewußtseinsentwicklung der Menschheit überdauernden Wahrheit.

Wenn denn zu beobachten ist, daß viele moderne Menschen im Laufe ihres Lebens den Zugang nicht nur zu den Bildern ihrer eigenen Seele, sondern auch zu den Bildern des Glaubens verlieren, dann besagt dies nicht, sie seien über den Kinderglauben einer vergangenen Epoche hinausgewachsen, sondern vielmehr, sie seien einer Unbewußtheit anheimgefallen, in der es ihnen unmöglich wird, über sich selbst und über eine ihnen begegnende Wahrheit Rechenschaft zu geben. Denn auch der heutige Mensch ist bewegt und getrieben, gehemmt und gesteuert durch Energien, die, ihm selbst unbewußt, in ihm am Werk sind. Die »Freiheit des Denkens und des Handelns«, von der die Neuzeit träumte, ist jenes Märchen, das die Menschheit sich selbst erzählt hat, als sie meinte, über das Märchenalter hinaus zu sein.

Die Bilder des Glaubens sind nach wie vor die Sprache, in der sich uns Wahrheit eröffnet, in der Offenbarung geschieht, in der Inspiration sich ereignet, in der neue Gedanken und Aufträge unser Gewissen berühren, und es gilt nicht, sie wegzulegen, sondern ihnen zu antworten und sie in die Sprache des Worts, des Tuns oder Erleidens zu übersetzen. Sie leben auf alle Fälle in uns. Und so war mir der Gedanke, man müsse die Bilder des Glaubens »ent-mythologisieren«, im Grunde immer fremd gewesen. Denn das gilt ja auch von allem, was wir von Gott wissen oder ahnen. Wer Gott sei, das war mir das erste Thema jener Jahre.

Die christliche Vorstellung von Gott, die mir von meiner Kindheit an immer wieder gezeigt wurde, war die einer übermenschlichen Person. Gott, so ist der christlichen Überlieferung klar, ist nichts Verschwimmendes, wie der Mensch selbst kein verschwimmendes Wesen ist. Das scheint einfach. Wenn Gott denkende Menschen geschaffen hat, kann ihm selbst die Kraft, zu denken, nicht fremd sein. »Der das Ohr geschaffen hat«, sagt die Bibel, »sollte der nicht hören? Der das Auge geschaffen hat, sollte der nicht sehen?« Sollte dem, der leidensfähige Wesen wie mich geschaffen hat, das Leiden unbekannt sein, Angst auch und alle Regungen, die meine Seele bewegen?

Einem Du, einer Person gegenüber, sagt die Bibel, ist die angemessene Haltung das »Stehen«. Das Begegnen. Sich zeigen. Fragen und antworten. Dem Du gegenüber gewinne ich meine eigene Identität. Mose stand vor dem brennenden Dornbusch, in dem Gott war, und vor dem Gott auf dem Berg. Indem er so vor Gott stand, wurde er »Mose«. Sein Dasein fand sein Fundament und seinen Sinn. Aus dem deutlichen Gegenüber Gottes bildete sich das deutliche Ich. Aus der Heiligkeit Gottes, die ihm gegenüber war, empfing er seine Würde und Kraft. Er hörte das strenge und unzugängliche Wort: »Ich bin, der ich bin.« Und vor dem Gott, der sich diesen Namen gab, sollte Mose der werden, den Gott wollte: Mose vor Gott, der freie, aufrechte Mensch, der vor dem letzten »Ich bin« gelernt hat, zu stehen und zu sagen: Ich bin Mose – und zwar Mose vor Gott, der Mensch, den Gott will.

Als Pascal, der große französische Philosoph, starb, fand man einen Zettel in seine Jacke eingenäht. Auf dem hatte er eine Vision notiert, die ihm in jungen Jahren begegnet sein muß. Da war zu lesen:

> «... Feuer! Feuer!
> Gott Abrahams, Isaaks und Jakobs!«

In diesem einen Augenblick muß er die Richtung gewonnen haben auf sein großes Lebenswerk. Hier, vor dem persönlichen Gott, nicht dem »Gott der Philosophen«, muß er sein Stehvermögen gefunden haben, seine Orientierung auf das große Du, das seinem Denken sein Gepräge gab, und hier, in dieser Herausforderung, muß er der geworden sein, als den wir ihn kennen: Pascal.

Ähnliches geschieht, mehr oder minder deutlich, in jeder einzelnen Lebensgeschichte. Jedes Kind entdeckt, wenn es ohne schwere Störungen aufwächst, eines Tages sich selbst. Es sieht andere Menschen und stellt sich ihnen gegenüber, und in dieser Begegnung erkennt es, daß es selbst etwas Eigenes und anderes ist. Und es hat schon seinen Sinn, daß der christliche Glaube darauf besteht, auch Gott sei etwas, dem zu begegnen möglich sei: eine Person. Sie stehe dem Menschen gegenüber, und der Mensch lerne dabei den aufrechten Stand und den aufrechten Gang. Gott also sei nicht eine seelenlose Gewalt oder ein anonymes Weltgesetz, sondern uns zugewandt, an unserem Schicksal beteiligt.

Das hatte ich gelernt. Wenn ich aber mich selbst fragte und nicht die anderen, dann erschien mir Gott auch in ganz anderem Licht und ganz anderer Gestalt. Und ich gestehe gerne, daß »Gott« als das große Du mir bis zum heutigen Tag nur das eine von zwei Bildern von Gott ist, die nicht auszugleichen und zu verbinden sind, die aber beide ihre Zeit und Stunde haben, in der sie ihre Wahrheit zeigen. Gott, so meinte ich auch damals schon, sei nicht nur mir gegenüber, sondern vor allem um mich her, und ich lebte in ihm wie der Fisch im Meer oder der Vogel in der Luft. Ich wußte mich schon als Kind auf eine kaum beschreibbare Weise von ihm umgeben wie von allen Dingen und Elementen dieser Welt. Ich war mir sicher: Ich brauchte nicht zu ihm zu reden. Er war um mich, und er war in mir, und wie jedes Blatt an einem Baum sein Ort war, so war auch jeder Gedanke in mir Ort seiner Gegenwart. Wenn ich Tersteegens Lied »Gott ist gegenwärtig« für den Konfirmandenunterricht auswendig lernte, stimmte ich zu: »Luft, die alles füllet – drin wir immer schweben.« Das war es. Das war Gott. Wie beides aber zusammenhing, das hätte ich nicht zu sagen gewußt.

Ist also Gott allüberall und in allen Dingen, auch in meinen Gedanken, auch in meinem Nachsinnen über seine Gegenwart, dann weiß ich: Gott ist im Unsichtbaren, und er ist im Sichtbaren, und er wird mir vor allem dort fühlbar sein, wo das Sichtbare ins Unsichtbare übergeht und das Unsichtbare ins Sichtbare. Ich betrachte also einen Stein und sehe in ihm einen Wohnort Gottes. Einen Busch. Das Wasser im Bach. Ich fühle mit dem Stein in der Hand die Schwere Gottes, in einem Baum seine Kraft, in der Erde seine Verläßlichkeit. Im Wind seine Ferne und vorüberflutende Nähe. In der strahlenden Sonne seine Wärme. In der Nacht seine abgründige Dunkelheit. Ich stehe in einem ungeheuren Kraftfeld und nehme seine Kräfte auf, denn jedes Ding ist mehr als ein bloßes Ding. Es ist Ort Gottes und hat sein Wesen aus ihm. Wer Gott im Ernst denkt, kommt an Gedanken dieser Art nicht vorbei.

Seit vielen Jahren habe ich immer wieder einen wunderbaren Traum. Ich schwimme unter der Wasserfläche eines Meeres, das in grüner Farbe leuchtet, unter mir wie von ausgedehnten Wäldern bedeckt der Meeresgrund. Es ist still, und ich bewege mich ohne Hast mit leichten Schwimmbewegungen. Da kommt mir ein Schwarm von Fischen entgegen, rot, blau, grün und gelb und in allen denkbaren Farben. Sie nähern sich mir, begrüßen mich freundlich, ich sage ihnen ebenso »Guten Tag«. Sie schwimmen an mir vorbei, und ich bin wieder allein im Licht dieser Tiefe. Da sehe ich einen einzelnen goldenen Fisch, viel größer als ich, und ich weiß: Das ist der König des Meeres! Er schwimmt, fast ohne sich zu bewegen, mir entgegen, und ich staune über seine märchenhafte Schönheit. Er begrüßt mich mit großer Wärme, und ich antworte ihm irgend etwas, und am Ende wendet er sich und entfernt sich in das tiefe Grün des Wassers. Ich selbst schwimme weiter und fühle mich wohl.

Mir ist dabei bewußt, daß Jesus Christus von den Christen der ersten Jahrhunderte schon sehr früh als Fisch dargestellt wurde, als der Bote des Lichts, der in der Tiefe des Wassers dieser Welt, in der die Menschen ihr Leben führen, erschien.

Warum ich das erzähle? Weil sich etwas darin ausdrückt, das schwer in Worte zu fassen ist: daß die Gegenwart Gottes wie ein Meer sei, in dem ich lebe, so, daß ich seine Nähe immer wieder erfahre, sein Bild schaue und sein Wort vernehme, ohne daß ich ihn deshalb fassen und für mich vereinnahmen könnte. Sagt der Traum etwas Wahres aus, so ist viel Unbekanntes in allem. Dann kann viel begegnen, das ich nicht ahne, kann viel geschehen, das ich nicht erwarte. Dann kann mir viel entgegenkommen, und in allem, was kommt, wird Gott sein.

Alles, was ich schaue an Bildern dieser Welt, ist Spiegel und Gleichnis seiner Gegenwart. Was wahr ist, ist die Wahrheit Gottes. Was lebt, ist das Leben Gottes. Was schön ist, ist seine Schönheit. Was leidet, in dem leidet Gott. Was stirbt, stirbt in ihn zurück. Gott ist das Meer alles dessen, was ist. Auch das Meer in mir selbst, das ich nicht ergründe. Denke ich Gott, so tauche ich ein in ein Meer unendlicher Gegenwart, und von keinem Wesen, auch keinem Werk eines Menschen ist vorstellbar, daß es anderswo wäre als in ihm. Glauben könnte ich also beschreiben als eine Art von ozeanischem Bewußtsein.

Die Theologie wird an diesem Punkt den Paradigmenwechsel, den die Naturwissenschaft in diesen Jahren vollzieht, ihrerseits vollziehen müssen. Gott allein als das große Du zu verstehen, das entspricht der neuzeitlichen Weise, in der der Mensch sich seiner Welt gegenüber verhielt. Er sah sich selbst hier und die Natur sich gegenüber. Er sah sich selbst hier und die Pflanze dort. Seine Welt bestand in getrennten Objekten, die alle einzeln ihm, dem Menschen, gegenüberstanden. Heute können wir wissen, daß es eine solche Trennung nicht gibt, sondern alles an allem teilhat, daß wir in jedem Gegenstand, den wir betrachten, uns selbst wiederfinden; daß Denken überhaupt nicht heißt, eine Welt von Gegenständen zu beherrschen, sondern sie zu berühren, uns in sie einzubeziehen und sie selbst in unser eigenes Leben und Wesen. Das alte Subjekt-Objekt-Denken ist herrscherliches Denken und als solches teilend, trennend, ausbeutend und zerstörend. Wer etwas Lebendiges verstehen will, muß im Lebendigen mitleben, er muß eingehen in die große Schöpfungsgemeinschaft, will er sie vor der Zerstörung und dem Tode bewahren. Und so werden wir auch bereit sein müssen, dem Gott, der diese Welt schuf, in allem zu begegnen, was ist, was lebt und leidet, was uns umgibt und was in uns selbst wirkt.

Wir werden also anders auch vom Geist Gottes sprechen als in früheren Zeiten. Der Geist Gottes ist nicht allein das, was die Kirche an Pfingsten erbittet und was die Erleuchtung der Menschen bewirkt, vielmehr ist Gottes Geist in allen Dingen, und alles, was ist, lebt aus seiner Energie. Durch den Geist Gottes werden die Dinge geschaffen, im Geist Gottes bestehen sie, und durch diesen Geist werden sie erneuert. Der Geist ist es, der jene Gesetze geformt hat, nach denen die Schöpfung lebt, die Rhythmen, in denen alles abläuft, und die materiellen Verdichtungen, die wir vor Augen haben. Er geht aber nicht auf im Kosmos. Er ist nicht der Kosmos, sondern sein Ursprung und seine Lebenskraft. Er selbst ist nicht Welt und nicht aus der Welt, er ist aus Gott.

Woher aber, wenn es so sein sollte, kommt die Welt? Ist am Anfang der große Macher, der aus nichts, wie wir gerne sagen, die Welt schuf und ihr nun zuschaut? Im 17. bis 19. Jahrhundert dachte man so, und ich staune manchmal darüber, daß die Naturwissenschaft, die doch die Denkweise der Neuzeit längst aufgegeben hat, wo immer es um die Natur geht, diese Denkweise so treulich beibehält, wenn von Gott die Rede ist. Ich bewundere zum Beispiel den englischen Astrophysiker Stephen Hawking. Ich glaube, daß er den geheimen Strukturen der Welt auf der Spur ist wie keiner vor ihm. Aber warum hält er seine sorgfältige, differenzierte Denkweise nicht durch, wenn er von Gott spricht? Er sucht noch immer, wie man es in früheren Zeiten tat, nach der Lücke im Kosmos, in der Gott unterzubringen wäre. Er sucht noch immer nach dem ersten Beweger, der die Maschine »Welt« in Gang setzte. Wie er dachte man im Grunde in der Aufklärung, im 17. und 18. Jahrhundert, als man Gott und die Welt trennte in das, was die Welt bewegt, und die Welt selbst. Wie kann ein so kundiger Mann sich mit den Denkmitteln des Deismus einer so lange vergangenen Zeit begnügen? Ich würde ihm gerne hundert Stunden zuhören und ihm am Ende nur eine Stunde lang sagen, wie und was in diesem Zusammenhang über Gott gedacht werden könne.

Gott ist doch, wenn er ernsthaft als Gott gedacht werden soll, nicht in den Lücken dessen, was wir wissen, sondern mitten in all dem, was wir suchen, untersuchen, rechnen und vermuten. Er ist doch in den Kräften, den Gesetzen, den Stoffen, den Strahlungen. In den schwarzen Löchern und in der gekrümmten Raumzeit. In dem scheinbaren Widerspruch, daß das Universum nicht unendlich, wohl aber unbegrenzt sei.

Ist hier nicht eine neue Art Denken nötig? Ein Denken, das Spannungen und Gegensätze aushält und bereit ist, zu erkennen, daß alle Spannungen und Gegensätze mit unserer Weise, die Welt zu erfahren, zusammenhängen? Wäre nicht eine Art naturwissenschaftlicher Kontemplation zu erlernen?

## *Gott in mir*

Aber wenn ich so von dem wie ein Meer gegenwärtigen Gott spreche, so spreche ich auch von dem Meer in mir selbst und also von »Gott in mir selbst«. Ich sehe Gott als das Umfangende und zugleich als das Innerste meiner selbst.

Dieser Gedanke, Gott sei »in uns«, ist in der Neuzeit umstritten gewesen. Und schon länger hatten Christen die Sorge, auf solche Weise gehe der Abstand verloren zwischen dem heiligen Gott und dem unheiligen Menschen. Die Mystiker, die vom Gott in uns sprachen, lebten immer an der Grenze zum Ketzerprozeß. Meister Eckehart schreibt:

»Ich bin des so gewiß, wie ich lebe, daß nichts mir so nahe ist wie Gott. Gott ist mir näher, als ich mir selber bin; hängt doch mein Sein daran, daß Gott mir nahe und gegenwärtig sei! Er ist es auch einem Steine oder einem Holze, aber sie wissen nichts davon. Wüßte das Holz von Gott und erkennte es, wie nahe er ihm ist, so wie der höchste Engel dies erkennt – das Holz wäre ebenso selig wie der höchste Engel! Eben darum ist ja der Mensch seliger als ein Holz, weil er Gott erkennt und weiß, wie nahe Gott ihm ist. Nicht dadurch ist er selig, daß Gott in ihm und ihm so nahe ist und daß er Gott hat: wohl aber dadurch, daß er erkennt, wie nahe Gott ihm ist.«

Führt er uns, wenn er so schreibt, in eine All-Einheit von Welt und Gott, in der Gott sich auflöst und mit ihm alle Konturen der Wahrheit? Ich behaupte: Nein. Denn die Korrektur, die diese Gefahr ausschließt, die Feststellung des personalen Abstands, findet sich bei demselben Meister Eckehart:

»Gott ist allezeit bereit –
aber wir sind sehr unbereit.
Gott ist uns nahe, aber wir sind ihm ferne.
Gott ist drinnen, wir sind draußen.
Gott ist in uns heimisch, wir sind Fremde.«

Damit gibt er eine Lösung, die wie ein kühner Zusammengriff der beiden Weisen, in denen wir Gott begegnen, wirkt. Ist also Gott nicht das Meer, so ist er auch nicht Person. Wirkt er nicht in uns, so können wir auch nicht ihm gegenüber sein. Suchen wir den lebendigen Gott, dann werden wir die Entdeckungsreise nicht scheuen dürfen, die dem bevorsteht, der den Gedanken, den sehr kühnen, vom »Gott in uns«, von dem in uns selbst lebendigen Gottesgeist, fassen will.

In einer Predigt von 1526 sagt Martin Luther: »Du siehst, daß Gott sich selbst und Christus, seinen lieben Sohn, über uns ausschüttet und sich in uns hineingießt und (umgekehrt) uns in sich zieht, so daß er ganz und gar vermenscht wird und wir ganz und gar vergottet werden.« Dabei muß klar sein, daß nicht der Mensch Gott in sich hineinzieht, sondern Gott uns in sich, und daß nicht der Mensch sich in Gott hineingießt, sondern Gott in den Menschen. Und als zweites muß klar sein, daß Gott nicht einfach in uns ist, sondern daß da ein ständiges Fließen und Ziehen ist, daß Gott sich ständig in den Menschen ein-seelt.

Gott aber so zu finden und so in ihm zu leben, das bedarf eines langen Weges der Suche, von Tag zu Tag, bis endlich uns das Licht anfängt aufzugehen und nach Abend und Morgen und wieder Abend und Morgen für uns der erste Tag der Schöpfung beginnt, der erste Tag des Universums, der auch für uns selbst der Anfang war.

Und wenn ich auf das Ende meines Lebens zugehe, lasse ich, was immer war, ruhen in Gott, dem Meer. Ich spreche andererseits mit Gott, dem Du. Ich senke mich in Gott ein und verstehe vor ihm, wer ich war und wer ich bin und sein werde. Und ich lebe auf solche Weise in allem, was lebt und was stirbt, in allem, was reift und sich wandelt zu seiner endgültigen Gestalt.

Überlege ich nun noch einmal, was ich hier schreibe, so empfinde ich deutlich, wie unzureichend die Gedanken sind, die ich zu fassen bekomme. Ich darf also alle meine unfertigen Gedanken auch wieder weglegen und mich wortlos und gelassen und dankbar einfügen in den Zusammenhang, dessen Mitte und Umfang ich mich anvertraue. Ich bin nicht der erste und nicht der letzte. Ich bin nicht bedeutend, und ich bin nicht wertlos. Ich bin ein Organ in dem großen Organismus, dem wir angehören und dessen inneres Geheimnis wir Gott nennen, dem großen Organismus Welt, dessen Evolution getrieben ist von ungeheurer Kraft und einer alles durchdringenden Liebe.

Am Ende, so glauben wir, wird Gott das Nichtige, das aus dem Zusammenhang Gelöste, ins Nichts zurückgeben. Er wird, was aus der Liebe kam, aus der Güte zu allem, was ist, retten und fruchtbar machen. Darum gehören das sinnvolle Werk und die Zukunft allein den Liebenden, und keine Tat und kein Zeichen der Liebe sind jemals, in Zeit oder Ewigkeit, verloren.

Vielleicht komme ich Gott dann am nächsten, wenn ich alles über ihn denke, was mir sinnvoll erscheint, und es dann beiseite lege. Ich rede also von Gott so, daß meine eigenen Bilder und Gedanken dabei zerbrechen. Ich sage nur noch, was er nicht sein kann, und lasse offen, ob er es nicht vielleicht doch sei.

Andererseits lasse ich alles stehen, was meinem Verstande als Widerspruch erscheint, und sage: Alle Widersprüche, alles Ja und Nein, alles Gute und Böse, alles Persönliche und Unpersönliche, alle Nähe und Ferne zu mir, fallen in Gott zusammen. Und erst was dann gilt, ist wirklich Gott. Aber es ist mit dem Verstande, der mir in diesem irdischen Leben mitgegeben ist, sicher nicht zu fassen.

Die Mystiker sagen, Gott sei das unendliche Schweigen. Dabei wissen sie so gut oder genauer noch als viele andere wichtige Zeugen des christlichen Glaubens, daß Gott in Christus sprach, daß Gott sein Wesen darin habe, ein sprechender Gott zu sein.

So sagt die Bibel, Gott sei das Licht in allem, was leuchtet, und in ihm sei keine Finsternis. Wir lesen aber im selben Buch, Gott sei auch der Ursprung von Nacht und Dunkelheit, er sei auch Finsternis und Abgrund.

In den großen Dokumenten der Mystik lese ich, Gott sei die große Leere, denn nichts, was in ihm sei, könnten wir begreifen. Aber ich kann durchaus im Sinne jener Meister sagen, Gott sei gerade umgekehrt die Fülle alles Denkbaren, und nichts sei anderswo als in ihm. Woher kam der urzeitliche Feuerball, in dem die Welt entstand? Kam er aus dem Nichts? Aus der Leere? Aber diese Leere muß eine Potenz von ungeheurer Kraft und Fülle gewesen sein. Wir sagen: Diese Leere ist Gott. Seine Leere ist die Quelle aller Wirklichkeit. Die Fülle und Leere zugleich, die Gott heißt.

Und so widersprechen sich die Gedanken gerade der nachdenklichsten Menschen fundamental, wenn es ihnen um Gott geht, und stimmen doch zusammen. »Wissendes Nichtwissen« nennt Nikolaus von Cues, der Denker des 15. Jahrhunderts, unsere Kenntnis von Gott. Er sprach von der »coincidentia oppositorum«, vom Ineinanderfallen aller Gegensätze in Gott, von der Einheit alles dessen, was uns Menschen unvereinbar scheint. »Gott ist«, sagt Nikolaus von Cues, »nur sich selbst bekannt.« Wie also könnten wir Menschen uns anmaßen, zu behaupten, unser Glaube, unsere Überzeugungen, unsere Dogmen, unsere Deutungen seien die alleinige Wahrheit? Dennoch hören wir von Jesus Christus, Gott sei zugleich Nähe und Gegenwart, er sei meinem Vertrauen erreichbar, er sei Ursprung, Ziel und Vollendung meines Menschenweges.

Wenn wir versuchen, über Gott und die Welt gleichzeitig nachzudenken, über ihre Differenz und ihren Zusammenhang, wird uns Nikolaus von Cues gerade heute wichtig sein. Ich vermute, er wird die Gedanken der Christen künftig wieder ungleich stärker bewegen als in den vergangenen Jahrhunderten, als man von den sensiblen Zusammenhängen zwischen Gott und Welt und menschlicher Seele so ungleich weniger wußte als in der Zeit des späten Mittelalters und der beginnenden Neuzeit. »Gerufen oder ungerufen, Gott ist anwesend«, sagt das delphische Wort.

Nikolaus von Cues sagt: Gott ist ebenso das Größte, wie er das Kleinste ist. Er ist zugleich das Zentrum und die Peripherie. Er ist ebenso Vergangenheit wie Zukunft, ebenso Licht wie Finsternis. Er ist die pralle Wirklichkeit ebenso wie das abgründige Nichts.

Indem Gott aus sich heraustritt und sich in der Schöpfung

manifestiert, treten für unsre Augen und unseren Geist die Gegensätze auseinander. In der Schöpfung erkennen wir Gott durch das Medium von Gegensätzen. Er selbst aber bleibt allen Gegensätzen voraus. Er ist ihre innere Einheit und Ganzheit.

So ist Gott der Eine in der unzählbaren Menge der Geschöpfe, der Dinge und der Wesen, er ist der Unendliche im Endlichen. Er ist gegenwärtig und doch für uns Menschen »jenseitig«. Er umfaßt und durchdringt in seiner Liebe, was uns vordergründig zu widersprechen scheint. Ich erkenne also eine Welt, die in Kräfte und Mächte, in Licht und Finsternis, in Gut und Böse, in Groß und Klein gespalten erscheint. Ich weiß aber zugleich, daß dies die Weise ist, in der ich, der Mensch, aufgrund der Begrenztheit meines Verstandes die Welt sehen muß. Könnte ich die Wahrheit schauen, so sähe ich eine einzige, in sich ungespaltene, vollkommene Welt in dem einen, ungespaltenen Gott.

Ich mache auf diese Weise nicht die Welt zu Gott. Gott und Welt sind zweierlei Dinge. Ich füge aber andererseits nichts zu Gott hinzu, als wäre die Welt getrennt von Gott. Sie war von Anfang an in ihm.

Keiner ist darum allein. Niemand lebt für sich und keiner stirbt für sich. In allem Menschenschicksal ist ein Strom, der aus dem Ganzen kommt und ins Ganze mündet. Man kann ihn, wenn man will, wiederum Gott nennen. Wir kommen aus dem Ursprung, der im Ganzen liegt, und wir werden vom Ganzen dieses Kosmos aufgenommen, wenn wir sterben, und wir werden wiederum im Ganzen leben, wenn wir erwachen.

## *Wahrheit berühren*

Ein weiterer Schritt auf dem Weg zum Glauben nach »Sammlung« und »Wahrnehmung« also besteht darin, daß einer nachdenkt.

Wir sind seit unserer Kindheit dazu erzogen worden – und wir erziehen noch unsere eigenen Kinder dazu –, »richtig« zu denken. Richtig denken heißt logisch denken. Das richtige Denken bewährt sich darin, daß jeder, der wie wir »richtig« denkt, zu den gleichen Ergebnissen kommt. Wer richtig denkt, erfaßt die Wirklichkeit und die Tatsachen und die Gesetze, die in ihr gelten. Er gibt jedem Ding seinen richtigen Namen. Er ist überzeugt, daß die Tatsachen so sind, wie er sie sieht, und die Gesetze so wirken, wie er sie errechnet. Der naturwissenschaftlich-technisch denkende Mensch tritt der Welt als ihr Herr gegenüber. Er verändert die Erde, und wenn ihm das zu seinem Vorteil gelingt, denkt er »richtig«.

Aber wir denken ja auch ganz anders und mit anderen Kräften als denen des bloßen Verstandes. Wenn wir lieben, denken wir anders, nicht machtausübend, nicht analysierend, sondern sorgsam berührend. Wir suchen unser Gegenüber nicht zu verändern, sondern ehren es, wie es ist. Wir untersuchen es nicht, sondern lassen uns von ihm berühren. Auf diesem Wege gelingen die Güte und das Spiel und alles innere Leben. Und wir können heute wissen, daß es für die Zukunft dieser Erde von lebensentscheidender Bedeutung ist, ob wir zu einem solchen sensiblen Denken fähig und willens sind, einem Denken, das dem Lebendigen zugewandt und selbst lebendig ist.

Manchmal, wenn ich einen eben gefällten Baum liegen sehe, betrachte ich die Ringe seiner Jahre. Die großen Abstände und die engen, die regenreichen Jahre und die trockenen Zeiten. Die Störungen in der Kreisform, die Verletzungen, die Verwachsungen. Es ist das Schicksal eines Baums, das ich sehe. Ich wende mich ihm zu, ich bedenke dieses Schicksal. Ich weiß danach mehr über diesen Baum und über alle anderen und mehr über den Zusammenhang zwischen ihm und mir, zwischen ihm und den Menschen. Ich sehe in seinem Spiegel auch die Spuren der Schicksale von Menschen, und also auch meinen Auftrag an ihnen und meine Zugehörigkeit zu ihnen. Denken in seiner sensibelsten Form ist das mitleidende Dasein.

Es ist eine bekannte und immer schon bewunderte Tatsache, daß die Bibel in ihren frühen Teilen, wenn sie von einem Mann berichtet, der ein Kind zeugte, dabei den Ausdruck gebrauchte: Er erkannte seine Frau. Denn damit wird über das

Wesen der Erkenntnis etwas Grundlegendes gesagt: daß sie nämlich eben nicht der Distanz bedarf, die wir für objektives Erkennen voraussetzen, sondern gerade der letzten und intensivsten Nähe, deren ein Mensch fähig ist. Erkenntnis geschieht in der Bibel in einem Akt der Hingabe und der Vereinigung mit dem, was erkannt werden soll. »Wir erkennen«, sagt Augustin, »soweit wir lieben.« Diese Liebe bewirkt die staunende, bewundernde, dankbare Erkenntnis der eigenen, freien Würde dessen, was ich erkenne, und ich erkenne es, indem ich mich mit einbringe.

Lebendiges Denken erweist sich ferner darin, daß es über den engen Rahmen seiner Kenntnisse und Erfahrungen hinausdenkt. Es drückt sich bei Jesus in einer Mahnung aus: Seid wach! Schlaft nicht! Es kommt noch etwas! Es steht noch etwas bevor! Ich soll aber über das hinausdenken, was ich für wirklich halte, für möglich, für künftig. Ich soll über das hinausdenken, was sichtbar, hörbar, nachweisbar, meßbar, wägbar, zählbar ist, und in das hinüber, was der Verstand zunächst ausspart. Ich werde dem, was nicht gegenwärtig ist, zu seiner Zeit begegnen. Und das gilt auch von mir selbst. Ich muß hören, was Jesus meint: Du bist mehr, als die anderen sehen. Du bist mehr, als du selbst siehst. Ich zeige dir eine größere Wirklichkeit, und ich zeige dir den anderen, den neuen Menschen, der du noch nicht bist, der zu werden dir aber zugedacht ist. Laß deine Angst liegen und vertraue dich dem Kommenden an.

Unsere Zeit redet viel von Erweiterung des Bewußtseins oder von Erleuchtung. Immer schon haben davon die Meister geredet, Einsiedler oder Religionsstifter. Wir meinen dabei, es sei ihnen gegeben gewesen, mehr zu erkennen, mehr zu schauen und zu fassen als wir Menschen sonst, tiefer in den Hintergrund des Daseins zu dringen, andersartige Wirklichkeiten, »höhere Welten« etwa, wahrzunehmen. Aber wenn das alles gilt, was wir bisher gesehen haben, ist Erleuchtung etwas Einfacheres, ist sie etwas, das uns allen zugesagt ist, wenn wir dazu bereit sind.

Jesus sagt mir, ich hätte die Freiheit, mir die Lichtquelle zu wählen, die mein Leben erleuchten wird. Ich wähle sie mit jeweils dem, was ich meinen Gott nenne oder dem ich anstelle eines Gottes diene. Dem mein Herz gehört, sagt Luther, das ist mein »Gott« und damit die Quelle für das Licht, das mir leuchtet. Indem ich aber Christus als meinen Herrn wähle, wähle ich den, der von sich sagt: »Ich bin das Licht der Welt.«

Wer der aufgehenden Sonne entgegengeht, dessen Gestalt spiegelt ihre Helligkeit. Seine Stirn ist dem »Gestirn« zugewandt. Sie leuchtet. Das Feuer hellt das Bewußtsein, es bringt die Wahrheit an den Tag. Dem »Erleuchteten« wird erkennbar, wer da vor ihm aufgeht. »Christus, erleuchte uns«, betet die Kirche seit alters und spricht ihn an: »Sonne dieser Welt und der Welt, die da kommt!« Und in diesem Licht offenbaren sich Wert und Unwert des Bestehenden ebenso wie Sinn und Bestimmung des Weges, den wir auf dieser Erde gehen sollen. Aber diese Helligkeit erscheint nicht nur unserem nachdenkenden Verstand, sie tagt auch in der Tiefe unserer Empfindungen und wirft ihren Schein auf alles, was wir schaffen und gestalten. Und wenn sie zu ihrem Ziel kommt, dann stehen alle unsere Kräfte, die bewußten und die unbewußten, die leiblichen, die seelischen, die geistigen und wie immer man sie bezeichnen will, in einem gemeinsamen Licht.

Es ist ein fast unausrottbarer Irrtum unter den Nicht-Christen, aber durchaus auch unter vielen, die sich bemühen, Christen zu sein, wer glauben wolle, müsse zuvor seinen Verstand an der Garderobe abgegeben haben. Die Folge ist das, was Thomas Mann die »Gottesdummheit« genannt hat.

Da liegt in der Seele dies herum und jenes, irgendwie verstreut oder angehäuft, was dann als »Glauben« bezeichnet wird. Da ist eine blasse Erinnerung an den Vater, der einmal das Bild vom himmlischen Vater verdeutlicht oder gestört hat. Da sind Gefühle, die sagen, irgend etwas brauche der Mensch, das ihn beglückt oder tröstet. Da liegen Ängste herum, die händeringend nach etwas suchen, das Halt gibt, oder etwas, das nach dem Tod noch Leben verheißt. Da ist ein gewisses Bedürfnis, feierliche Augenblicke zu erleben, das immer wieder in eine Kirche treibt. Da ist der Wunsch, doch bitte an irgendeiner Stelle besser zu sein als andere Leute, der dazu führt, daß man die Gebote der Bibel respektiert, wenn schon nicht erfüllt. Da sind irgendwelche unklaren Erlebnisse an der Grenze zur anderen Welt, die sagen, irgend etwas müsse dran sein.

Man sagt: Irgendwer muß ja wohl die Welt erschaffen haben. Irgendwie leuchtet mir manches ein, was Jesus gesagt hat. Einen Glauben braucht man, was man dann glaubt, geht niemand etwas an.

In irgendeiner Notsituation kommt es vielleicht sogar zu einem Gebet, und zwischendurch ist wirklich so etwas wie der heiße Wunsch, es möchte doch alles irgendwo einen Sinn haben, oder die echte Bereitschaft, sich für etwas Höheres, Größeres hinzugeben.

Und all das liegt herum wie in einer Wohnung, in der sich allerlei aufhäuft, Ererbtes und Gekauftes und Selbstgebasteltes. Aber der Schrank steht vor dem Fenster, der Teppich liegt eingerollt quer durchs Zimmer, am Tisch wackelt ein Bein, die Bilder warten darauf, daß einer sie aufhängt, und in einer Ecke steht eine Kiste, in der Bücher und Spielzeug aus der Kindheit verstaut sind. So und ähnlich fühlte ich mich in jenen ersten Jahren.

Und da spricht nun die geistliche Tradition von »Nachdenken«. Immer wieder lesen wir bei den Meistern, die uns den inneren Weg zeigen, wir sollten unsere Gedanken ordnen, wir sollten sie klären, wir sollten den Mut fassen, vor uns selbst und vor anderen in klaren Worten zu sagen, was es eigentlich sei, was wir glaubten, warum wir etwas meinten tun zu müssen und aus welchen Gründen dieser Glaube so oder so aussähe. Sie sprachen vom sauberen, selbständigen Denken als einem Schritt auf dem Weg zum Glauben.

Das heißt, um noch einmal jenes Zimmer anzusehen: Sieh zu, daß du Licht bekommst in deinem Zimmer. Räume den Schrank irgendwohin, wo er seinen Sinn besser erfüllt als vor dem Fenster. Wähle unter den tausend verschiedenen Vorhängen, die es gibt, den, der zum Teppich paßt. Sieh zu, daß eins zum anderen stimmt, und wirf hinaus, was unnütz ist und nur den Raum verstellt. Sieh zu, daß der Raum deines inneren Lebens, der Raum deiner Gedanken und Gefühle, deines Glaubens, dir entspricht, daß er bewohnbar ist und du nicht ständig über irgend etwas fällst.

Man verliert seinen Glauben nicht durch Nachdenken, wohl aber dadurch, daß man nachlässig denkt oder arrogant oder gar nicht. Wer nicht denkt, hat kein Urteil über Recht und Unrecht. Er kann nicht unterscheiden zwischen dem Wesentlichen und dem Unwesentlichen, zwischen wahr und falsch, zwischen dem, was ist, und dem, was er sich wünscht. Er wird anderen gegenüber, die ihn nach seinem Glauben fragen, nie eine hilfreiche und klärende Antwort geben können. Er wird nie in ein entspanntes Verhältnis kommen zu seiner Angst oder den Grenzen seines Verstehens. Der Mut, nachzudenken, gehört zum Weg eines verantwortlichen Menschen, der sich und anderen auch in religiösen Dingen nicht ein X für ein U vormachen will.

Was ich glaube und was ich von meinem Glauben aus für meine Aufgabe halte, hängt ja immer mit unzähligen Faktoren zusammen, über die ich mir im allgemeinen keine besondere Rechenschaft gebe. Es ist immer auch Wirkung der politischen oder sozialen Geschichte, in der meine Lebensspanne verläuft. Was ich persönlich glaube und was mir das für mein Leben bedeutet – ich habe davon erzählt –, ist sehr entscheidend geprägt durch die Erfahrung eines Unrechtsstaats und eines Kriegs. Und da diese Erfahrung in die Zeit fiel, in der ich zwischen fünfzehn und fünfundzwanzig Jahre alt war, blieb sie für mein Leben bestimmender als alles, was danach kam. Ich kann also immer nur sagen: So habe ich es erfahren! Und nie: Wer anders glaubt, ist kein Christ!

Und unabhängig von meiner speziellen Jugendgeschichte hängt das Bild, das ich von Gott habe, zusammen mit der abendländischen Kultur, in der ich lebe, und den Besonderheiten meiner schwäbischen Heimat und ihrer geistigen Überlieferung. Es hängt zusammen mit den patriarchalischen Denkmustern, die bis heute in unserem Teil der Welt gelten. Es hängt zusammen mit der Schulbildung, die ich genossen habe. Es hängt zusammen mit den glaubwürdigen oder weniger glaubwürdigen Leuten, die mir als Schuljungen den christlichen Glauben versucht haben nahezubringen, und von ihren mehr oder weniger überzeugenden Auskünften.

Und wenn mir dabei an meinem Glauben irgend etwas ins Gleiten gerät, von dem ich gemeint hatte, es stehe fest? Dann ist nichts Ungewöhnliches geschehen. Der Zweifel ist nichts Böses. Er gehört zum Dasein wie der Hunger und die Schmerzen, wie Angst und Sorge. Ohne Zweifel sein, also zweifelsfrei schauen, was Wahrheit ist, werde ich erst in dem Leben, das aus meiner Auferstehung hervorgeht. Den Zweifel aber, der mich durch mein hiesiges Leben begleitet, will ich hinnehmen. Ich schlage ihn nicht tot, ich lasse ihn gelten, bis mir wieder einmal aufgegangen ist, daß die Wirklichkeit und die Wahrheit immer erst mitten im Zweifel beginnen. Und wenn mir das gelingt, habe ich einen wichtigen Schritt getan dorthin, wo ein Glaube beginnt, der eine solide Grundlage hat.

## *Meine Anfangsgeschichte mit Jesus*

Im Hintergrund all dieser unruhigen Suche nach meinem Weg stand durch die Jahre hin die einsame Gestalt des Jesus von Nazaret, des Christus, und es war selbstverständlich, daß sich an ihm, am Ja oder Nein zu seinem Anspruch, entscheiden würde, was der Sinn und Inhalt meines Lebens sein würde.

Ich habe es schon angedeutet: Das suchte ich: aus einem Stück zu sein, ganz und ungeteilt, wie es Jesus in der Bergpredigt schildert, eindeutig und geradlinig, unabhängig von den vielen Herren. Wenn das erreichbar wäre: eine standfeste Menschengestalt, die dem Ganzen zugewandt lebt, dann würde es sich lohnen, es mit diesem Jesus zu versuchen. Dann könnte ich es wagen, ein ganzes Leben – bitte, das einzige, das ich auf dieser Erde habe! – an den Bericht, der von ihm redet, zu wenden. Aber es erwies sich als schwieriger, als ich ursprünglich angenommen hatte. Die Meinungen der Professoren zeigten uns einen Jesus mit vielerlei und gegensätzlichen Bildern. Man könne, so hörten wir, im Grunde über ihn überhaupt nichts wissen außer dem, was fünfzig Jahre nach seinem Tode einige Leute berichteten. Der wissenschaftliche Stoff überschwemmte uns, jeder suchte nach irgendeiner Insel, von der er meinte, hierher reiche die Flut nicht, und die meisten begnügten sich mit dem, was eben in den Kirchen üblich und anerkannt war und von der Kritik der Wissenschaft nicht betroffen schien.

Es erwies sich auch deshalb als schwierig, weil die Kirche ja seit zweitausend Jahren meist ein ganz anderes Bild geboten hat als das dieser Eindeutigkeit und Ganzheit, weil da der Wille zur Macht seine unselige Rolle gespielt hat, der Untertanengehorsam, die Heuchelei, das menschenverachtende Rechthaben, die Spießbürgerlichkeit und Engherzigkeit und alle diese Kennzeichen normaler und nicht veränderter Menschen. Wenn in Jesus nicht nur das Modell, sondern der Auftrag zu finden wäre, in seinem Sinn zu wirken, dann sollten mich weder die Kirchengeschichte noch der Zustand der Kirchen in unserer Zeit abhalten. Es war eine Zeit während meines Studiums, in der ich immer wieder neu vor der Wahl stand, ob ich mich dem Dienst der Kirche zur Verfügung stellen solle und könne, dem »Dienst am Wort«.

Aber – und das war die dritte Schwierigkeit – was ist das »Wort«? Im Zentrum alles ernsthaften Nachdenkens über Jesus Christus steht ja das Wort, das von ihm spricht, das er selbst sprach und das Gott durch seine Gestalt, seinen Weg und seine Anrede in Galiläa und Jerusalem auf uns Menschen zu gesprochen hat. Aber das Wort ist ja beileibe nichts Eindeutiges, nichts Unverdächtiges. Was die Sprache fälschen oder vertuschen, was das Wort an Gewalt ausüben kann, das hatte uns das Reich Hitlers gelehrt. Das Wort ist ja keineswegs einfach ein Vehikel der Wahrheit. Es bringt nicht nur Freiheit oder Wegweisung. Es kann auch betäuben, berauschen oder fanatisieren. Es bringt nicht nur das Leben, es kann auch den Tod mit sich führen. Das Wort kann ein Lichtstrahl in der Finsternis und Einbruch der Finsternis am hellen Tag sein.

Das Wort von der Befreiung war in unzähligen Revolutionen

zugleich ein Mittel für neue Versklavung, neue Lügen und neue Verschleierungen. Das Wort, mit dem die Stifter von Religionen allenthalben auf dieser Erde die Menschen gelehrt und getröstet haben, war im Lauf der Jahrhunderte ebensooft ein Mittel der Gewalt und der geistigen oder politischen Unterdrückung. Und wie war es beim Wort von Jesus von Nazaret? Was hat es bewirkt?

Es hat ungezählte Menschen geweckt, beflügelt, erleuchtet, ermächtigt und getröstet. Aber wie ist all das einzuordnen, was im Namen dieses Mannes und seines Worts sonst noch in zweitausend Jahren geschehen ist? Wie steht es mit dem byzantinischen Staatsgehorsam der Kirche schon im 4. Jahrhundert? Was ist von den Verurteilungen und Verdammungen von Christen, die ihre eigenen Gedanken dachten, in den großen Konzilien zu denken? Wie steht es mit den Ausrottungsfeldzügen, die im Namen des Christus, etwa gegen die Katharer, in unbeschreiblichen Orgien der Gewalt und der Rechtlosigkeit abliefen? Wie steht es mit der Barbarei der Kreuzzüge, wie mit den Vermischungen weltlicher und geistlicher Macht im Mittelalter? Wie mit dem Freibrief für Ausbeuter und Unterdrükker, mit dem die christlichen Kirchen den Fürsten der Neuzeit im Namen des Christus das gute Gewissen verschafften? Wie mit Inquisition und Hexenprozeß, wie mit den Ergebenheitsadressen an Kaiser und Könige durch die deutschen Kirchen im Ersten Weltkrieg, wie mit der Unfähigkeit der deutschen Kirchen zu einem wirklichen Widerstand im Dritten Reich? Wie mit dem unwahrhaftigen Redestil auch von christlichen Parteien im Westdeutschland der Nachkriegszeit? Waren all dies nur Mißverständnisse, nur Fälschungen und Verschleierungen des Worts, das von Jesus überliefert ist – oder liegt es insgeheim schon in diesem Wort selbst bereit?

Wenn Jesus sagt: Noch diese Generation wird erleben, daß ich mit den Wolken des Himmels wiederkomme – ist das eine Vorstellung, die im jüdischen Denken vom Weltende in jener Zeit angelegt war, sich danach als irrtümlich erwies und die ich also vernachlässigen kann – oder ist es der Ursprung von vielen nachfolgenden Irrtümern, durch die zwei Jahrtausende hin die Menschen fanatisiert und in die Irre geführt wurden?

Gab es denn auch nur zehn Jahre in dieser Geschichte, in denen nicht mindestens einer von zahllosen großen und kleinen Propheten die Wiederkunft des Herrn angesagt hat, bis herein in die 90er Jahre des 20. Jahrhunderts?

Sprach Jesus nicht – im Stil seiner Zeit – von Teufeln und Dämonen in »besessenen« Menschen? Und ging nicht von dieser Vorstellung das entsetzliche Leid aus, das unzählige Frauen und Mädchen in den Folterkellern christlicher Gerichte und auf den brennenden Scheiterhaufen erlitten?

Hat Jesus nicht gesagt: »Verkauft euren Mantel und kauft euch ein Schwert« – im geraden Gegensatz zu seiner Weisung, keine Gewalt zu üben –, und hat sich dieses Wort nicht in zahllosen »gottgewollten« Kriegen, in den Armeen christlicher Fürsten und bis hin zur nuklearen, biologischen und chemischen Bewaffnung christlicher Staaten ausgewirkt?

Hat Jesus nicht gesagt, die »Sünde wider den heiligen Geist« könne nicht vergeben werden, und zerbrechen nicht ungezählte Menschen an der Härte dieses so unklaren Worts? Wird von Jesus nicht berichtet, er habe im jahrelangen Kampf nicht nur gegen eine falsche Frömmigkeit im Judentum seiner Zeit, sondern gegen »die Juden« überhaupt gestanden – und ist es so zufällig, daß die Kirche »die Juden« zwei Jahrtausende lang als Feinde Gottes und Feinde des Menschengeschlechts beschrieben hat?

Kann ich also Jesus von den Irrtümern seiner Diener und Nachfolger so einfach entlasten? Oder sollte, was von ihm überliefert wird, mit den Irrtümern und Vereinfachungen seiner Berichterstatter so gründlich durchsetzt sein, daß er selbst dabei kaum mehr hörbar oder sichtbar wäre? Wer aber war dann Jesus, und wie finde ich heraus, was er selbst gesagt hat, wie finde ich also den authentischen Jesus von Nazaret? Ich kann, wenn ich meine Suche nach ihm in meinem Leben zeitlich ordne, eine ganze Anzahl von Gestalten nennen, in denen er mir wichtig wurde.

Zunächst beschäftigte mich der, den die Berichterstatter den »Meister« nennen. Der ging durch die Dörfer seiner Heimat und redete vom Reich Gottes. Er berief Mitarbeiter und befähigte sie, ihrerseits eine Stimme zu sein, die das Reich

Gottes ausrief. Er sandte sie aus zum geistlichen Streit gegen die Mächte des Irrtums und der Verblendung, der geistigen und der politischen. Das konnte ich fassen. Das wollte ich aufnehmen. Ich wollte mich aussenden lassen, das Meine zu tun für die Veränderung der Verhältnisse auf dieser Erde und für die Offenbarung der Wahrheit unter den Menschen. Aber eines Tages bemerkte ich – als einer meiner Lehrer, es war Eduard Spranger, mich darauf hinwies –, daß ich in Gefahr stand, die Menschen zu sortieren in die willigen und die widerstrebenden und die Welt zu teilen in eine Ebene der Bosheit und eine Ebene des Lichts. Daß ich in Gefahr stand, ein Eiferer zu werden wie unzählige mir durchaus nicht vorbildliche Kämpfer in der christlichen Geschichte. In einer bestimmten Phase ist der junge Mensch ja durchaus bereit, seine Rolle zu sehen als die des heiligen Georg in seinem Kampf gegen den Drachen, also als eines Kämpfers des Lichts gegen die Finsternis. Aber was wird der heilige Georg tun, wenn er entdeckt, daß Licht und Finsternis in ihm selbst ebenso verteilt sind wie in anderen Menschen und wie insgesamt in dieser Welt? Kann er das Pathos des Lichthelden aufrechterhalten? Es ginge nur auf Kosten der Wahrheit.

Später im Laufe meines Studiums entdeckte ich Jesus, den Bruder, den liebevollen Gastgeber, den Arzt. Den gütigen Menschen und Repräsentanten der Güte Gottes, der sich allen zuwandte, auch denen, die blind und taub und verschlossen und in sich selbst befangen waren. Wie er zu sein, so den Menschen helfend, heilend, befreiend und entlastend zugewandt zu sein, das mußte sich lohnen. Aber wieder, als ich mich in dieser Rolle sah, fand ich mich auf der Seite der Guten und der Hilfreichen. War ich nicht in der akuten Gefahr, mich zu einem Rang aufzublähen, auf den ich nicht zugeschnitten war, obwohl ich mir doch einredete, ich machte mich bescheiden und dienstbereit auf den Weg?

Noch später entdeckte ich die Passionsgeschichte, den Sinn des Kreuzzeichens und das Wesen des Opfers und der Stellvertretung, das Geheimnis der Selbsthingabe des leidenden Christus. Ich fand den Gedanken, daß Gott offenbar selbst zu den Leidenden gehöre, daß diese Welt unter irgendeinem Unstern stehe und nur durch Leiden, das Leiden Gottes, das Leiden des Christus und unser aller Leiden zu erlösen sei. Die Theologie des Kreuzes, so lernte ich, ist die Grundstruktur alles christlichen Nachdenkens, das Ende aller idealistischen Träume vom Menschen und aller naiven Vorstellungen von Gott. Ich meinte das auch. Aber mir schien, irgend etwas gerate dabei aus dem Gleichgewicht, und auch diese Theologie bedürfe ihres Gegenpols, um der Wahrheit dienlich zu sein.

Der »Sohn«, der »Sohn Gottes« in Jesus Christus wurde mir wichtig. Der göttliche Christus, der über das Maß des Menschlichen hinausweist, der Gegenpol zum leidenden Bruder Jesus. Der »Sohn«, der von Gott kam auf dem Wege der Menschwerdung, der auferstand und gegenwärtig ist. Der mir meine Herkunft deutet und meinen Weg über die Zeit auf dieser Erde hinaus. Aber was hieß denn »Sohn Gottes«? Unzähligen Christen ist dieses Wort unbegreiflich. Der Grund ist, daß dieses Wort bei uns, das heißt in unserem abendländischen Denken, immer mit Abstammung zu tun hat. Im Vorderen Orient hat es mit Beauftragung, mit Repräsentation zu tun. Wenn ein König damals einen Vertreter einsetzte, dann war dies sein »Sohn«. Wenn die Psalmen davon sprechen, Gott habe David oder einen anderen zum König über Israel eingesetzt, dann sagen sie, wie etwa der »König auf dem Zion« den Ratschluß Gottes bekundet: »Er hat zu mir gesagt: du bist mein Sohn, heute habe ich dich gezeugt«, das heißt: in dein Amt eingesetzt.

Als Jesus getauft wurde, geschah an ihm die Einsetzung zum »Sohn«: »Er hörte eine Stimme vom Himmel, die sprach: du bist mein Sohn, mein Geliebter, den ich berufen habe.« Der Sohn, das ist der Repräsentant Gottes den Menschen gegenüber, der Stellvertreter, der Bevollmächtigte.

Im Gegenüber zu Jesus Christus, dem »Sohn«, fand ich ein gutes Maß an Stehvermögen und Unabhängigkeit. Denn, so Paulus, wir alle sind ja zur »Sohnschaft« berufen, das heißt zu Beauftragten Gottes auf dieser Erde. Ich fand in diesem Bild vom »Sohn« das Bild Gottes und meinen eigenen Auftrag zugleich. Ich entdeckte freilich, daß in mir auch der Überflieger war, der in Gefahr stand, seine Rolle als Lehrling und seine

Fragwürdigkeiten zu vergessen, die ihn an sein wirkliches Menschenwesen und seinen eigenen Schatten gebunden hielten.

Dann fand ich den Christus des Sakraments, der gegenwärtig war in Brot und Wein, im feierlichen Gottesdienst, den Christus, der im Geist gegenwärtig ist, inspirierend und durchdringend. Ich fand den Willen, mein Leben und meine Lebensarbeit in den großen Körper der Kirche einzubinden. Da war Disziplin zu lernen. Demut auch. Barmherzigkeit mit der Armutsgestalt dieser Kirche. Aber ich bemerkte, daß dies nicht bedeuten dürfe, Traditionen zu dienen, Institutionen zu verehren, Autoritäten zu überschätzen, Hierarchien. Die Rechthaberei derer, die die wahre Lehre, die der real existierenden Kirche, zum Maß machten, drohte auch in mir selbst zu erwachen.

Schließlich sah ich, wie der Kolosserbrief ihn schilderte, den kosmischen Christus, den, der in der Schöpfung als das Wort des schaffenden Gottes ausgesprochen worden war und der die Neuschöpfung dieser Welt bewirken wird. Dabei war durchaus eine tiefere Einsicht in den Gott, der der Schöpfer und Vollender der Welt ist, zu gewinnen, auch Zutrauen zur eigenen Schöpferkraft, Wachheit auch gegenüber Erfahrungen an der Grenze zur geistigen, zur unsichtbaren Welt. Aber was hatte dieser Christus noch zu tun mit dem schlichten Mann aus Galiläa?

Am Ende fragte ich mich: Wie sah es denn in ihm selbst aus? War er der ausgeglichene Lehrer der Weisheit, den nichts berührt und nichts aus seiner göttlichen Souveränität wirft? Als ich anfing, so zu fragen, rückte er mir auf wunderbar brüderliche Weise nahe. Was meinte denn die Geschichte von der Versuchung des Mannes aus Nazaret in der Wüste? War das nur eine unverbindliche Rede, die da über die Versuchung zur Herrschaft über die Menschen und ihre Seele, über die Versuchung, eine göttliche Vollmacht zu mißbrauchen, und über die Versuchung, Gottes Schutz und Beistand zu erpressen, gesagt ist, oder war es nicht doch die reale Gefahr, die ihm aus ihm selbst drohte? Oder was war der Sinn dieser Geschichte? Die Geschichte wollte doch sagen, er selbst sei anfällig gewesen für Gedanken, wie der Teufel sie in Worte faßte. Anders hätte es ja keinen Sinn, von Versuchung zu reden. Und war das nicht unendlich tröstend? Es war immer wieder der einfache Bruder Jesus, der mich versöhnte mit dem himmelhohen Christus des Dogmas.

Ich war mit alledem nur notdürftig zu Ende gekommen, im Jahr 1951, als ich zum erstenmal vor einer Schulklasse stand, um Religionsunterricht zu erteilen. Es war in der Zeit, als die Innenstadt von Stuttgart noch in Trümmern lag, und die Schule stand in einer Umgebung, in der der Schwarze Markt blühte, die Prostitution, die Kriminalität in allen Schattierungen.

Am ersten Tag ging ich in das triste alte Gebäude und betrat das Schulzimmer. Es war leer. Ich vermutete ein Mißverständnis. Aber in der nächsten Stunde an einem anderen Tag war das Klassenzimmer wieder leer.

Ich ging also durch die Schule und um die Schule herum und fand die Klasse versteckt hinter einer Trümmermauer. Es waren Jungen von fünfzehn, sechzehn Jahren. Als sie merkten, daß ich sie gesehen hatte, kamen sie langsam, einzeln daher, während der Rektor aus seinem Klassenzimmer schaute und bemerkte, daß der neue Vikar wie alle seine Vorgänger keine Chance hatte, sich durchzusetzen.

Ich ging an die Klassenzimmertür und begrüßte jeden einzelnen. Der letzte schaute mich an mit einem Ausdruck von Haß und Verachtung, der mir bis heute vor Augen steht. Dann riß er mir die Tür aus der Hand und schlug sie zu. Ich stand draußen, und innen tobte die Klasse.

Als ich eintrat, erklärten sie mir: »Wenn Sie meinen, Sie könnten hier Religion unterrichten, dann setzen wir Sie auf den Schrank. Ihren Vorgänger haben wir auch auf den Schrank gesetzt.« Es war eine völlig neue Welt für mich, und ich brauchte eine Weile, um zu verstehen, was hier vorging. Was war solchen Jugendlichen zu sagen? Wie ging man mit ihnen um? Auf welcher Basis konnte so etwas wie Vertrauen entstehen? Ich setzte mich auf einen ihrer Tische und versuchte, sie zum Reden zu bringen. Es kam nur Haß aus ihnen heraus. Mit der Zeit verstand ich: Sie hatten vier Feinde: die Eltern, die Polizei, die Lehrer, die Pfarrer. Das Gemeinsame an diesen Feinden war, daß sie alle moralische Forderungen erhoben, an die sie sich selbst nicht hielten.

Es ging gut, wir konnten uns in langen, offenen Gesprächen geradezu anfreunden, aber was war nun der Sinn eines solchen Religionsunterrichts? Was ging mich der Lehrplan an? War da nicht irgend etwas anderes wichtiger, etwas wie die Barmherzigkeit des Bruders Jesus und die Liebe Gottes?

Wir waren zwei Monate beieinander, da war eine Woche Ferien. Ich erzählte ihnen, ich würde die Schwäbische Alb entlangwandern mit dem Zelt, fünf Tage lang, und fragte, wer von ihnen Lust hätte, mitzugehen. Die meisten konnten sich unter »Wandern« nichts vorstellen, und so gingen nur sechs von ihnen mit. Aber die große Landschaft mit ihren weiten Ausblicken tat ihre Wirkung. Halbe Nächte saßen wir am Lagerfeuer, und das Elend dieser Generation von Ruinenkindern saß mit dabei. Wir wanderten durch die Tage, und immer mehr davon blieb zurück. Am Ende hatten sie geradezu so etwas wie glückliche Gesichter.

Wenn ich später im Jahr merkte, sie wollten nicht reden, ging ich mit ihnen hinaus auf den Schulhof und spielte Handball mit ihnen. Am Ende des Schuljahres, in der Passionszeit – die Klassen wechselten damals noch im Frühjahr –, ging ich mit ihnen in die Stuttgarter Staatsgalerie, setzte mich mit ihnen zusammen vor den »Herrenberger Altar« von Jörg Ratgeb und betrachtete mit ihnen die Leidensgeschichte Jesu. Es waren die ergreifenden Tafeln jenes Revolutionärs, der, vom Unrecht seiner Zeit umgetrieben, ein Heer von Bauern aufstellte, im Bauernkrieg besiegt und gefangen und am Ende gefoltert und auf dem Rad hingerichtet wurde. Es war kein weiter Weg zwischen diesem Bildwerk und der Seele dieser Jugendlichen. Es war ihre eigene Leidensgeschichte. Wach und ergriffen saßen sie davor.

Wir hatten nicht viel von dem gelernt, was der Lehrplan vorschrieb. Aber wo war letztlich das Maß, an dem ich ablesen konnte, wie ich mit solchen Jugendlichen umzugehen hätte? Wo war überhaupt das Maß, an dem ein Pfarrer sein Tun und

Reden prüfen konnte? Ein Lehrer jener Schule, der sah, wie schwer ich mich anfangs mit dieser Klasse tat, gab es mir: Er sagte: »Wenn du in eine schwierige Klasse gehst, dann bleibe einen Augenblick vor der Tür stehen, nimm die Klinke in die Hand und sage: Christus spricht: Ich bin die Tür. Dann geh hinein.« Der Bruder Jesus, der Hirte, der Arzt, das war das Maß. Nicht nur für Schulklassen, sondern für die Menschen insgesamt.

Höre ich Jesus zu, schaue ich ihm zu, wie er mit Menschen umgeht, wie er sie anspricht, ihnen antwortet, so fällt mir auf, daß er anders verfährt als andere große Lehrer der Lebenskunst.

Ich höre von ihm ein erstes Wort. Es ist ein Wort der Entlastung: »Kommt her zu mir alle, denen das Leben schwer aufliegt. Ich will euch eure Last abnehmen. Aufatmen sollt ihr und frei sein.« Er tritt also auf die Menschen nicht zu mit bestimmten Forderungen, sondern sucht die Belasteten unter ihnen, lädt sie ein, mit ihm zu essen, und sagt ihnen: Der Gott, von dem ich spreche, ist euch nahe. Er kennt euch. Er hört, was ihr bittet, und weiß, was ihr braucht. Ihr müßt euren Wert nicht durch Leistungen nachweisen. Was ihr hört, ist wichtiger als das, was ihr könnt. Euer Vertrauen gilt mehr als euer Werk. Und was aus diesem Vertrauen kommt, das ist gut an eurem Tun.

Ich höre ein zweites Wort, ein Wort der Befreiung. Jesus sagt: »Fürchte dich nicht, ich bin bei dir« und befreit den so Angeredeten von seiner Angst. Er sagt: »Dir sind deine Sünden vergeben« und befreit den, zu dem er so spricht, von der Schuld, die ihm im Weg liegt. »Geh hin in den Frieden«, sagt er und eröffnet dem, der so von ihm weg in den Alltag geht, einen Weg, auf dem ihm sein Leben gelingen kann.

Das dritte Wort, das ich höre, ist das einer Heilung. Jesus spricht einen Menschen, der krank darniederliegt, an: »Sei los von deiner Krankheit. Nimm dein Bett und geh heim.« Er sagt nicht: Finde dich mit deinem Leiden ab. Oder: Deine Krankheit kommt von deiner Schuld, sondern er heilt die Krankheit. Er sieht die Menschen krank an ihrer Seele, beherrscht von dunklen Mächten und macht sie frei.

Das vierte Wort, das ich höre, wenn ich an die Wurzel eines

Lebens, das im Sinne Jesu gelingen soll, kommen will: »Sorge dich nicht vor dem anderen Morgen.« Überlaß Gott, was kommt. Nimm auf, was er dir schickt. Deine Sorge gibt dir keinen Grund unter die Füße. Sie löst dich nicht aus Angst und Bedrohung. Da aber, was durch Menschen an Bösem geschieht, sehr oft, wenn nicht immer, irgendwie mit Angst zu tun hat, ist Sorglosigkeit der Anfang des Gelingens. Jesus versprach sich die Erlösung nicht von den geringen Kräften des Menschen, aber er zeigte eine Kraft, die den Menschen über dem Abgrund festhält.

Ein fünftes Wort, das wir hören, ist ein Wort der Hoffnung. Jesus redete mit Menschen, die seinen Weg gehen wollten, und erzählte ihnen Geschichten, in denen immer wieder von einem Festmahl die Rede war oder von einer Hochzeit. Er sagte: »Komm! Dein Weg wird ein Heimweg sein! Im Tode wirst du die offene Tür schauen, durch die du gehen wirst. Alles hier ist vorläufig. Blick voraus! Blick hinüber, und nimm die Kraft, die du brauchst, aus dem, was vor deinen Augen ist.«

Wenn aber danach einer fragte: Was soll ich tun?, dann wies Jesus ihn sehr schlicht an die Menschen, mit denen er zusammenlebte. »Liebe deinen Nächsten wie dich selbst. Das ist der Inbegriff dessen, was in Gottes Augen gut ist.« Liebe ist das einzige, auf das es wirklich ankommt. Tu, was du willst, aber tu es als ein Liebender. Geh in den Schatten, in dem die Menschen ihr Leben zubringen, und leide mit ihnen, aber tue es als ein Liebender. Tu es hinter mir her. Das ist alles.

Darum nimm alles, das ist die Quintessenz, zusammen, was du über die Liebe weißt, und du hast das Geheimnis Gottes, das Geheimnis dieser Welt und dein eigenes zugleich in der Hand. Die Liebe ist die einzige Macht, die bewirkt, was gut ist, und alles, was vorher gesagt worden ist, dient dazu, dich zu dieser Liebe zu befähigen. Darum will Gott deine freie Kraft, dein Vertrauen, deine Gelassenheit, dein Wagnis, deine Hoffnung. Er gibt dir keine Sicherheit und birgt dich doch in seinen Händen. Gott ist Liebe. Durch nichts wird das Böse überwunden als allein durch ihn. Liebe ist eine Haltung der Seele, die sehend und leidensbereit den Kampf ums Dasein aufhebt. An dieser Stelle liegt der tiefreichende Fehler eines Christentums, das zur Moral eingedickt ist.

Voraussetzung jeder Moral ist, daß das Böse bezeichnet und beschrieben werden kann. In der Zeit, in der ich einem verbrecherischen Staat gedient hatte, war klar gewesen, wie Menschen aussehen, die lügen, foltern oder morden, auch, was es für Menschen sind, die sich ihnen an- und einpassen, die ihr Gewissen vergessen oder überreden. Oder wie Menschen sind, die sich wie ich selbst spalten. Gut und Böse standen sich damals einigermaßen deutlich unterscheidbar gegenüber.

Aber in den über vierzig Jahren seitdem ging mir diese Deutlichkeit fast ganz verloren. Die Landschaft des Bösen wurde im Laufe der Zeit nicht übersichtlicher. Das Böse breitete sich vor meinen Augen immer mehr aus über das ganze Land menschlicher Schicksale, nebelhaft, unscharf, allgegenwärtig, nicht identifizierbar.

Während Hitlers Krieg war manches klar gewesen. Ich hatte damals einen Freund, einen langen, schlaksigen Abiturienten. Der verzehrte sich in einem hilflosen Abwehrkampf gegen die zynische Welt der Lügen und der Verbrechen. 1941 marschierte er nach Rußland. Er zerstörte sich selbst, weil er all die Zerstörung dessen, was ihm kostbar war, nicht aushielt. Als er mit seinen Kräften zu Ende war und die Russen ihm gegenüberlagen, stieg er unbewaffnet aus dem Graben und ließ sich von ihnen niederschießen. Wer unserer Generation erzählen will, es gebe das nicht, was man das »Böse« nennt, der hat nicht gesehen, was wir gesehen haben.

Heute ist es sozusagen in herabgestufter Form und, jedenfalls bei uns, nicht mehr in jener apokalyptischen Massierung vor unseren Augen. Aber fast alles, was wir gut nennen, kann auch eine Maske des Bösen sein. Böse ist, so könnte man sagen, der Schatten, den eine Kultur wirft. Gilt Tapferkeit als Tugend, so gilt Behutsamkeit als feige. Gilt Gehorsam als Tugend, so gilt Nachdenken als verdächtig. Was zur partriarchalischen Gesellschaft nicht passen will, ist böse. In einem Land, in dem ein Wirtschaftssystem mit dem schrankenlosen Anarchiebedürfnis des unseren herrscht, gilt der Ruf nach Gerechtigkeit als sozialistische Ideologie. »Für Ihre Moral kann ich mir nichts kaufen«, fuhr mich ein christlicher Bundestagspräsident an, als ich ihn auf eine Unstimmigkeit in seinen Äußerungen hinwies.

Nein, so höre ich Jesus, mach keine Moral aus dem Evangelium. Versuche es: Lebe nach der Liebe. Du wirst immer wieder vor der Wahl stehen: Soll ich tun, was mir vorgeschrieben ist – oder soll ich tun, was die Güte will? Tu, was die Güte will. Ich kann dir nicht versprechen, daß dein Leben leichter wird. Ganz im Gegenteil. Du wirst den Widerstand spüren, auf den jede Liebe trifft. Den Widerstand der Macht. Den Widerstand von Gesetzen und Ordnungen. Man wird dich nicht als Helden oder großen Geist bewundern, sondern dich vielleicht einen Träumer nennen, einen Verrückten, einen Gesetzlosen, einen Störer dessen, was man normal nennt. Aber du wirst selbst fest und klar überzeugt sein: Das genau ist, was ich tun muß, um das Böse zu überwinden. Du wirst mehr als andere wissen, was Erfüllung des Lebens, was Glück, was der tiefere Sinn deines Daseins sei, und niemand wird dir diese Erkenntnis nehmen können. Sie ist klar und einfach und unwiderlegbar.

Wenn du aber liebst, bildet sich um dich her ein Netz von Menschen, ein Netz von Vertrauen, von Beziehungen, von Freundschaft, von Nachbarschaft, ein Netz von Güte und Erbarmen. Und wo ein solches Netz entsteht, dort geschieht Gottes Wille.

Die Offenbarung des Johannes schildert einmal den von Christus so geprägten Menschen als ein freies Geschöpf, das vor Gott steht und auf seinem Haupt eine Krone trägt. Eine Krone, das bedeutet in diesem Zusammenhang nicht Macht oder Herrschaft. Was ist denn eine Krone? Eine Krone ist sehr schlicht ein Hut, der nach oben offen ist. Sie bedeutet, daß da ein Mensch steht, der sich dem öffnet, was ihn von oben her finden will, was in ihn einströmen will aus dem Geist Gottes.

Ist es aber der Geist Gottes, dem ich mich aussetze, dann werde ich dem Geist meiner Zeit nicht hörig sein. Das wurde mir schon während meines Studiums sehr klar. Ich werde wach sein für das, was in meiner Zeit geschieht. Ich werde aber vor allem achtsam horchen, wo aus dem offenen Himmel ein Wort zu mir dringt. Und ich werde es immer wieder daran erkennen, daß es etwas Widerständiges hat gegenüber den Meinungen meiner Zeit. Daß es in einer Art Gegensprache ergeht gegen die Zwänge, denen ich ausgesetzt bin. Ich werde also weithin unberechenbar sein für die Mächte, die meine Zeit und Umwelt beherrschen, sofern mich der Wille nicht verläßt, meinen eigenen, den mir bestimmten Weg zu gehen.

# 6.
# Ein volles Menschenleben

## *Eine Liebesgeschichte*

Eine leise Liebesgeschichte hat mein ganzes Leben seit mehr als fünfzig Jahren durchzogen, und sie soll auch nicht allzusehr an die Öffentlichkeit gezerrt werden. Man muß nicht alles ausplaudern, an dem das Herz beteiligt ist. Aber ein wenig andeuten will ich.

Ich kenne einen, der war achtzehn Jahre alt und saß in einer Vortragsveranstaltung. Es war in den ersten Monaten des Krieges. Marianne Weber, die Gattin von Max Weber, saß am Tisch auf dem Podium und redete. Während sie das tat, blickte der junge Mann schräg durch die Reihen der Zuhörer und entdeckte zwischen den Köpfen vorn im Saal ein etwa fünfzehnjähriges Mädchen mit schwarzbraunem Haar, im weißen Wolljäckchen, das mit dunklen, verträumten Augen der Rede folgte. Von dem Augenblick an hörte er nichts mehr. Er sah nichts mehr als das stille, versonnene Gesicht des jungen Mädchens zwischen den Köpfen.

Nach dem Vortrag räumte er, an ihrer Seite, die Stühle an die Wand und stellte die Tische auf. Sie nahm ihn nicht wahr. Dann deckte er, wieder an ihrer Seite, die Tische, aber sie sah ihn nicht. Nach dem Essen räumte er, immer in ihrer Nähe, den Tisch ab und stellte die Stühle. Sie interessierte sich nicht für ihn. Als die Veranstaltung zu Ende war und der Saal sich leerte, sah er sie, wie sie am Ausgang am Büchertisch stand und in einem Heft blätterte. Er trat von hinten an sie heran, nahm allen Mut zusammen und versuchte, »Auf Wiedersehen« zu sagen, aber es kam nicht viel über seine Lippen. Er hatte es wohl nur gewollt. Beim zweiten Versuch gelang es ihm, dieses »Auf Wiedersehen« so zu sprechen, daß sie es hörte. Als sie sich aber umwandte, faßte ihn der Schrecken des Pan oder sonst eines übermächtigen Wesens, und er fuhr, wie vom Blitz gejagt, herum und schoß zur Tür hinaus. Oder besser, er wollte es. Er sah nicht, wo die Tür war, und schlug mit dem Schädel gegen den Türpfosten, rannte die Treppe hinunter und blieb wie erschlagen auf einer Bank sitzen.

Dann zog er in den Krieg und sah sie vier Jahre lang nicht

mehr. Er wollte auch keine andere sehen. Er schrieb ihr keine Briefe – woher hätte er auch den Mut nehmen sollen? Und sie selbst ahnte nichts von dem seltsamen Menschen, der von ihr träumte. Er besaß all die Zeit über nicht einmal ein Foto von ihr. Aber sie war der heimliche Engel, der ihn auf seinen Wegen durch die Welt des Krieges schützend und tröstend umgab.

Zehn Jahre nach dem Schlag gegen den Türpfosten war die Hochzeit. Sie wurde nicht, wie die Märchen zu sagen pflegen, mit großer Pracht gefeiert, sondern mit den ärmlichen Mitteln der Zeit nach dem Kriege. Sie sind glücklich geworden, und da sie noch nicht gestorben sind, leben sie, leben wir, heute noch.

Soll ich mehr erzählen? Doch ja, ich will es versuchen. Eigentlich müßte ich eine weitere Story von derselben Art anfügen. Ihr Vater, der Stuttgarter Pfarrer Rudolf Daur, den ich unter meinen Meistern geschildert habe, war Leiter eines Bundes der Jugendbewegung der zwanziger Jahre, der nun als Freundeskreis während des Hitlerreichs eine Insel der geistigen Freiheit war, der religiösen und politischen Gespräche zwischen Menschen, die eine solche Insel um ihres inneren Überlebens willen brauchten. Zu diesem Kreis, dem »Köngener Bund«, gehörte auch meine zweite Mutter. So kam ich damals unter die Zuhörer von Marianne Weber, Anna Schieber, Gertrud Bäumer und anderer auf jener Tagung, auf der es meiner Erinnerung nach um die »Freiheit der Frau« ging.

Es war vier Jahre später. Nachdem ich über der Biskaya abgeschossen worden war, bekam ich drei Wochen Heimaturlaub. Und weil ich mit den Eltern von Heidi – so hieß das Mädchen – schon gelegentlich korrespondiert hatte, machte ich im Hause Daur einen Besuch. Mutter Daur hatte mir auf kaum leserlichem, kriegsmäßigem Durchschlagpapier die Sonette Reinhold Schneiders geschickt – »Allein den Betern kann es noch gelingen...« –, die ich damals auswendig gelernt hatte. Ich war also im Elternhaus meines Traums, aber sie war nicht da. Sie war von den Nazis dienstverpflichtet, in einer Familie mit fünf Kindern zu arbeiten. Im letzten Augenblick, als ich eben gehen wollte, es war ein Sonntagnachmittag, kam sie doch noch an zu einem kurzen Besuch, zwei kleine Zwillinge im Wägel-

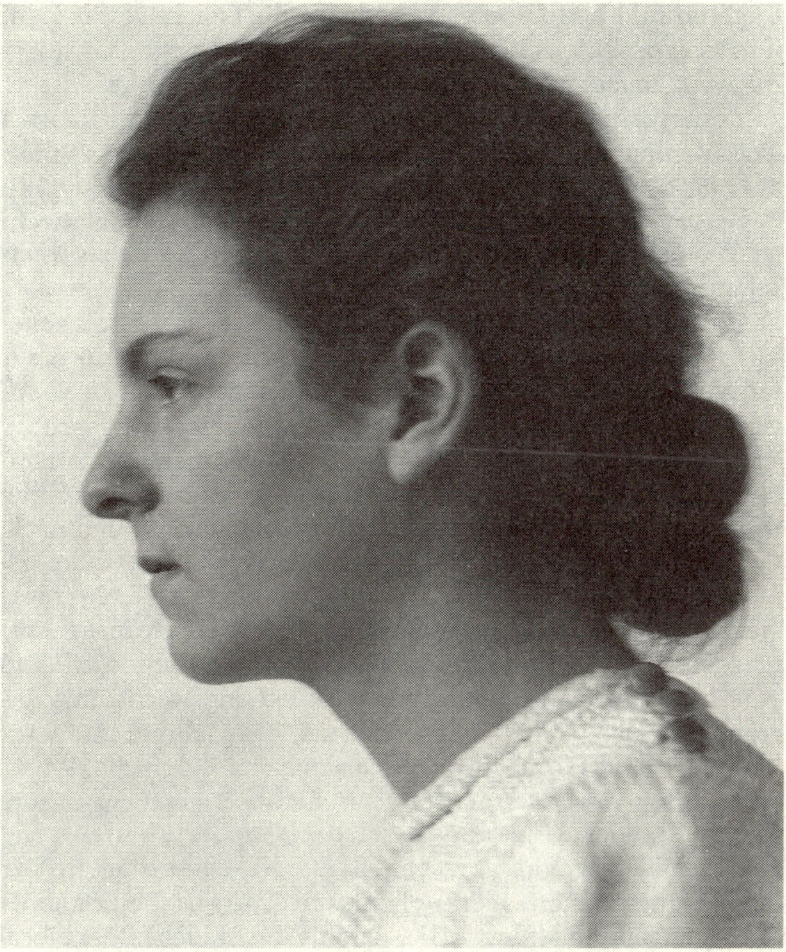

*Das einzige Foto von ihr, ein kleines Paßbild, das ich durch das Ende des Krieges und die Gefangenschaft hin besaß. Es war am Ende kaum mehr zu erkennen und war doch mein wichtigster Besitz.*

chen. Ich fand die Zwillinge süß und gab an, ich wolle sie fotografieren, und Heidi stellte sich tatsächlich in den Garten, die beiden Kleinen vor sich im Sand spielend. Ich fotografierte natürlich sie selbst und zog hochbefriedigt ab. Als ich den Film entwickelt vor mir hatte, stellte sich heraus, daß ich die Zwillinge im Bild hatte und von Heidi nur die Beine. Es war wohl wieder jener Schrecken, der mich gehindert hatte, sie selbst ins Auge zu fassen.

Immerhin erzählte meine Mutter der ihren von meinen Träumereien, und so gelangte ich in den Besitz eines Paßbildes, das für die nächsten Jahre mein einziger Besitz und mein Begleiter war durch das Ende des Krieges und die Gefangenschaft, obwohl sie auf dem Bild konsequent an mir vorbeischaute.

Als ich einmal einem älteren Kameraden das Foto zeigte, sah er es lange an und meinte dann: »Mit der wirst du nicht fertig.« Ich schaute ihn verständnislos an: »Ist das so wichtig?« und verschloß das Bild von da an in meiner Brieftasche.

Als ich vom Krieg nach Hause kam, spann sich innerhalb eines Kreises junger Leute eine Freundschaft mit ihr an, die mindestens ebenso schwierig war wie beglückend. Ich hatte ein Bild von ihr, aber dieses Bild war sie nicht selbst. Sie bestand für mich aus meinen Träumen, und in Wirklichkeit war sie durchaus anders. Sie war ein eigener Mensch mit ihrem eigenen Charakter und ihrem eigenen Stolz. Und bis das Bild von ihr abgelöst war durch ihre Wirklichkeit, wechselten Distanz und Nähe ständig. Erst nach fast zwei Jahren, im Oktober 1947, fand ein nächtlicher Spaziergang durch die Trümmerstraßen von Stuttgart statt, auf dem wir einander unsere Liebe gestanden. Und 1950, als ich noch studierte und sie eben als Musikpädagogin abgeschlossen hatte, beantragten wir beim evangelischen Oberkirchenrat in Stuttgart die Erlaubnis zur Hochzeit. So streng waren damals die Bräuche. Der Oberkirchenrat gestattete sie denn auch nach sorgfältiger Abwägung der Tatsache, daß ihre Eltern für sie eine Aussteuerversicherung abgeschlossen hatten, die nach der Währungsreform noch immer stolze 400 DM brachte, falls die Hochzeit vor ihrem fünfundzwanzigsten Geburtstag stattfand.

Die Hochzeit, von ihrem Vater gestaltet, war in ihrem geistigen Teil ein ergreifendes Fest, im übrigen improvisierte man. Meine Braut hatte natürlich nicht die Mittel, sich ein Brautkleid zu kaufen, so veränderte sie ein Nylonnachthemd, das Freunde aus Amerika geschickt hatten, bis es einem Brautkleid ähnlich sah. Als die Feier zu Ende war und die Orgel zum Nachspiel einsetzte, nahm der Mesner die Stühle, vor denen wir standen, weg. Er hatte nicht mitbekommen, daß wir verabredet hatten, zum Nachspiel noch sitzen zu bleiben. So wollten wir uns setzen, aber meine Braut setzte sich ins Leere, und ich konnte sie gerade noch auffangen, ehe sie auf den Marmorboden aufschlug. Sie fand nach dem ersten Schrecken, dies sei eigentlich ein gutes Symbol für eine Ehe. Und das war es denn auch bis heute, freilich wechselweise für beide.

Von da an datiert ein gemeinsames Leben voller Gespräche, voll gemeinsamer Sorge, voll gemeinsamer Freude an vier gesunden und schönen Kindern, einem Sohn und drei Töchtern, und voll gemeinsamer Arbeit an allem, was je dem einen oder dem anderen aufgegeben war. Es führte durch lange Jahre, in denen ich der Gesunde und Heidi die Leidende war, bis zum heutigen Tag, da sie die Gesündere ist und ich der Gefährdete. In unseren Jahren ist es nicht einfach, zu erklären, was eine Ehe tragfähig macht, und in einer Zeit, in der die Angst vor Bindung unzählige junge Leute beherrscht, die Verläßlichkeit zu schildern, die unausgesprochen ein Leben lang gilt. Wir könnten uns nicht einreden lassen, es komme auf eine »Kultur des Streitens« an. Das scheint uns eine schwache Verbrämung der Tatsache, daß zwei Menschen unfähig sind, auf Dauer in Frieden zusammenzuleben. Wir erinnern uns in vierzig Jahren an ganze zwei Situationen, in denen wir ernsthaft gestritten haben. Und danach kam es beide Male auf die Kunst an, vor dem Abend Frieden zu machen und am anderen Tag noch einmal zu bedenken, was es eigentlich war, das zum Streit geführt hatte. Ich habe das große Glück, mit einer Frau zu leben, die diese Kunst meisterhaft versteht, gerade nicht zu streiten, sondern mit Klarheit und Sensibilität den gemeinsamen Weg im Auge zu behalten. Es hat auch die Frage nie eine Rolle gespielt, wer von uns der Beherrschende sei. Unsere Kinder kritisierten an uns vor allem, daß man auch mit Tricks den einen nicht gegen den anderen ausspielen könne.

So sind wir nebeneinander hergegangen. Nicht immer redend. Ich empfinde es als großes Glück, daß ich mit meiner

Frau lange zusammen sein kann, ohne daß geredet werden muß. Dann und wann ein Wort aus der Zeichensprache, die die Liebe erfindet und versteht. Miteinander gehend in geringem Abstand, ohne daß irgend etwas sich aus dem Gemeinsamen entfernt. Durchaus kritisch verbunden. Niemand prüft, was ich tue oder was ich öffentlich sage, so unbestechlich und spricht so genau darüber wie sie. Liebe macht ja keineswegs blind. Sie macht sehend. Wer liebt, sieht mit offenen, wachen Augen, und niemand sonst sieht die Menschen und die Welt so wirklich wie er. Und niemand urteilt so genau, was zu ihm und zu dem geliebten Menschen stimmt und was nicht.

Es ist in unserer Zeit verbreitet, der Ehe zu mißtrauen als einem Symbol der Unfreiheit. Das mag sie in ungezählten Fällen sein. Aber das Recht, unabhängig zu bleiben, ändert nichts daran, daß dies das Glück ist, das uns Menschen zugedachte: die Verläßlichkeit des Liebenden auf dem langen Weg. Unserer Zeit ist weitgehend das Mysterium verlorengegangen, daß wir uns selbst nur wirklich gewinnen, wo wir das Du finden, daß wir nur frei bleiben dort, wo wir uns aus Liebe binden, daß die unversehrte Gestalt des Menschen sich dort erhebt, wo er untergeht, um zu lieben. Denn dies ist der Irrtum: Nicht die Freiheit ist das Erste. Nicht die Freiheit gilt es zu erringen oder zu verteidigen. Das Erste ist die Liebe, und aus der Liebe erwächst die Freiheit. Der freie, sorglose Mensch wird der ehrfürchtige sein, der die Freiheit des anderen schützt.

Das ist zu lernen in einer langen Ehe: zu lieben und doch nicht zu besitzen, zu führen und doch nicht zu herrschen, sich hinzugeben, ohne zu gehorchen, zu bergen und doch nicht zu verschlingen, nah zu sein und doch nicht festzuhalten, sich zu binden, ohne Freiheit zu nehmen.

Ich war, als unsere Kinder zur Welt kamen, jedesmal bei der Geburt dabei. Das war damals ganz ungewöhnlich und eigentlich in den Kliniken unerwünscht. Eine uns befreundete Hebamme erlaubte es dennoch. Es war für mich ein guter Einstieg in die durchaus problematische Rolle eines Vaters.

Das überlieferte Bild des Vaters, wie meine Generation ihn zum Teil noch erlebte, war der Patriarch, den die Kinder ehr-

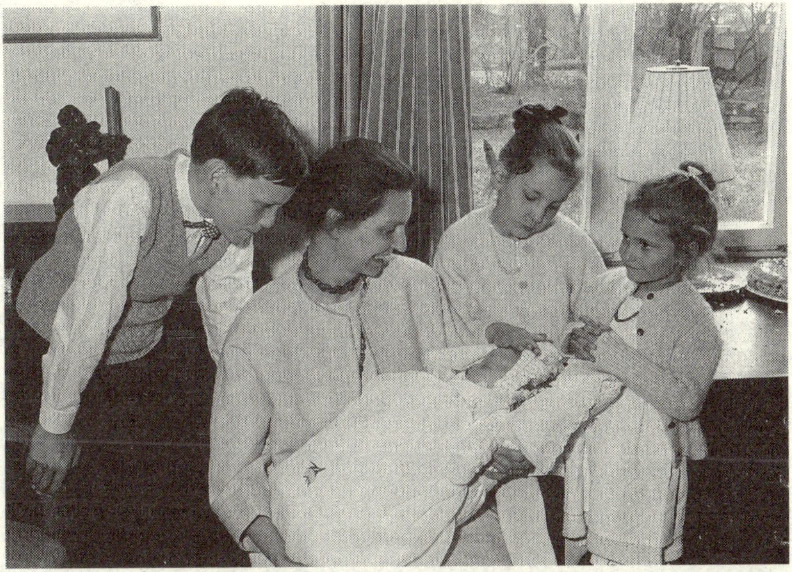

*Unsere Familie 1962* am Tag der Taufe unseres jüngsten Kindes.

ten und fürchteten, dem die Mutter demütig diente und der über allen Dingen thronte, in großer, bisweilen gefährlicher Überlegenheit über die Kinder.

Der typische Vater meiner, der Nachkriegsgeneration, war schon ganz anders. Er war der abwesende, immer tätige, eilige Schaffer, der Tag und Nacht unterwegs war, um Geld zu verdienen, der bisweilen störend ins Zimmer trat und dort ungestört sein wollte und um den her die Mutter eine spanische Wand aus geflüsterten Mahnungen, ja doch recht still zu sein, aufbaute. Vielleicht hing damals die verbreitete Meinung, Gott sei tot, mit dieser Tatsache zusammen, daß von den Vätern etliche Jahrzehnte lang so wenig ausgegangen ist.

Heute ist ein Vater vielfach zugleich »Mutter« und die Mutter zugleich »Vater«, und es ist schon selbstverständlich, daß alles, was die Mutter an Handgriffen im Haus und Kinderzimmer tut, auch vom Vater gekonnt wird. Ich erinnere mich, wie unpassend es manche Leute fanden, daß ich als junger Vikar den Kinderwagen schiebend durch die Straßen ging. Es hat sich

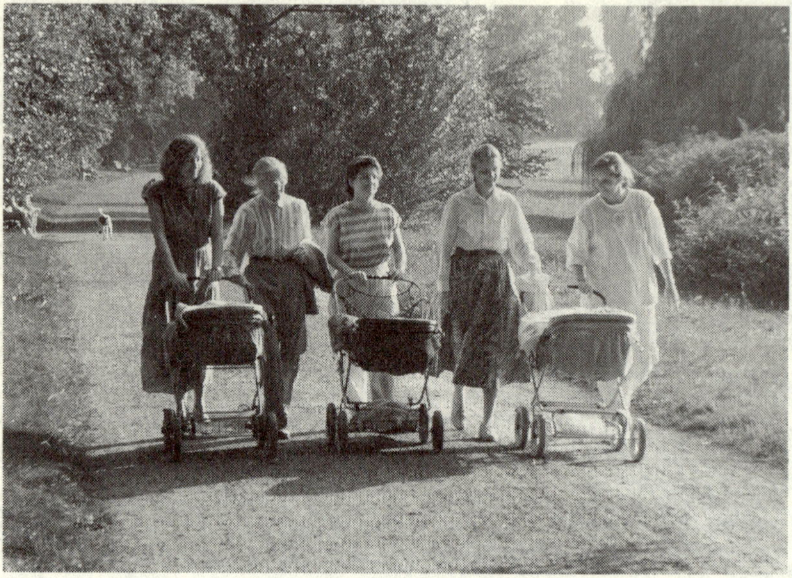

*1988. Unsere drei Töchter brachten innerhalb von drei Monaten je ihre ersten Kinder zur Welt. Hier promenieren sie in einem Berliner Park mit Urgroßmutter Daur – links der Mitte – und Heidi – rechts der Mitte.*

an diesem Punkt viel zum Guten und für die Kinder Schönen gewandelt.

Ich bedaure heute, daß ich meine Rolle als Vater gelegentlich sehr unzureichend gespielt habe. Nicht nur, weil ich beruflich immer bis zum Rand ausgefüllt und zeitenweise sehr viel auf Dienstreise war. Eines Tages sagte die fünf Jahre alte Angela: »Wenn doch mein Vater ein Straßenkehrer wäre, dann wär er abends zu Haus.« Nein, es war auch kaum Gelegenheit, irgendwo nah bei den Kindern zuzugreifen. Die Rolle eines Vaters ist ja um so schwerer zu spielen, je vollkommener die Mutter die ihre spielt und je mehr Hilfe sie von ihrer eigenen Mutter und anderen hilfreichen Frauen hat.

Es war in der Zeit, in der unsere Kinder aufwuchsen, zunächst selbstverständlich, Autorität zu sein, dann wurde es plötzlich ganz unmöglich, und am Ende wäre es heute wieder wünschenswert. Aber wer ist denn Autorität? Autorität ist ein Erwachsener, wenn ein Kind zu ihm Vertrauen hat. Wenn er eine Antwort hat auf die unausgesprochene Grundfrage der Kinder, ob es denn irgendwo etwas gibt, das nicht abgeht, wenn man daran kratzt, das nicht umfällt, wenn man daran rüttelt, und nicht einbricht, wenn man darauf tritt. Unsere Kinder aber müssen, so wahr sie Kinder dieser Zeit sind, auch an den Bildern und Bekenntnissen des christlichen Glaubens kratzen, an den Denkmälern der christlichen Geschichte rütteln und mit prüfendem Tritt auf den Boden treten, den wir ihnen als ihren Ort anbieten möchten.

Wann ist denn eine Erziehung gelungen? Ich könnte sagen: Ein Kind ist dann auf dem richtigen Weg, wenn es fröhlicher und sicherer wird durch das, was es tut und erlebt, und seine Beziehungen zu anderen Menschen, auch zu Eltern und Geschwistern, reicher und zuverlässiger werden. Eine Erziehung ist gelungen, wenn die Kinder ihren eigenen Weg finden und wenn sie von ihren Eltern lernen konnten, wie man einen eigenen Weg findet. Wenn sie wenigstens zeitweise und in manchen Stücken so werden möchten wie ihre Eltern und dabei das werden, was in ihnen angelegt ist. Wenn sie ihre Eltern einigermaßen liebbehalten, auch wenn ihre Wege sie ganz anderswohin führen als ihre Eltern.

Heute jedenfalls, jeweils nach Jahren des Abstands und der eigenen Lebensversuche, sind unsere Kinder unter sich wie auch uns gegenüber zu guten Freunden geworden.

Im übrigen sind die Mittel, die die Erziehung hat, immer sehr begrenzt. Was am Ende aus einem Kind wird, haben wir nicht in der Hand. Da kann eine Mutter oder ein Vater, wenn sie oder er am Fenster steht und das Kind die Straße hinuntergehen sieht, am Ende nur sagen: »Gott behüte dich.« Oder mit dem Psalm 121: »Der Herr behüte dich vor allem Übel. Er behüte deine Seele. Er behüte deinen Ausgang und Eingang von nun an bis in Ewigkeit.« Und wir haben diese Behütung jenseits aller Versuche, unsere Kinder zu führen und zu schützen, immer wieder dankbar erfahren.

Nun sind wir dabei, miteinander alt zu werden, und finden das schön. Eigentlich ist unsere Ehe immer schöner geworden in den vierzig Jahren. Da gab es Jahre, in denen Heidi bis an die Grenze ihrer schmalen Kraft mit den Kindern beschäftigt war, aber es gab auch Jahre, in denen wir miteinander lange Reisen in die Länder des Nahen Ostens unternahmen oder Fahrten mit dem VW-Campingbus durch fast ganz Europa vom Nordkap über England, Irland und Frankreich bis nach Italien und Griechenland. Und heute versuchen wir, in die Gelassenheit zu kommen, die im Alter gewonnen werden kann, auch wenn die Reisen und die Abenteuer nicht mehr stattfinden, an denen früher das Herz hing, und ich habe den Eindruck, daß es uns gelingt.

## *Ein faszinierender Beruf*

Im Frühjahr 1951 stand ich mit den übrigen Studenten, die mit mir zusammen ihr Studium abschlossen, im Zimmer der Fakultät und empfing die Urkunde, die besagte, ich hätte das Staatsexamen in Theologie abgelegt. Danach begab ich mich als Vikar in die fast unbekannte, jedenfalls sehr unübersichtliche Landschaft des praktischen Dienstes, und da die kleine Stuttgarter Kirche, in der ich tätig wurde, in schöner, parkähnlicher Umgebung lag und eines der damals wenigen ansehnlichen Restaurants unmittelbar daneben, war ich bald Spezialist für Hochzeiten aus dem ganzen Land. Da kamen dann Postkarten wie diese: »Sehr geehrter Herr Vikar! Wir beabsichtigen, uns von Ihnen am kommenden Sonnabend trauen zu lassen. Bitte organisieren Sie im Restaurant neben Ihrer Kirche Mittagessen, Kaffee und Abendessen für vierzig Personen. Wir denken an folgendes Menü... Ihre...« Die Leute hatten zwar keinen Sinn für eine kirchliche Amtshandlung, aber offenbar durchaus für die Verpflichtung einer Kirche, für das Wohlergehen derer zu sorgen, die von allerlei Landstraßen her zu ihr kamen.

Ein andermal betrat ich die Villa einer reichen Familie, um dort ein Kind zu taufen. Ich hatte mich gründlich vorbereitet und eine Ansprache mitgebracht, von der ich meinte, gerade diesen Leuten könne sie hilfreich sein. Die Dame des Hauses empfing mich mit der größten Freundlichkeit. Im Nebenzimmer habe sie eine Schüssel mit Wasser bereitgestellt. Dort möge ich bitte die Taufe vornehmen. Sie, die Familie und die Gäste wollten sich inzwischen dem Mittagessen widmen. Es gelang mir dennoch, die Familie mit ihren Gästen vollständig im Nebenzimmer zusammenzutreiben, aber es wurde mir bei solchen Erfahrungen doch auch sehr deutlich, wie fragwürdig es ist, eine Kirche als Volks-Kirche zu verstehen, in der jedermann das Recht hat, als Christ angesehen zu werden, unabhängig von dem, was er vom christlichen Glauben hält.

Im übrigen sorgte die Gemeinde mit wacher Liebenswürdigkeit dafür, daß der junge Vikar auf gute Weise in sein Amt fand, das Amt, das seinen Sinn darin hat, daß einer den Menschen hilft, es Gott zu glauben, daß auf seine Liebe zu setzen Sinn hat.

In der zweiten Phase folgten drei Jahre, in denen ich als Repetent, das heißt als Mentor und Lehrer am Evangelischen Stift in Tübingen lebte.

Danach – ich hatte vor, Gemeindepfarrer zu sein und nichts anderes – folgten zwei Jahre pfarramtlicher Tätigkeit in Esslingen, verbunden mit einem Auftrag für die Jugendarbeit des Bezirks und eine Fülle weiterer Nebenaufgaben, die ich übernahm in der Meinung, anders könne ich nicht alle in mir bereitliegenden Energien einsetzen. Und ich war auch tatsächlich rundum glücklich. In der Jugendarbeit war viel Phantasie gefragt, und das Zusammensein mit Kindern und jungen Leuten war durchweg herzerfrischend. Mit der Evangelischen Akademie Bad Boll legte ich es außerdem auf den Versuch an, ob es nicht möglich sei, daß ein Gemeindepfarrer zugleich eine kleine Abteilung in der berufsbezogenen Arbeit einer Akademie übernehme, damit nicht die Akademie selbst sich ins Uferlose ausdehnen müsse. So übernahm ich nebenamtlich die Abteilung für Sekretärinnen und führte eine Reihe von Tagungen und Gesprächsrunden mit ihnen durch. Zugleich übernahm ich eine Sparte in der evangelischen Pressearbeit, die mich in das journalistische Geschäft einführte. Das war alles ganz nach meinem Herzen, und ich hätte es gerne zehn Jahre lang weiterbetrieben.

Aber nach zwei Jahren wurde ich aus dieser Arbeit plötzlich herausgerissen. Es erfolgte ein Ruf zum Direktor einer Zentrale der evangelischen Jugendarbeit in Gelnhausen und Berlin, das Burckhardthaus. Dort waren neben dem Tagungsbetrieb, den Abteilungen für bündische Jugend, für Sozial- und Flüchtlingsarbeit, neben einer Ausbildungsstätte für Jugendleiterinnen und den Kontakten zur Jugendarbeit der Weltkirche für mich drei Arbeitsgebiete entscheidend wichtig: die zwischen Bonn und den Jugendorganisationen spielende Jugendpolitik, die Mitverantwortung für die Jugendarbeit in der DDR während des Streits um die Jugendweihe und die Leitung eines Verlags, durch die ich das Wissen und die handwerkliche Kenntnis gewinnen konnte für die publizistische Arbeit, die ich von da an fünfunddreißig Jahre lang getrieben habe.

Es war die Zeit, ehe die Mauer zwischen Ost- und Westdeutschland errichtet wurde, und mein Amt führte mich oft in die DDR, zu Verhandlungen mit den Kirchen drüben, zu gemeinsamen Tagungen über Jugendarbeit oder auch zu kleinen oder großen Schmuggelaktionen. Die Zentrale der Mädchenarbeit in der DDR stand in Ostberlin, in der Bernauerstraße, so, daß die Westwand des Gebäudes mit der Grenze zusammenfiel. Wir schafften also alles, was für die Jugendarbeit im Osten bestimmt war, durch die Westtür hinein und durch das Osttor hinaus. Damals begegnete ich immer wieder dem damaligen Generalsuperintendenten von Berlin, Kurt Scharf, der für mich eine der großen, glaubwürdigen Gestalten der Kirche war. Als ich einmal sein Büro in Ostberlin betrat, war er im Gespräch mit einem Pfarrer. Ich wartete an der Tür und hörte noch, wie der Gast sagte: »Aber wenn ich das tue, komme ich ins Gefängnis.« Da antwortete Scharf, der aus dem Nazireich wußte, was ein Gefängnis ist, mit strahlender Freundlichkeit: »Aber, lieber Bruder, warum wollen Sie nicht ins Gefängnis gehen?«

Ich denke an eine Nacht vor dreißig Jahren. Es war im Sommer 1961. In der Bernauerstraße in Berlin waren wir eine Nacht lang in der Kirche versammelt, die auf demselben Grundstück stand wie die Zentrale für Ostdeutschland.

Im Hof, die Straße entlang, standen Volkspolizisten und begannen, die Mauer zu bauen. Wir alle wußten: Hier wird eine Grenze geschaffen, über die niemand mehr so leicht wird gelangen können. Wer jetzt im Osten ist, bleibt im Osten. Die etwa vierzig Studentinnen der Jugendleiterinnenschule versammelten sich in der Kirche, und wir beteten und sangen alte Psalmlieder, während einige Vopos, an die Türen gelehnt, mit offenem Mund zuhörten und zuschauten. Sollen wir hier bleiben und damit wissen, daß unser Leben auf unabsehbare Zeit in diesem verschlossenen Staat stattfinden wird? Sollen wir über die Mauer steigen, solange sie nur knie- oder hüfthoch ist, und in die Freiheit gelangen? Eine Nacht lang sahen wir zu, wie die Mauer Schicht um Schicht höher wurde, und sprachen miteinander und mit Gott über alles, was da – auf dem einen wie dem anderen Wege – auf die jungen Frauen zukommen werde. Es ging ums Ganze. Im Nachdenken, Singen und Schweigen einer Nacht fanden sie ihre Entscheidung. Einige verabschiedeten sich unter Tränen und sprangen über die Mauer. Die meisten blieben, dichter verbunden als zuvor, und wußten von da an, worin eigentlich und wirklich ihr Dienst an den jungen Menschen in der damaligen DDR bestehen würde.

Die fünfte Phase meiner kirchlichen Arbeit dauerte von 1961 bis 1980, also fast zwanzig Jahre lang. Als ich 1961, kurz nach jener Nacht, wieder nach Württemberg zurückkehrte, war entschieden, daß die Publizistik für den Rest meiner Amtszeit meine Aufgabe sein würde. Ich sollte mit Freunden zusammen ein publizistisches Zentrum planen und aufbauen, ein »Pressehaus«, in dem die kirchlichen Aktivitäten in Rundfunk und Fernsehen, in Pressearchiv und Pressedienst, in Fotografie und Bildtechnik, in Werbearbeit und den dafür nötigen grafischen Hilfsmitteln, Diapositiven für den kirchlichen Unterricht, Tonbändern und Schallplatten, Zeitschriftenredaktionen und am Ende ein komplettes Filmstudio untergebracht und koordiniert werden sollten, und diese Aufbauarbeit hat mich durch Jahre hin erfüllt. Es war fast so etwas wie das »Alles«, von dem ich als Junge geträumt hatte.

Die Aufgaben, die mir im Laufe meines Amts gestellt wurden, waren in ihrer Gesamtheit insofern ein besonderer Glücksfall, als sie in einer Zeit auf mich zukamen, als nach dem Kriege die Publizistik in unserem Land und auch in den Kirchen erst aufgebaut werden mußte. 1947 sprach ich meine erste Rundfunksendung, 1958 die erste Fernsehmoderation, als es in den deutschen Wohnzimmern noch kaum Fernsehgeräte gab. So kam ich sozusagen wie von selbst mit allen Sparten der Publizistik in Berührung und konnte mich in allen in voller Freiheit bewegen. Das wird vermutlich so nicht wiederkehren. Wir haben heute ein immer enger werdendes Spezialistentum, und das nimmt der publizistischen Arbeit viel von ihrer Kreativität. Ich habe Bücher herausgebracht wie viele andere auch, aber ich hatte den Vorsprung, daß ich vor mehr als dreißig Jahren eine Zeitlang einen Verlag zu leiten hatte und so mich nicht nur ins Schreiben, sondern auch in die Drucktechniken, die Kalkulation, in die grafischen Aufgaben, die Herstellung und den Vertrieb von Büchern einarbeiten mußte.

Wie andere habe ich die Rolle eines Sprechers in Rundfunk und Fernsehen ausgefüllt, aber ich hatte die Gelegenheit, auch als Drehbuchautor, als Produzent und Regisseur im In- und Ausland zu arbeiten und zu Hause meine Experimente in einem kircheneigenen Filmstudio zu treiben. Ich war nie auf bestimmte Programmsparten festgelegt, sondern konnte in allen Formen das Meine sagen, von der Dokumentarsendung bis zum Quiz, von der Kunstbetrachtung bis zum filmischen Kabarett und zum »Wort zum Sonntag«, vom politischen oder sozialen Kommentar bis zum Gottesdienst, von der Direktsendung von Veranstaltungen, etwa von Kirchentagen, bis zum Spielfilm. Dazu hatte ich Gelegenheit, in Gremien, in denen das Programm festgelegt wurde, mitzureden und in begrenztem Umfang auch in der Rundfunkpolitik mitzumischen.

Daneben ergab sich die Gelegenheit, ein Fotolabor und ein Fotoarchiv aufzubauen und selbst als Fotograf zu arbeiten. Das brachte wieder die Verbindung mit Werbeagenturen und Werbetechnik, mit Werbegrafik, mit Broschüre und Plakat, Kunstdruck und Flugblatt. Es ergab sich die Gelegenheit, Medien zu gestalten wie Schallplatten oder Tonbänder, Bildmaterial für

Schule und Erwachsenenbildung. Ich bekam wie von selbst mit Zeitungen und Zeitschriften zu tun, mit Pressediensten, mit Presse- und Rundfunkkritik und mit der innerkirchlichen Diskussion über Grundsatzfragen zu all dem.

Es war im Grunde ein Arbeiten ohne Fachgrenzen, und meine Kirche hat mir dazu ein Maß an Freiheit gegeben, für das ich nur dankbar sein kann. Es war nicht ein Beweis besonderer Fähigkeiten oder einer besonderen Leistung, sondern das Zeichen einer glücklichen Situation, von der ich meine, sie werde sich einem Pfarrer so leicht nicht noch einmal bieten. Mein Glück war, daß ich in all dem nicht als Künstler zu arbeiten hatte, sondern als Handwerker, nicht als abgehobener Manager, sondern immer in dichter Verbindung mit der Seelsorge- und Gemeindearbeit einer konkreten Kirche. Mein Glück war, daß ich als Pfarrer nie besonderen Ansprüchen an detaillierte Fachkenntnis genügen mußte, sondern sozusagen wie ein Arzt für Allgemeinmedizin nach dem zu fragen hatte, was die Menschen in diesem und jenem Fall von mir brauchten.

Zunächst, in den sechziger Jahren, erfüllte mich das Experiment, ob das Fernsehen, dessen Gesetze und Möglichkeiten kein Mensch kannte, für die Kirche ein brauchbares Medium sei. So fiel mir einmal die Aufgabe zu, mit dem heute in Mailand als Erzbischof wirkenden Carlo Martini als katholischem Partner zusammen die Produktion eines sechsstündigen Films über die Apostelgeschichte zu begleiten, die unter der Regie des italienischen Neorealisten Roberto Rossellini lief. Es war ein wahres Vergnügen zwischen theologischen Diskussionen und allerlei filmischen Stil- und Gestaltungsfragen. Wie schwierig war es etwa, dem alten Filmlöwen verständlich zu machen, daß, wenn der Wind des Geistes an Pfingsten unter die Jünger fährt, nicht unbedingt die Fensterläden auf- und zuschlagen und die Hemden von der Leine wehen müssen! Andererseits war eine Fülle aus der Erfahrung eines Großen des Films zu lernen. »Il Sole!« nannten ihn die italienischen Techniker und Schauspieler, die »Sonne« des Films.

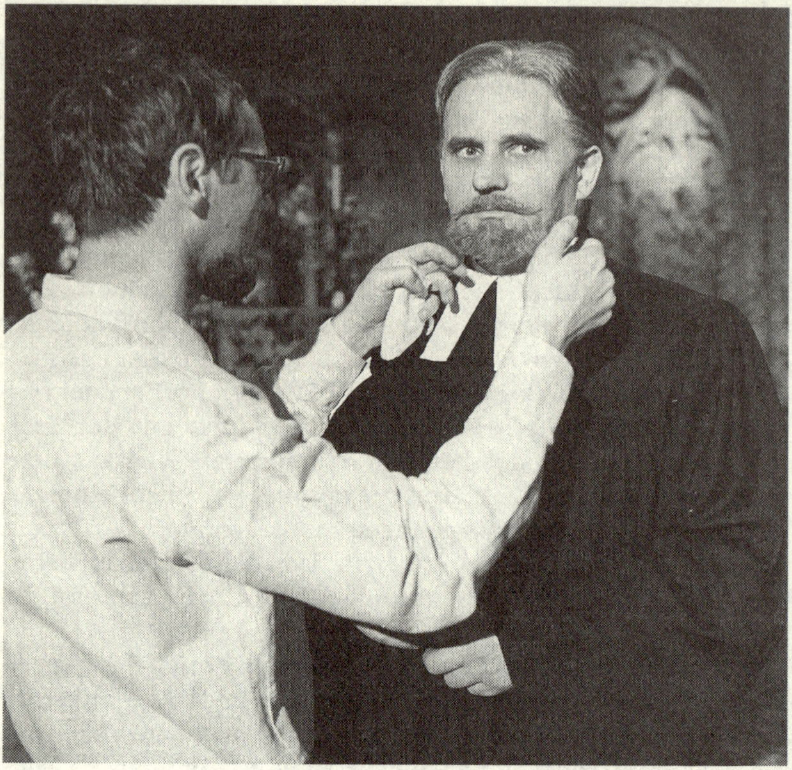

*Der Bart gehörte dem Süddeutschen Rundfunk. Der Maskenbildner macht mich schön für einen Willy-Reichert-Film, in dem ich einen Pfarrer zu spielen hatte. Als ich Willy Reichert gegenüber erklärte, ich sei kein Schauspieler, sondern ein richtiger Pfarrer, knurrte er: »Warom net? Mir andere send ja au richtige Schauspieler.«*

Immer ging es mir um eine Sprache, in der ich von Gott und von der inneren Welt der Menschenseele anschaulich und jedermann verständlich sprechen könnte. Als ich noch im Burckhardthaus arbeitete, hatte ich mit jungen Mädchen aus dem Berliner Wedding zu tun, die zwei Jahre nach ihrer Konfirmation in Kreisen junger Arbeiterinnen zusammenkamen. Im Gespräch mit ihnen stellte ich fest, daß sie von der normalen Predigtsprache überhaupt nichts verstanden und ebensowenig von den biblischen Texten, die sie lasen.

Untersuchungen an der Sprache junger Flüchtlinge der DDR führten zu ähnlichem Ergebnis, und der Umgang mit ihnen veranlaßte mich Anfang der sechziger Jahre, ihnen in dem Buch »Womit wir leben können« eine Folge, wie ich meine, lesbarer Abschnitte aus der Bibel in die Hand zu geben und später auch das ganze Neue Testament und Teile des Alten in heutige Umgangssprache zu übertragen.

Manche haben diesen Hintergrund damals nicht gesehen. Man fand unter Theologen, ich sei von dem Ehrgeiz getrieben, Luther zu ersetzen, und fand das unerlaubt. Namhafte christliche Schriftsteller fanden, die Bibel sei zu heilig, als daß man sie in dieser umgangssprachlichen Banalform unter die Leute werfen dürfe. Aber ich meine bis heute, eine evangelische Kirche stehe und falle damit, daß die Laien die Bibel lesen und verstehen und aus ihrer Kenntnis selbständige Entscheidungen treffen können, daß ihr jedenfalls der einen Bärendienst erweise, der die Bibel als vergoldetes Museumsstück dahinaltern läßt.

Eine Kirche, die heute auf der Reformation aufbaut, steht und fällt mit der Verständlichkeit ihres Worts, mit der Klarheit und Durchsichtigkeit ihrer Gestalt, ihrer Entschlüsse und ihrer Taten. Sie wird im Wort – auch im religiösen Wort – niemals das Geheimnisvolle verehren, sondern die Wahrheit suchen und wird keinen Wert darauf legen, das Leben mit ihrem Wort zu überhöhen oder feierlich zu umranden. Sie wird nicht das Schöne, sondern das Klare suchen, nicht das Erhabene, sondern das Helfende, nicht das Interessante, sondern das Notwendige. Niemand bestreitet ernsthaft, daß die Bibelübersetzung Martin Luthers das sprachliche Meisterwerk dieses Jahrtausends in deutscher Zunge sei. Jedermann weiß, daß die Sprache des 20. Jahrhunderts zwar wortreicher, aber auch ärmer an Farbe, nüchterner und sachlicher ist als die des 16. Jahrhunderts. Und dennoch wird sich eine Kirche, die auf die Durchsichtigkeit ihres Wortes Wert legt, von der Sprache ihres Altmeisters entfernen. Nicht zufällig, sondern bewußt. Sie wird nach neuen Elementen jener Zeichensprache suchen, in der das Wort von Gott seit je ergeht.

Gerade dann, wenn wir dies tun, werden wir entdecken, daß

die Übersetzungsarbeit, die der Kirche heute bevorsteht, umfassender ist, differenzierter und schwieriger, als es nur eben das Übertragen von Wörtern in andere Wörter wäre. Denn die Aufgabe des Übertragens betrifft mindestens ebenso die Bilder wie die Wörter. Es sind ja nicht die Gleichnisse und die Symbole allein, vielmehr ist die Bibel von der ersten bis zur letzten Seite ein »Bilderbuch«, wie ja überhaupt die menschliche Sprache mehr von den Bildern als von den Wörtern lebt. König – Richter – Hirte – Meister – das sind Bildworte. Die Bibel verstehen heißt sich Bilder vorstellen. Die Bibel übersetzen heißt: Bildvorstellungen überführen in Bildvorstellungen einer neuen Generation oder einer fremden Kultur.

Wir werden entdecken, daß der Kunstdruck, der Film oder das Fernsehbild Übersetzung fordern. Wie übersetzt man das Wort Gottes, das als Bildwort zu uns kommt, in das publizistische Bild, das bewegte zumal, das kurzlebige, das gerasterte, das unscharfe? Wie übersetzt man Bilder in Wörter und Wörter in Bilder so, daß das Bild aussagt und das Wort malt? In diesem Zusammenhang wird eines Tages eine Übertragung alles dessen fällig sein, was die Kirche bis heute an sprachlichem und bildhaftem Material verwendet: die Agenden und ihre Gebete, der Katechismus und das Gesangbuchlied, die Verlautbarungen und Aufrufe, die Sprache der Gemeindeblätter und der Verteilschriften, die Wort- und Bildmittel christlicher Plakate und was immer. Aus dem Traditionschinesisch unserer Breiten muß schlichtes Deutsch werden.

Freilich, dies alles ist nicht allein ein Problem der Kirchen. Vielmehr hängt die gesamte Gesellschaft, in der wir uns befinden und die sich um uns her entwickelt, ab von der Verstehbarkeit dessen, was in ihr geschieht, von Information und Diskussion. Von der klaren Rede und von der ständigen Rechenschaft der Verantwortlichen mit Hilfe der Sprache. Gibt es keine verständliche Sprache, so ist unsere Gesellschaft in Zukunft nicht lebensfähig.

Die Briefe andererseits füllten meine Tage. Rund hundert tausend Zuschriften und Briefe, so habe ich unlängst überschlagen, haben mich in dreißig Jahren erreicht. Jeder wurde beantwortet. Unzählige führten zu brieflichen oder persön lichen Gesprächen. Und gleichsam als Gesprächsbeitrag schrieb ich danach wieder die notwendigen Bücher für die, mit denen ich in Verbindung war. Und hier war ich, so habe ich empfunden, am nächsten bei dem, was ich eigentlich tun wollte.

Die aktuellste und breiteste Verbindung zu den Menschen unseres Landes bestand im sogenannten »Wort zum Sonntag«, das ich rund fünfundzwanzig Jahre lang zu sprechen hatte. Man verlernt das Fürchten im Laufe der Zeit, das einen bei öffentlichen Auftritten beschleichen möchte. Beim »Wort zum Sonntag« habe ich es nicht verlernt. Ich empfand es bis zuletzt als eine Herausforderung, die mich und im Grunde jeden, der es zu sprechen hat, grundsätzlich überfordert. Unter den Zuschauern sitzen Menschen jeder Art, jeder Einstellung, jeder Bildung oder Nichtbildung, jeder Erfahrung und jedes Schicksals. Sie alle soll ich abholen und zu einem Thema führen, das sie interessiert, und das in weniger als einer Minute, um dann in den restlichen drei Minuten etwas Substantielles, etwas Begreifliches und Hilfreiches zu sagen, oder zu etwas aufzurufen, das ihnen so nicht bekannt ist und das als neuer Auftrag auf die Menschen unserer Zeit zukommt.

Und wie macht man das? Ich kenne keinen, der darauf eine klare Antwort hätte, wohl aber einige Leute, die es in der ständigen Gefahr, daß ihre Probierstücke mißlingen, zu tun versuchen. Es gibt bis zur Stunde keine Dramaturgie der medialen Verkündigung, keine für die Praxis geeignete Reflexion, wie geistliche Sendungen auszusehen hätten. Es ist noch nicht einmal ein Einverständnis darüber zu erzielen, woran man einen christlichen Film von einem weltlichen unterscheide.

Das ist darum schwerzunehmen, weil ein Pfarrer, der in Massenmedien das Wort ergreift, ebenso wie der Pfarrer vor Ort auf seiner Kanzel nicht nur verantwortlich ist für das, was er sagt, sondern auch dafür, in welchem Zustand sein Wort im Ohr und im Herzen des Hörers ankommt – als Mißverständnis, als Formel, als Irrtum oder als verstehbarer, zu einer Wahrheit hinführender Hinweis.

Dazu kommt das Problem der bleibenden Mißverständlichkeit alles dessen, was in solcher Kürze gesagt werden kann. In den Worten zum Sonntag nahm ich manchmal auch aktuelle politische oder soziale Themen auf, von denen ich meinte, ein Christ werde dazu eine besondere Meinung haben. Danach saß ich häufig bis nach Mitternacht am Telefon und hörte Stimmen an, auch anonyme: »Sie Chaot! Sie Verbrecher! Sie politischer Idiot!« »Sie sind nicht wert, ein Pfarrer zu sein!« »Schämen Sie sich! Treten Sie ab!« Wenn ein solches Wort zum Sonntag an irgend etwas aus der braunen Vergangenheit unseres Volkes erinnern wollte, kamen die Drohungen: »Wir kommen zu Ihnen, sehen Sie sich vor! Wir werden Ihnen den Schädel einschlagen.« »Euch Pfarrer hängen wir alle noch an Laternen. Wir können noch schießen! Sie werden es erleben!« Und einmal fand ich am Morgen danach einen faustgroßen Stein, der durch das Fenster geworfen worden war. Der neurotische Untergrund der politischen Landschaft der Bundesrepublik war mit Händen zu greifen. Anfangs wußte ich kaum, was ich darauf antworten sollte. Allmählich gelang es mir mehr und mehr, geduldig zuzuhören, und ich habe die Erfahrung gemacht, daß auch mit solchen Leuten, mühsam oft, ein Gespräch zu führen möglich war. Zuhören ist immer nötig. Denn ich kenne ja die wirklichen Störungen nicht, die von mir ausgehen, und so kann es keinen Sinn haben, meine eigenen Motive auszubreiten und zu rechtfertigen.

Es ist andererseits bemerkenswert: »Das Wort zum Sonntag«, ein umstrittener, immer wieder vom Spott überzogener, heimlich gehaßter und heimlich geliebter kleiner Beitrag der Kirchen, hat die weitaus längste Lebensdauer aller Sendungen des Deutschen Fernsehens. Vor vierzig Jahren ging das erste über die Bühne, rund zweitausendmal lief es ab. Offenbar hat man unter den maßgebenden Leuten des Fernsehens immer gesehen, wie schwer gerade diese Sendung zu gestalten ist. Sie gehört in der Tat zum Schwierigsten, das beide, das Fernsehen und die Kirche, zu vergeben haben, und ich sehe unter den Beteiligten keinen, der nach ersten harten Erfahrungen noch Lust hätte, sich und seine Erfolge zu feiern.

Fragt man mich nach dem Grund für die Beständigkeit einer solchen Sendung, dann antworte ich: Er liegt vor allem darin, daß sie unerbittlich streng bei ihrer besonderen Sache bleibt. Er liegt in der Einfachheit der Form und der Kargheit der Mittel. Immer wieder ertönt der Ruf nach illustrierenden Bildern oder kontrastierenden Filmelementen oder der Ruf, das Ambiente zu wechseln. Ich warne. Je mehr Ausstattung eine Sendung braucht, desto abhängiger ist sie von wechselnden Einfällen, desto rascher wird sie sich überlebt haben. Notwendig ist ein Mensch, und notwendig ist ein Wort. Mehr nicht.

Und fragt man mich nach der Rolle des Sprechers, dann antworte ich: Der Sprecher hat sich zunächst der Nebenrolle bewußt zu sein, die er im Programm spielt. Er ist nicht der große Magier. Er ist nicht der Prophet, nicht der Kanzelredner, nicht der Volksmissionar, sondern der schlichte Sprecher, der seine Anrede in konzentrierter Sprache zu den Menschen bringt. Der seinen Text durch zwanzig oder dreißig Fassungen hindurch geschliffen hat, jedesmal einen anderen Menschenkreis vor Augen, jedesmal andere Sprachmittel erwägend, andere Reaktionen vorausbedenkend, mit anderen Freunden sich besprechend. Wie ernst er es meint mit seiner Zuwendung zu den Menschen, kommt in seiner Sorgfalt ans Licht. Denn nur dem wird es gelingen, eine Wahrheit niederzuschreiben, der die Kunst beherrscht, durchzustreichen, was er schrieb.

Was einer im »Wort zum Sonntag« sagt, das kann ihm niemand von Amts wegen vorschreiben. Er hat keiner Dogmatik zu genügen und keinen Katalog kirchenpolitischer Interessen zu berücksichtigen. Wer da sitzt und spricht, muß selber verantworten, was er sagt. Er steht und fällt damit, daß er dahintersteht, daß das Wort, das er spricht, transparent wird auf seine Person hin. Diese Person muß die eines Zeitgenossen sein, was immer man an die Zeitgenossenschaft eines Theologen für Forderungen stellen mag. Und das Wort, das er spricht, wird immer etwas an sich tragen müssen vom Angebot einer Zwiesprache mit dem Zuschauer. Es gehört eine ganze Menge Liebe für die Menschen dazu und eine ganze Menge Wissen um die Mühen und Schwierigkeiten, von denen die Millionen nicht zu sprechen pflegen. Und je deutlicher ist, daß hier etwas gesagt wird, das so im übrigen Programm des Fernsehens nicht gesagt werden könnte, desto sinnvoller erscheint das ganze

Unternehmen »Wort zum Sonntag«. Es geht nicht um Anpassung an Stil und Themenwahl des Fernsehens, es geht nicht um Anknüpfung an Gehörtes und Gesehenes. Ein klein wenig fremd wird das »Wort zum Sonntag« immer wirken müssen, wenn es seinen Sinn erfüllen will.

Schließlich kam die Zeit, in der die Friedens- und Ökologiebewegung Sprecher brauchte, die diese dringenden Themen aufgriffen, und da uns Pfarrern immer wieder, von unseren Oberen vor allem, nahegelegt wurde, uns zu politischen Themen zurückzuhalten, bat ich 1980 meine Kirche um Urlaub und lebte von da an die letzten fünf Jahre meiner Amtszeit als freier Journalist.

## *Freiheit der öffentlichen Rede*

Es gibt eine Grundbedingung, die erfüllt sein muß, will die Menschheit die Aufgaben bewältigen und die Zumutungen bestehen, die auf sie zukommen. Es ist die Freiheit des Nachdenkens, die Freiheit des Redens und der publizistischen Entscheidung. Was ich damit meine, mag aus einem kleinen, im Grunde unbedeutenden Vorgang deutlich werden.

Es war vor etwa fünfzehn Jahren und ein Musterfall. Die Fußballwelt schaute nach Argentinien, weil dort die Weltmeisterschaft vor der Tür stand. Einer meiner Freunde sprach das Wort zum Sonntag: Ob es nicht Anlaß zu geistlichem Nachdenken gebe, daß ein Land wie Argentinien unserem Herzen so nahe sei, wenn dort das runde Leder rolle, so nahe, als liege es nebenan, und dasselbe Land hinter dem Mond liege, wenn dort die Opfer von Gewalt und Menschenverachtung, von Entführung und Folter nach uns schrien? Ob der Fußball da keine Mission habe?

Der Präsident des Deutschen Fußballbundes reagierte Minuten später, wie es viele Präsidenten solcher und anderer Einrichtungen zu tun pflegen: Er forderte vom Intendanten des zuständigen Funkhauses Maßnahmen gegen solchen Mißbrauch kirchlicher Redefreiheit. Der Intendant pflichtete ihm bei, und sie vereinten sich in der Überzeugung, das »Wort zum Sonntag« habe doch wohl »in erster Linie die Menschen zur Besinnlichkeit auf den nahenden Sonntag einzustimmen«. Die Erregung der ersten fünf Minuten nach der Sendung bestimmte für Wochen den Notenaustausch zwischen Fußballern, Fernsehleuten und Kirchen. Da aber die zuständige Kirche kein erwähnenswertes Wort sagte, geriet der Anlaß, der doch, wie auch immer, geistlichen Nachdenkens bedurft hätte, alsbald in Vergessenheit. Wenige Minuten lang hatte eine Sache zur Diskussion gestanden. Die folgenden Auseinandersetzungen aber verlegten sich auf das Problem, ob der Sprecher gedurft hatte, was er tat. Aus der Sachfrage wurde eine Rechtsfrage, und die fand sich am Ende, da die Beteiligten nach kurzer Zeit mit anderen öffentlichen Verfehlungen zu tun hatten, dort, wohin Strittiges nach bundesdeutscher Sitte gehörte: unter dem Teppich. Ergebnis: Keines. The show must go on. Einzig dies blieb noch monatelang auf den Konferenztischen: Ob der Sprecher, der sich an einem so heiligen Gut wie dem Fußball vergangen hatte, je noch einmal zum »Wort zum Sonntag« zugelassen werden durfte. Ein Sprecher und ein Redakteur standen miteinander im Regen. Der Redakteur aber wird sich, wenn ihm ähnliches dreimal vorkam, vermutlich hüten, künftig Dinge zu senden, die irgendeinem seiner Oberen mißfallen könnten.

Die Freiheit ist ein verfolgtes Wesen in unserem Land. Sie liegt sozusagen wie eine Asylantin vor unserer Tür und wartet auf den, der sie aufhebt. Aber das immerhin ist möglich. Und es ist ein Zeichen weitverbreiteter Zaghaftigkeit, daß es als Merkmal des Mutes gewertet wird, wenn einer sie wahrnimmt. Wenn in einem publizistischen System Mut überhaupt ein Thema ist, so mangelt es an Freiheit. Freiheit ist die bloße Selbstverständlichkeit, mit der einer sagt, was er denkt über das, was er sieht. Sie ist nicht Ausgewogenheit, denn nichts ist ausgewogen. Freiheit ist nicht Leisetreterei, sondern Einmischung, Freiheit ist nicht die Feier zu Ehren des Nationalheiligen der deutschen Interessengruppen, des heiligen

Proporz, sondern eine durchaus einseitige Klärung der Dinge. Und wie mir scheint, ist diese Freiheit in den Funkhäusern in den dreißig Jahren, in denen ich Fernsehen machte, um ein entscheidendes Stück geringer geworden.

Heute verfügen in aller Regel politische Parteien darüber, wieviel Freiheit in den Redaktionen erlaubt sei, und die meisten politischen Redakteure passen sich ein. Die Parteien denken vor, und wer es warm haben will, denkt das Vorgedachte nach. Wer keinen Rückhalt in einer Partei hat, friert. Und nur wer schon weit oben steht in der Meinungshierarchie, kann sich eine unbequeme Freiheit leisten, wenn er sie dann noch will.

Ich kann nur jeden jungen Adepten des journalistischen Gewerbes dringend warnen, sich dem geistigen Tode auszuliefern, der darin besteht, nach allerhöchstem Wunsch irgendeines großen Bruders etwas anderes zu beschreiben als die Wirklichkeit. Denn die Gefahr wird auch überschätzt. Niemand in unserem Land schlägt uns tot oder locht uns ein, wenn wir sagen, was ist. Man diffamiert uns höchstens, und ich kann bezeugen, daß man das aushält. Wer frei sein will, ist frei. Und wer als Pfarrer oder Journalist das Risiko der Freiheit eingeht, ist kein Held. Er tut nur, was seines Handwerks und was seines Amtes ist. Es hat wenig Sinn, von einem freien Menschen zu sagen, er sei mutig. Denn er ist dabei ja eben nur der, der er ist. Er steht zu sich selbst.

Trete ich also als Mann der Kirche im öffentlichen Medium auf, so gilt es immer und immer wieder, Verborgenes öffentlich zu machen, soziale Motivation zu bewirken, den Sprachlosen eine Stimme zu sein, die Erniedrigten und Beleidigten öffentlich zu besuchen. Das aber bedeutet, sehr gegen den christlichen Zeitgeschmack, die politische Dimension der öffentlichen Rede voll einzubeziehen und den Weg des Unanstößigen bewußt zu meiden. Denn anders als durch Anstoß setzt sich Liebe nicht öffentlich durch, werden die Gewissen nicht wach, findet die Hoffnung keine Stimme.

Wir stellen uns gerne vor, die Journalisten, die unsere Zeitungen machen oder die uns abends im Fernsehprogramm begegnen, seien um ihre große Freiheit und Unabhängigkeit zu beneiden, da sie ja sagen dürfen, was sie wollen. Aber darin liegt ein großer Irrtum.

Wenn ich höre, was mir Journalisten erzählen und worüber sie klagen, dann ist der Journalist von heute mit Informationen so vollgestopft, daß er weder Zeit noch Kraft hat, das, was er weiß, zu sortieren, zu deuten, zu hinterfragen. Die Tagesereignisse laufen wie ein unaufhörlicher Wasserfall durch ihn hindurch. Er funktioniert nur noch als Durchlauferhitzer, und auch das fast nicht mehr. Die wenigsten wissen nach wenigen Jahren noch, was sie eigentlich tun, da niemand ihre Arbeit freundschaftlich-kritisch begleitet.

Man kann den Zustand, in dem viele Journalisten leben, als Informationspanik bezeichnen. Man kann fast nicht mehr unterscheiden. Man kann Ungewohntes kaum mehr aufnehmen. Man kann Weiterführendes kaum mehr mitvollziehen. Man überblickt kaum mehr das Gelände, in dem man sich bewegt. Dagobert Lindlau, einer der wenigen unabhängigen Journalisten in unserem Land, hat einmal als Richtlinie für seine Kollegen formuliert: »Immer sagen, wenn einer lügt. Aber nie behaupten, man wisse die Wahrheit.« Das alles klingt so, als hätte ich den Journalisten Vorwürfe zu machen. Weit entfernt. Was in der Situation des heutigen Journalisten herauskommt, ist eine Überforderung, die jeder zu erleiden hat, der sich heute aufs offene Forum mit einer wirklich eigenen Meinung begeben will.

Und sehen wir doch zu, wie es etwa auf der politischen Ebene zugeht. Wenn es heute in irgendeiner Hauptstadt unseres Landes um heikle Fragen geht, dann laden sich die Politiker ein paar Journalisten ein und geben ihnen vertrauliche Hintergrundinformationen. Das ist eine Ehre, die nicht jedem widerfährt. Den Journalisten wird gesagt: Das dürft ihr sagen – und jenes nicht. Das sind die Tatsachen – und jenes ist bitte die Sprachregelung. Ein Journalist, der auf die Dauer eingeladen werden will, hält sich an diese Verabredungen. Er wird von Politikern durch Vertrauen gekauft.

Um so höher ist es zu bewerten, daß es noch immer einige Dutzend Journalisten in unserem Land gibt, deren Zivilcourage sich als unbestechlich erwiesen hat. Hut ab. Und zwar

Hut ab mit der Trauer darüber, daß diese Zivilcourage so selten ist. Es ist deshalb nach wie vor wichtig, daß es die kleinen, handgedruckten Blätter aus den Basisgruppen gibt, in denen leidenschaftliche Kritiker, die noch originell denken und mit Courage formulieren, sich äußern.

Die politische Parallele ist die Tatsache, daß die meiste Bewegung in die politische Landschaft heute von den kleinen basisdemokratischen Gruppen kommt. Von Protestgruppen, Umweltinitiativen, Dritte-Welt-Gruppen und anderen, die das sagen, was keiner ausspricht. Unsere Demokratie braucht heute nichts so dringend wie die Korrektur von der Basis her, ohne die sie längst irgendwo oben im luftleeren Raum der Funktionäre verkommen würde.

Die wichtigste innenpolitische Errungenschaft der letzten Jahre ist das Aufkommen der Bürgerinitiativen. Bürgerinitiativen für den Schutz der Umwelt, Bürgerinitiativen, die bestimmte Sorgen der Bevölkerung zur Sprache bringen. Bürgerinitiativen, die das sagen, was sonst verschwiegen wird, und das verhindern, was sonst als fertige Tatsache serviert würde.

Warum müssen bei uns erst Gewalttaten vor den Zäunen von Atomkraftwerken geschehen, ehe die zuständigen Stellen und die politisch Verantwortlichen bereit sind, über die Notwendigkeit und die Betriebssicherheit von Kernkraftwerken zu diskutieren?

Warum werden wir auf die Unzulänglichkeiten unseres Bodenrechts nicht durch Parlamentarier aufmerksam oder durch Journalisten? Warum muß so etwas durch einen Haufen junger Leute ans Licht gebracht werden? Warum merkt man bei uns überhaupt erst, daß hier ein Problem liegt, wenn ein paar junge Leute leere Häuser besetzen und dafür ihren Kopf hinhalten? Wer hat denn hier geschwiegen, als es noch in Frieden gegangen wäre?

Warum ist die ungeheure Gefahr, die unserer Umwelt droht, nicht von unseren Volksvertretern beim Namen genannt worden? Warum sind es die unzähligen Bürger gewesen, die auf diesen Bach hingewiesen haben und auf jenes Gift, auf diesen Schornstein und jene ausgerottete Tierart und die immerfort die Last auf sich genommen haben, als die Dummen verschrieen zu werden, bis auch der letzte Volksvertreter heute weiß, daß er ihre Warnungen zwanzig Jahre lang überhört hat?

Was ist denn eigentlich Politik? Früher war »politisch« die »Staat« genannte Herrschaftsordnung und ihre Sicherung nach innen und außen. Heute ist Politik Mitwirkung des Bürgers im Kleinen und im Großen, öffentlich und privat, versteckt und offenkundig. Wer in irgendeinem Bereich Bestimmtes will, treibt Politik. Familienprobleme sind Politik. Soziale Fragen. Bildungsziele in den Schulen. Warnung vor den Gefahren des Wachstums. Abtreibung. Export in Drittländer. Kriminalität. Umgang mit dem Eigentum. Fußball in Argentinien. Das alles ist Politik. Jede moralische Frage wirkt sich politisch aus, jedes Problem, das irgendeinen Menschen betrifft, hat eine politische Seite. Will ich zur Politik schweigen, dann kann ich nur noch im Stillen mein Seelengärtchen bewohnen.

Fragen wir nach den Grenzen zwischen politischem und religiösem Bezug einer christlichen Sendung, dann stellt sich alsbald heraus, daß das Wort »religiös« einen ähnlichen Prozeß der Entgrenzung durchgemacht hat. Es mag Zeiten gegeben haben, in denen die Menschen von der Kirche nichts erwarteten als Trost, Orientierung für innere Fragen, Klärung der Bilder und Gedanken des Glaubens. Bei vielen ist diese Erwartung so ungebrochen wie je, aber neben ihr gibt es Erwartungen gänzlich anderer Art. Die Erfahrung des Dritten Reiches, die Erfahrung der mitteldeutschen Kirchen mit dem sozialistischen Staat, die bedrohliche Gesamtsituation der Menschheit, die sich in politischen wie ökologischen, in militärischen wie medizinischen Kategorien schildern läßt, die neue Sensibilität gegenüber der Unterdrückung und Ausbeutung von Menschen, gegenüber Terror und Gewaltherrschaft haben ein Klima geschaffen, in dem zu praktisch jeder weltlichen Frage eine religiöse Antwort erwartet wird, von denen jedenfalls, die sich mit dem Elend der Menschheit nicht abfinden. Das haben wir in den letzten fünfzehn Jahren doch wohl erfahren: daß uns fast täglich irgendein neues Thema begegnet, zu dem irgend jemand meinte, einer religiösen Hintergrundsauskunft zu bedürfen. Und das haben wir doch wohl gelernt: daß der Katalog dieser Themen praktisch so unerschöpflich ist wie das Leben selbst.

Die religiöse Frage ist die Frage nach dem Sinn. Die Sinnfrage stellt sich aber von jedem Punkt des menschlichen Daseins aus und ist nur zu beantworten, wo das Dasein als Ganzes ins Auge gefaßt und gedeutet wird. Aussparungen gibt es nicht.

Und was die Kirche selbst betrifft: Sie stand nach dem Kriege, als wir anfingen, als Rocher de bronce unangreifbar in der nationalen Konkursmasse. Man kannte sie. Man wußte: Dies ist Kirche und dies nicht. Dies ist kirchliche Rede, dies ganz ebenso gewiß nichtkirchliche. Aber was soll uns heute diese Unterscheidung? Wenn wir heute »Kirche« sagen, schrumpft uns einerseits der Gegenstand unserer Vorstellungen auf einen kleinen Kern von Funktionären zusammen, andererseits fließen uns die Grenzen konturenlos hinaus überallhin, wo Menschen sind, wo Fragen sind, wo also gesprochen, gelebt, gezeigt werden muß, was denn das Evangelium von Jesus Christus den Menschen sage. Wir sind als Christen immer und überall in der »Kirche«, gleichsam »in dem, das unseres Vaters ist«, und wir sind gleichzeitig immer in der »Welt«, und wir können zwischen beidem nicht trennen. Ergeht in der Kirche nicht das Wort von Christus, dann ist dort »Welt«. Ergeht das Wort fernab aller Kirche, dann ist dort die Kirche. Die Kirche ist die Welt, in der das Wort ergeht. Der Geist aber weht, wo er will. Eine Selbstverständlichkeit, ich weiß wohl.

Glaubwürdig ist die politische Rede eines Pfarrers etwa dann, wenn sein Interesse nicht der Erhaltung der Kirche, sondern ihrer Inkarnation unter den Menschen gilt. Wenn es ihm nicht um Public Relations, sondern um die res publica geht. Wenn es ihm überhaupt nicht um Öffentlichkeit, sondern um Offenheit geht, also um Wahrheit, um die Transparenz seiner Aussage. Wenn er sich also nicht nach seiner Umwelt richtet, sondern sich an die Menschen wendet.

Am Ende, nach vierzig Jahren Mitwirkung in Rundfunk und Fernsehen, möchte ich sagen: Ich kann mir eine Kirche vorstellen, die auf Presse, Rundfunk, Fernsehen, Schallplatte und was immer verzichtet und dabei in vollem, rundem und klarem Sinn Kirche bleibt. In der das Evangelium verkündigt und die Sakramente verwaltet, die Leidenden getröstet werden und die Kranken besucht und den Armen die Liebe Gottes nahegebracht wird. Sie wird auch ohne alle mediale Vermittlung Kirche sein.

Ich bin aber ebenso sicher, daß eine Kirche, die sich erfolgreich über das Medium vermittelt, in der man aber alte Frauen in ihren Dachstuben nicht mehr besucht, in der man nicht mehr im Krankenhaus von Bett zu Bett geht, in der der Pfarrer nicht mehr bereit ist, mühsame Gespräche zu führen oder widerspenstige Kinder zu unterrichten, ihr Wesen als Kirche verliert. Was hülfe es ihr, wenn sie die ganze Welt gewönne und nähme doch Schaden an ihrem Auftrag?

Zuletzt ist alles einfach. Evangelium, Botschaft eines Pfarrers, ist daran kenntlich, daß es entlastet, daß es heilt, daß es befreit und daß es in das Leben, in das praktische, das mühsame, das elende, das Leben, wie es ist, einübt. Man muß die Menschen lieben, um über das Medium sagen zu können, was gesagt werden muß und kann. Antoine de Saint-Exupéry hat den Wunsch, dies zu tun, in die Worte gefaßt: »Herr, leihe mir ein Stück deines Mantels, ich möchte alle Menschen mit der Last ihrer großen Sehnsucht darunter bergen.«

Es ist darum nicht gut, wenn Christen allzusehr und allzu einseitig um ihr privates Seelenheil besorgt sind. Jesus erzählte einmal jene Geschichte von den drei Verwaltern, denen ein reicher Mann Geld übergab, das sie mehren sollten bis zu seiner Rückkehr. Und mir scheint, wer sein Seelenheil allzu wichtig findet, gleiche jenem, der am Ende seines Postens enthoben wurde, weil er, statt mit dem Geld zu arbeiten, es vergrub.

## *Offene Kirche*

Ich habe meinen Dienst in meiner Kirche, der württembergischen, leidenschaftlich gerne getan, und ich hätte mir keinen Beruf denken können, in dem ich lieber gearbeitet hätte, als den eines Pfarrers. Mein eigentliches Lieblingstier war seit meiner Kindheit das Wildschwein gewesen, dieses hochsensible Wesen in seiner rauhen Schale. In der Tat habe ich zu keinem Tier eine so nahe Beziehung wie zu ihm. Und so kann es auch nicht verwundern, daß ich mein Amt in der Kirche immer wieder im Bild dieses Tieres gedeutet habe: Ich konnte mir für mich selbst nie etwas Sinnvolles vorstellen unter einem Amt, in dem organisiert oder geleitet werden muß. Ich wollte im Unterholz der Kirche bleiben und dort meinen eigenen Weg finden, die Nase immer dicht an der Erde, in Kraut und Moos, unten, wo die Menschenschicksale verborgen waren, und dann das tun oder sagen, was da getan oder gesagt werden mußte.

Ich habe an meiner Kirche stets die großzügige Liberalität geschätzt, mit der sie die innere und äußere Freiheit ihrer Pfarrer umgibt und mit der sie mich auch meinen Weg gehen ließ. Einer ihrer führenden Kirchenjuristen, den ich einmal fragte, wozu man eigentlich eine Kirchenleitung brauche, sagte mit einem weisen Lächeln: »Eine Kirchenleitung dient dazu, in einer Kirche die gröbsten Unglücksfälle zu verhindern.« Mir hat in dreißig Jahren meiner Fernseharbeit nie ein leitender Mann meiner Kirche vorgeschrieben, was ich zu tun oder mitzuteilen hätte. Mir wurde immer wieder bescheinigt, man sehe dies oder jenes nicht gerne, was ich tue, oder man habe dies oder jenes Wort ungern gehört. Aber ich konnte von Sendung zu Sendung völlig frei entscheiden, was ich sagen wollte, und das ist, im Vergleich etwa mit anderen Kirchen, bemerkenswert. Die württembergische Landeskirche lebt nicht nur aus der Freiheit des Evangeliums, sondern auch aus der liberalen Tradition des württembergischen Landes und seiner Geschichte, und sie hat darin eine gewisse vornehme Freundlichkeit. Freilich, wer sich über Vorschriften beklagt, die er zu befolgen hätte und die ihm seine Freiheit nähmen, muß sich selbst fragen, wieviel Freiheit er denn beitrage. Man kann von einer Behörde nicht erwarten, daß sie Freiheit vermittelt. Wer frei sein will, muß seine Freiheit schon selbst mitbringen.

Mit der Vorstellung von einer lebensfähigen, lebendigen Kirche, die am Evangelium orientiert ist, hängt ein Traum zusammen, ein weltfremder, ich weiß, den ich seit vielen Jahren vor mir habe. Das Vorbild dieses Traumes steht in Jerusalem. Wenn ich in Jerusalem durch das Kidrontal hinüberging auf den Ölberg, so fand ich dort jene kleine Moschee, die ihre Kuppel auf den Umfassungsmauern einer frühchristlichen Rundkirche trägt. Die kleine Kirche aus dem 4. Jahrhundert war der Himmelfahrt Christi geweiht. Das Besondere an dieser Kirche war, und das ist ein einzigartiger architektonischer Einfall, daß sie kein Dach besaß. Die Gemeinde stand unter dem offenen Himmel, zu dem Christus aufgestiegen war. Die Moslems bauten um 1200 eine Kuppel darüber und richteten ein Derwischkloster darin ein.

Wenn ich dort stand, fiel mir immer wieder jene Stelle der Offenbarung ein, die den christuserfüllten Menschen mit einer Krone schildert, einem nach oben offenen Kopfschmuck. Nun weiß ich wohl, daß eine Kirche ein Dach braucht. Wie sollten sonst Junge und Alte, Bürger und Fremde in einer Kirche Heimat und Geborgenheit erfahren? Aber der Gedanke an eine nach oben offene Kirche deckt sich mit der genannten Krone, die der einzelne trägt und deren Wesen es ist, nach oben unverschlossen zu sein und also für den Geist Gottes, der in seine Kirche kommen will, offen.

Die Kirche in ihrer überkommenen Form verliert zur Zeit die Menschen, denen sie bisher eine selbstverständliche Heimat gewesen war. Sie wird kleiner. Die große Volkskirche mag zuzeiten ihren Sinn gehabt haben als Erzieherin der Massen. Sie wird aber mit Gewißheit auf ihren künftigen Sinn und Auftrag erst zugehen in dem Maß, in dem sie kleiner wird, nicht nur an Zahl, sondern auch an Macht, an Einfluß und Selbstdarstellung. Sie wird ihrer neuen Gestalt ohne Angst entgegengehen können, wenn sie weiß, daß Gott immer größer ist als ihre Erfahrungen und Erkenntnisse.

*Auf den Katholikentagen der siebziger und achtziger Jahre – hier in einer evangelischen Kirche in Düsseldorf – wurde leidenschaftlich nach der Beendigung der konfessionellen Spaltung der Christenheit verlangt. Aber die Züge fahren seit einiger Zeit wieder rückwärts. Wer will sich über die Glaubwürdigkeitskrise der Kirchen von heute wundern?*

Mit dem Gültigen und Bleibenden aus der Geschichte der Kirche und mit dem Wort, das heute zu sagen ist, zugleich hat auch ein anderes Problem zu tun, das mit dem offenen Himmel auch gemeint ist und das heute vor aller Augen steht. Es ist der christliche Gottesdienst und was in ihm geschieht oder nicht geschieht. Eine allgemeine Gottesdienstmüdigkeit auch in den inneren Kreisen der Gemeinde ist unübersehbar, ein tiefer Mangel an Lebendigkeit, an Gemeinschaftserfahrung und an spiritueller Befreiung, an Rat und Weisung auch, durchzieht das tausendfache Gottesdienstgeschehen jedes Sonntags. Die meisten Pfarrer sind mit der Forderung, allsonntäglich eine geistvolle Predigt zu halten, ganz schlicht überfordert. Dazu kommt ein Gesangbuch, in dem rund die Hälfte aller Lieder einem heutigen Menschen nicht mehr zuzumuten ist. Unablässig wird das apostolische Glaubensbekenntnis gesprochen, ohne daß die Last bemerkt wird, die man damit gerade nachdenklichen Menschen auflegt, die dies weder bekennen wollen noch können.

Es müßte möglich sein, christliche Gottesdienste zu feiern, in denen ein Moslem, ein Hindu, ein Schwarzer, ein Chinese, ein der Religion völlig entfremdeter Europäer oder einer der jungen Leute, die wir Chaoten nennen, einigermaßen sich wohl fühlen. Ich gestehe, das ist ein Wunsch. Nein, es ist ein Auftrag, wenn denn das Christentum Zukunft haben will. Denn »Ökumene« ist heute nicht mehr die Gemeinsamkeit christlicher Konfessionen, sondern die Gemeinschaft christlicher Konfessionen im großen Zusammenhang aller Religionen dieser Erde. Angst um das Eigene des Christentums ist unnötig. Wenn die christliche Botschaft im Vergleich und in der Zusammenschau ihre Kontur verlieren würde, wäre sie auch, bliebe sie allein, kaum der Rede wert. Der Sinn solchen Gottesdienstes wäre dann auch der Friede, der zu den Zukunftsaufgaben jeder Kirche und Religion gehören wird.

Die Kirche hat ihr Urmuster in dem Volk, das vor mehr als dreitausend Jahren die Knechtschaft in Ägypten verließ und auf seine berühmte Wanderung durch die Wüste ging. Sie nennt sich darum mit Recht und Grund ein »wanderndes Gottesvolk«. Inzwischen aber ist sie so unbeschreiblich seßhaft geworden, so gehorsam gegenüber Staat und Gesellschaft, so eingepaßt, so angeglichen, so geräuschlos funktionierend. Eine »wandernde Kirche« wäre in einer Gesellschaft wie der unseren Sand im Getriebe. Sie wäre ein Potential von Unruhe, von Widerstand und von eigenen Ideen.

Was Kirche ist, kann im Grunde nur unter dem offenen Himmel diskutiert werden. Was sie sagt, wird gegen allerlei Vorurteile stehen, es wird etwas Widerständiges haben gegen den kirchlichen oder staatlichen Status quo. Sie wird in einer Art Gegensprache sprechen gegen die verzweifelte Weise, in der die heutige Welt ihren eigenen bevorstehenden Untergang beschreibt oder verschweigt.

# 7.
# Wandern im Wüstensand

## *Was uns gefehlt hat*

Nachdem ich eine Reihe von Jahren Pfarrer gewesen war, fiel mir immer mehr auf, daß in unserer theologischen Ausbildung ganze Wissensbereiche einfach gefehlt hatten.

Man hatte uns gesagt, der Mythus sei eine überholte Form des Denkens, die uns modernen Menschen nicht mehr zugemutet werden könne. Also war der ganze Bereich der »Mythologie« und aller frühen Formen menschlicher Frömmigkeit uninteressant gewesen.

Man hatte uns gesagt, fremde Religionen zu studieren sei unnötig, da alle Wahrheit im christlichen Glauben versammelt sei und nur die Offenbarung in Christus zu gelten habe. Alle fremden Religionen seien von Menschen gemachte Versuche, sich den wirklichen Gott vom Leibe zu halten. Also haben wir dergleichen nie in unser Nachdenken und Lernen einbezogen.

Man hatte uns gesagt, das »bloß Historische« sei für den Glauben unerheblich. »Geschichtlich« wichtig sei allein der Entschluß, den wir jetzt fassen, die Entscheidung, die wir heute träfen. Also haben wir etwa die Geschichte des alten Orients, in deren Zusammenhang die Bibel steht, nie wirklich gründlich kennengelernt.

Man hatte uns auch gesagt, der Seelsorger bedürfe keiner tiefenpsychologischen Kenntnis. Das war insofern konsequent, als die Seele des Menschen in tiefenpsychologischer Sicht ja eine ganze Welt von Spuren mythischer Kräfte und Mächte ist, die noch heute mit ihren uralten Bildern das Leben und Wesen des Menschen aufs nachhaltigste prägen. Da aber der Mythus als überwunden angesehen wurde, entfiel auch die Notwendigkeit, seinen Spuren in der Seele des Menschen nachzugehen.

Alle diese vier ausgeblendeten Wissensgebiete hängen also aufs intensivste zusammen, gerade wenn man es als seine Aufgabe ansieht, als Seelsorger mit heutigen Menschen zu arbeiten. So habe ich, was mir fehlte, nachgeholt. Eines Tages, ich war schon mehr als fünfundvierzig Jahre alt, nahm ich mir vor,

*Meine Frau mit einem eben geborenen Eselchen in Banjas, Israel.*

dies alles im konkreten Zusammenhang zu studieren. Ich mußte also über längere Zeit den Nahen Osten gründlich kennenlernen. So schlug ich vor mehr als zwanzig Jahren als Fernsehpfarrer meinem Sender vor, einige Reihen von Fernsehfilmen über die Kulturgeschichte des Nahen Ostens zu drehen, ebenso wie Einzelberichte über die heutige Situation dort zu allerlei Problemen, die zum Beispiel zwischen Israel und seinen Nachbarn bestehen.

Ich reiste also zunächst allein oder mit meiner Frau, dann mit Reisegruppen durch Israel und die arabischen Länder und schließlich mit einem Kamerateam durch Ägypten, den Jemen, die arabische Wüste, Syrien, Libanon, den Irak, den Iran, die Türkei, Griechenland und Kreta. Und es gibt wohl nicht viele archäologische Orte im Nahen Osten, die ich nicht durchwandert habe. Da ich aber sah, wie die soziale Struktur der Nomadenszene, der Fellachen, der Händler und Fischer sich auflöste, so nutzte ich die letzte Gelegenheit, Bildmaterial aus der Welt Abrahams und der letzten fünf Jahrtausende zu sichern, und brachte ungefähr hunderttausend Fotos mit nach Hause, die ich in ein privates Bildarchiv einbrachte.

Darüber wäre viel zu erzählen. Etwa von Erfahrungen mit dem Geheimdienst Saddam Husseins im Irak, der meine Mitarbeiter und mich zweimal festnahm, oder mit dem in Ägypten. Es fällt mir auch ein, wie ich auf dem Sinai die Blauhelme der UNO fotografierte und von ihnen verhaftet wurde, wie in einem feierlichen Übergabezeremoniell der Häftling Zink an eine Gruppe israelischer Soldaten überstellt wurde, wobei die ganze Feindseligkeit zwischen UNO-Soldaten und Israelis zum Ausdruck kam, oder wie im Irak, als ich ein Dorf filmte, plötzlich ein Mann hinter mir stand und mich mit einer Axt erschlagen wollte. Wie an der Grenze zwischen Syrien und der Türkei aus einem Grenzbunker auf uns geschossen wurde, als wir »Landschaft mit Stacheldraht« filmten. Wie wir auf den Straßen von Alexandrien um ein Haar von einem Volksauflauf erschlagen worden wären, weil die Leute uns für israelische Spione hielten. Oder wie wir im Kurdengebiet von Kirkuk in einen Überfall von aufständischen Kurden auf den Nachtschnellzug nach Bagdad gerieten und der Zug in Flammen aufging. Irgendeine Art von Kriminalstory war fast immer mit dabei. Aber das alles soll hier nicht erzählt werden.

Ich will zunächst von Israel reden. Es ist schwer, in Israel nennenswerte Spuren aus der Zeit des Alten Testaments zu finden. Ein Land, in dem durch die Jahrtausende hin ein Krieg dem anderen folgte, kann sich an Altertümern etwa mit Ägypten, dem Irak oder Persien nicht messen. Da und dort stehen Reste einer alten Synagoge, da und dort liegen Fundamente wie am südlichen Hang des Tempelplatzes in Jerusalem. Da und dort finden sich ein paar Urkunden oder Gebrauchsgegenstände, die der Sand oder eine Höhle bewahrt haben. Entscheidend kann in einem solchen Land, jedenfalls für Christen, die Archäologie nicht sein. Wichtig ist das Land selbst, und wichtig ist, was dem durch Kopf und Herz geht, der in ihm unterwegs ist.

So war ich oft und oft in Nazaret und Obergaliläa, an den Jordanquellen, auf dem Golan, dem Tabor und vor allem auf den Hügeln rund um den See Genezaret, habe die Dörfer aufgesucht und bin die Wege gegangen, auf denen Jesus vielleicht von einem Ort zum anderen gewandert ist. Ich habe auf Basaltklötzen, die von der Synagoge von Kapharnaum aus seiner Zeit übrig sind, gesessen und in meinem Neuen Testament nachgelesen, was sich hier abgespielt hat. Ich bin mehrmals tage- und nächtelang mit den Fischern vom heutigen Kibbuz Ginosar zum Fischfang ausgefahren, bestieg den Hang des Golan und saß oben, wo vielleicht die Speisung der fünftausend stattgefunden hat, im langen, dürren, vorjährigen Gras der unwirtlichen Basaltsteppe und erzählte mir selbst die Geschichte. Im alten Hafen von Magdala dachte ich an die dramatische Geschichte dieser Stadt während des jüdischen Kriegs und die berühmte Maria, die von dort stammt.

Der schönste Platz im weiten Abstand um den See her ist der Arbel, der auf der einen Seite aus dem Taubental, auf der anderen aus dem See aufsteigt, und ihn habe ich unzählige Male aufgesucht, meist allein, und habe die wunderbare Fernsicht über das ganze nördliche Galiläa in mich aufgenommen. Wenn ich in der Bergpredigt lese, sitze ich heute noch in Gedanken auf den Kalksteinfelsen dieses zauberhaften Berges. Und eine der schönsten Eucharistiefeiern meines Lebens fand dort oben statt. Ein katholischer Priester und ich feierten sie mit einer Reisegruppe zusammen auf einem der Felsbrocken, die da in den Blumen lagen, und alles, was es an kirchlichen Vorschriften geben mag, versank vor der unmittelbaren Gegenwart dessen, in dessen Namen wir Brot brachen und den Becher weitergaben.

Und wenn ich allein oben seine Reden gelesen hatte, ging ich gelegentlich hinüber in das Säulental, das Wadi Amud, und suchte die Höhlen der Partisanen auf, die Schlupflöcher der Aufständischen, gegen deren Gewaltideologie sich manches in der Bergpredigt wendet. Und so ging ich von Ort zu Ort nach Chorazin und Beth Saida, Gergesa und Tiberias, nach dem suchend, dessen Wort ich bei mir trug.

Ich weiß nicht, wie viele 10000 km ich im Wagen durch das Land fuhr, so lange, bis ich auch auf abgelegenen Pisten keiner Landkarte mehr bedurfte. Und manchmal mietete ich mir ein Flugzeug, um mir Galiläa einzuprägen oder das Jordantal oder Jerusalem oder Hebron, den Negeb oder den Sinai. Wenn wir dabei filmten, ließen wir die Seitentür der Cessna zu Hause, setzten uns, der Kameramann und ich, in die offene Tür und filmten und fotografierten.

Oder zu Fuß. Zwischen Jericho und Jerusalem bin ich mehr als einmal den Weg der römischen Straße gegangen, auf dem Jesus vermutlich zum Passah nach Jerusalem hinaufwanderte, und mehr als einmal habe ich den Weg vom Ölberg durch das Wadi Kelt in den Jordangraben hinunter unter die Füße genommen als Einübung in die Erfahrung der Wüste, das heißt immer auch der Passion Jesu, einmal mit einer Reisegruppe, mit der ich in einen Schirokko geriet und aus der einige am Ende ihrer Kräfte unten ankamen. Anders aber wird man nicht begreifen, was ein Weg durch eine Wüste, auch die Wüste eines Leidenswegs, ist.

Eines Tages, es war 1973, nahm ich mir vor, unten am Toten Meer einen Spielfilm zu drehen über die Mönchsgemeinschaft der Essener. Dazu brauchte ich einige gute Schauspieler. Ich ging also in Tel Aviv in das israelische Nationaltheater und begegnete dort zunächst eisiger Zurückhaltung. Aber nach einem langen Gespräch über den Sinn gerade solchen gemeinsamen Gestaltens an der Geschichte Israels fand sich für jede Rolle eine ausgezeichnete Lösung. Aviva Marks, die schmale, liebenswerte junge Frau war dabei, vor allem aber in der Hauptrolle Israel Becker, der aus Weißrußland stammende vitale, urige Mann, der übrigens auch ein genialer Maler ist. Außer einem gelungenen Film, den wir bei Temperaturen von bis zu 53 Grad drehten (meine Frau stand, ein nasses Handtuch um den Kopf, neben dem Kameramann und hielt einen Regenschirm über die Kamera, damit die Filme nicht verschmorten), war die Freundschaft mit Israel Becker der wichtigste Ertrag

*Israel Becker, Schauspieler am israelischen Nationaltheater in Tel Aviv, mit einem deutschen Jungen in dem Film »Die Söhne des Lichts«, den wir über das Essener-Kloster Qumran drehten.*

dieser Begegnungen. Wir saßen damals miteinander im Wadi oben in den Bergen, wo die Essener ihren Stausee angelegt hatten und wo die Höhlen sind, in denen man vor vierzig Jahren ihre Schriften fand, lasen miteinander aus den Hymnen, die man in ihren Schriften gefunden hat, und ließen uns von der Sprache und den Sprachbildern dieser untergegangenen Mönchsgemeinschaft verzaubern.

Da war auch die Freundschaft mit Benni, einem israelischen Fremdenführer, der am Ende einer gemeinsamen Reise seine Guideschnur, die er um den Hals trug, über den Kopf streifte und mir umhängte mit den Worten: »Du weißt mehr über Israel, als ein guter Guide wissen kann.«

Daneben stand die Freundschaft mit einem sensiblen, gebildeten jungen Araber, der mir viele Begegnungen mit den Menschen zwischen den Flüchtlingsdörfern im Jordangraben und den Dörfern um Betlehem und Hebron ermöglicht hat, an denen ich ohne ihn vorbeigelaufen wäre, und steht die Trauer darüber, daß es auch in all den Jahren seitdem nicht möglich war, in dieser Region Frieden zu finden, daß dieses Land vom Haß und von der Gewalt beherrscht wird wie selten in seiner blutigen Geschichte. Ich bin als Deutscher nicht der Mann, Israel zu erklären, was Menschenrecht und Friedenspolitik seien, aber ich konnte mich am Ende nicht mehr einfach unbefangen als Freund meiner israelischen Freunde in dem Land bewegen, in der Trauer darüber, daß sich zwar jedermann mit dem Frieden grüßt, dem Shalom, aber daß dieser Staat eben doch zu denen gehört, die über Jahrzehnte hin keinen Weg zum Frieden finden, durch fremde und durch eigene Schuld.

Was ist mir bei all dem deutlich geworden, das mir anders nicht so deutlich gewesen wäre? In Galiläa und Jerusalem ebenso wie bei meinen Wanderungen und Fahrten in allen den anderen arabischen Ländern ging mir die wirkliche Geschichte auf, die keineswegs mit so leichter Hand vom Tisch zu fegen ist, wie wir das als Studenten und noch lange danach als Theologen getan haben. Vielleicht erreichen unsere Predigten den konkreten Boden der heutigen Geschichte deshalb so selten, weil wir den Boden der wirklichen Geschichte des Alten und Neuen Testaments nie betreten haben. In den kahlen Räumen der Thoraschule von Merom, wo die israelischen Handwerker und Bauern saßen, die Kabbala lesend, in Gesprächen mit arabischen Flüchtlingen oder mit Soldaten der israelischen Armee und Politikern der jeweiligen Regierungen in Israel und in den arabischen Ländern, mit Fischern, Siedlern und Händlern, oder während ich mit einer Hirtenfamilie in der arabischen Wüste Ziegen hütete, wurde mir unendlich vieles anschaulich, an dem ich bis dahin in meiner Bibel vorbeigelesen hatte. In dem Buch »Tief ist der Brunnen der Vergangenheit« habe ich davon erzählt.

Mit der sehr alten Vergangenheit, die ich in all diesen Ländern zwischen Assuan und Persepolis, zwischen dem Jemen und Griechenland fand und verstehen lernte, wurde jedenfalls sehr viel deutlich, und das in dreierlei Begegnungen: der Begegnung mit dem Mythus, mit den Lebensverhältnissen der Menschen und mit dem politischen Geschehen jener alten Zeit.

## *Begegnung mit dem Mythus*

Ein Beispiel: Wir sind gewöhnt, Geschichten wie die am Anfang der Bibel, etwa die Paradies- und Sündenfallgeschichte, so zu lesen, wie sie dasteht, und sie so auszulegen, wie es unserem abendländischen Stil und Geist entspricht. Mir ging auf meinen Reisen durch die Länder des Ostens, vor allem Syriens und des Irak, viel von dem Hintergrund auf, den wir nicht kennen und der den Geschichten eigentlich erst ihr Profil gibt. Hinter der Flutgeschichte zum Beispiel steht der Mythus von Gilgamesch, hinter der Jonageschichte ein sehr alter Mondmythus. Diese alten Mythen wurden für Israel im Lauf der Jahrhunderte unbrauchbar, sie mußten neu durchdacht und neu niedergeschrieben werden, wollten sie der neuen Erkenntnis Gottes und des Menschen gerecht werden, die Mose und den Propheten Israels begegnet war.

Da aber die mythische Welt, in der viele jener uralten Geschichten erzählt wurden, uns nicht interessierte, blieb auch ihr Sinn verborgen. So wurde eben die Geschichte vom Sündenfall zur Haupt- und Standardgeschichte für die hoffnungslose Verderbtheit des Menschen, und speziell in der protestantischen Theologie wurde sie völlig anders gewertet, als sie ursprünglich gemeint war.

In den alten Zeiten, als in den Ackerbaukulturen des Nahen Ostens die Göttinnen ihre große Rolle spielten, die Erdgöttinnen, die Quellgöttinnen, die Baumgöttinnen, die die Fruchtbarkeit der Erde verkörperten und bewirkten, bestanden die Heiligtümer weniger in Bauten als vielmehr in Gärten. Der

*Im Spiel mit arabischen Kindern am Tempelberg in Jerusalem.*

heilige Bezirk eines männlichen Gottes bestand in der Regel aus einem Haus und einem Hof um das Haus her, der einer Großen Mutter im allgemeinen aus einem Garten, in dem Bäume standen und in dem zuweilen auch eine Höhle war. Die Göttin, die in der Erde wohnte, wurde oft in der Gestalt einer Schlange verehrt, der Bewohnerin der Erde. Die Schlange war das Tier, das Weisheit vermittelte. Oder es war der Baum, dessen Früchte man aß, der Weisheit spendete. Ich habe im Britischen Museum einmal eine Tonscherbe gefunden aus dem dritten oder vierten Jahrtausend vor Christus, also rund zweitausend Jahre vor Abraham, die im alten Kulturgebiet der Sumerer ausgegraben worden war. Da sieht man den Stamm einer hohen Dattelpalme, vor dem eine Frau kniet und einen kleinen Baum in die Erde pflanzt. Eine Schlange aber windet sich um sie her und legt ihren Kopf in den Schoß der Frau. Es ist die Darstellung eines Mutterkults. Die Frau ehrt die Große Mutter und empfängt dabei die Fruchtbarkeit ihres Leibes und die Weisheit, die die Göttin gibt.

Ich bin damals in allen Museen des Nahen Ostens umhergegangen und habe studiert, was dort zu lernen war. Ich habe dabei eine Erfahrung gemacht, die ich nicht verschweigen will. Es besteht ein tiefgreifender Unterschied zwischen einem Museum im westlichen, liberalen Denktypus und einem Museum, das im Rahmen irgendeiner Art von Sozialismus gemacht wird. Was bin ich für Wege gelaufen, wenn ich im Louvre auch nur ein Stück filmen oder fotografieren wollte! Was für Wege, aussichtslose, durch die Chefetagen des Israelmuseums in Jerusalem! Überall, wo westlich gedacht wird, ist der Bestand eines Museums sozusagen das Eigentum des Direktors, der eifersüchtig darüber wacht, daß niemand als er selbst über seine Stücke irgend etwas publiziert. Wenn ich nach Aleppo kam oder Damaskus, dann traf ich auf Museen, die der Volksbildung dienten, und auf Menschen, die hoch daran interessiert waren, daß das Wissen, das in ihren Sammlungen verborgen ist, zu den Menschen kam. Wenn ich in Bagdad in das wunderbare archäologische Museum kam, fragte mich der Chef sofort, ob er mir für meine Filmaufnahmen Helfer zur Verfügung stellen dürfe und ob ich genug Licht bei mir hätte, und half mir, was ich suchte auf eine gute Weise ins Bild zu bringen. Es besteht kein Anlaß für westliche Sammlungen, auf die orientalischen hinabzusehen. Das nebenbei.

Aber zur Sache: Als die Israeliten in Kanaan, dem heutigen Palästina, einwanderten, kamen sie aus der Wüste. Sie waren Nomaden gewesen und hatten die Religion von Nomaden mitgebracht. Diese Religion der Nomaden aber bezog sich überwiegend auf männliche Götter. Für sie spielte der Acker keine Rolle, für sie war wichtig, daß sie ihren Weg fanden, daß sie geschützt waren vor Übergriffen und Angriffen fremder Stämme und daß das karge und immer bedrohte Leben durch eine unerbittliche Moral gesichert war. Sie brauchten einen starken Schutzgott, mit dem sie sich verbünden konnten, einen Begleitergott, der ihnen sagte, wo sie lagern und wann sie wieder aufbrechen konnten. Ihre gesellschaftliche Struktur mit der klaren Vorordnung des Mannes vor der Frau spiegelte den Glauben an den Himmelsgott, den Wind- und Gewittergott.

Als sie nun von ihrem neuen Land Besitz ergriffen, fanden sie praktisch in jedem Dorf den heiligen Bezirk einer Muttergottheit, und es folgte eine viele Jahrhunderte währende Auseinandersetzung zwischen der mosaischen Religion und diesen Kulten. Unter jedem grünen Baum, so klagten die Propheten noch sechshundert Jahre nach der Einwanderung, verehren die Frauen Israels irgendeine Göttin, und all die Zeit über war der Kampf gegen die Mutterkulte im Grunde vergeblich gewesen.

So kam nun die Begegnung mit den Mutterkulten im Kulturland als unerwartete Gefahr, nicht nur für den Primat des Mannes, sondern auch für das strenge Moralgesetz. Mutterkulte kennen ja so gut wie keine »Moral« in unserem späten Sinn. Gut war, was lebendig war, was fruchtbar machte, und wenn von Adam und Eva gesagt war: Sie waren beide nackt und schämten sich nicht, so spiegelt sich darin der unbefangene Umgang der Geschlechter miteinander, die Promiskuität auch, die in den alten Mutterkulten üblich war. Die Ehe entstand viel später. Sie ist die Frucht einer Kultur der Männer, die ihren Besitz, die Frau, vor dem Zugriff anderer Männer zu

*Bei 53 Grad im nicht vorhandenen Schatten in einer Gebirgswüste. Mit einem nassen Handtuch um Kopf und Schultern stand meine Frau, den Sonnenschirm über die Kamera haltend, in der Sonne, um den Film vor dem Verschmoren zu bewahren.*

schützen suchten, weshalb ja im Alten Testament der Ehebruch der Frau viel schwerer wog als der des Mannes.

Im Zusammenhang mit dieser Auseinandersetzung formten die Erzähler Israels eine alte Geschichte vom Garten der Urmutter so um, daß sie sich zur Warnung vor den Kulten der Göttinnen eignete. Sie nahmen das Bild vom Garten der Urmutter auf, sagten aber nicht, die Große Mutter habe ihn angelegt und habe Bäume wachsen lassen, sie sagten vielmehr, das habe Gott getan, der Schöpfer aller lebendigen Wesen, der

*Das Hor al Hammar, die zauberhafte Landschaft am unteren Euphrat, war zu den Zeiten meiner Besuche ein Paradies. Viel davon wurde im Golfkrieg zerstört.*

nicht nur für den Himmel zuständig sei, sondern auch für die Fruchtbarkeit der Erde. In der Mitte des Gartens habe der Baum des Lebens gestanden und der Baum der Erkenntnis, der Weisheit. Aber gerade von diesen beiden Bäumen, von denen früher das Leben und die Weisheit kamen, sollte der Mensch nicht mehr essen. Das heißt: Die Kulte der Mütter waren den Israeliten verboten.

Damit änderte sich alles. Die Frau galt nicht mehr als die Mutter des Mannes, sondern als ein Teil von ihm, als ein Gebilde, das Gott aus seiner Rippe gemacht habe. Die Schlange galt nicht mehr als die Geberin der Weisheit, sondern als die böse Macht, die zur verbotenen Erkenntnis verleitet. Wer von den Bäumen in der Mitte des Gartens aß, gewann damit nicht ein Heimatrecht im heiligen Bezirk wie in den Mutterkulten, er verlor es vielmehr gerade dadurch und wurde aus dem Garten vertrieben. Daß die Schlange auf dem Bauch kriecht und in der Erde wohnt, ist nicht mehr ein Merkmal ihrer Nähe zur Großen Mutter, deren Segen sie bringt, sondern ein Merkmal des Fluchs. Da es aber die Mutter war, die dem Acker den Ursegen gab, wird der Acker für den Menschen zum Zeichen seiner Fron, die er »im Schweiße seines Angesichts« zu leisten hat, aber nicht mehr zum Zeichen des Segens und des Fests, das dankbar gefeiert wird. Auf die Frau aber, die die Fruchtbarkeit ihres Leibes von der Mutter empfangen hatte, kommt der Fluch zu, sie werde »unter Schmerzen Kinder gebären« und der Herrschaft des Mannes unterworfen sein.

Es ist erstaunlich, welch ungeheures Gewicht die Kirche in ihrer zweitausend Jahre währenden Geschichte auf den »Sündenfall« gelegt hat, einfach deshalb, weil ihr die religionsgeschichtliche Herkunft und Absicht dieser Erzählung unbekannt war und sie an ihre Stelle eine handliche Interpretation setzte.

Das Bild vom Garten aber bedeutet schon in der Bibel in späteren Zeiten etwas ganz anderes als den verschlossenen Bezirk der Aussperrung. So korrigiert schon das »Hohelied« das Bild vom »Garten« in ein Symbol des Glücks und des Segens. Da lädt die Frau den geliebten Mann ein:

> »Der Gartenquell ist ein Brunnen lebendigen Wassers,
> der herabfließt vom Libanon.
> Nordwind, erhebe dich! Südwind, eile herbei,
> durchwehe meinen Garten, daß seine Düfte strömen!
> Mein Geliebter komme in seinen Garten
> und genieße seine köstlichen Früchte.«

Hier ist wieder der Garten der Mütter, der Garten der unschuldigen, jubelnden Freude des Liebenden am Geliebten. Und so antwortet der Mann:

> »Ein behüteter Garten ist meine Braut,
> ein behüteter Garten, ein verborgener Quell.«

Und er nennt seine Geliebte seine »Schwester« als die Tochter der gemeinsamen Mutter. Es ist eine ins Ganze der Schöpfung aufgenommene Erotik, die den Garten wieder öffnet.

Man mag einwenden: Warum willst du dich mit diesen alten und primitiven Mythologien beschäftigen? Wir gründen unseren Glauben doch gerade auf der späteren, der geistigeren Offenbarung an Mose und die Propheten? Ich meine aber, daß fast ebensoviel, wie durch den Patriarchalismus der von Mose und den Propheten bestimmten Phase der Geschichte Israels gewonnen wurde, auf der anderen Seite verlorengegangen ist. Denn Gott ist ja weder Mann noch Frau. So naiv es ist, ihn im Bild einer Frau zu sehen, so naiv ist es auch, ihn im Bilde eines Mannes zu sehen, etwa eines »Kriegsmannes« wie in den Zeiten der Landnahme im 12. Jahrhundert, eines »Königs« wie in der Zeit der Könige Israels, eines »Bundesgenossen« wie in der Zeit der großen Kriege gegen Assyrer und Babylonier. Die Dichter und Schreiber des Alten Testaments haben in den letzten Jahrhunderten vor Christus denn auch das »Weibliche« in Gott neu entdeckt und ihm den Namen »Geist Gottes« – Geist ist im Hebräischen weiblich! – oder »die Weisheit« oder später »Schechiná« gegeben. Und Jesus selbst hat, wer er sei, sowohl im Bild des Geistes als auch der Weisheit beschrieben.

Heute, da wir vor dem Tode der »Mutter Erde« stehen, wird es höchste Zeit, wieder von der »weiblichen Seite« Gottes zu sprechen. Vielleicht ist etwas von der Zartheit, der Wärme und Sorgfalt jener frühen Stufe des religiösen Bewußtseins in der heutigen Zeit der Ausbeuter und Zerstörer wiederzugewinnen.

Und so oder ähnlich lassen sich heute viele Geschichten des Alten Testaments aus ihrem Hintergrund und Zusammenhang neu verstehen. Mir gingen viele davon auf, während ich dort die Seen entlangging, wo das Alte Testament vermutlich das Paradies geortet hat, im heutigen Irak, östlich von Ur, in dem paradiesischen Garten am Hor al Hammar, zwischen Schilfhütten und Millionen Dattelpalmen.

## *Berührung mit der Frühzeit*

Aber auch auf einer ganz anderen Ebene als der mythologischen begegneten mir die Geschichten des Alten Testaments. Die Lebensformen, die uralten Regeln und Gesetze des Zusammenlebens von Fellachen und Großgrundbesitzern, von Händlern, Handwerkern und Nomaden waren es, die mir erklärten, was uns westlichen Völkern zunächst unverständlich ist. So war es zum Beispiel das uralte Gesetz des Weidewechsels, das mir so manche Geschichte neu gedeutet hat.

Ich nenne die uns allen bekannte Geschichte von Kain und Abel, vom Mord des älteren Bruders am jüngeren. Man hat versucht, diese Geschichte, weil sie von einem Opfer erzählt, aus dem Kult zu erklären, oder man hat, im Zeitalter der Familienpsychologie, der Konkurrenz der Brüder nachgespürt, und immer blieb ein beträchtlicher Rest unerklärt. Die Geschichte hat ihren Hintergrund in der Lebensweise von Fellachen und Beduinen und kann nur aus ihrer kulturellen Herkunft erklärt werden.

In den Ländern des südwestlichen Asiens waren jahrtausendelang die Völkergruppen und Stämme mit ihren Viehherden hin und her gezogen, nomadisch, einmal hier sich aufhaltend oder dort und danach weiterziehend, bis sie anfingen, Getreide auszusäen und zu ernten. Wer den Boden bearbeitet, wird notwendig seßhaft. Er muß sein Land abgrenzen gegen das Land anderer. Sie bauten also Dörfer und Städte, Staaten und Staatenbünde, sie stellten schließlich stehende Heere auf. So entstand die Lebensform des Bauern als der große Gegensatz zur Lebensform des Nomaden.

*Frauen mit Ziegen auf dem Sinai*
*Im Sinai lebte ich immer wieder bei Beduinen in jener Lebensform, aus der unsere ganze Kulturüberlieferung letztlich herkommt und die uns so fremd geworden ist.*

Wenn danach die wandernden Hirten an ein so abgegrenztes Land kamen, erlebten sie das für sie Unvorstellbare: Der fruchtbare Boden war plötzlich gesperrt. Dort saßen Leute, die den mit Waffengewalt abwehrten, der aus der Wüste kam. Der Ackerbauer Kain und der Nomade Abel traten einander gegenüber. Nicht der Böse und der Gute, sondern der angesiedelte und der umherziehende Mensch. Und Kain – und das wird in der Frühzeit oft und oft praktisch geschehen sein – schlug seinen Bruder, der aus der Wüste kam und Kains bestelltes Feld mit seinen Herden überzog, tot.

Schließlich fanden sie eine Lösung im Gesetz des »Weidewechsels«. Wenn im Herbst die Regenzeit kam und es in den Randgebieten der Wüste blühte, lebten die Hirten dort draußen, und die Bauern bestellten ihre Felder. Im Frühjahr, wenn die Hitze kam und die Trockenheit, brachten die Bauern ihre Frucht ein, und die Nomaden pendelten ins Ackerland, weideten die abgeernteten Felder vollends ab, und die Herden düngten die Äcker. Dieses Gesetz galt schon Jahrtausende vor den ersten Geschichten der Bibel, und es gilt im Prinzip bis heute. Es schafft Frieden zwischen Kain und Abel.

Und es ist lebensnotwendig für beide. Kain wird immer der Stärkere sein. In den Dörfern und Städten lebten zu Tausenden die Bauern und die mit ihnen verbundenen Bürger. Die Nomaden wanderten in kleinen Gruppen, weil nirgends in der Wüste Gras und Wasser für große Herden ist. Wenn also Abel hereinpendelt ins Fruchtland, hat er gegen Kain keine Chance. Dann kann es geschehen, wie die Bibel die Situation schildert, daß sie »miteinander auf dem Feld sind«, daß Kain sich gegen seinen Bruder Abel »erhebt« und ihn totschlägt.

Die Vorfahren Israels aber waren Hirten gewesen. So erzählten sie, das Opfer Abels sei Gott angenehm gewesen und das Kains nicht. Denn sie beteten einen Himmelsgott an, wie die Nomaden überall, einen Wandergott, einen Schutz- und Führergott, während die Städte und die Bauern der älteren Religion, der der Urmutter, verpflichtet waren. So ist Kain der von Gott Gezeichnete und Bestrafte, Abel der Bedrohte und der Wehrlose. Man nähert sich nicht nur dem Gottesbild jener alten Nomadenkulturen, wenn diese Zusammenhänge deutlich sind, sondern auch den biblischen Geschichten, wenn man von den Lebensumständen weiß, die in ihnen vorausgesetzt werden.

## *Nachzeichnung der Geschichte*

Auf einer dritten Ebene traf ich immer wieder auf den Hintergrund irgendeiner unauffälligen Geschichte, sobald die politische Situation ins Blickfeld trat, die jene alten Zeiten bestimmte. So erging es mir zum Beispiel mit der Erzählung, die Königin von Saba habe eines Tages dem König Salomo einen festlichen Besuch abgestattet. Sie habe Salomo Rätsel aufgegeben, die er souverän zu lösen verstand, ungewöhnlich reiche Geschenke seien ausgetauscht worden, und Salomo habe Gelegenheit erhalten, seine Weisheit zu zeigen. Die Geschichte sagt kein Wort darüber, was der wirkliche Anlaß dieser Reise der Königin gewesen sei.

Er wurde mir deutlicher, als ich im Jemen reiste und mir das Land und seine Geschichte vor Augen führte. Saba ist ja der heutige Jemen. Es galt damals und noch tausend Jahre später, in römischer Zeit, als eines der reichsten, wenn nicht das reichste Land des Erdkreises. Das lag daran, daß es das Monopol für Weihrauch besaß, der damals in der ganzen alten Welt an jedem Tempel gebraucht wurde. Im Hadramaut, in den riesigen Weihrauchplantagen, begann deshalb die sogenannte Weihrauchstraße. Sie führte durch den heutigen Nordjemen, in der Nähe von Mekka vorbei und über Akaba nach Gaza am Mittelmeer und zu den dortigen Häfen. Der Reichtum dieses Landes konnte deshalb so ungemindert über ein Jahrtausend erhalten bleiben, weil dieses Land durch eine 2500 km tiefe Wüste vor den Eroberungszügen antiker Armeen geschützt war. Noch ein römisches Heer von 12000 Mann ging zwischen Akaba und dem Jemen ganz einfach verloren.

Wir können uns natürlich fragen, warum diese ungeheuer mühsame und kostspielige Reise des Weihrauchs auf dem Rücken von Zehntausenden von Kamelen durch eine lebensfeindliche Wüste nötig gewesen sein sollte. Man hätte dazu auch den Seeweg von Hadramaut in den Golf von Suez wählen können. Aber der Seeweg, der möglicherweise in älterer Zeit tatsächlich bestanden hatte, war in der Zeit Salomos durch Seeräuber, von denen das Rote Meer wimmelte, verschlossen.

Der Landweg war eine Notmaßnahme. So mußte das hochkomplizierte System eines Handelswegs durch fast unbewohntes Gebiet und durch unwegsames Gebirge geschaffen werden. Riesige Kamelkarawanen zogen durch eine ganze Reihe von Staaten oder Stämmen. Jeder schöpfte seinen Gewinn ab. Ein weitgespanntes Netz von Verträgen zwischen den Sabäern und dem Empfängerland in der Küstenregion des Mittelmeers, aber vor allem auch mit jedem einzelnen Machtbereich unterwegs mußte hergestellt werden, über die Lebensmittel- und Wasserversorgung ebenso wie über das militärische Geleit, die Zölle, Abgaben und Mautgebühren wie über die Unterhaltung von sicheren Übernachtquartieren und Warenlagern oder über die diplomatische Immunität der jeweiligen Gesandtschaften und Vertretungen. In der Zeit jener Königin von Saba aber hatte sich am Nordende der Weihrauchstraße ein schwerwiegender Machtwechsel vollzogen. Die Philister, die in Gaza saßen, waren durch David besiegt worden, und eine neue Großmacht, das Reich des Salomo, hatte sich etabliert. Sollte also die Weihrauchstraße wie bisher funktionieren, dann war es hohe Zeit, mit den neuen Herren in Jerusalem in Verhandlungen einzutreten.

Aus derselben Zeit aber berichtet nun die Bibel, Salomo habe mit Hilfe phönizischer Schiffbauer im heutigen Eilat eine Handelsflotte bauen lassen, die er wiederum mit phönizischen Seeleuten bemannte. Die Absicht ist deutlich. Er wollte ganz offenbar dem Seeräuberunwesen im Roten Meer ein Ende bereiten und anstelle der Weihrauchstraße den Seeweg nach Südarabien frei machen, an dem für ihn ungleich mehr zu verdienen war als an der Wüstenstraße.

Das aber bedeutete für die Sabäer Alarmstufe eins. Denn wenn Salomo mit seinen Plänen Erfolg hatte, so bedeutete dies das Ende der Weihrauchstraße. Es ging also in den Verhandlungen mit Salomo um die Konditionen, unter denen Salomo an der Weihrauchstraße zu interessieren war, und offenbar ist es der Königin gelungen, ihn davon zu überzeugen, daß für beide Teile der Landweg die günstigere Lösung sei. Es wird jedenfalls berichtet, Salomo habe seine Pläne mit der Handelsflotte im Roten Meer aufgegeben.

*Der Toningenieur Bruno Wacker und der Kameramann Erwin Mayer, mit denen ich viele Male die Städte und die Wüsten des Nahen Ostens durchstreift habe, zwei Freunde, mit denen das Filmemachen eine abenteuerliche Freude war.*

Zugleich berichten die Zeitgenossen voll Staunen und Bewunderung über den ungeheuren Reichtum, der in der Zeit Salomos ins Land geflossen sei. Aus welcher Quelle mag er ihn geschöpft haben? Doch wohl nicht aus seinem armen Hirten- und Bauernvolk. Viel eher schon aus seiner Schlüsselstellung am Ende der Weihrauchstraße, die er offenbar gründlich auszubeuten verstand. »Und das Gewicht des Goldes, das für Salomo in einem Jahr einkam, war sechshundertsechsundsechzig Zentner, außer dem, was von den Händlern und vom Gewinn der Kaufleute und von allen Königen Arabiens und von den Statthaltern einkam«, berichtet das 10. Kapitel im Buch der Könige.

Es mag durchaus sein, daß bei den Banketten, die den Staatsbesuch der Königin von Saba begleiteten, auch Rätsel dargeboten, daß reiche Geschenke ausgetauscht wurden und daß die Königin dem Salomo mit überschwenglicher Bewunderung für seine Weisheit zu Diensten war, aber der wirkliche Sinn dieser Besuchsreise von hin und zurück fünftausend Kilometern mühsamem und gefährlichem Wüstenritt wird doch erst deutlich, wenn die konkreten Probleme in jener Zeit und Situation sichtbar werden.

Es muß deutlich sein: Das Alte Testament ist das Bekenntnisbuch einer tausend Jahre währenden Epoche. Manches, das uns bisher als Wille Gottes galt, erweist seine Herkunft aus einer Zeit des religiösen Bewußtseins, die der unseren ganz und gar unvergleichbar ist. Vieles ist einmal aktuell gewesen und ist es nicht mehr, vieles ist Ausdruck von Erfahrungen, die nicht die unseren sind. Vieles ist zeitgebunden und darf es sein. Anderes, und zwar sehr viel, ist bis heute gültig. Für uns ist es notwendig, das eine vom anderen zu scheiden, dadurch, daß wir es an Jesus Christus messen. Im Alten Testament hat zu gelten, was auf Jesus Christus hinweist, was ihn vorbereitet oder vorwegnimmt oder was seinen Geist atmet. Und das ist viel. Für mich jedenfalls gingen in den Begegnungen mit den Kulturen am Nil, in Arabien und am Euphrat und Tigris die Türen zu diesem Buch und seinem Sinn und Hintergrund befreiend und beglückend auf.

# 8.
# Alles Leben ist auch Politik

## *Die Ausgangssituation in der Ära Adenauer*

Es war noch in meiner Studentenzeit, als sich in Europa und in der Welt die politischen Strukturen herausbildeten, die danach vierzig Jahre gelten sollten. Im Juni 1945 wurde die Satzung der Vereinten Nationen unterzeichnet. 1947 kam die Trumandoktrin auf und wurde der Marshallplan auf den Weg gebracht, die das gemeinsame Ziel hatten, Amerika und das westliche Europa in einen stabilen Zusammenhang zu bringen. Im April 1949 wurde der NATO-Vertrag geschlossen. Im Mai 1949 konstituierte sich die Bundesrepublik Deutschland. Ab 1950 stritten in Westdeutschland Politiker und Bürger für und gegen die Wiederbewaffnung Westdeutschlands, und ab 1954 war die Bundesrepublik Mitglied der NATO.

Die einen sahen die Gefahr, die dem entstehenden Restdeutschland aus dem Osten drohe, aus der Sowjetunion Stalins und suchten den Schutz und die Freundschaft der westlichen Siegermächte. Die anderen – es war die Zeit, als die überwiegende Mehrheit in unserem Land an einen nahe bevorstehenden Krieg zwischen dem Westen und dem Osten glaubte, bei dem Deutschland das Schlachtfeld sein würde – sträubten sich gegen die Aussicht, so kurz nach dem Kriege wieder Soldaten zu sein, und fragten, ob es nicht eine Möglichkeit gebe, ein Deutschland als Element einer Friedensordnung zu schaffen, als Brücke zwischen den Blöcken. Damals schlug Stalin vor, ein neutrales Gesamtdeutschland zu schaffen. Adenauer lehnte, ohne den Vorschlag zu prüfen, ab.

Der Gegensatz war keineswegs der zwischen den Linken und den Rechten. Er ging mitten durch die Parteien. In der CDU stritt Jakob Kaiser, der Rivale Adenauers, für ein Gesamtdeutschland zwischen den Blöcken. In der FDP kämpfte Thomas Dehler gegen die militärische Integration in den Westen. Kurt Schumacher nannte Adenauer den »Bundeskanzler der Alliierten«. Oder ein Nichtpolitiker, der Journalist Paul Sethe, Herausgeber der konservativen FAZ, argumentierte differenziert und kenntnisreich gegen die Adenauersche Politik, bis er seines Postens enthoben wurde und zur ebenso konservativen »Welt« auswich. Gustav Heinemann, CDU, Innenminister unter Adenauer, trat von seinem Amt im Protest gegen die Wiederbewaffnung Westdeutschlands und die Preisgabe der sowjetisch besetzten Zone zurück.

Wir haben heute kaum mehr eine Vorstellung davon, wie untypisch es in den damaligen Parteien zuging, wie wenig homogen gedacht wurde, von der Linken bis zur Rechten, und wie leidenschaftlich die Allianzen quer durch die Parteien gingen. Gegenüber jener Zeit der offenen Entscheidungen mutet die heutige Diskussion in Deutschland wie ein politisches Schlafzimmer an. Zugleich aber ist uns heute auch die Erinnerung daran verblaßt, wie wenig damals überhaupt gewußt werden konnte. Weder Adenauer noch seine Gegner haben die wirkliche Entwicklung vorweggenommen. Er konnte mit seiner Westintegration die Sowjetunion nicht zwingen, die SBZ herauszugeben. Und seine Gegner konnten feststellen, daß der Krieg nicht kam trotz der Wiederbewaffnung Westdeutschlands. Niemand konnte damals sagen, auf welche Weise die Einheit Deutschlands gewonnen, auf welche Weise der Friede in Mitteleuropa bewahrt werden könne. »Macht das Tor auf«, wiederholte »Bild« jahrzehntelang das Schlagwort einer gescheiterten Erwartung.

Niemand konnte damals sagen, wie die Geschichte wirklich weitergehen werde. Es bedurfte einer vierzigjährigen Entwicklung in der Sowjetunion, die an ein Ziel führte, von dem damals niemand auch nur geträumt hat. Die tatsächliche Geschichte hat eben doch mehr Phantasie, und sie wird sie auch heute haben. Weder Politiker noch Journalisten haben den prophetischen Geist.

Wir, ein Kreis junger Leute, die durch Jahre hin die politische Szene beobachteten, sahen damals in der gegen Osten hin abgeschotteten Bundesrepublik einen Abklatsch des Rheinbundes von 1806 von Napoleons Gnaden, in Adenauer einen willfährigen Nachfolger des damaligen Freiherrn von Dalberg, des Erzbischofs und Erzkanzlers des Deutschen Reiches, und ihren Sinn und Auftrag wie in den Zeiten Napoleons darin, für die »große Armee« gegen Rußland die Truppenkontingente zu stellen, wobei als angenehmer Nebeneffekt sich die weitgehende Begrenzung Deutschlands auf seine katholischen Länder ergab.

Wir haben damals als junge Menschen nach unserem Instinkt, nach unseren Erfahrungen und nach unseren Emotionen entschieden. Heute würde ich sagen: Etwas Besseres und Wichtigeres als ihre Emotionen, ihre Hoffnungen und Ängste und ihr emotionales Engagement für die Zukunft kann eine junge Generation in keinem Fall bieten, und nichts ist von einer jungen Generation her für den Geist einer Zeit wichtiger und unentbehrlicher. Wir kämpften damals wie auch manche der älteren Politiker aus den zwanziger Jahren für unklare Zukunftsbilder, und das um so bissiger, als weder wir noch unsere Gegner sicher sein konnten, ihr Weg sei wirklich der bessere. Eine der Leitfiguren, bei der wir die uns fehlende Rationalität erlebten, war damals Gustav Heinemann, der spätere Bundespräsident. Verglichen mit jenen Debatten frage ich mich heute manchmal: Was haben wir eigentlich noch für Träume? Was für Visionen? Was geht heute noch über technokratisches Kalkül und wirtschaftliche Zweckmäßigkeitsüberlegungen hinaus in irgendeine Zukunft? Was denken wir heute noch über den Tag oder über die vier Jahre einer Legislaturperiode hinaus?

Ich wäre heute sehr vorsichtig damit, irgendeiner künftigen jungen Generation zu bescheinigen, sie übertreibe mit ihren Ängsten, sie liege falsch mit ihren Diagnosen, sie gehe ins Blaue mit ihren Hoffnungen, sie sei zu emotional und zuwenig sachkundig. Mir haben sich in all diesen drei Grundthemen unserer Epoche die jeweils Jungen immer an den Stellen als hellsichtig und wach erwiesen, an denen die Alten und Erfahrenen die Opfer ihrer Verdrängungen waren.

## *Wie geht man mit Bedrohungen um?*

Für uns, einen Kreis junger Leute, stellten sich drei Fragen. Erstens: Wie setzt man eine geistliche Einsicht in politisches Tun um? Was konnte oder mußte man an reinen Überzeugungen opfern, wenn man praktisch wirken wollte? Zweitens: Gibt es ein spezielles Angebot des christlichen Glaubens zur politischen Kultur? Drittens: Wenn schon die einen in der Sowjetunion das Böse sahen und die anderen meinten, das Böse verteile sich einigermaßen gleichmäßig im Osten und im Westen, weil in beiden Teilen der Welt Menschen lebten mit dem den Menschen gemeinsamen Grundbestand an Bosheit – wie geht man mit dem Bösen um? Entzieht man sich ihm? Kämpft man dagegen? Oder gibt es sensiblere Mittel, es zu überwinden? Und im Grunde haben mich diese drei Fragen mein Leben lang begleitet.

Zur ersten der drei Fragen: Helmut Thielicke gab mir nach dem Ende meines Studiums eine Hausaufgabe für drei Jahre. Er hatte offenbar bemerkt, daß ich allerlei kämpferische Allüren jugendlicher Art noch nicht ganz losgeworden war. Er stellte mir als Kur jedenfalls die Aufgabe, eine Dissertation zu schreiben über den »Kompromiß als Grundfigur des Handelns«. Und in der Tat lag für mich hier die Antwort auf die genannte erste Frage. Während ich also bei James, Dewey und anderen aus dem Kreis der amerikanischen Pragmatisten hinsichtlich ihrer Deutung des Kompromisses in die Schule ging, lernte ich, daß es falsch war, den Kompromiß abschätzig zu beurteilen, daß er vielmehr dem Geist des Evangeliums ungemein angemessen sei.

»Kompromiß« heißt, wörtlich aus dem Lateinischen übersetzt, soviel wie »Verlobung«. Wer also einen Kompromiß schließt, tut sich mit dem zusammen, der ihm gegenübersteht, er »verlobt« sich mit Menschen, mit Kräften, mit Interessen anderer, mit Gesichtspunkten, die seinem eigenen Willen von Hause aus fremd sind, und kommt dadurch zu einem Ergebnis, das für alle Beteiligten nützlich und hilfreich ist.

Wir reden unter Christen von der Menschwerdung Gottes in dem Mann aus Nazaret, von In-karnation also, und meinen damit, Gott sei für uns nicht »oben« zu finden, wo unsere Wünsche, unsere Träume und erhabenen Gedanken sich ansiedeln möchten, sondern hier unten auf der Erde in der Gestalt eines Menschen. Der Kompromiß ist aber eben die Form, in der wir handeln sollen, um abzusteigen zu den wirklichen Verhältnissen um uns her, zu den wirklichen Menschen. Er bedeutet die Menschwerdung des Glaubens auf der Erde.

Ein solches Nachdenken über das ethische Tun fällt gerade uns Deutschen schwer. Wir reden lieber von höheren »Werten«, nach denen wir uns richten, auch politisch, auch wenn in der Regel kaum ein Politiker, der von »Werten«, etwa von christlichen, redet, sagen könnte, was das für Werte seien. Wir hängen alle noch viel zu sehr an Prinzipien, die irgendwo oben am Himmel hängen.

Nein, das ist mir damals aufgegangen und hat mich durch die Jahrzehnte meines öffentlichen Wirkens begleitet: Christliches Tun ist ein Absteigen vom Thron meiner Prinzipien und Idealvorstellungen zu den Menschen, die mich konkret brauchen, und es empfängt sein Maß von der Liebe Gottes, die zu uns Menschen abstieg, von einer gütigen Gerechtigkeit, die an der Barmherzigkeit Gottes ihr Maß nimmt. Was dann zu tun ist, läßt sich in der Regel nicht in eine bestimmte »christliche Moral« fassen, es läßt sich nicht für alle Menschen gleichförmig beschreiben, es läßt sich nicht für alle Zeiten und alle Situationen festlegen. Es ist dem Glauben an die Liebe Gottes anheimgegeben, vor Ort zu entscheiden, was um Gottes und der Menschen willen das Maß sei, das gelten soll. Gelten soll aber vor allem anderen das Maß der handfesten, zugreifenden Güte.

Man wird, wenn man nach christlichen Maßstäben für das politische Handeln sucht, bald erkennen, daß auf dem politischen Feld fast nichts eindeutig lösbar ist und daß wir dennoch unablässig auf das zu hören haben, was uns für den Augenblick des Entscheidens gesagt wird. Der christliche Glaube macht dabei eine Wandlung durch: die von einem hohen Anspruch zu einer menschengemäßen und situationsgerechten Anleitung zum Leben.

Zur zweiten Frage: Während meiner Zeit in Tübingen, als ich meine Anfragen an Jesus richtete, interessierte mich vor allem anderen, wie eine Ethik aussehe, die an Jesus abgenommen sei. Denn noch immer war mein Thema dies, wie es zugehe, daß einer ein Mensch wird, der aus einem Stück ist. Da schob sich mir, sozusagen quer von der Seite, ein Gedanke herein, der mich verwirrte. Ich lernte, daß eine christliche Ethik, mindestens eine evangelische, so angelegt sei, wie Luther das in seiner »Zweireichelehre« getan hatte. Sie besagte, Gott regiere diese Welt auf zweierlei Weise: Durch die Kirche regiere er die Herzen der Menschen, und die Menschen antworten ihm mit ihrem Glauben. Durch den Staat regiere er ihr äußeres Leben, und die Menschen antworten ihm mit ihrem Gehorsam gegenüber der weltlichen Obrigkeit.

Das hast du doch schon einmal gehabt! dachte ich. Da trennt man den Menschen also wieder auf. Da darf man also wieder – oder immer noch – wie zu Kaiser Wilhelms Zeiten mit zweierlei Maß messen. Der Staat tut, was er will, und beruft sich dabei auf seinen göttlichen Auftrag. Der Mensch lebt in seinem privaten Seelenleben nach den Weisungen Jesu und verehrt im Staat das segensvolle Wirken Gottes, auch wenn es sich praktisch um einen gänzlich säkularisierten Staat handelt. Das Bewußtsein bleibt gespalten und ist, weil es doch in einem »christlichen« Gemeinwesen lebt, notdürftig verklammert. Und eben das, so meinte ich, haben wir hinter uns.

Man fand sich in den Jahren nach dem Krieg sowohl politisch wie kirchlich rasch in einer kleinen Minorität, wenn man versuchte, aus den Lehren der Nazizeit Konsequenzen dieser Art zu ziehen. Es dauerte dreißig Jahre, bis auf dem Kirchentag in Hamburg 1983 eine öffentliche Kraft entstand, die wir Friedensbewegung nannten, in der die Frage nach Krieg und Frieden in der Einheit von Glauben und politischer Verantwortung ohne Bewußtseinsspaltung bedacht werden konnte. Diese Friedensbewegung war vornehmlich getragen von den Veteranen des Hitlerkrieges einerseits, von jungen Menschen, die so jung waren wie ich am Ende des Krieges gewesen war, andererseits, und sie war für mich die Frucht jenes 8. Mai 1945, an dem ich angefangen hatte, in mir nach dem

Christen zu suchen, der aus einem Stück ist. Es hat sich für mich nie um eine Option für rechts oder links gehandelt, für konservativ oder sozialistisch, sondern allein darum, ob es möglich sei, ein ganzer Mensch zu sein, der zu sehen versucht, was ist, der eintritt für das, was er für notwendig hält, und der mit seinem Glauben hinter dem steht, was er tut. Der vor allem weiß, daß wir alles spiegeln und daß alles, auch was wir bekämpfen, in uns selbst ist.

Die Welt ist eine Art Spiegelkabinett, in dem wir unaufhörlich uns selbst begegnen. Was wir sind, kommt uns entgegen. Was wir bändigen wollen, nimmt uns gefangen. Was wir anklagen, das spricht unser Urteil über uns. Nur wo es uns gegeben wird, zu lieben, öffnet sich uns das Fenster in eine schönere, eine freiere, eine bewohnbare Welt.

Wenn ich das höre, sehe ich zugleich Jesus vor mir als ein Zeichen dieser Liebe, die aus Gott ist. Ich sehe an ihm, wie man mit Menschen umgeht, wenn man sie liebt. Wie man die Stimme Gottes hört und nachspricht. Wie man am Ende sein Schicksal auf sich nimmt um der Liebe willen. Und ich höre ihn dabei sagen: »Kümmre dich nicht um die Folgen. Kümmre dich nicht um die Korrektheit in irgendeinem moralischen Sinn. Kümmre dich nicht um dein Seelenheil. Kümmre dich nicht um Ruhm und Ehre, auch nicht um den Ruhm, ein Liebender zu sein. Geh mit und liebe. Das ist das Wichtigste, das ich dir über die Überwindung des Bösen sagen kann. Ich werde dir noch manches dazu sagen. Aber für den Anfang mag dir das genügen. Liebe Gott von ganzem Herzen, von ganzer Seele und mit allen Kräften und deinen Nächsten wie dich selbst. Das ist alles, was es in dieser Welt zu sagen gibt, wenn du mich fragst. Du wirst nicht nur das Geheimnis dieser Welt ahnen, du wirst auch die Menschen finden und in alledem dich selbst. Und wenn du nicht weißt, was nun in einem bestimmten Augenblick die Liebe von dir erwartet, dann wage deine Entscheidung und vertraue dich dem an, der die Liebe ist.«

Von hier aus ist es nicht weit bis zu der dritten Frage, wie man mit dem Bösen umgehe. Denn Jesus, so verstanden wir ihn, machte einen entscheidenden Unterschied zwischen den

Menschen und dem, was in ihnen böse war. Wer Böses tut, braucht noch lange nicht böse zu sein. Es genügt, vernachlässigt, einsam, verängstigt oder herumgestoßen zu sein. Und das gilt sogar für fast alle die Täter des Bösen, die äußerlich in sicheren Verhältnissen leben. Wer sieht schon, was in ihnen geschieht? Ich halte jedenfalls die sogenannten »Bösen« für bei weitem nicht so böse, daß sie alle zur Rechenschaft gezogen werden müßten. Die Selbstbevorzugung, die der Hintergrund ihres Tuns ist, hat ihre Wurzel keineswegs nur in der Bosheit des Menschenherzens, sie hängt vielmehr auch mit der tiefen Ungesichertheit und Bedrohtheit des Lebens in dieser Welt zusammen. Wer in Angst lebt um sein Leben, muß auf irgendeine Weise dafür sorgen, daß er überlebt. Ich empfinde vieles, das an offenkundig Bösem geschieht, als Ausdruck eines tiefen Leidens. Was aber sollte es nützen, einen Menschen für sein Leiden zu bestrafen? Wer viel mit Kindern zu tun hat, weiß, daß fast alles, was sie Unrechtes tun, aus irgendeiner Angst oder irgendeinem Leiden in ihren kleinen Seelen kommt, aus irgendeinem Entbehren, einer Enttäuschung, einer Bitterkeit, die ihre Erfahrung bewirkt hat. Und dieses leidende Kind ist – die Zustandsbeschreibung einer Neurose ändert daran nichts – in unzähligen Menschen bis in ihr Alter gegenwärtig und verlangt, daß es leben darf. Ich erreiche also nichts, wenn ich irgendwen als den »Bösen« bezeichne.

Aber was ist mit dem Bösen, das überall auf der Welt geschieht? Mit dem Unrecht in den sozialen Strukturen, mit der Lüge in der öffentlichen Sprachregelung, mit den kleinen und großen Kriegen?

Man muß dem doch wohl widerstehen? Was ist es im Großen mit der Brutalität der Menschen gegenüber dem kreatürlichen Leben, das in den Untergang der Biosphäre treibt? Was ist es mit dem nachkolonialen Machtübergriff gegenüber den Ländern der Dritten Welt? Was ist es mit allen Phrasen, die darüber gebreitet sind? Was ist mit der ungebrochenen Wachstumsideologie unserer Wirtschaft, obwohl wir doch wissen, daß unsere Erde ein weiteres Wachstum mit ihrem Tode bezahlt? Was ist mit der zynischen Verachtung der Bedingungen, unter denen das Leben lebt, durch die Wirtschaft rund um die

Erde? Mit der Gleichgültigkeit in den reichen Ländern gegenüber dem Hunger in der Welt? Und was ist mit der Tatsache, daß wir einzelnen, die das sehen, auf tausendfältige Weise beteiligt sind, mit hineinverstrickt in das allgemeine Verbrechen?

Es gibt einen »Geist der Zeit«, der nicht geistlos, sondern böse ist, dämonisch, destruktiv. Und ich habe ihm in mir selbst und in den Gruppen unserer Gesellschaft nachgefragt und frage weiter nach, weil mir diese Zeit und alles, was in ihr geschieht, in einem Maß beschwerlich war und ist, daß ich sie ohne die Begleitung dessen, der mein Bruder und mein Meister ist, nicht hätte bewohnen wollen. Welche Wege hat er mir gezeigt? Und wie habe ich versucht, sie unter die Füße zu nehmen?

Im Laufe der Zeit fand ich, es gebe wohl vier Formen, in denen die Auseinandersetzung mit dem Unrecht stattfinden könne.

Da ist zunächst die Flucht. Wir können, wie ich es als junger Mensch getan habe, uns dem Bösen entziehen, wir können nach innen oder in ein fernes Land emigrieren. Und diese Flucht nach innen und nach anderswo ist nicht notwendig nur feige, sie kann auch rettend sein, lebensrettend, das Gewissen rettend.

Eine zweite Möglichkeit, die ich erwählen kann, ist die, daß ich meine Kräfte sammle und Widerstand leiste. Daß ich also kämpfe, auf irgendeine physische oder geistige Weise. Ich kann den Ritter Georg und seinen Kampf mit dem Drachen zum Muster nehmen und hoffen, es werde mir gelingen, das angreifende Böse auf diese Weise zu besiegen.

Eine dritte Möglichkeit, die mir offensteht, ist die, daß ich nachdenke, daß ich ohne kämpferische Geste versuche zu finden, wo das Böse seine Schwäche habe, und es zwinge, durch sein Verhalten mir gegenüber diese Schwäche zu zeigen, seine Überwindbarkeit. Denn viel, das uns zu schaffen macht, läßt sich ohne Gewalt durch Klugheit überwinden, durch Weisheit. Wenn Jesus von Gewaltlosigkeit spricht, bewegt er sich auf dieser Ebene.

Aber es kann immer geschehen, daß das Böse den Flüchtenden einholt, daß es dem Kämpfenden zu stark wird, daß es den Nachdenklichen niederschlägt. Dann bleibt noch ein vierter Weg, der schwerste: sich ihm leidend auszusetzen. Es gilt dann, seine Angriffe zu erleiden, vielleicht bis zum Opfer des Lebens, wie Jesus seinen Angriff erlitt und darin überwand. Es wäre die letzte und äußerste Möglichkeit.

Ich meine aber, alle diese vier Weisen der Auseinandersetzung hätten ihr Recht und ihren Sinn, und wir sollten sie nicht gegeneinander ausspielen. In je einer anderen Lebensphase, in je einer anderen Situation wird sich einmal die eine, einmal die andere nahelegen und bewähren.

Erstaunlich ist, daß Jesus keine von ihnen bevorzugt oder für allein richtig erklärt. Vielmehr läßt sich jede an ihm selbst ablesen. Er gibt keine Strategie, sondern immer nur einzelne Hinweise, wie wir je nach Lage der Dinge und je nach eigenem Vermögen angemessen mit dem Bösen verfahren sollen, und beschreibt dabei eben diese vier Formen der Auseinandersetzung: die Flucht, den Kampf, die Weisheit und das Leiden.

## *Sich retten durch Flucht*

Die Lebensgeschichte Jesu beginnt mit einer Flucht. Wenige Kilometer von der Erdhöhle, in der er zur Welt kommt, ragt die steile Burg des Herodes. Kaum ist das Kind geboren, rührt sich das Böse in der Gestalt eines zum Mord entschlossenen Herrschers, und das Kind und seine Eltern fliehen. Nach Ägypten eilen sie, jenem Land, in dem die Verfolgten im Nahen Osten seit Tausenden von Jahren immer Zuflucht gesucht hatten. Und immer wieder wird für ein Kind, auch das wehrlose Kind im Erwachsenen, die Flucht lebensrettend sein, wenn das Böse in überlegener Gestalt auftritt.

Nach seiner Taufe im Jordan, noch vor Beginn seiner öffentlichen Wirksamkeit, ging Jesus in die Wüste, »getrieben vom Geist«. Dort trat ihm, wie das Evangelium erzählt, »der Teufel« entgegen und bot ihm übernatürliche Kräfte, Einfluß und

Macht an. Und Jesus, der ein solches Angebot nicht wollte, hielt dem Teufel einzelne Worte der Heiligen Schrift entgegen. Er sagte nicht: Ich will dies oder jenes nicht, sondern antwortete auf des Teufels Angebot jeweils mit dem Hinweis auf etwas Vorgegebenes: »Es steht geschrieben...« Er zog sich sozusagen in den Schutz der überlieferten Zusagen und Gebote Gottes zurück. Er ging nicht gegen den Teufel vor, sondern distanzierte sich und gab dem Abstand die Namen bestimmter Worte von Gott. Daraufhin sei der Teufel seinerseits in den Abstand gegangen »bis auf geeignete Zeit«.

Es wird erzählt, als Jesus in Galiläa umherzog, sei er von der Menge kranker, auch von bösen Geistern besessener Menschen so sehr bedrängt worden, daß er sich ihren Bitten um Heilung entzogen habe und in einsame Gegenden gegangen sei, um zu beten, offenbar weil er sich in Gott bergen wollte, ehe er sich dem allen aussetzte. Als die Priester in Jerusalem entschlossen waren, ihn zu töten, bewegte sich Jesus »nicht mehr öffentlich unter den Menschen«, sondern »ging von dort weg in ein Gebiet am Rande der Wüste und blieb dort mit seinen Jüngern«.

Die Flucht erscheint immer wieder als eine legitime Form der Auseinandersetzung mit einer überlegenen, drohenden Macht. Jesus »entzog sich ihren Händen«, als sie ihn zum König ausrufen wollten, er »entwich nach Tyrus und Sidon«, als er den Zugriff eines galiläischen Königs fürchten mußte. »Er entwich auf einen Berg.« Und dieser Rückzug war für ihn immer wieder der Ort, an dem er seine Entschlüsse faßte, und der Quellort seiner Freiheit.

Aber Jesus entzog sich auch immer wieder, wenn nötig, in eine Art esoterischer Distanz. Er schützte das Heilige vor dem Zugriff des Unwürdigen. »Seid klug wie die Schlangen«, sagte er seinen Mitarbeitern. Und »werft eure Perlen nicht vor die Säue«. Er schützte das Geheimnis vor Verunreinigung, vor den Leuten, die die Hände nicht hatten, in die er es hätte legen können. Da wird dann nicht mitgemacht mit den Machern, da wird nicht mitgestritten mit den Streitern, da wird keine Macht gesucht mit den Mächtigen. Da geht es um die Freiheit, die der eigene Wille den eigenen Wünschen und Bedürfnissen gegenüber bewahren muß. Der Sinn der Flucht ist allemal der Schutz des Heiligen, des Wertvollen, des Wichtigen, der Schutz des Lebens insgesamt.

Die Gegenspieler des Bösen sind für Christen die Liebe und der Geist Gottes. Der Geist Gottes ist es, der das Böse beim Namen nennt. Er »unterscheidet die Geister«, sagt die Bibel. Und die Liebe ist die Kraft, die uns und die Wahrheit schützt.

Die Abkehr, die Auswanderung in den Schutz einer inneren Welt ist die erste Form, in der ich mich des Bösen erwehren kann. Sie ist dem Kind in mir angemessen, das ich immer auch bin, sie ist die kindliche Stufe der Auseinandersetzung. Sie hat ihr Recht, aber sie ändert die Szene nicht. Die Gegenbewegung, der Widerstand, muß ihr irgendwann folgen.

## *Klarheit schaffen durch Widerstehen*

Wir sind als junge Menschen zu Kämpfern erzogen worden. In den Jugendorganisationen des Hitlerreichs wurden die Feindbilder aufgestellt, gegen die wir trainierten. Auf den Exerzierplätzen und im Manövergelände wurde den Vierzehnjährigen die Disziplin eingedrillt und die Härte beigebracht, die wir nach Meinung unserer Ausbilder brauchten. Danach hatten wir fünf Jahre Zeit, zu bewähren, was wir gelernt hatten. Aber schon damals war unser kämpferischer Wille begrenzt. Ich erinnere mich, daß wir einmal als Soldaten über Wochen in der östlichen Winterkälte marschierten, dreißig Grad minus um die Ohren, und in den Pausen nach der Melodie eines Kirchenliedes immer aufs neue das durchaus subversive Lied von Bert Brecht sangen, den Schlußchoral aus der Dreigroschenoper von 1928:

»Verfolgt das Unrecht nicht so sehr, in Bälde
Erfriert es schon von selbst, denn es ist kalt:
Bedenkt das Dunkel und die große Kälte
In diesem Tale, das von Jammer schallt.«[3]

Aber bei solcher Bekundung blieb es denn auch, und wir bekämpften unsere Feinde ohne Rücksicht auf ihr Recht oder ihr Unrecht, und das eigene wie das fremde Unrecht erfroren keineswegs. Es war damals zuviel vom »Kämpfen« die Rede, als daß ich dieses Wort allzu leicht in die Sprache des christlichen Glaubens übernehmen könnte. Aber man sagte uns auch im Religionsunterricht: »Kämpfe den guten Kampf des Glaubens.« In der ganzen Bibel wird dazu aufgerufen, gegen das Unrecht und das Böse, auch gegen böse Feinde, die Feinde Gottes, zu kämpfen.

In den Kirchen stehen Bilder an den Wänden vom Erzengel Michael, der den abtrünnigen Engel aus dem Himmel stößt, hinab in die Hölle. Welch ein Vorbild! Oder Bilder vom heiligen Georg, der die unschuldige Jungfrau vor dem Drachen schützt, indem er dem Untier die Lanze in den Rachen stößt. Welch ein Ideal!

Kein Wunder, daß es seit Augustin allgemeine christliche Lehre ist, es gebe einen gerechten Krieg, oder daß es bis in die Neuzeit hinein Kriege zur Ehre Gottes gab. Die Geschichte der Christenheit ist eine fast pausenlose Folge »gerechter« und »heiliger« Kriege, Blutbäder und Ketzerverbrennungen, Völkermorde und Feldzüge im Stil der verbrannten Erde. Am Ende erlebten wir die frommen Sprüche Hitlers, wenn er wieder einmal den »Herrgott« für sein brutales Handwerk in Anspruch nahm, oder das Pathos der Amerikaner, die einander ermunterten mit dem Spruch: »Vorwärts, Soldaten Christi!« Mein Abscheu gegenüber allem kriegführenden Christentum reicht tief, und ich habe Mühe, das Wort »Kampf« für christliches Handeln einzusetzen.

Aber der Kampf der Propheten der Bibel gegen das soziale Unrecht, gegen die politische Lüge, gegen die falschen Götter ist notwendig und durchaus Ausdruck des Glaubens. Wer nie den Willen spürte, gegen das Unrecht der Welt auf die Barrikaden zu gehen, wird immer ein Mitläufer sein, ein Angepaßter. Wo dem Bösen widerstanden werden muß, da nimmt der Glaube die Form des Zorns an. Dazu ist ein klares Selbstbewußtsein nötig, Mut zu persönlicher Verantwortung, die Energie, Autorität in Anspruch zu nehmen, Wahrhaftigkeit und

Konsequenz und die gewisse Härte, die die Liebe durchaus annehmen kann. Aber was hat das alles mit Jesus zu tun? Nun, Jesus könnte durchaus weniger sanft gewesen sein, als er uns überliefert worden ist.

Ich lese Lukas 12: »Ich bin gekommen, um auf der Erde ein Feuer anzuzünden, und nichts wünschte ich mehr, als daß es schon in Flammen stünde.«

Ich lese Mattäus 10: »Ihr sollt nicht meinen, ich sei gekommen, um den Frieden auf die Erde zu bringen. Ich bin nicht gekommen, Frieden zu bringen, sondern das Schwert.« Und das bedeutet: Ich werde Feindschaft stiften zwischen den Menschen, die sich für mich oder gegen mich entscheiden. Es geht um Leben und Tod, und wer meint, er habe sein Leben in der Hand, wird es verlieren. Wer sein Leben verliert um meinetwillen, der wird es finden.

Ich lese Mattäus 23 jene grimmige Rede, jene Kampfansage an seine Gegner, die immer wieder beginnt mit dem Ruf: »Wehe euch, ihr Heuchler! Wehe euch, ihr blinden Blindenleiter, ihr Narren! Wehe euch, ihr Falschspieler, die ihr wie die weißgetünchten Gräber seid: hübsch von außen, aber innen voller Totengebeine und Fäulnis! Ihr Schlangen, ihr Otternbrut« und was es in dem einen Kapitel sonst an Verbalinjurien noch zu lesen gibt. Da wird nicht verharmlost, sondern verschärft. Da fallen die Worte wie Schläge mit einer Waffe. Und die Angegriffenen sehen sich gezwungen, mit gleicher Münze, nämlich mit Anklage und Todesurteil, zu antworten. Da ist die Szene ein Kampfplatz. Kein Zweifel, das ist nicht von seinen Anhängern erfunden, das ist Originalton Jesus.

Und es ist auch ohne jeden Zweifel historisch, daß Jesus eines Tages den Tempelvorplatz betritt und dort Leute antrifft, die Rinder, Schafe und Tauben verkaufen, und Geldwechsler, die an ihren Tischen sitzen. Ich lese Johannes 2: »Da machte er eine Geißel aus Stricken und trieb sie alle zum Tempel hinaus samt den Schafen und Rindern, schüttete den Wechslern das Geld aus, stieß die Tische um und fuhr die, die Tauben verkauften, an: Tragt das weg und macht nicht das Heiligtum meines Vaters zum Warenhaus!«

In der Tat: Jesus war nicht so sanft, wie man ihn unter den

Nazarenern des letzten Jahrhunderts gemalt hat, als der Christ in seiner Kirche und seinem Staat ihm gleich zu sein hatte und also der sanfte, gehorsame, freundliche Untertan. Und wir tun gut, aus unserer Vorstellung von einem rechten Christen diese Klarheit und dieses Stehvermögen nicht ganz auszuscheiden. Ich werde also dort Widerstand leisten, wo er geleistet werden muß.

Da ist der Widerstand gegen den Krieg und die Aufrüstung, den wir hier und anderswo zu leisten haben. Da ist der Widerstand gegen jenen Krieg, den der Mensch gegen die Schöpfung führt, und die Verantwortung für den Frieden, den die Menschen mit der Erde schließen müssen. Da ist der Kampf gegen den exzessiven Egoismus unseres wirtschaftlichen Systems und für das soziale Geflecht, das die Menschen rund um die Erde verbinden muß. Da ist der Widerstand gegen die millionenfache Verletzung der Menschenrechte. Da ist auch der Widerstand gegen die Unterdrückung von Nachrichten und Meinungen und die Verantwortung für die Freiheit der Rede. Der Kampf ist die jugendliche Stufe der Auseinandersetzung. Er ist die Form, in der der Jugendliche in mir, der junge Mann, die junge Frau, dem Bösen gegenübertritt, er hat seinen Sinn und seine Kraft und er ist Ausdruck einer Hoffnung.

## *Überwinden durch Nachdenken*

Freilich, überall, wo wir in irgendeinen »Kampf« eintreten, werden wir alsbald erkennen, daß auch hier keine letzte Lösung liegt. Auch das Kämpfen hat eine Grenze, an der es aufhört, sinnvoll zu sein.

Es war schon deutlich, als von der Flucht die Rede war: Da mag sich der Bedrohte in einen geschützten Raum retten, aber das Böse bleibt im Besitz der Macht. Welchen Sinn hat die Flucht, wenn sich zeigt, daß das Unrecht auch mit dem Flüchtenden ins innere Exil geht? Und welchen Sinn hat der Kampf? Wer gegen das Böse kämpft, ficht zwar für das Gute, aber andere erleben ihn als Feind, als den Vertreter einer – vielleicht geistigen – Gewalt. Und welchen Sinn hat der Heldenkampf gegen die Finsternis, wenn der Held bemerkt, daß die Finsternis auch in ihm selbst ist?

Wenn ich Jesus zuhöre, bemerke ich, daß es in seinen Worten und in seiner Praxis eine noch ganz andere Ebene gibt, auf der er denkt und argumentiert. Jesus war in den Augen seiner Zeitgenossen ein Lehrer der Tora, ein Lehrer der Weisheit, und er selbst bezeichnet sich als die »Weisheit Gottes«. Was will er damit sagen?

Nehmen wir an: Ein Mensch von vierzig Jahren stehe mitten in der täglichen Mühsal seines Berufs und im Geflecht und Gewirr von Meinungen und Interessen. Er hat ein Büro zu leiten oder eine Werkstatt. Er hat es mit Menschen zu tun. Da ist der gute Wille ebensosehr am Werk wie die Ichsucht, die Tüchtigkeit wie die Bequemlichkeit, der Neid wie der Einsatzwille. Da bedarf es der ordnenden Hand, der Menschenkenntnis, der wissenden Nüchternheit. Da bedarf es des gütigen Verstehens.

Das Böse ist hier nicht so sehr die brutale Macht, auch nicht das offenkundige Unrecht. Es besteht in einer diffusen Unordnung, im täglichen Streit, im heimlichen Machtwillen. Es ist die Wirrnis, die überall dort mit eindringt, wo das Herz des Menschen, dieses »trotzige und verzagte Ding«, sich auslebt.

Während einer Reise durch die Provence vor einer Reihe von Jahren besuchten meine Frau und ich in Arles eine Stierkampfveranstaltung. Im weiten Oval der antiken Arena drängten sich Zehntausende. Der Stier trat durch das Tor ein, ein wunderbar schönes Tier, schaute sich um, unsicher, was er hier tun solle. Er wunderte sich sichtlich über den Lärm im weiten Oval. Er ahnte nichts Böses, bis Reiter ihm ihre Spieße in den Leib rannten und der Torero schließlich den Schwerverwundeten zu Tode stach. Als aber das Tier auf der Erde lag, brach ein Orkan von Jubel aus. Kinder weinten, daß der Stier tot war, Erwachsene tobten und tanzten vor Begeisterung: »Der Stier ist tot!« Als bringe der Tod des Tiers das Glück und alle Herrlichkeit der Welt, so raste die Menge. Und als der Leichnam von Pferden aus der Arena geschleppt wurde, eine braune Blutspur im Sand hinter sich herziehend, ging der Jubel über in Spott, in Verachtung, in Beschimpfungen des toten Stiers. Warum all das?

Vor zweitausend Jahren fanden in derselben Arena die blutigen Kulthandlungen der Mithrasreligion statt, und für sie war der Stier der Repräsentant von Tod und Unterwelt und die Verkörperung alles Finsteren und Bösen. Im Dienst des Lichtgottes wurde der Stier getötet, damit das Reich des Lichts auf der Erde Platz greife, und bis heute vertritt der Torero in seiner gold- und silberbetreßten Kleidung den Lichtgott in seinem Kampf gegen die Finsternis. Der Tod des Stiers signalisiert den Sieg des Lichts und den Beginn von Glück und Gerechtigkeit auf dieser Erde.

Ich weiß nicht, wie weit im Bewußtsein der zuschauenden Massen noch ähnliche Vorstellungen lebendig sind. Aber ich weiß, daß wir Christen immer in Gefahr gewesen sind, unseren Einsatz für Jesus Christus im Sinne eines archaischen Stierkampfs zu verstehen. Das Böse ist gekennzeichnet, gebrandmarkt, es wird angegriffen und aus der Welt geschafft. Es waren nicht immer die Ketzer und die Hexen, gegen die sich der Glaubenseifer wandte, häufiger und bis zum heutigen Tag sind es Ungläubige, Unmoralische, Aufrührer oder Neuerer, die solchem christlichen Zorn begegnen und oft genug zum Opfer fallen.

Christus aber ist nicht der Torero und die Welt nicht geteilt in die Guten und die Bösen. Für mich sind wir Christen vor allem nicht die Partei der Guten, sondern eine Mischung aus gut und böse, weise und unweise, Repräsentanten der Unwahrheit ebenso wie der Wahrheit. Ich glaube an den Gott, in dessen Hand auch Satan und Unterwelt sind und dem wir dienen, indem wir uns mit aller Finsternis, die in uns selbst ist, ihm anheimgeben, wie er barmherzig verfahrend mit dem, was böse scheint oder böse ist.

Nein, der Heldenkampf gegen das Böse ist es nicht, was in all den wichtigen und unwichtigen kleinen Auseinandersetzungen täglich von uns erwartet wird. Es geht hier vielmehr um das, was das Evangelium die Weisheit nennt. Da muß Klarheit erreicht werden, da sucht man nach Lösungen, geduldig und über lange Zeit, damit das Leben der so verschiedenen und oft schwierigen Menschen einen nicht gar so unglücklichen Verlauf nehme.

Weisheit ist das Ende aller Schwarzweißmalerei. Sie ist Erbarmen mit den Menschen, die ja weder schwarz noch weiß sind, sondern grau wie die Esel oder gestreift wie die Zebras. Durch Weisheit wird hier ein wenig Menschlichkeit sichtbar, dort ein wenig Gerechtigkeit, hier etwas von Frieden, dort etwas von Glauben oder Hoffnung.

Da finden dann möglicherweise die jungen Helden, die Kämpfer gegen die Finsternis, zu denen ich auch noch etliche Jahre als junger Pfarrer zu zählen war, die ruhig und besonnen gewordenen Väter seien auf verachtenswerte Weise liberal. Die Väter allerdings, wenn sie weise geworden sind, geben den Söhnen und ihrer härteren Weise, dem Unrecht zu begegnen, recht und gehen doch ihren eigenen, ihren schwierigeren Weg.

So hat Jesus seine Gleichnisse erzählt: von törichten und klugen Jungfrauen, von sachkundigen Bauern, Hirten oder Weingärtnern oder Verwaltern. Er setzt im Gespräch mit Maria und Martha Prioritäten und sagt: Das ist wichtig, und dies kommt erst an zweiter Stelle. Er findet, man solle das Unkraut in einem Weizenfeld ruhig wachsen lassen. Man solle nicht in seinem Übereifer das Unkraut ausreißen und dabei den Weizen zertrampeln. Es werde schon eine Zeit kommen, in der Gott das Gute und das Böse voneinander trennt. Das Böse wird auf dieser Ebene auf behutsame Weise eingegrenzt. Und was Jesus, der Weisheitslehrer, hier tut, das ist, daß er mit ruhigem Augenmaß das Wichtige und das Unwichtige unterscheidet, Durchblick schafft und Klarheit. Er sagt: Hier ist ein Weg. Den kannst du gehen. Und wenn du ihn gehst, kann dich das Böse nicht überwältigen.

So wird der, der Jesus, dem Weisheitslehrer, zuhört, Fähigkeiten gewinnen, die bestimmte, sehr praktische Namen haben: sachgemäßes Handeln, Standfestigkeit gegenüber allen Schwarzweißmalereien, gegenüber Ideologien und Meinungen. Unbefangener Umgang mit jedermann, Friedensfähigkeit. Er wird Menschen gelten lassen, auch wenn sie Anforderungen dieser Art nicht erfüllen.

Er wird seine eigenen schöpferischen Möglichkeiten entdecken. Er wird sehen, wie reich er ist an Phantasie und praktischen Einfällen. Er wird Geduld lernen, auch wenn es ihm schwerfällt. Und wie schwer ist mir die Geduld gefallen durch lange Zeiten meines Lebens! Wie schwer fällt sie mir heute noch! Er wird entdecken, daß alle Waffen, auch die des Geistes, nicht nur eine Hilfe, sondern auch eine Last sind. Denn das Reich Gottes wird ja nicht erkämpft, es kommt, wo man ihm Raum gibt.

Ein besonderer Aspekt der Weisheit als Instrument der Überwindung des Bösen und der Gewalt ist die humorvolle Geistesgegenwart. Sie drückt sich in der heutigen politischen Auseinandersetzung oft in absurden Sprüchen aus, mit denen der tierische Ernst von Machthabern und Gewalttätern unterlaufen wird. »Stell dir vor, es ist Krieg, und keiner geht hin«, ist ein solcher Spruch. Da drückt sich dann Weisheit aus in der heiteren List, mit der die physische Überlegenheit des Gegners ausgeglichen wird, in der Respektlosigkeit, mit der Fassaden und Täuschungen als solche enttarnt werden. Jener Zürcher Pfarrer, der einen gefährlichen Zusammenprall zwischen Jugendlichen und der Polizei verhindert hat dadurch, daß er mit einem Esel zwischen den zu jeder Gewalt bereiten Fronten hin und her ging und die Situation in die Sphäre des Vergnügens rückte, hatte diese Weisheit. Die spielerische Phantasie, durch die eine ganz andere Wahrheit ans Licht kommt als die im Vordergrund stehende, kann Weisheit sein. Der Ironiker, der Kabarettist, der Liedermacher, der Spötter, der Trickser, sie alle liegen mit ihrer Kunst in der Nähe jener Weisheit. Der Spruch Jesu: »Seid klug wie die Schlangen und ohne Falsch wie die Tauben« drückt solche Weisheit aus, oder »Habt Salz bei euch und Frieden untereinander«. Es mag sein, daß über einem wirklichen Christentum zumeist auch ein Hauch von Anarchie liegt. Aber diese scheinbare Anarchie ist der Raum, in dem wir allererst anfangen können, das Leiden anderer mitzuempfinden und etwas für ihre Erlösung zu tun. Weisheit ist die erwachsene Form der Auseinandersetzung, die Weise, in der der erwachsene Mensch, der erfahrene, der nachdenkliche, in seine Auseinandersetzung mit dem Bösen eintritt.

## *Erlösung durch Leiden*

Jeder der drei Wege, die ich geschildert habe, der Weg der Flucht, der des Kampfs und der der Weisheit, endet an einem bestimmten Punkt. Der Versuch, das Böse durch Weisheit, also sensibles Nachdenken zu überwinden, mag da und dort eine Insel der Gerechtigkeit schaffen, aber er hebt die breite Gegenwart des Bösen nicht auf. Der Haß bleibt, die Angst und die Ichsucht bleiben. Das Menschenherz ist und bleibt gespalten und tief ins Abgründige hinab zu sich selbst im Widerspruch, auch in den Christen. So hören wir am Ende das Wort des Meisters: »Ich werde leiden und sterben, und zwar zu einer Erlösung für die vielen.« An dieser Stelle spätestens zeigt sich, daß wir mit Jesus letztendlich nicht viel anfangen werden, wenn wir aus seiner Lehre und seinem Weg eine eremitische, eine heroische oder eine weisheitliche Moral machen.

Erlösung aber heißt dann nicht nur Erlösung von der Macht des Bösen, sondern auch vom Haß gegen das Böse. Es heißt Erbarmen mit dem Bösen. Sie bedeutet, daß Christus in den tiefen Schatten tritt, in dem wir uns des Bösen mühsam erwehren, und uns aus dem Schatten herausliebt. Denn das Böse muß erlöst werden, wenn es denn eine Erlösung für uns geben soll. Die Liebe aber nimmt dabei notwendig die Gestalt des Leidenden an.

Ich erzählte schon von den ersten Monaten, nachdem ich aus der Gefangenschaft nach Hause gekommen war, im Frühjahr 1946, als wir Heimkehrer aus Amerika oder Sibirien, aus Lagern und Lazaretten in den Hörsälen saßen. Ich sagte, damals sei die Geschichte der Passion des Jesus von Nazaret schlechthin der Punkt gewesen, an dem sich unser Nachdenken festmachte. Die Generation unserer Väter hatte nach dem Ersten Weltkrieg die »Theologie des Kreuzes« entdeckt. Karl Barth und seine Freunde waren es. Für uns war sie wie für unsere Lehrer aus diesem Kreis der Anfang einer wirklichen Theologie. Und sie ist für viele unter uns auch wirklich der Ausdruck für den Ernstfall überhaupt geblieben durch mehr als vierzig Jahre hin, während der über hundertfünfzig Kriege, die auf unserer Erde stattfanden, angesichts des massenhaften Sterbens in den Armutszonen dieser Erde und schließlich angesichts der Zerstörung der Lebensgrundlagen der Schöpfung auf der Erde.

Noch heute liegt auf meinem Schreibtisch eine Christusfigur, die ich im Sommer 1945 mit einer halben Rasierklinge aus einem amerikanischen Zelthäring geschnitzt habe, und erinnert mich an den Ausgangspunkt. Sie mahnt mich, den letzten Ernstfall Gottes und des Menschen nie aus dem Auge zu verlieren, erinnert mich täglich an das Mysterium des Leidens, das alles menschliche Dasein durchdringt.

Wir lasen damals die Leidensgeschichten von Paul Schneider und Dietrich Bonhoeffer und den jungen Leuten der Weißen Rose oder die Berichte vom Opfergang des Janus Korczak oder von dem stellvertretenden Sterben von Maximilian Kolbe. Was ein Märtyrer sei, das wußten wir nicht aus Heiligenlegenden, sondern aus dem blutigen Ende von Zeitgenossen. Und so lasen wir denn auch die Worte des Evangeliums mit einigermaßen kundigen Augen: »Wer mir nachfolgen will, der nehme sein Kreuz auf sich und folge mir nach.« Und wir lasen die Geschichte des Leidens Christi als den Grundtext unserer Sicht von der Person und der Mission des Jesus von Nazaret.

Als wir uns als Studenten durch die Geschichte der Kirche hindurchlernten, begegneten wir den Märtyrern der Verfolgungszeiten der frühen Kirche. Damals wußten die, die um ihres Bekenntnisses zu Christus willen hingerichtet wurden, sich eingefaßt in die Gemeinschaft mit dem sterbenden Christus, und indem sie ihr Leben hingaben, gewannen sie das Leben mit ihm. Ihr Geheimnis war, daß Christus ihr Leiden mit ihnen zusammen litt. Zwischen dem Karfreitag und dem Ende der Welt signalisierten die Märtyrer, welche Stunde es mittlerweile geschlagen habe. Zum Leiden der Märtyrer aber gehörte unabdingbar, daß ihr Tod nicht bewundert wurde wie der eines Soldaten, sondern von den Zeitgenossen inszeniert war zur Auslöschung eines, der das Leben und die Gemeinschaft nicht wert war. Das alles waren Gedanken, die uns vertraut waren.

Wir fanden die Geschichte der Heiligen und der Ketzer und begegneten dabei dem Edelsten, das der christliche Glaube je hervorgebracht hat. Mystiker und Einzelgänger am Rand der Kirche vertieften sich durch Anbetung und Meditation in die Geschichte des Leidens Christi und brachten ihr eigenes Leiden in diese Geschichte ein, suchten die Ähnlichkeit ihrer eigenen Leidensgestalt mit der des Christus. Es waren in der Regel nicht die großen Theologen und Kirchenführer, sondern Laien, Arme, Geschundene, Verstoßene, die diesen Weg suchten. Im Hochmittelalter ergriff diese Frömmigkeit weite Kreise in den Kirchen. In der byzantinischen und romanischen Zeit hatte man den kosmischen Allherrscher Christus verehrt. Nun entdeckte man den leidenden Bruder und betrachtete seine Qual und seinen Tod.

Da waren Mönche, die gerade auf diesen mystischen Wegen dazu kamen, sich der Strenge des monastischen Lebens zu unterwerfen. Und ich gestehe, daß ich immer eine heimliche Liebe hatte zur Größe und auch der Anfechtbarkeit des Lebens von Nonnen und Mönchen. Eine von mir sehr geliebte Base ist Generaloberin einer Dominikanerinnenkongregation, und wir verstehen einander aufs beste auf unseren so verschiedenen Wegen.

Und ich liebte immer jene großen Laienbewegungen der letzten tausend Jahre, die Katharer oder die von Waldes, Wiclif und Hus inspirierten Bruderschaften und Kirchen, denn ihre Leidensnachfolge gerade in den Verfolgungen, die sie durch die Großkirche zu erleiden hatten, gehört zum Glaubwürdigsten, das die Geschichte der Kirche anzubieten hat. Den Weg der Passion mit Christus aber zeigten uns vor allem die Großen der dominikanischen Mystik, Eckehart und Tauler zumal. Sie zeigten, wie der innere Mensch durch sein Leiden mit Christus eins und so Gott in der Seele geboren werde und die Seele ihre Gottähnlichkeit gewinne. Auch Luther nahm bei diesen Gedanken der spätmittelalterlichen Mystik seinen Ausgang, als er der katholischen Machtkirche das Evangelium vom Kreuz Christi entgegenstellte.

Andererseits geschah auf dem linken Flügel der Reformation jene Wendung von der bloßen Betrachtung des Kreuzes zur Revolution für die leidende Menschheit, etwa im Lebens- und Leidensweg des Thomas Müntzer oder Jörg Ratgeb. Und immer und überall ist die Rede davon, daß Unrecht überwunden werde durch das Leiden des Christus und das Leiden derer, die mit ihm ernst machen.

Es gibt einen Kirchenraum, den ich mehr liebe als alle übrigen, wo immer ich sie gesehen und betreten habe. Es ist die Kirche Ste. Madeleine in Vezelay im burgundischen Hügelland, die dort auf einem einsamen Berg steht und im Mittelalter eines der wichtigsten Zentren der Frömmigkeit in Frankreich war.

Als ich zum ersten Mal, wie gebannt, in dem grandiosen Raum saß und eben beginnen wollte, ihn in Ruhe und Andacht in mich aufzunehmen, berührte mich ein seltsames Unbehagen, das ich mir nicht erklären konnte und das immer stärker wurde. Schließlich bemerkte ich, daß die Längsachse der Kirche nicht geradlinig verlief, sondern der Chor fast unmerklich ein wenig nach rechts abgeknickt war. Da fiel mir ein, daß Romano Guardini uns einmal darauf hingewiesen hatte, in manchen Kirchen des Hochmittelalters sei die Achse des Mittelschiffs in der Vierung zur Seite geneigt und man habe damit in die kreuzförmige Grundrißstruktur das im Sterben geneigte Haupt Christi eingezeichnet.

Neben der Kirche von Vezelay senkt sich ein breiter Wiesenhang ins Tal. Dort versammelte Bernhard von Clairvaux im Jahr 1146 die Volksmassen und rief mit Leidenschaft im Namen Gottes zum zweiten Kreuzzug auf, der danach im Chaos und in tausendfachem Schrecken endete. Er hatte das sterbende Haupt in der Kirche auf dem Hügel nicht wahrgenommen.

Ich bin seither immer wieder dort gewesen und fühle mich gerade in dieser Kirche mit ihrer geknickten Achse zu Hause, mehr als in mancher korrekt ausgerichteten anderen etwa der romanischen Zeit, für die Christus der Weltherrscher war, der König, der Thronende. Und ich meine, es stehe der Kirche des Christus auf dieser Erde wohl an, dem Leidenden und eben nicht dem Weltherrscher ähnlich zu sein.

# 9.
# Das Symbol des kosmischen Christus

## *Eine vergessene Dimension*

Im Lauf der Zeit wurde mir ein Gedanke immer wichtiger, der mir bei meiner Beschäftigung mit dem Neuen Testament und dann bei den Meistern der mystischen Tradition immer und immer wieder begegnet ist, nicht aber in meinem Studium an der Universität. Ich bemerkte, daß er der gegenwärtigen Christenheit unendlich fernliegt und daß sich gleichwohl in ihm das Notwendigste darstellt, das sie finden muß, will sie den Aufgaben gewachsen sein, die die Zukunft bringen wird, zum Beispiel die, an der Rettung der Erde mitzuwirken: der Gedanke vom »kosmischen Christus«.

Er war für die erste Christenheit von überragender Bedeutung, und im Grunde kann man, was etwa die Briefe des Neuen Testaments als Bekenntnis aussagen, überhaupt nicht einordnen, wenn man ihn nicht stets mitdenkt. Der »kosmische Christus« ist ein Symbol. Das bedeutet aber nicht, daß er ein luftleerer Phantasiegedanke wäre – wie es das bei Symbolen nie bedeutet –, sondern daß er ein Bild aus der Zeichensprache Gottes ist, das wir lange und sorgsam anschauen müssen, wollen wir seinen Sinn verstehen.

Dieses Symbol ist in der Neuzeit fast vergessen, in unseren Tagen häufig verdrängt oder verspottet oder als Mythologie abgetan worden. Im Gefolge der Aufklärung fanden viele, es komme vornehmlich auf den historischen Jesus an, den Menschen. Andere waren im Gefolge von Orthodoxie und Pietismus seit mehr als drei Jahrhunderten nur noch an dem Heil interessiert, das uns Menschen, uns einzelnen, sozusagen privat zugedacht sei. Wir Christen haben seit dreihundert Jahren eine Religion entwickelt, die im Grunde nur am Menschen interessiert ist, und haben die reiche mystische und kosmologische Überlieferung der Bibel und der christlichen Geistesgeschichte vergessen. Von uns und unserem angeblich rationalen Fortschritts- und Technikglauben ging folgerichtig all das Unheil aus, das heute die Erde zerstört. Ich erinnere mich an eine tragische Gestalt unter unseren theologischen Lehrern. Er tat damals das Unerhörte und Verdammenswürdige, daß er uns empfahl, uns mit Tiefenpsychologie zu beschäftigen einerseits, andererseits dem »kosmischen Christus« nachzudenken. Er galt als harmloser Mensch, der in einer ernsthaften Theologie nichts zu suchen habe. Aber geistliche Wege, Wege nach innen, hat uns die Universität auch sonst nie zu zeigen vermocht. Heute ist deutlich, daß niemand den christlichen Glauben für die Zukunft der Menschheit auf dieser Erde wird ernsthaft in Anspruch nehmen können, der nicht die große Überlieferung der christlichen Mystik neu begreift. Denn das Überraschende ist ja, daß der mystische Weg, so tief er in das Bewußtsein und das Unbewußte im Menschen hineinführt, zugleich der Weg ins Ganze der Welt ist und daß er, wie die Biographien der großen Mystiker zeigen, zugleich der Weg zu den Leidenden ist, Protest gegen die Mächtigen und Suche nach Gerechtigkeit für die Unterdrückten. Die Mystiker der christlichen Tradition sind durchweg nicht nur ihrer Innerlichkeit und ihrer Frömmigkeit wegen von den Kirchen verdammt worden, sondern auch, weil sie alle nach sozialer Gerechtigkeit gerufen haben, weil sie sich der Unterschicht in Kirche und Staat zugewandt und von den Kirchen Reformen an Haupt und Gliedern gefordert haben.

Wir müssen neu sehen, daß das Neue Testament randvoll ist mit Gedanken einer kosmischen Mystik und daß wir auf die Dauer keinen einzigen großen Gedanken des christlichen Glaubens mehr verstehen werden, wenn wir uns der mystischen Dimension in ihm nicht zuwenden.

Mich haben im Lauf meines Lebens immer wieder besonders die kosmischen Aspekte des Glaubens an Christus fasziniert. Wenn er zum Beispiel »das Wort« heißt, wenn er »Weisheit« genannt wird, wenn er »zum Himmel auffährt« oder zum »Abgrund abfährt«, wenn er »zwischen den vier Tieren thront« oder »auf dem Regenbogen sitzt«. Es ist eine ganze Welt von Symbolen. Aber ich habe sehr lange gebraucht, um zu verstehen, woher diese Faszination eigentlich rührte: aus meiner Suche nach dem kosmischen Zusammenhang zwischen dieser Welt, uns Menschen und Gott.

Wenn für uns Christen Jesus Christus so zentral wichtig ist, erscheint es seltsam, daß er in unserem Nachdenken über die

Welt, über Weltraum und Erde kaum vorkommt. Die Natur haben wir seit dreihundert Jahren der Naturwissenschaft überlassen, und es gibt kaum mehr eine Lücke, in der der Schöpfergott oder der kosmische Christus unterzubringen wären.

Meine Frage ist seit meinem Studium die, auf welche Weise – im Unterschied zu den rationalen Mitteln der Naturwissenschaft – wir versuchen müßten, die Welt zu verstehen, das Dasein jedenfalls von uns Menschen in dieser Welt. Ich bin lange Zeit auf der Suche gewesen nach jenen strömenden Ordnungen und Zusammenhängen, die in unserer Welt am Werk sind und von denen das Leben lebt, nach dem sensiblen kosmischen Netzwerk, das unsere Welt so reich, so schön zugleich und so schwer begreiflich macht. So fand ich schließlich vier Grundmuster, nach denen sowohl die äußere Welt als auch unser menschliches Dasein leben: die Analogie, die Polarität, den Rhythmus und die Resonanz. Und ich meinte dabei, hier zeichne sich ein Weg ab, ein Weg der Einübung, den wir gehen könnten, um uns selbst als Geschöpfe und die Welt als Schöpfung neu zu verstehen.

## *Vier Grundmuster des Daseins*

Das erste unter diesen vier Grundmustern wäre das der »Analogie«. Ich beobachte, daß bestimmte lebendige Vorgänge in der Schöpfung sich in mehreren Schichten der Wirklichkeit wiederholen. Saat und Wachstum, Reife und Tod bestimmen nicht nur den Jahreslauf der Erde oder den Lauf von großen Erdperioden, sie kehren auch wieder in meinem Körper ebenso wie in meiner Seele. Maßverhältnisse zwischen den Planeten entsprechen denen in den kleinsten Bauteilen der Materie. Gesetze der Schwerkraft, an die ich auf meiner Erde gebunden bin, gelten auch in der Tiefe des Weltraums, in die mein Auge nicht reicht. Und so legt sich mir nahe, zu vermuten, daß überall ähnliche und gleiche Regeln, Ordnungen und Gesetze gelten. Was für mein Denken gilt, gilt für meine Seele, es gilt unter Abwandlungen für das materielle Sein vom Leib des Menschen an über Tier und Pflanze bis in die scheinbar leblose Materie von Erde und Gestein. Unsere eigenen Organe finden sich wie aufgezeichnet in der Ohrmuschel oder in den Fußsohlen. Überall herrscht ein erstaunliches Zusammenspiel von Proportionen. Überall spiegelt sich eins im anderen. Die Abläufe von Werden, Vergehen und Neuwerden gelten für den Kosmos ebenso wie für das Leben auf dieser Erde wie für die Kulturen. Überhaupt spiegeln sich die Kategorien, nach denen unser Denken geordnet ist, aufs genaueste in den Strukturen der Dinge. Und so ist zu vermuten, was für unsere sichtbare Welt gilt, werde auch für die unsichtbare gelten, die in unserer sichtbaren am Werk ist.

Es gibt offenbar durchgehende Analogien zwischen geistiger und materieller Wirklichkeit, und alle Einsichten, die die Menschen je über die uns abgewandte Seite der Wirklichkeit gewonnen haben, gründen auf diesem Zusammenhang. Was im Himmel gilt, gilt auf der Erde. Was im Herzen des einzelnen gilt, gilt für die Gemeinschaft der Menschen. Was für die Lebenden gilt, gilt für die Toten. Anders, gewiß. So eben, wie es der jeweils anderen Dimension angemessen ist. So spricht auch Jesus immer und immer wieder in Analogien. Er sagt zum Beispiel: Die Welt Gottes, »das Himmelreich, ist gleich einem Senfkorn«. Damit sagt er nicht nur, daß da Gesetze des Wachsens und Reifens gelten, sondern auch, in der geistigen wie in der leiblichen Welt herrsche ein Gesetz von Anfang und Zielgestalt und eines langsamen Weges von einem zum anderen, und beide ließen sich vergleichen.

Er sagt auch: »Das Himmelreich ist einem Sauerteig gleich, den eine Frau nahm und vermengte ihn mit drei Scheffel Mehl, bis er ganz durchsäuert war.« Das bedeutet nicht weniger, als daß da eine uns unzugängliche Wirklichkeit in die unsere eindringt, sie durchwirkt und wandelt. Daß also die geistige Welt keineswegs ganz »anders« ist, sondern unserer Welt verwandt und vergleichbar.

Und wenn er sagt: »Wenn ein Mensch hundert Schafe hätte und eines unter ihnen sich verirrte, läßt er nicht die neunundneunzig auf den Bergen, geht und sucht das Verirrte? So ist es auch nicht Gottes Wille, daß von diesen Kleinsten eines verlorengehe«, dann bedeutet das doch, daß es erlaubt ist, was Menschen tun und was Gott tut, im Zusammenhang und in einer ganz bestimmten Entsprechung zu verstehen.

Er sagt mit allen solchen Gleichnissen nicht weniger als dies: Wer Unsichtbares begreifen will, muß die Augen auftun und das Sichtbare wahrnehmen, wer in die Ferne denken will, muß beobachten, was nahe bei ihm, auf dieser Erde, geschieht.

In diesen Analogien gründet die Vorstellung, die nicht nur viele Denker und Weise dieser Erde, sondern auch die Mythen und die Göttersagen vieler Völker teilten, daß die Welt ein Klangkörper sei, von den Galaxien über den Organismus Erde bis zur letzten Blüte und zum letzten Stein, und daß dieses Zusammenspiel und diese großen Entsprechungen die kosmische Gravitation, den Instinkt des Tieres und die menschliche Liebesfähigkeit, die auf Verlockung oder Anziehung gründet, geheimnisvoll zusammenbinden.

Nicht nur Forscher mit so starkem religiösen Bewußtsein wie Johannes Kepler, sondern auch Physiker von heute sprechen darum von einer in Klängen aufgebauten Welt, die sich nach den Harmoniegesetzen, die in der Musik gelten, begreifen lasse, von einem Zusammenspiel von Schwingungen, die kunstvoll aufeinander abgestimmt sind. Wo heute in den Naturwissenschaften oder in der Kunst tiefer gesehen wird, findet die Forschung neu die erstaunliche Abgestimmtheit dieser Schwingungsfelder, und schon sprechen manche von einer kosmischen Harmonie, ähnlich einigen Philosophen der Antike, der Generation von Kepler oder Newton oder etwa auch dem Kirchenvater Basilius dem Großen, der die ganze Schöpfung einen »singenden Chor und einen Reigentanz« genannt hat.

Wer ausdrücken will, was in ihm lebt, der wird es in Bildern der äußeren Welt tun, weil eben die Seele und die Welt von denselben Bildern leben. Es gibt eine Entsprechung, eine Analogie über alle Stufen des bewußt-unbewußten Seins. Was in Gestalt rein körperlicher Vorgänge geschieht, hat seine Entsprechung in der »archetypischen« Ebene des Unbewußten und ebenso in der Ebene des Bewußtseins. All das wird im

Symbol zusammengefaßt. Und all das wird in der alten Esoterik ausgedrückt mit dem Grundsatz: »Wie oben, so unten.« Man könnte hinzufügen: Wie innen, so außen – und damit dem universellen Zusammenhang in der Schöpfung Ausdruck verschaffen.

Diese durch alle Ebenen der Schöpfung hindurchreichende Struktur ist die Voraussetzung für ein kreatives Leben. Denn schöpferisch ist ein Mensch, der die Bilder seiner Seele in der sichtbaren Wirklichkeit zu spiegeln vermag. Er bildet Figuren aus Stein, er dichtet in konkreter Sprache, er entlockt einem Holzrohr Töne, er erfindet technische Lösungen, ihm fällt ein, was jetzt eben politisch zu tun sei. Das heißt, er lebt in einer Welt, die aus analogen Mustern besteht und die sich dafür eignet, zu zeigen, was in seiner Seele lebt.

Das Symbol stellt einen komplexen Sachverhalt in einem einfachen Bild dar. Es kann deshalb auf eine begreifliche Weise etwas sagen, das anders nicht gesagt werden könnte. So auch habe ich, wie schon gesagt, ein Tier immer sehr geliebt und schon als Kind mir verwandt empfunden: das Wildschwein. Ich möchte Wildschweine, wo immer ich sie sehe, stets streicheln und in den Arm nehmen. Sie laufen ihres Weges durch Gebüsch und Unterholz, sie suchen mit ihrer unendlich sensiblen Nase in der Erde, und es ist ihnen gleichgültig, ob wir sie schön finden. Sie leben noch ihr Leben, ohne durch irgendeine Zivilisation gebändigt zu sein. Ein so freier Mensch zu sein, ein Mensch, der sich einbringt nahe an der Erde, das konnte ich mir mein Leben lang als sinnvoll vorstellen. Was ich aber lange Zeit nicht wußte, nämlich, daß sich in der Bildersprache des Mythos im Wildschwein die »Große Mutter« verbirgt, das war mir seit meiner Kindheit unbewußt gegenwärtig.

Das alles aber bedeutet, daß der Riesenraum des Kosmos, das Menschenleben auf der Erde, die Abgründe und unendlichen Widersprüche in der Seele und schließlich die kleinsten Teile der Materie auf irgendeine Weise verwandt sind, daß sie einander entsprechen und daß das Symbol dabei immer auf irgendeine Weise das Ganze der Seele und das Ganze des Daseins zu fassen sucht.

Denken wir auf diese Weise, so wird uns, was die Wissenschaft Kausalität nennt, weniger wichtig werden, und wir werden unsere Welt weniger auf die Weise zu verstehen suchen, daß wir nach Ursachen und Wirkungen fragen, sondern auf die, daß wir die Entsprechungen, die Analogien zwischen Geschehnissen auf den vielen Ebenen der Wirklichkeit, aufsuchen und so zur Ahnung des großen einen Zusammenhanges gelangen.

Als ich gegen Ende des Krieges begann, im Alten Testament zu lesen, berührte mich gleich die erste Seite seltsam nah und vertraut, so merkwürdig sie für moderne Ohren auch klingen mag:

»Im Anfang schuf Gott Himmel und Erde.
Und Gott sprach: Es werde Licht.
Und Gott sprach: Es werde ein Gewölbe
zwischen den Wassern.
Und Gott sprach – und sprach – bis hin zum sechsten Schöpfungstag, an dem er sprach: Ich will Menschen machen.«

Welch seltsamer Gedanke: Gott »machte« die Welt nicht, sondern sprach sie aus. Wie ein Mensch einen Gedanken findet, ihm das Gewand eines Wortes gibt und das Wort ausspricht mit der Folge, daß aus dem Wort etwas hervorgeht an Wirkung, an Verstehen und Vertrauen oder an Gespräch und Widerspruch, so gab Gott den Gedanken einer Welt in seinem Sprechen aus sich heraus und gab ihr sprechend ihre Gestalt. Wie ein Mensch atmend sich hinausgibt in den Raum und sich aus dem Raum, einatmend, wieder empfängt und sein Leben in diesem unablässigen Austausch weiter- und weiterlebt, so ist das Gegenüber zwischen Gott und seinen Geschöpfen zu deuten als ein stetes Atmen und Sprechen, Atmen und Antworten. Wir wissen heute, daß das Ohr des Menschen schon während seiner vorgeburtlichen Zeit im Mutterleib sein lebendigstes Organ ist, daß über kein Organ so viel aufgenommen und in die Entwicklung des Kindes eingebracht wird wie über das Ohr. Der Ton, die Musik, das Wort sind die Kräfte, nach denen es sich bildet, und wenig ist in dieser Zeit so wichtig, als daß die Mutter ihm erzählt, mit ihm spricht, ihm vorsingt und im übrigen auf die Geräusche achtet, die sie verursacht oder die um sie her sind.

Und ich meinte damals auch, diesen Atem in den großen Rhythmen der Schöpfung zu empfinden, in den Gezeiten des Meeres, die ich so hautnah miterlebt hatte in meiner Zeit als Seeflieger, im Wechsel der Jahre, im Werden und Vergehen von Tieren und Pflanzen und Menschen, im langsamen Gang der Entwicklungsgeschichte dieser Erde, im Wandel der Sterne, in der ungeheuren Energie, die das All auseinandertreibt und – was wissen wir darüber schon? – vielleicht wieder einzieht. Ich lebe also in den großen Rhythmen des Atems Gottes und bringe meinen kleinen Atem in das große Spiel ein. So habe ich auch teil am Aus und Ein des Atems Gottes, an Leben und Tod, und bin damit einverstanden.

Die Vorstellung vom Sprechen Gottes kehrt wieder am Anfang des Johannesevangeliums, wenn dort von Christus gesagt wird, im Anfang sei er, das Wort, gewesen:

»Im Anfang war das Wort,
und das Wort war bei Gott,
und Gott war das Wort.
Am Anfang schon war es bei Gott.

Was aber jemals entstand,
wurde durch das Wort, das Gott sprach.«

Johannes scheint etwa so mit uns zu reden: Wenn du fragst, woher die Welt kommt, dann sage ich dir: Am Anfang war nicht der Zufall, am Anfang war nicht die blinde Energie. Am Anfang war der Geist, Geist in Gott. Denkender Geist. Gestaltender Geist, liebender Geist. Aber das Wort war nicht nur am Anfang. Es ist noch immer die schaffende Kraft. Es ist noch immer das geheime Wesen der Dinge. Es spricht sich noch immer aus auch im nachdenkenden Geist des Menschen. Am Anfang auch unseres eigenen Lebens war und ist das schaffende Wort Gottes. Auch wir selbst kommen aus seiner Kraft, aus seiner gestaltenden Kunst. Auch der Sinn unseres Daseins ist mit sehr leiser Stimme in unser Schicksal hineingesprochen. Der Sinn unseres Weges durch dieses seltsame Leben ist noch immer der, die leise Stimme des schaffenden Wortes aus Gott zu hören und ihr Antwort zu geben. Ihr unser Ja zu sagen und die leibhafte Gestalt unseres Lebens als unseren Dank darzubieten.

Das Wort, der Logos, ist die Stimme Gottes. Der Schöpfer singt sozusagen seine Geschöpfe aus sich heraus. Dieser schaffende Atem begegnet uns in der Schönheit und in der Musik der Schöpfung. Dieser Gesang Gottes ist die Kraft, die die Evolution vorantreibt. Gott spricht in die Welt hinein, und nun nimmt die Welt seine Stimme auf, gibt Antwort und geht so auf das Ziel seines Werks zu.

Und dieses Wort, das Sprechen Gottes, wurde hörbar in der Stimme des Jesus von Nazaret. Aber es reicht über ihn und seine Stimme weit hinaus in alle Zeiten der Weltgeschichte und alle Räume des Weltalls. Und so nennen wir den Logos, das Wort Gottes, mit Jesus in einem und demselben Atemzug, ohne doch zu sagen, beides sei dasselbe. Es wendet sich an uns und sagt uns: Ich liebe dich. Du bist mir wert. Ich nehme dich an. Ich gebe dir das Leben. Jetzt und in Ewigkeit.

Diesen nahen Gott bezeichnen wir als den »kosmischen Christus«. Damit meinen wir auch, daß die Offenbarung in Christus eine weltweite Offenbarung Gottes in allen Religionen und zu allen Zeiten nicht aus-, sondern einschließe. Und so wird in Christus diese rätselhafte Welt für uns Menschen zu einem guten, wohnlichen Ort, an dem Gott im Gespräch ist mit allen seinen Geschöpfen, auch mit uns Menschen.

Wenn sich uns im Grundmuster der Analogie, der Entsprechung, ein Blick öffnet auf die Struktur dieser Welt und dieses Daseins, dann wird ein anderes Symbol für uns ähnlich wichtig wie das des »Worts«: das Symbolwort »Weisheit«, das auch Jesus selbst beigelegt wurde. Die »Weisheit«, darin sahen die Zeitgenossen Jesu die schöpferische Phantasie und die gestaltende Energie, die aus Gott heraustritt und dem Kosmos Sein und Form gibt. Es ist eine Chiffre für die zu uns Menschen und zu allen Geschöpfen hin offene, gütige, reiche Gegenwart Gottes. Und wieder wird dieses Wort auf Jesus bezogen: In ihm wurde diese offene, freundliche Gegenwart Gottes lebendige Gestalt. Das bedeutet: Hier ist sozusagen das Gewebe der Schöpfung sichtbar, der große Zusammenhalt und Zusammenhang, das gemeinsame Grundmuster, das den fernsten Spiralnebel mit uns kleinen Menschen verbindet ebenso wie uns Menschen mit den feinsten Strukturen im Molekül oder in der Nervenzelle. »Alles wird in ihm zusammengehalten«, sagt der Kolosserbrief. Und wir fügen an: Wenn diese Welt nicht in dieser sensiblen Weise durch Entsprechungen zusammengehalten wäre, läge sie außerhalb dessen, was wir verstehen können.

Wir sprechen bei einer Uhr von »analoger« und »digitaler« Anzeige der Zeit. Wir meinen damit, eine Uhr habe zwei Möglichkeiten. Sie zeige die Zeit entweder dadurch an, daß sie für den Ablauf eines Tages das Symbol eines Kreises wählt und ein Zeiger auf diesem Kreis entlanggeht. Sie könne die Zeit aber auch so zeigen, daß sie den Ablauf der Stunden in Zahlen ordne. Das Wort »digital« freilich verbirgt den fundamentalen Wandel des menschlichen Nachdenkens dadurch, daß es selbst wieder ein »analoges« Bild wählt. Digital kann etwa heißen: an den Fingern abgezählt. Aber da wird nichts mehr mit den Fingern gemacht.

Analog ist die Art, wie ein Mensch denkt. Digital ist die Art, wie eine Maschine denkt. Wir befinden uns heute in der für das gesamte Nachdenken der Menschheit unerhört gefährlichen Situation, daß das Digitale, das Maschinendenken, mit unwiderstehlicher Kraft von den Menschen Besitz ergreift. Heute schon begreifen Kinder ohne jede Mühe, was älteren Menschen unbegreiflich scheint. Die Seele aber denkt nach Art eines Menschen, und alles hängt daran, ob die Seele weiterhin die Bildersprache anbietet, die der Mensch braucht, um ein verantwortliches, ein nachdenkendes, ein ahnendes und zu humanem Tun fähiges Wesen zu sein. Ich gestehe, daß ich mich fürchte, die Verödungen zu beschreiben, die das offenbar in Zukunft herrschende digitale Denken in den Herzen und Seelen, aber auch in den Köpfen der Menschen anrichten wird.

Wenn wir heute zum Beispiel von »Paradigmenwechsel« sprechen, dann zeichnen sich die Grundlinien dieses neuen

Denkens von unten bis oben durch. Was einer in seinem Wissensgebiet findet, zum Beispiel der Biologie, das wird er in dem anderen wiederfinden, zum Beispiel in Physik oder Soziologie, und was sich heute in einer Schicht ändert, das ändert sich in allen anderen mit. Was sich heute in Ökologie, Medizin, Theologie, Verhaltensforschung, Psychologie etc. zugleich ändert, das überblicken wir noch nicht annähernd. Denn das Grundmuster der Entsprechungen gilt, wie es für das Auge und Ohr des Glaubens gilt, auch für alles Nachdenken und Erkennen der Welt. Und dieses Denken in Analogien könnte sehr hilfreich sein. Die Welt könnte heimatlicher werden für uns heutige Menschen, als sie ist, vertrauenswürdiger, bewohnbarer. Es könnte eine Behutsamkeit entstehen, die unserer Erde sowohl als auch uns Menschen zugute käme.

Ein zweites Grundmuster, nach dem alles Lebendige lebt, ist das der Polarität. Ich bemerke täglich, daß alles, was geschieht, in Widersprüche eingefangen ist. Ich empfinde gut und böse und fasse diesen Gegensatz in den bildhaften Kontrast von Licht und Finsternis oder Licht und Schatten. Oben und unten, hell und dunkel, groß und klein, schnell und langsam und unzählige andere Gegensätze begleiten mich. Ich führe mein Leben zwischen Aktivität und Passivität, zwischen Ordnung und Chaos, zwischen Liebe und Streit, zwischen wachem Verstand und tiefer Unbewußtheit. Ich suche einmal Nähe, ein andermal Distanz. Und zwischen all dem versuche ich zu leben. Und ich bemerke dabei, daß zwischen Hitze und Kälte, Tag und Nacht, Regen und Sonnenschein, Freude und Leid, Kraft und Mattigkeit nicht nur ich selbst, sondern jedes Geschöpf lebt. Alles ist solchen und vielen anderen Polaritäten ausgesetzt.

Schwierig freilich wird dies alles, wenn ich meine eigenen Wünsche befrage. Sie wollen in aller Regel immer nur den einen der beiden Pole. Nur die Ordnung, nicht aber das Chaos oder umgekehrt. Die Wärme, nicht aber die Kälte, das Licht, nicht aber die Finsternis. Das Glück, nicht aber das Leid. Das Leben, nicht aber den Tod. Und ich bemerke, wenn ich lange genug dem Wesen solcher Polaritäten nachdenke, daß ich damit etwas suche, was das Leben für mich und andere Geschöpfe nicht hat. Ich bemerke, daß wer das Leid zu vermeiden sucht, auch das Glück nicht findet, wer nur seinem Verstand nachgeht, im heimlichen Streit lebt mit allen den unbewußten Kräften, die auch in ihm sind. Wer das Obere sucht und das Untere verachtet, hat auch im »Oberen«, in seinen Gedanken und Idealen, in seinem Geist keinen Grund unter den Füßen. »Wer sein Leben bewahren will«, sagt Jesus, »wird es verlieren.«

Und das wird immer so sein, denn jeder Pol lebt aus dem anderen und hat aus ihm seine Schönheit und seine Kraft. Schneide ich in einem elektrischen Kabel den einen Draht durch, fließt auch durch den anderen nichts mehr. Wenn ein Pol stärker wird, wächst die Kraft auch des anderen.

Nirgends aber gibt es den »goldenen Mittelweg«. Es wäre ein Weg ohne Entscheidung, ohne Orientierung, ohne Richtung, ohne Ziel und Kraft. Wer gehen will, muß einmal das linke, einmal das rechte Bein bewegen. Dazwischen ist kein »mittlerer Weg«. Und ebenso wie ich in mir ein Prinzip der Begrenzungen, der Ordnungen und der Strukturen finde, finde ich eine Dynamik des Wachsens und Werdens in mir. Die Ordnung darf den Prozeß einer Wandlung nicht ersticken, die Dynamik der Wandlung nicht die Ordnung auflösen. Wo beide einander durchdringen, wächst aus ihnen das Leben hervor.

Und noch weiter: Welcher Art ist der Gegensatz zwischen Gesundheit und Krankheit? Wir empfinden es als normal, für die Gesundheit zu kämpfen und gegen die Krankheit. Aber wir erkennen doch immer deutlicher, daß es ein Irrtum wäre, Krankheit unter allen Umständen vermeiden oder beseitigen zu wollen. Gesundheit besteht ja nicht in der Funktionstüchtigkeit aller Organe, sondern in der Kraft zum Wachstum, in der Kraft zur Heilung und in der Kraft zur Reifung. Diese Kräfte aber können oft genug nur durch eine Krankheit geweckt oder erneuert werden.

Ich denke etwa über meine Freiheit nach. Ich weiß, daß ich frei bin, etwas zu tun und zu lassen nach meinem Willen. Ich könnte mich nicht schuldig fühlen, wäre ich nicht frei, gut und böse zu wählen. Die Freiheit zu leugnen, welche Blindheit! – Ich denke über die Freiheit anderer nach und erkenne: Kein

Schicksal ist selbstgemacht. Kein Verbrechen, das nicht vorbereitet wäre durch ein Schicksal. Keine Entscheidung, die nicht vorbestimmt wäre als Erbe oder Fremdbestimmung. Von Freiheit zu reden, welche Übertreibung! – Beides begegnet mir. Beides läßt sich durch Erfahrung belegen, die Freiheit wie die Unfreiheit, und mit diesem Widerspruch bleibe ich allein, ratlos vielleicht, aber ich begegne meinem Auftrag, dem eines freien, unfreien Menschen.

Licht ist darum Licht, weil es schwingt. Es ist Licht, weil der eine Pol seiner rhythmischen Bewegung immer die Dunkelheit ist. Es ist Licht nur, indem es sich mit seinem Gegenpol, der Dunkelheit, einläßt und so zwischen Helligkeit und Dunkelheit hin- und herschwingt. Wenn wir Menschen aber nun dieses Gesetz vergessen und fordern, unsere Welt und unser Dasein müßten vom ungebrochenen Licht, von Gesundheit, Lebendigkeit und Wohlergehen überstrahlt sein, verweigern wir gerade dem Licht den Zugang zu unserem Dasein und befinden uns mitten in strahlender Helligkeit in lebloser Dunkelheit. Wer je fotografiert hat, weiß es: Erst wo in ein »Lichtbild« Schatten eintritt, gewinnt ein Bild seine Dramatik, findet eine Gestalt ihr Profil und ihre Tiefe.

Im Buch Jesus Sirach, einem Weisheitsbuch aus den Jahrhunderten vor Christus, lesen wir:

> »Alles ist zweifach.
> Eins steht immer dem anderen gegenüber,
> und dem, was Gott gemacht hat, fehlt nichts.
> Und er hat es so geordnet,
> daß eins dem anderen nützt.«

Beides jeweils ist Werk Gottes. Es gibt also keinen Urdualismus, sondern nur einen Antagonismus innerhalb des göttlichen Werks.

So auch sind in meiner Seele beide Gegensätze vereinigt. Nichts ist eindeutig. Alles hat seinen Schatten. Auch ich selbst bin meinem klärenden und ordnenden Verstand entzogen. Und so bin ich samt dem Schattenhaften in mir immer noch Gottes Werk.

Nun denke ich über Gott nach und gerate wieder, und nun noch schmerzhafter, in Widersprüche. Ich höre: Gott ist Liebe. Und: Gott ist allmächtig. Der Widerspruch ist abgründig. Ist Gott Liebe, so ist er nicht in allem am Werk, das geschieht. Ist Gott allmächtig, geschieht alles Elend dieser Erde durch seinen Willen, so wird er mir tief fragwürdig. Wie soll ich diesen Widerspruch auflösen? Ich glaube, was Jesus sagt, ich nehme es ihm ab: Gott wirkt in allen Dingen, und: Er ist Liebe. Und ich stelle dieses Bekenntnis gegen meine eigene Logik, die mich an dieser Grenze auf alle Fälle verläßt. Alles, was meine Logik an der Grenze meines Erkenntnisvermögens versucht, führt in die Irre. Ich kann nur vor den Widersprüchen stehenbleiben, schweren Herzens.

Ich denke über meine Aufgabe nach und stehe vor der Entscheidung für das Gute oder das Böse. Ist das Böse eine selbständige Kraft, souveränes Potential gegen Gott, dann trennt mich das Böse von Gott. Hat aber das Böse seinen Ort in Gott und ist Gott auch der Urheber des Bösen, wie soll ich dann meine Entscheidung treffen? Hat nicht Martin Luther in seinem tiefsinnigen Buch »Vom unfreien Willen« gesagt, nichts geschehe in der Welt, weder Gutes noch Böses, das nicht von Gott gewirkt sei, und zwar direkt und unmittelbar? Durch die Bösen bewirke er Böses, durch den Widersacher Widergöttliches, und doch alles auf sein eigenes, göttliches Ziel zu. Gott sei der unablässig Handelnde in allem, was geschieht. In Licht und Finsternis.

Wenn ich in Christus Gott erkenne – wo und wie tritt er an ihm in Erscheinung? Das Evangelium sagt: Du erkennst Gott nur im härtesten aller Widersprüche. Du erkennst ihn am Kreuz, an dem der von Gott verlassene Christus hängt. Du schaust das Licht dort, wo die Macht der Finsternis die Szene beherrscht, und erkennst, daß in der Gottverlassenheit Gott am dichtesten gegenwärtig ist. Und aus dieser Zone der abgründigen Ferne des nahen, gegenwärtigen Gottes gibt es kein Entrinnen, es sei denn, du bejahst eben diesen Christus als den Ort der Offenbarung Gottes. Du erkennst an ihm, der seiner Menschlichkeit beraubt ist, im »Sohn des Menschen« Gott selbst.

So steht Christus an der Stelle, an der die härteste Polarität, die in dieser Welt denkbar ist, brutal vor uns aufbricht: Von ihm wird gesagt, er sei ewig wie Gott selbst, er sei aber zugleich der letzte verlassene Mensch, der letzte Dreck, könnte man die Symbolsprache des Neuen Testaments konkretisieren. Er hält sozusagen zusammen, was anders nicht zusammenzuhalten wäre.

Und wie denke ich mir das Ende der Geschichte dieser Welt? Denke ich es so, daß Gott und Satan auseinandertreten und erstarren im ewigen Gottesreich einerseits, dem ewigen Reich des Bösen andererseits? In der Bibel gibt es solche Gedanken. Oder denke ich mir das Ende anders? So etwa, daß am Ende alles heimkehrt in Gott, auch der Abgrund, auch die Finsternis, auch der Verdammte, auch der Satan selbst, und Gott alles in allem ist? Auch solche Gedanken lesen wir in der Bibel. Es gibt auch auf den Ausgang der Weltgeschichte hin keine Lösung. Der Widerspruch bleibt, und niemand wird ihn uns auflösen, solange wir in dieser Welt leben.

Ich ahne also, daß alles, was gedacht werden kann, seinen ihm zugeordneten Gegenpol hat, daß aber der eine Pol nur gedacht werden kann, wenn der Gegenpol mit im Spiel ist. Ich ahne aber darüber hinaus, daß in einem dritten Sinn beide Pole ein- und dasselbe sind. Daß die Extreme einander berühren und daß alle Gegensätze Ausdruck einer großen Einheit sind und nach ihr zu suchen die Aufgabe einer lebenslangen Bemühung des Geistes und des Herzens ist, bis ihm die Kontemplation, die Zusammenschau – in einem anderen Dasein – gelingt.

Ein drittes Grundmuster, nach dem das Leben verläuft, ist der Rhythmus. Das Grundmuster »Polarität« könnte uns, wenn wir es ernst nehmen, dazu verleiten, zu meinen, die Welt bestehe einfach aus Gegensätzen und Gegenkräften, aus zwei Hälften, wohin wir immer sehen, die in ihrer Gegensätzlichkeit festgebannt seien, vielleicht gar in Feindschaft. Aber die Kräfte, die wir als polar entgegengesetzt empfinden, sind ja Ursprung und Ausgangspunkt von höchst lebendigen Bewegungen.

Wenn zwei Kräfte wechselseitig angreifen, entsteht ein Rhythmus. Wenn an einem Pendel wechselseitig die Schwerkraft und die Trägheit angreifen, so schwingt es. Die Schwerkraft bewirkt, daß es fällt, die Trägheit, daß es steigt. Es schafft, indem es steigt, die Freiheit und den Raum zu fallen. Indem es fällt, schafft es die Energie zu steigen. Wo Leben ist in seiner Polarität, entsteht Schwingung, Bewegung, Rhythmus.

Wenn ich einatme, so folgt dem, ohne daß ich etwas dazu zu tun brauche, das Ausatmen. Meine ich aber, es komme nur auf das Einatmen an, und verweigere ich das Ausatmen, so werde ich auch nicht mehr einatmen können. Der Weigerung, mitzuschwingen, folgte notwendig das Ende des Lebens.

Will ich eine neue Erkenntnis gewinnen, so muß ich viel vergessen, das ich schon zu wissen meinte. Das französische Wort für Erkenntnis hat einen unerhörten Tiefgang. Es lautet »con-naissance«. Erkenntnis heißt also: Mit dem Gegenstand meines Nachdenkens zusammen neu geboren werden, mit ihm zusammen allererst neu entstehen. Ich nehme ihn wahr, werde von ihm wahrgenommen, und es entsteht Erkenntnis, und in dieser hin- und zurückschwingenden Erkenntnis entstehe ich selbst immer wieder neu.

Suche ich aber nach einer Ausdrucksform für solches Ein- und Ausschwingen, Binden und Freilassen, Begegnen und Sich-selbst-Ändern, so finde ich in allen Völkern den Tanz, das Spiel, die Musik, die Dichtung, den Kult, den Gottesdienst, den heiligen Raum und die heilige Zeit mit allen Begehungen und Bewegungen. Und von jeher haben die Menschen in all dem ausgedrückt, was ihnen aufgegangen war an der Lebendigkeit und Hintergründigkeit ihrer Welt und ihres Daseins. Und so sind dies alles Formen jener Sprache, in der die Verwobenheit des Ganzen der Welt sich ausdrückt.

Davon auch spricht das Lied über die Zeit im Buch des Predigers Salomo in seiner anschaulichen Weisheit. Es meint, allem lebendigen Leben wohne ein Rhythmus inne, der zwischen Gegensätzen hin- und herschwinge, gegeben von gegenläufigen Kräften:

»Es hat alles seine Zeit
und alles Tun unter dem Himmel hat seine Stunde.

Gebären hat seine Zeit.
Sterben hat seine Zeit.
Pflanzen hat seine Zeit
und Ausreißen hat seine Zeit.
Töten und Heilen,
Einreißen und Bauen...«

Alles also hat »seine Zeit«. Töten und Heilen, so meint der Dichter, der dies schrieb, kann ich nicht einfach so ansehen, als sei das eine böse, das andere gut. Es hat beides seine Zeit und seinen Sinn, weil es eben nicht zufällig so geschieht, sondern innerhalb jenes Zusammenhangs und Zusammenklangs hin- und herschwingt, den wir vor Augen haben, wenn es uns gegeben ist, das geheime Weben und Fließen in der Schöpfung Gottes zu schauen.

Ist es so, dann muß ich zusehen, was geschieht, und beurteilen, ob es zu dieser Stunde gut sei oder schädlich. Danach aber werde ich mich mit meinem Urteil wieder zurücknehmen und sehen, daß dies alles, was da geschieht und was mir gut oder schädlich scheinen will, ein Schwingen ist in einem großen Spiel, oder besser in einem Drama, in dem es auf Leben und Tod geht und in dem Leben wie Tod ihren Raum und ihren Sinn haben.

Ich werde selten sagen können: So ist es richtig und so ist es falsch. Selten werde ich sagen können: Dies und nichts anderes ist der Wille Gottes. Denn zu einer anderen Stunde will Gott – so ahne ich – etwas ganz anderes von mir, etwas, das jenem, das ich für gottgewollt hielt, hart entgegengerichtet ist.

Und die Zeit ist nicht einfach der gleichmäßige Ablauf meines Lebens. Sie ist je nach der Stunde, in der ich lebe, offen oder geschlossen für meine Einsicht oder meine Tat. Sie ist einmal eine Gelegenheit für einen Einfall oder einen Versuch, sie zieht sich ein andermal zäh dahin, ohne mir irgend etwas zu eröffnen. »Wirkt, solange es Tag ist«, sagt Jesus. »Es kommt die Nacht, in der niemand wirken kann.« Oder er spricht von seiner »Stunde«, die »noch nicht gekommen sei« oder die zu einer anderen Zeit »da ist«.

Denn die Wahrheit setzt sich auf dieser Erde nie endgültig durch. Sie leuchtet auf, sie verbirgt sich, sie leuchtet wieder auf, sie verbirgt sich wieder. Anders ist sie nicht zu gewinnen. Einvernehmen mit Gott läßt sich nicht festschreiben. Ich empfange es, gnadenhaft, es entschwindet mir ins nicht mehr Erfahrbare. Es gelingt. Es zerbricht. Anders ist es nicht zu finden und zu bewahren.

Mann und Frau sind in ihren Rollen oder Funktionen nicht festgelegt. Sie sind nicht hierarchisch aufeinander bezogen, so daß der eine oben, der andere unten wäre. Ihr gemeinsames Leben ist ein Schwingungsmuster. Da geht die Kraft einmal vom Mann zur Frau, einmal von der Frau zum Mann. Liebe ist nicht Ausdruck von festgeschriebenen Beziehungen, sondern ein Schwingungsmuster und nur als solches lebendig.

Ähnlich haben Kirchenväter aus den ersten Jahrhunderten immer wieder davon gesprochen, die Schöpfung insgesamt sei ein Tanz, und im Tanz werde sich auch die Vollendung der Welt in Gottes Reich darstellen. Die schöpferische Weisheit Gottes, der Logos, der auch Christus heißt, sei der heilige Vortänzer im himmlischen Reigen. Bei Gregor von Nyssa oder Hippolyt lesen wir solche Gedanken über die Erlösung von Himmel und Erde in der schwingenden Verbundenheit des Tanzes.

So erscheint auch in der christlichen Überlieferung immer wieder der Gedanke vom Spiel als einem Symbol für das Leben und für die Welt, und zwar in dem doppelten Sinn, daß es als Spiel des Menschen mit der Welt geschieht, aber auch als Spiel der Welt mit dem Menschen. Kunst ist darum ein Werk des Menschen in seiner Welt ebenso wie Geschenk der Welt an den Menschen. Zwischen Notwendigkeit und Würfelspiel, Ordnung und Phantasie schwingt das Spiel hin und her und bildet die Erlösung der Welt ebenso ab wie ihren gegenwärtigen Sinn. Gelänge es uns, mit diesem Muster des Lebens in der Welt einig zu sein, so würde uns diese Welt heimatlicher, bewohnbarer.

Das Evangelium spricht davon, Christus sei abgestiegen in die Welt der Toten und habe den »Geistern im Gefängnis gepredigt«. »Gepredigt« heißt nicht: Er hat zu ihnen geredet, um danach alles zu lassen, wie es war. Predigen heißt bei Jesus entlasten, befreien, heilen, zu einem neuen und anderen Dasein befähigen. Den Geistern im Gefängnis predigen heißt, was da im Untergrund der Welt, im Untergrund des menschlichen Daseins oder im Untergrund der menschlichen Seele gefangen liegt, herausführen aus der Gefangenschaft, wie es die großen Oster-Ikonen der orthodoxen Kirchen oder die gotischen Tafelbilder des abendländischen Mittelalters so anschaulich zeigen. Das Totenreich meint eine Tiefe, die noch weit unter den Gräbern ist. Was ins Grab sinkt, hat noch am Leben teil insofern, als auch der tote Leib wieder zurückkehrt in den Kreislauf der Natur. Aber das »Innere der Erde« meint eine Abgründigkeit, die auch in diesem Sinn nichts mehr mit »Leben« gemein hat.

In diesem letzten Reich der unteren Mächte ereignet sich nun das Mysterienspiel der Auferweckung der Toten.

All dies besagt: Es ist im Sinne des »kosmischen Christus« nicht mehr möglich, von einer Spaltung der Welt in eine lichte Höhe und in eine dunkle Tiefe zu sprechen, die Welt also aufzuteilen zwischen Gott und Satan, zwischen der Welt Gottes und der Macht in der von Gott abgewandten Welttiefe. Die Welt ist eine, nicht nur, weil der eine und selbe Gott sie in ihrer Gänze geschaffen hat, sondern auch, weil Christus einbezogen hat, was gegen Gott gerichtet war.

Eine dualistische Weltsicht steht zu allem im Widerspruch, was wir über den schaffenden Gott und über das Wesen und das Werk des Christus glauben oder wissen. Das aber bedeutet, daß der Gedanke der Allversöhnung dem, was Christus über Gott sagt, mehr und genauer entspricht als der Gedanke einer Hölle, die einem Teil der Menschheit bestimmt sei.

Die Geschichte von der »Höllenfahrt« sagt aber auch etwas über Gott selbst. Ein Gott, der nur »oben« wäre, nur in der Höhe des Guten, könnte uns kein Halt sein, wenn wir in irgendeine Tiefe abstürzen, irgendeine Tiefe des Erleidens oder des Verschuldens. Wir wären, wo immer wir uns in irgendeiner Tiefe finden, von Gott verlassen. Die »Höllenfahrt« sagt: Wohin immer du abstürzen solltest, tiefer noch ist die Hand Gottes, die dich auffängt. Jede Tiefe ist Ort Gottes. Sie ist Ort des »kosmischen Christus«, denn die Tiefe des Abgrunds und die Höhe des Lichts sind eins in ihm.

So spricht das Evangelium im selben Atemzug von der »Himmelfahrt« des Christus. »Himmelfahrt« ist ein kindliches, ein ungeschicktes Wort, und wir haben heute, von diesem Ausdruck her, Mühe, uns in die sensiblen Erfahrungen, die darin verborgen sind, hineinzudenken. Denn das wollen und können wir ja nicht mehr sagen: Von hier unten nach dort oben – zum Himmel – stieg Christus hinauf. Das wissen wir ja mittlerweile, daß »oben« nicht der »Himmel« ist, daß »oben« vielmehr die Schichten der Lufthülle einander folgen und über den letzten Luftteilchen die Leere des Weltraums beginnt. Dennoch reden wir vom »Himmel«. Und wir meinen, abseits aller geographischen und astronomischen Vorstellungen, den »Ort Gottes«. Wo ist Gott? Antwort: Er ist doch wohl überall, »oben« ebenso wie »unten« und um uns her. Die Höhe und die Tiefe, der Lebensraum des Menschen und alle Sterne, das zusammen ist der »Ort Gottes«. Himmel. In diesen Raum der Allgegenwart Gottes ging Christus ein.

Damit sagt das Evangelium: Das Universum ist kein Feind. Es bedroht nicht. Es geht auch nicht seinem Untergang entgegen, sondern dem Reich, das Christus repräsentiert. Das Universum ist nun durchwirkt von seiner Hingabe, und wir lesen an ihm ab, wohin der Weg der Menschheit noch gehen kann und soll: in eine Seinsstufe, in der Hingabe und Ehrfurcht mehr gelten als Macht und Erfolg. Der Mensch aber weiß, stellvertretend für den Kosmos, von dem Ziel, dem die Welt entgegengeht, und so gelangt das Universum im Menschen zum Bewußtsein seiner Herkunft und seiner Bestimmung.

Diese seltsame Polarität zwischen Höllen- und Himmelfahrt aber steht nun nicht starr gegeneinander. Sie gerät in Bewegung. Jedes Jahr begehen wir die Feier der Passion und des Todes Jesu, und jedes Jahr feiern wir Himmelfahrt. Jedes Jahr begehen wir die Herabkunft des Kindes von Gott in Betlehem, und jedes Jahr feiern wir die Auferstehung des Christus aus dem Reich der Toten. Es entsteht das Bild einer großen, auf- und abschwingenden Kraft zwischen Leben und Tod, zwischen Seligkeit und Leid, aber auch zwischen meinem Bewußtsein, ein Kind Gottes zu sein, und meinem ebenso klaren Wissen von der Verlorenheit, in der ich lebe. Und anders als in diesem schwingenden Rhythmus sind weder Gott noch der Mensch zu verstehen.

Ein viertes Grundmuster finde ich, das der Resonanz. Wo eine Schwingung ist, muß die Schwingung, um hörbar zu sein, Resonanz finden. Das gilt für alles, was ich empfinde oder denke, was ich erfahre oder erleide. Denn wie zu einem Klang ein Ohr gehört, das ihn vernimmt, so vernimmt das Ohr nur die Klänge, für die es geschaffen ist. Der Mensch braucht für jede Wahrnehmung eine Entsprechung in sich selbst, die ihn befähigt, gerade diese Wahrnehmung zu machen. Er kann nur diejenigen Bereiche der Wirklichkeit kennenlernen, für die er die Resonanzfähigkeit besitzt. Er kommt nur mit den Ideen in Berührung, für die er eine Eigenresonanz mitbringt. Wer nicht für das Schöne empfänglich ist, kann dem Schönen nicht begegnen. Jeder findet in dem anderen Menschen nur so viel Erwähnenswertes, wie ihm selbst zugänglich ist. Jeder findet sich nur in den Situationen, für die er die Sensibilität hat. Die Umwelt, die wir erfahren oder erleiden, spiegelt nichts weiter als unsere Erlebnisfähigkeit. Im Grund erleben wir immer und überall nur uns selbst. Wenn uns ein Schicksal trifft, dann kommt es nicht von außen, durch Zufall etwa, sondern weil wir selbst und unser Schicksal aus derselben Hand kommen. Gott hat uns geschaffen und mit uns zugleich unser Schicksal. Wir sind das Bild, das Gott von uns hatte, als er uns schuf, und wir sind zugleich das Schicksal, das er uns zugedacht hat. Beides ist zusammen eine einzige Zeichnung von seiner Hand.

»Erkenne dich selbst«, sagt der Apoll von Delphi. Er sagt dem Besucher des Heiligtums, der Auskunft sucht über sein Schicksal: Wenn dir dein Schicksal entgegenkommt, wenn dich die Herausforderung trifft, dann prüfe dich selbst. Du wirst die tiefe Übereinstimmung erkennen, die dich mit deinem Schicksal verbindet. Die Zukunft, die auf dich zukommt,

kommt auf dich und nicht auf einen anderen zu. Sie meint dich.

Aus dem Gesetz der Resonanz wird so eine Art Gesetz der Spiegelung. Es lautet: In allem, was dir begegnet, triffst du dich selbst an. In allem, was du siehst, begegnest du deinem eigenen Auge, deiner eigenen Sehkraft. In jedem Ton oder Klang findest du dein eigenes Ohr. Alles, was um dich her geschieht, spiegelt dich selbst. Alles, was du förderst, bist du selbst. Alles, was du zerstörst, bist du selbst. Alles, was du bekämpfst, bist du selbst. Du bist, was du liebst, du bist, was du hassen mußt. Du bist, was du schaffst, und alles, was du nicht wahrhaben willst und also aus deinem Bewußtsein verdrängen mußt. Denn die Welt ist eins. Alles in ihr hängt mit allem zusammen. Das Gesetz aber, daß du dich in allem wiederfindest, macht das Grundmuster deines Daseins aus.

So sagt das Neue Testament, wir Menschen sollten Instrumente des Geistes Gottes sein. Inspiration durch den Geist und stellvertretende Darstellung des hörenden und antwortenden Gottes auf dieser Erde, sagt Paulus, sind die Merkmale der Töchter und der Söhne Gottes. Sie sind der Ort eines leisen wortlosen Gesprächs Gottes mit sich selbst. Der Geist weckt die Töne, die auf dem Instrument unserer Seele erklingen sollen. Gott, der in uns ist, nimmt sie auf, und es beginnt etwas zu schwingen zwischen Himmel und Erde. »Wir wissen nicht, was wir beten sollen, aber der Geist selbst tritt für uns ein mit wortlosem Seufzen«, lesen wir Römer 8,26.

Ähnlich redet der 1. Korintherbrief:

> »Was im Menschen ist, weiß niemand
> als allein der Geist des Menschen, der in ihm ist.
> So weiß auch niemand, was in Gott ist,
> als allein der Geist Gottes...
> Wir aber haben den Geist aus Gott empfangen,
> so daß wir wissen können,
> was uns von Gott geschenkt ist.«

Das heißt: Wir Menschen verstehen nicht einfach, was uns von Gott zugesprochen wird. Wir verstehen es nur, wenn Gott selbst sozusagen das Gehör ist, das er uns verleiht.

Nehmen wir aber, gleichsam als ein widerklingender Innenraum Gottes, solchen Ton auf, so beginnt das Dasein, sei es so rätselvoll, wie es wolle, zu klingen, und es entsteht etwas wie irdische und schließlich himmlische Musik.

Als Jesus einmal gefragt wurde: »Wie und wann kommt das Reich Gottes?«, antwortete er: »Das Reich Gottes kommt nicht so, daß ihr es sehen könnt... denn das Reich Gottes ist innen in euch« (Lukas 17,20).

So sprachen die Mystiker in den langen Jahrhunderten der christlichen Geschichte immer wieder von dem »Christus« in ihnen selbst. Von der Fülle Gottes in ihnen. Vom inneren Licht. Oder auch vom göttlichen Kind in ihrer Seele, von der Braut in ihnen, die ihrem Bräutigam entgegengehe, oder vom inneren Gottesreich.

Sie sagten damit: Du bist wie ein Garten oder ein Feld. Aus dir soll nun aufwachsen, was in dich gelegt ist. Du bist wie ein Acker, über den einer geht, um Samen auszuwerfen. Nun soll das Getreide aufwachsen und Frucht tragen, »dreißigfach, sechzigfach oder hundertfach«, wie Jesus sagt. Das Wort fällt in dich, und was aufwachsen soll, ist nicht nur der neue Mensch in dir, sondern viel mehr: das Reich Gottes. Du bist gesegnet. Nun lebe, wachse und gedeihe. Wenn mein Wort in dich fällt und du es bewahrst, so daß es in dir Raum findet und wächst, dann wirst du glücklich sein. Denn dann entsteht in dir ein neuer Mensch, ein Kind. Dann entstehe ich in dir. Ich, der Christus selbst.

Es ist, als hörte ich die Stimme jenes schaffenden Gottes, den wir ins Bild von Christus fassen, wenn ich beim Propheten Jesaja lese:

> »Deine Seele soll sein
> wie ein wasserreicher Garten.«

Da höre ich: In dir soll etwas wachsen und reifen, und es soll Lebenskraft ausströmen auf andere wie aus einer Quelle. Über dir ist Gott wie der Himmel, unter dir wie die Erde, um dich her wie Luft und Wind, in dir wie das Licht. Du bist in ihm, und du lebst, um ihn zu preisen, das Reich seiner Gegenwart zu schauen und nach dem Maß deiner Kräfte dafür zu wirken. Der Garten bist du selbst. Er ist das Reich Gottes.

# 10.
# Aufträge dieser Generation

## *Abschaffung des Krieges*

Es ist schon eine Reihe von Jahren her. Eine kalte Nacht. Regen. Wind. Wir saßen auf der Straße, in der Nässe, in Regenhäute gewickelt, im Kreis. Vielleicht vierzig oder fünfzig Menschen. Junge und alte. Die Straße führte zu einem Depot amerikanischer Raketen, es war dreißig Meter vor dem Tor. Anfangs, in den Abendstunden, wurde gesungen. Als wir anfingen zu frieren, redeten wir miteinander, warum wir uns eigentlich diese nasse Nacht verordnet hätten, im Lauf der Nacht verstummten auch die Gespräche, und jeder saß, in sich eingepackt, und fror vor sich hin. Allmählich löste sich der eine oder andere aus dem Kreis und suchte eines der Zelte auf, die in der Nähe aufgeschlagen waren. Als der Morgen graute, waren wir noch ungefähr zwanzig, voller Zweifel, ob es sinnvoll sei, was wir taten. Wir wußten nur, daß wir es tun mußten, auch wenn nichts damit erreicht würde, daß Friedenspalaver aber besser seien als Blitzkriege und kluge Menschen wichtiger als intelligente Waffen.

Im Herbst 1982 fand in Bad Boll eine Konferenz über Abrüstung statt. Hochkarätige Abrüstungsfachleute, Generäle der Bundeswehr, Minister aus Bonn, Friedensforscher und Leute der Kirche tasteten miteinander die Zukunft ab. Carl Friedrich von Weizsäcker gab eine Prognose. Mit der ruhigen, klaren Stimme, die man von ihm kennt: Der kommende Krieg, so sagte er, sei nicht zu verhindern. Er werde spätestens Ende der achtziger Jahre stattfinden. Er werde in Europa beginnen und ein nuklearer sein. Die Mechanismen, die dorthin führten, hätten sich längst verselbständigt, und selbst Politiker, die ihn noch verhindern wollten, würden ihn nicht verhindern können. »Ich sehe, was kommt«, sagte er, »und ich weiß nichts, das ich oder andere Leute noch unternehmen könnten.« Von den anwesenden prominenten Fachleuten hörte man keinen Widerspruch.

Wer seine Zeitung aufmerksam las, hörte dann und wann eine Stimme aus den USA, die wie ein Kommentar zu dieser Prognose wirkte: Keith Payne, Berater Präsident Reagans:

»Die Vereinigten Staaten sollten planen, die Sowjetunion zu besiegen, und zwar zu einem Preis, der eine Erholung der USA erlauben würde. Washington sollte Kriegsziele festlegen, die letztlich die Zerstörung der politischen Macht der Sowjets und das Entstehen einer Nachkriegs-Weltordnung, die den westlichen Wertvorstellungen entspricht, im Auge haben.« Unter dem Titel »Sieg ist möglich« stand dieser Satz in »Foreign Policy« Sommer 1989. Eugene Rostow, Leiter der Abrüstungsbehörde der USA, Dezember 1982: »Wir leben in einer Vorkriegs-, nicht in einer Nachkriegszeit.« Äußerungen etwa Weinbergers und anderer hochrangiger Leute ließen sich beliebig anfügen. Man spielte ganz offensichtlich im Pentagon die verschiedenen Modelle eines führbaren, gewinnbaren Atomkriegs durch, und führende Leute stimmten darin überein, der dritte Weltkrieg werde kommen. Er werde in Europa stattfinden, und er werde ein nuklearer sein.

Zweierlei Vorbereitung war erkennbar: Ideologisch mußte klar sein, daß es nicht nur ein Recht, sondern eine Pflicht gab, den Kommunismus auszulöschen. Der Kommunismus war, wie Reagan es formulierte, das Zentrum alles Bösen in der Welt. Und militärisch mußte klar sein, daß der Westen tödlich bedroht sei, wenn er nicht in einem gewaltigen Kraftakt »nachrüste«. Dabei besagten die Übersichtstabellen aller Friedensinstitute, daß die USA auf dem Gebiet der Abschreckungspotentiale global nach wie vor überlegen seien. Die Pershing II aber war keine Verteidigungs-, sondern eine Ersteinsatzwaffe. Sie war nach Meinung vieler geeignet, der Sowjetunion die Zweitschlagfähigkeit zu nehmen. Wer aber der anderen Supermacht die Zweitschlagfähigkeit nahm, zwang sie zum Erstschlag. Ziel würden dann die Punkte sein, von denen der Erstschlag ausgehen könnte. Also wir.

Mich wunderte angesichts dieser Lage nicht, daß es Menschen gab, die auf die Straße gingen. Mich wunderte vielmehr, daß es so wenige waren. Und mich wunderte, daß nicht viel mehr Menschen ernsthaft nachfragten, ob es nicht ganz andere Wege gäbe, den Frieden zu sichern, als sie unter Politikern eingespurt waren. Denn das Thema war doch bei weitem nicht nur ein militärisches. Es war doch bemerkenswert, daß unter all den anderen, die nach Alternativen zu dieser tödlichen Spirale der Aufrüstung suchten, Christen in vielen Ländern und ganz besonders in den USA selbst entdeckten, daß dies bei allem Friedenswillen, der niemandem abgesprochen werden konnte, kein Weg zum Frieden war, sondern zum Krieg. Daß zum Friedenmachen Friedensfähigkeit gehören würde, Gesprächsfähigkeit, Respekt vor dem Recht und auch der Angst des anderen.

Und was wir wußten, das war, daß Frieden nicht durch diese Extremform von gegenseitiger Drohung zu erreichen war. Daß sich in den Köpfen der Menschen ein anderes Denken einstellen müsse, ein ungewohntes. Daß zivile, behutsamere Denkmuster an die Stelle der militärischen zu treten hätten. Auf jener Konferenz in Bad Boll nahm mich Hildegard Hamm-Brücher einmal auf die Seite und beschwor mich: »Machen Sie um Gottes willen weiter mit Ihrer Friedensbewegung. Sie haben schon viel mehr erreicht, als Sie wissen können.«

In den siebziger Jahren besuchte ich noch einmal das Schlachtfeld an der französischen Kanalküste, über dem so viele meiner Kameraden abgestürzt waren, die Gräberfelder von Caen, und ich empfand: Wer den Gedanken zuläßt, dies alles könne sich mit dem tausendfachen Zerstörungspotential von heute wiederholen, und wem dabei nicht der Boden unter den Füßen weich wird, der ist kein politischer Mensch. Nun ist gerade dies ein Thema, zu dem wir als Christen besonders Genaues beizutragen haben oder haben müßten: nämlich die Frage nach dem Sinn der Gewalt und nach dem Sinn des Verzichts auf sie. Wer wie wir einen Weltkrieg erlebt und danach rund um die Erde rund hundertfünfzig Kriege gesehen hat, wer das Bangen zuläßt vor dem, was dieser Erde mit Hilfe heutiger Waffen geschehen könnte, kommt an diesem Thema nicht mehr vorbei.

Für uns Christen liegt es in den Worten Jesu, die wir in der Bergpredigt lesen: »Eure Vorfahren hatten ein Gesetz: Auge um Auge, Zahn um Zahn. Ich aber sage euch: Ihr sollt dem Bösen nicht mit Gewalt widerstehen. Wenn dir einer einen Streich gibt auf die rechte Backe, dann biete ihm auch die andere.«

Man hat nun lange genug, was Christus hier sagt, als Äußerung eines liebenswerten, weltfremden Träumers verstanden, rund siebzehnhundert Jahre lang, seit der Zeit Konstantins, und ich kann von Kirchen, die ihr politisches Ethos durch fast zweitausend Jahre hin an den Forderungen der jeweiligen Staaten orientiert haben, nicht erwarten, daß sie im Laufe weniger Jahrzehnte fähig und bereit sein würden, Gerechtigkeit auf dieser Erde zu suchen, wie es das Wort ihres Meisters fordert. Aber ich kann erwarten, daß sie den Verwechslungen ein Ende bereiten, den Verwechslungen von christlichem Glauben und westlicher Freiheit, von christlichem Glauben und europäischer Kultur, von christlichem Glauben und kolonialem Herrentum und den übrigen unzähligen Verwechslungen, die sich bisher angeboten haben. Die Kirche muß heute eine Bewegung auf Frieden hin sein, auch wenn viele in ihr nach den wunderbar gewaltlosen Revolutionen in der Tschechoslowakei und in der ehemaligen DDR 1989 ihrer ureigensten Sache wieder einmal um Jahre hinterher sind.

Es gab in den achtziger Jahren ein Forum, auf dem leidenschaftlich nach einer solchen Bewegung in den Kirchen gerufen wurde: die Evangelischen Kirchentage. Sie unterschieden sich in Stil und Sprache von der politischen Szene darin, daß Menschen sehr verschiedener Überzeugungen fair miteinander reden konnten, und darin, daß danach jeder wußte, daß es andere ebenso begründete, ebenso auf Frieden hin gerichtete Gedanken gebe, die den eigenen scheinbar diametral entgegengesetzt waren.

Damals suchten wir nach Regeln, die das politische Klima bei uns selbst entgiften könnten. Wir sagten uns als erstes: Wir lassen es nicht zu, daß in unseren Gedanken ein anderer Mensch zu unserem Feind wird. Wir sagten zweitens: Wir gebrauchen keine Sprache, durch die wir irgendeinen Menschen herabsetzen, entstellen, erniedrigen, beschimpfen oder verdächtigen. Wir sagten drittens: Was wir tun, darf keine Gewaltanwendung bedeuten.

Wir fanden im Lauf der Zeit einen Katalog von sechs Regeln, nach denen wir im privaten Umkreis Frieden stiften könnten, und, da alle Politik nicht nur ein Umgang mit Staaten, sondern immer auch ein Umgang mit Menschen ist, nach denen vielleicht doch auch, in abgewandelter Form, unter Politikern verfahren werden könne:

Regel 1: Ich muß den anderen sehen, wie er ist. Ich verzichte auf Schlagworte und Feindbilder. Niemand nimmt einen anderen wirklich wahr, solange er ihn haßt. Sich über den anderen zu täuschen ist aber für alles politische und militärische Denken gefährlich. Ich gewähre ihm also so viel freundliche Zuwendung, daß ich ihn wahrnehme.

Regel 2: Ich bin bereit, mich selbst zur Disposition zu stellen. Ich prüfe meine eigenen Motive, ob ich zum Beispiel an den Menschenrechten orientiert bin oder an meinen wirtschaftlichen Interessen. Am Öl zum Beispiel. Ich bin bereit, ehrlich zu reden, solange noch nicht geschossen wird, und ich, wie Jesus sagt, »noch mit meinem Gegner auf dem Wege bin«.

Regel 3: Ich möchte also dem anderen helfen, sich und mich zugleich zu überprüfen. Das ist nur möglich, wenn er sich nicht vor mir fürchtet. Er kann sich anders einem Vorschlag, den ich ihm mache, nicht anvertrauen. Ich selbst aber muß mich meinerseits davor hüten, ihn zu fürchten. Die Angst führt auf falsche Wege.

Regel 4: Ich möchte, daß eine Lösung gefunden wird, die dem andern und mir annehmbar scheint. Ich werde also versuchen, ihn genau zu verstehen, und werde ihm deutlich machen, daß ich ihn verstanden habe. Fühlt er sich von mir diskriminiert, so wird er seine bisherige Position nicht verlassen können. Die Grundform des politischen Handelns ist der praktische Kompromiß. Ein Kompromiß wird aber nur erreicht, wo der eine und der andere ihre Interessen verstanden sehen.

Regel 5: Wenn ich will, daß die Lösung des Konflikts ohne Gewalt erreicht wird, muß ich mir Zeit nehmen. Die Änderung des Klimas zwischen Menschen und Völkern geschieht

*Eine der Aufgaben der Friedensbewegung war die, zu Formen der politischen Willensäußerung zu finden, die keine Gewalt bedeuteten und die neben ihrer Entschiedenheit mit Lockerheit und Humor verträglich waren.*

in langen Zeiträumen, und ich bleibe vor der Ungeduld des Erfolglosen nur bewahrt, wenn ich nicht nur dem Gegner Zeit lasse, sondern auch mir selbst. Militärisches Eingreifen geht schneller, aber es ist, wie der Golfkrieg erneut gezeigt hat, kein Weg, irgendwelche Probleme zu lösen. Die Gewalt schafft im Gegenteil neue hinzu.

Regel 6: Ich möchte dem anderen helfen, mit mir zusammen eine Lösung zu finden. Dann aber muß ich ihm den Weg zum Frieden auch dann offenhalten, wenn er in seiner Drohgebärde verharrt. Ich darf nicht beleidigt sein, wenn er meine Vorschläge ablehnt. Ich muß prüfen, ob es Minimalformen von Gewalt gibt, die ihn zwingen können, ohne daß Krieg geführt wird. Warum hat man am Golf nicht die Wirkung der Sanktionen abgewartet, von denen man doch vorher wußte, daß sie in einem halben Jahr nicht greifen können?

Wir waren uns einig darüber, daß wir zu Unrecht und Gewalt weder schweigen sollen noch nachgeben. Aber wir meinten, wir sollten von Gerechtigkeit so sprechen, daß der andere zuhören kann. Wir würden also Frieden fordern, ohne der einen von beiden Seiten beider Schuld zuzuschieben. Wir würden nach den Gründen der Schwierigkeiten fragen und dem Gegner zubilligen, daß er vertretbare Gründe hat, weil das wahrscheinlich zutrifft.

Das bedeutet in der Praxis: Fair sein ohne Furcht. Klar in der Sprache ohne Haß. So gerecht, daß der andere sich nicht in Selbstrechtfertigungen zu verhärten braucht. So geduldig, daß er sein Gesicht nicht verlieren muß. So selbstkritisch, daß bei mir selbst kein Feindbild aufkommt.

Als wir zum fünfundvierzigsten Jahrestag des Kriegsausbruchs 1984 eine große Demonstration vor dem Tor der Raketenstation in Mutlangen bei Schwäbisch Gmünd planten, wußten wir aus langer Erfahrung, daß gewaltloses Demonstrieren vor einem solchen Tor im allgemeinen Bewußtsein unseres Landes noch immer als strafbares Delikt gilt, daß also die Auseinandersetzung mit den Polizeikräften bevorstand und daß gerade sie uns daran hindern würden, dem Bewußtsein der Öffentlichkeit zu zeigen, was wir wollten: nämlich eben den Verzicht auf Gewalt in der öffentlichen Auseinandersetzung, auch wenn die Leidenschaften hochgehen.

Es war ein glücklicher Umstand, daß meine Frau mit dem deutschen General befreundet ist, der für die Sicherheit dieser Raketenstationen zuständig war. Er war in ihrer Jugend ein Klassenkamerad gewesen.

Als er hörte, wir seien an der geplanten Demonstration beteiligt, besuchte er uns und bot uns an, mit uns zusammen einen Weg zu suchen, auf dem wir Gewaltanwendung verhindern könnten. Wir sagten zu, dafür zu sorgen, daß niemand den Zaun übersteige oder beschädige. Er sagte zu, dafür zu sorgen, daß die Polizei nicht eingreife. »Ich verbürge mich dafür«, sagte er mir, »daß die Polizei keine Gewalt anwendet. Sollte sie es dennoch tun, so genügt ein Anruf. Dann werde ich in fünfzehn Minuten am Ort sein.« Als wir schieden, sagte er sehr freundlich und in seiner ungemein vornehmen Art: »Ich glaube, daß das, was ihr tut, der richtige Weg ist. Ich muß wohl meinen Weg zu Ende gehen.«

Die Besetzung des Raketentors von Mutlangen in jenen ersten Septembertagen 1984 verlief ohne jeden Zwischenfall. Die Polizei griff nicht ein. Die Demonstranten sangen Lieder und sprachen in die Fernsehkameras. Es wurde klar und deutlich, was wir wollten, und es gingen von diesen Tagen weitreichende Wirkungen aus in dem Sinne, den wir meinten: nämlich einer öffentlichen Ansage dessen, was nach unserer Überzeugung notwendig war, auch gegenüber dem sowjetischen »Feind«.

Als wir von Ulm bis Stuttgart die große Menschenkette bildeten, von einem Raketenstandort zur amerikanischen Befehlszentrale, war uns selbstverständlich klar, daß in jeder Demonstration, in jeder Blockade eines Tores zu einer Raketenstellung etwas von Gewalt liege. Wir müßten also unsere Phantasie so lange weiterspielen lassen, bis wir immer mehr dieser nicht gewollten Gewalt vermieden. So besetzten wir einmal in Schwäbisch Gmünd ein Kasernentor, doch so, daß jeder, der es passieren wollte, freie Fahrt bekam. Wir begrüßten jeden, der hinein- oder herausfahren oder -gehen wollte, und wünschten den Frauen, die mit Kinderwagen das Tor passierten, den Frieden – den großen zwischen den Weltmächten und den kleinen für sie selbst und ihre Familie. Die Folge war, daß Soldaten der US-Armee, die von unserer Blockade betroffen waren, uns heimlich Zettel durch den Zaun steckten: »Die meisten von uns sind auf eurer Seite.«

In der Menschenkette stehend sahen wir uns den Ordnungskräften unseres Landes gegenüber, die beauftragt waren, uns in Schranken zu halten und Gewalttaten zu verhindern. Als sie den Geist spürten, der bei uns herrschte, sagten viele unter den Polizisten: »Wenn ihr eure Kette nicht voll bekommt, stellen wir uns mit euch in eure Reihe.«

Gewaltlosigkeit ist Zeichensprache, in Mühen erlernt aus

*Tage- und nächtelang saßen wir im Ring um die Raketenstationen, um unsere eigenen Regierungen zu einer anderen Einschätzung ihrer Aufgaben und ihre Gegner zu einer anderen Einschätzung der deutschen Politik zu bewegen. Und in der Tat hat die deutsche Friedensbewegung in der Sowjetunion allmählich zu Anfängen von Vertrauen in den Friedenswillen der Deutschen geführt und die Erneuerung der Gesellschaften im Osten Europas mit ermöglicht.*

der Zeichensprache Gottes. Aber Zeichen, wenn sie genau sind und unverwechselbar, gehören zu den wirksamsten Kräften, die von einem Menschen ausgehen können.

Inzwischen ging das stille Gespräch hin und her zwischen der Friedensbewegung Westdeutschlands und den Oppositionsgruppen in der Kirche der DDR, und im Herbst 1989 drang aus den Friedensgebeten in den Kirchen Mitteldeutschlands der Ruf nach Veränderung, bis aus den Kirchenportalen die gewaltlose Revolution auf die öffentlichen Plätze drang und binnen weniger Tage ein hochgesicherter und schwerbewaffneter Staat von der Bildfläche verschwand.

Es liegt eine bemerkenswerte Leichtigkeit in der Art, in der Jesus vom »Feind« spricht. Fast eine Art fröhlicher Überlegenheit. Eine Art Humor den vielen gepanzerten, gerüsteten Kämpfern gegenüber, die alle für den Frieden sind, alle für die Gerechtigkeit kämpfen und die wechselweise in den anderen die Bösen und die Vertreter der Finsternis vernichten möchten.

Er sagt: Du Kämpfer gegen das Böse, du siehst im Auge deines Gegners einen Splitter. Schau genau hin. Vielleicht steckt in deinem eigenen Auge ein Balken? Geh doch auf alle Fälle einmal davon aus, daß du nicht anders und nicht besser bist als er. Nimm an, du seist ein schlichter Mensch mit seinen Fehlern, und steh dazu. Du kannst, wenn du dich selbst so annimmst, wie du bist, entspannter leben, gelassener, heiterer, vielleicht sogar lebendiger und schöpferischer. Du wirst nicht nur dich selbst von den Zwängen deines Hasses befreien, sondern auch deinen Feind aus der Rolle des Feindes.

Natürlich machst du dir dein Weltbild dadurch nicht einfacher. Wenn an die Stelle der harten Schwarzweißzeichnung die Zwischentöne treten, wenn in das Schwarz differenzierte Lichter hereinspielen und in das Weiß die Schatten fallen, dann wird das Leben schwerer. Es geht dann nicht mehr nach Ideologie und nicht mehr nach Schlagworten, aber vielleicht zeigt sich ein Weg zum Frieden. Denn es gibt keine Möglichkeit, mit fremden Staaten und fremden Menschen die eine Welt im Frieden zu bewohnen, außer der, fremde Menschen oder Völker aus der Maske des Feindes herauszulieben. Liebe zum Feind ist Erlösung des anderen Menschen aus der Rolle des Feindes. Es ist jenes Merkmal des Evangeliums, das »Entlastung« heißt.

Den Feind lieben heißt nicht sich bei ihm anbiedern. Es heißt nicht sich ihm unterwerfen. Aber es heißt sehen, daß der andere ein Mensch ist wie man selbst: fehlerhaft, verängstigt, irrend, an Interessen und Vorurteile gebunden.

Den Feind lieben heißt nicht, Böses geschehen zu lassen. Es heißt Freiheit gewähren, damit Neues geschehen kann, und zugleich sich selbst zu einem freien Menschen aufzurichten. Verbrecher verurteilen, Ordnung einklagen, die Guten und die

Bösen kennzeichnen und rubrizieren ist noch keine Arbeit für den Frieden. Dazu gehören der Mut und die Freiheit, über den eigenen Anteil an der bestehenden Feindschaft nachzudenken. Fehlt es aber an diesem Mut und dieser Freiheit, so sind Streit und Haß nicht unbegreifliches Verhängnis, sondern eine Spiegelung des eigenen Zustandes. Wir konnten jedenfalls nur staunen über die stumpfsinnige Monotonie, mit der deutsche Gerichte verantwortungsbewußte Staatsbürger, die bei Demonstrationen verhaftet wurden, verurteilten und bestraften, selbst wenn ihnen keine konkrete Behinderung irgendwelcher Menschen nachgewiesen werden konnte. Die »Rechtsprechung« auf diesem Feld gereichte der Bundesrepublik jedenfalls nicht zur Ehre.

In den Kreisen der Friedensbewegung der siebziger und achtziger Jahre machten wir immer wieder eine bestimmte, schwere Erfahrung: Wenn wir versuchten, die Menschen aus ihren Verstrickungen in ihre Feindbilder zu lösen, wurden wir selbst in ihren Augen zu Feinden. Zu Kommunisten, zu Staatsfeinden, zu nützlichen Idioten des Feindes. Zu Leuten, die die Sicherheit bedrohen. Wir erkannten, daß wir, wenn wir Frieden stiften wollen, bereit sein müssen, an uns selbst die Feindbilder zu ertragen, ohne die die meisten Menschen nun einmal nicht auszukommen scheinen. Dann ist Liebe nötig gerade zu den Menschen, die aus uns selbst Feindbilder gemacht haben, weil sie keine andere Möglichkeit besitzen, ihre tiefe Angst und Ratlosigkeit loszuwerden, als die, ihren Haß gegen die zu richten, die sich außerhalb der übersichtlichen Fronten von Freund und Feind gestellt haben.

Von einem Bürgermeister in einem schwäbischen Dorf wird erzählt: Der hat eines Tages zwei Streithähne vor sich, von denen jeder das ganze Recht für sich in Anspruch nimmt. Der Bürgermeister hört den ersten an und sagt: »Du hast recht.« Dann hört er den zweiten, schweigt eine Weile und nickt mit dem Kopf: »Du hast auch recht.« Da springt einer von den Zuhörern auf und ruft in den Saal: »Das geht doch nicht! Entweder hat der eine recht oder der andere. Aber doch nicht beide!« Da schaut ihn der Bürgermeister nachdenklich an und sagt: »Jetzt hast du recht.«

Die Weisheit dieses Dorfschulzen besteht nicht darin, daß er jedem recht gibt – das trägt nicht weit –, sondern darin, daß er es auf sich nimmt, als einziger unrecht zu haben. Unrecht zu haben, um die versöhnen zu können, von denen jeder meint, er allein habe recht.

Jesus selbst konnte den Menschen die Wahrheit nur so eröffnen, daß er ihre Rechthaberei auf sich nahm und sich als Feind des wahren Glaubens hinrichten ließ. Und im Grunde übernahm der Dorfbürgermeister eben diese Rolle: unrecht zu haben, damit sich die Angst löst und die Menschen sich miteinander versöhnen können. Oder gar lächerlich zu erscheinen, damit die anderen sehen, wie lächerlich es ist, recht haben zu wollen.

Feindesliebe ruht auf der Grundlage der Vergebung. Ich meine nicht der »Verzeihung«. Vergebung ist mehr. Vergebung nimmt die Verantwortung auf sich für das, was ein anderer getan hat, wie Christus es tat. Sie ist darum immer mit einem Opfer verbunden. Wem aber vergeben wurde, der ist schuldig, dasselbe Opfer auf sich zu nehmen für das, was ein anderer getan hat und was der stellvertretenden Verantwortung bedarf.

Das greift Paulus dreißig Jahre nach Jesus auf, und zwar so, daß er zeigt, was dies für den Umgang der Christen untereinander bedeutet. Er sagt: »Einer trage des anderen Last, so werdet ihr das Gesetz des Christus erfüllen.«

Damit sagt er: Einer trage die Mühsal des anderen, seine Müdigkeit, seine Rechthaberei, seine Torheit, seine Vorurteile, seine Angst, seine Herrschsucht, vielleicht gar seine Bosheit. Das ist die »Last«. Der eine also trage die Angst des anderen und versuche, bei sich selbst ihre Ursache zu finden. Der eine trage die Vorurteile des anderen und versuche, so lauter zu leben, daß die Vorurteile sich auflösen können. Der eine trage die Torheit des anderen und versuche, behutsam, ihm die Augen zu öffnen. Der eine erkenne die Schwierigkeit, die der andere mit sich selbst hat, und verzichte auf Vorwürfe, wenn dieser nicht so handeln kann, wie er vielleicht selbst gerne möchte. Der eine erkenne die Mühe, die der andere mit seinem Glauben hat, und verzichte auf Verketzerung und Abwertung.

*Den Großveranstaltungen auf den Kirchentagen – hier in Nürnberg – folgten die unzähligen Gespräche. Mitten unter den Menschen und dabei von erstaunlicher Offenheit und Direktheit.*

Der eine erkenne den Irrtum, dem der andere erlegen ist, und suche den richtigen Weg mit ihm zusammen. Der eine sehe, wie der andere ihm Unrecht antut, und nehme es auf sich, lasse es sich gefallen und trage die Last, die ihm der andere ist, wie Christus sein Kreuz trug. Der eine erkenne die tiefe Angst, die hinter der konfessionellen Rechthaberei des anderen steckt, und lasse ihn im engen Zaun seines Spezialglaubens gewähren, bis er vielleicht eines Tages den Mut hat, die Tür zu öffnen.

Auf was wir dabei verweisen, das ist das kommende Reich Gottes. Wir leben aus der Zukunft. Wir kommen von dem her, was wir erhoffen. Wir stellen keine anspruchsvolle Moral auf, sondern zeigen, was sein kann und was werden soll.

## Zartheit mit der Schöpfung

Es gibt ein zweites Grundthema unserer Zeit, das mir wichtig ist, seit ich anfing, bewußt zu leben. Schon als Junge fragte ich mich: Was machen wir Menschen eigentlich mit den wunderbaren Geschöpfen um uns her, mit Tier und Pflanze, mit Wasser und Erde?

Ich will nicht von der Menschheit allgemein, sondern von uns Christen reden. Haben wir nicht ein Glaubensbekenntnis, dessen erster Satz lautet: »Ich glaube an Gott, den Vater, den Allmächtigen, Schöpfer Himmels und der Erde?« Sagen wir damit nicht, diese Welt sei die Welt Gottes, nicht die des Menschen? Aber wir leben, forschen, produzieren und verbrauchen, wir werfen weg und zerstören die Erde, wir beuten sie aus, als gehöre sie uns und als seien wir niemand, auch Gott nicht, Rechenschaft schuldig. Unser christlicher Umgang mit der Schöpfung scheint mir der Ausdruck einer brutalen Verachtung der Schöpfung und des Schöpfers. Ist es nicht die von christlichen Völkern ausgehende Zivilisation, die mit Menschen fremder Erdteile, mit Tier und Pflanze, mit Rohstoffen und Lebensräumen, mit Lebensgrundlagen und Elementen umgeht, als gelte nur das eigene wohlstandsbesessene Lebensrecht? Die Welt verödet, und es ist nicht zu übersehen, daß die Menschen mitveröden und kein wachsendes Wohlergehen das Elend ausgleicht. Der Mensch ist ins Wurzelwerk der Schöpfung eingebunden. Er lebt und stirbt mit ihr.

Irgendwo las ich einmal folgenden Satz: »Ich saß am Fenster und beobachtete, wie Männer Bäume fällten, um einen Bauplatz frei zu machen für eine Heilanstalt, in der man Menschen einsperren wollte, die dadurch wahnsinnig geworden waren, daß immerfort Bäume gefällt wurden.« Die ökologische Krise reicht vom Wachsen der Wüsten bis zur zunehmenden Massenneurose, vom Übermaß des Abfalls bis zum Nihilismus in der Denkweise heutiger Menschen, von der Vergiftung der Meere bis zur allgemeinen Sinnkrise. Die ökologische Krise ist darum nicht mit technischen Maßnahmen allein lösbar. Sie verlangt ein fundamentales Umdenken auf allen Lebensgebieten. Sie verlangt eine Lernfähigkeit, die allerdings von der Menschheit heute vielleicht schon nicht mehr aufgebracht werden kann.

Es ist mir unvergeßlich, wie Horst Stern, der unermüdliche Aufklärer in Umweltfragen, mir vor fast zehn Jahren sagte, er gebe es auf. Es sei alles zu spät. Naturschutz sei heute ein bißchen Kosmetik, aber für die Umkehr im Großen sei es bereits zu spät. Und heute unterscheiden sich die, die klar sehen, darin, daß sie entweder nach Werkstätten für die sanfte Technologie der Zukunft suchen, weil sie ihre Hoffnung nicht aufgeben wollen, oder aber jede Tätigkeit für die Rettung der Umwelt grundsätzlich für zu spät halten und den raschen Untergang der menschheitlichen Zivilisation für eine ausgemachte Sache, die man nur trauernd, betrachtend und meditierend begleiten könne.

Im Jahr 1970, als ich schon kaum mehr glauben konnte, die kommende ökologische Krise sei den Menschen unseres Landes noch rechtzeitig zum Bewußtsein zu bringen, schrieb ich einen frivolen Text, der darin bestand, die Schöpfungsgeschichte der Bibel auf den Kopf zu stellen. Er lautete:

»Die letzten sieben Tage der Erde

Im Anfang schuf Gott Himmel und Erde.
Aber nach vielen Jahrmillionen
war der Mensch endlich klug genug.
Er sprach: Wer redet von einem Gott?
Ich nehme meine Zukunft selbst in die Hand.
Er nahm sie,
und es begannen die letzten sieben Tage der Erde.

Am Morgen des ersten Tages
beschloß der Mensch,
frei zu sein und gut, schön und glücklich.
Nicht mehr Ebenbild eines Gottes,
sondern ein Mensch.
Und weil er etwas glauben mußte,

glaubte er an die Freiheit und an das Glück,
an Zahlen und Mengen,
an die Börse und den Fortschritt,
an die Planung und seine Sicherheit.
Denn zu seiner Sicherheit
hatte er den Grund zu seinen Füßen gefüllt
mit Raketen und Atomsprengköpfen.

Am zweiten Tage
starben die Fische in den Industriegewässern,
die Vögel am Pulver aus der chemischen Fabrik,
das den Raupen bestimmt war,
die Feldhasen an den Bleiwolken
von der Straße,
die Schoßhunde an der schönen roten Farbe
der Wurst,
die Heringe am Öl auf dem Meer
und an dem Müll auf dem Grunde des Ozeans.
Denn der Müll war aktiv.

Am dritten Tage
verdorrte das Gras auf den Feldern
und das Laub an den Bäumen,
das Moos an den Felsen
und die Blumen in den Gärten.
Denn der Mensch machte das Wetter selbst
und verteilte den Regen nach genauem Plan.
Es war nur ein kleiner Fehler
in dem Rechner, der den Regen verteilte.
Als sie den Fehler fanden,
lagen die Lastkähne auf dem trockenen Grund
des schönen Rheins.

Am vierten Tage
gingen drei von vier
Milliarden Menschen zugrunde.
Die einen an den Krankheiten,
die der Mensch gezüchtet hatte,

denn einer hatte vergessen,
die Behälter zu schließen,
die für den nächsten Krieg bereitstanden.
Und ihre Medikamente halfen nichts.
Die hatten zu lange schon wirken müssen
in Hautcremes und Schweinelendchen.
Die anderen starben am Hunger,
weil etliche von ihnen den Schlüssel
zu den Getreidesilos versteckt hatten.
Und sie fluchten Gott,
der ihnen doch das Glück schuldig war.
Er war doch der liebe Gott!

Am fünften Tage
drückten die letzten Menschen den roten Knopf,
denn sie fühlten sich bedroht.
Feuer hüllte den Erdball ein,
die Berge brannten, die Meere verdampften,
und die Betonskelette in den Städten
standen schwarz und rauchten.
Und die Engel im Himmel sahen,
wie der blaue Planet rot wurde,
dann schmutzig braun und schließlich aschgrau.
Und sie unterbrachen ihren Gesang
für zehn Minuten.

Am sechsten Tage
ging das Licht aus.
Staub und Asche verhüllten die Sonne,
den Mond und die Sterne.
Und die letzte Küchenschabe,
die in einem Raketenbunker überlebt hatte,
ging zugrunde an der übermäßigen Wärme,
die ihr gar nicht gut bekam.

Am siebten Tage
war Ruhe.
Endlich.

Die Erde war wüst und leer,
und es war finster über den Rissen und Spalten,
die in der trockenen Erdrinde
aufgesprungen waren.
Und der Geist des Menschen
irrlichterte als Totengespenst über dem Chaos.
Tief unten, in der Hölle, aber
erzählte man sich die spannende Geschichte
von dem Menschen,
der seine Zukunft in die Hand nahm,
und das Gelächter dröhnte hinauf
bis zu den Chören der Engel.«

Die Zeichen der Zeit klagen an. Da war die europäische Menschheit nun seit dreihundert Jahren mit großen Plänen in die Ferne gefahren. In das Land der Vernunft fuhr sie und ließ den Glauben hinter sich. Ins Land der Wissenschaft fuhr sie und ließ die Träume dahinten. In das Land der Freiheit fuhr sie, in das Land des von religiösen Irrtümern ungehemmten Menschen. In das Land, in dem es keine Angst mehr geben würde, keinen Himmel und keine Hölle, sondern nur noch das Glück aller. Und wirklich: Das Leben wurde schöner und reicher und freier.

Aber seit einigen Jahrzehnten schon kann, wer Augen hat, das Unheil kommen sehen. Wie der vielfache Tod greift, was in den Ozeanen, in der Erde, in der Atmosphäre, in den Flüssen, in den Wüsten und den Ackerböden geschieht, nach allem Lebendigen. Die Politik der Regierungen hat bisher weder die Einsicht gezeigt, noch wird sie künftig die Mittel haben, die der Herausforderung entsprächen. Die Wissenschaft hat keine Möglichkeit, die Zukunft wirklich rational vorwegzunehmen. Ihre Prognosen irren ständig. Die Wirtschaft verliert durch die schärfer werdenden Verteilungskämpfe den letzten Spielraum, zu einer umweltbewußteren Produktionsweise zu kommen. Und die Zahl der Fachleute, die vor dem kommenden Unheil resignieren, wächst beängstigend. Heute braucht man im Grunde nicht mehr davon zu reden. Wer es heute wissen will, weiß es. In wenigen Jahrzehnten werden wir nicht nur einem globalen Untergang, sondern auch einer unermeßlichen menschheitlichen Schuld ins Auge sehen, einer Schuld gerade auch der Christen.

Was kann uns denn, über Interessen- und Ermessensfragen hinweg, verbinden? Vielleicht nur noch die Trauer über das ungeheure Zerstörungswerk, von dem jede Tageszeitung an jedem Morgen zu berichten weiß. Die Trauer über uns Menschen, die wohl klug genug sind, die Erde zugrunde zu richten, aber unfähig, weiterzudenken als bis zum nächsten Augenblick.

Ist es so gar nicht zu begreifen, daß die Welt nicht das Verbrauchsmaterial des Menschen ist? Ist es denn so undenkbar, daß wir Respekt aufbrächten einem fremden Lebensrecht gegenüber? Ist es so undenkbar, daß wir einmal ein Tier um Verzeihung bitten würden für alle Gewalttat, die wir ihm und seinesgleichen rund um die Erde antun?

Ist es so undenkbar, daß wir uns vom infantilen Verbraucher zum mitdenkenden Erwachsenen wandeln? Geschähe dabei nicht auch etwas Rettendes an uns selbst? Ließen sich nicht Wege finden aus der heimlichen Verzweiflung, der irrationalen Angst, der tödlichen Resignation von Millionen?

Friedrich von Spee, der Mystiker, schrieb ein Lied über die Verlassenheit Jesu im Garten Gethsemane, das beginnt:

> »Bei stiller Nacht
> zur ersten Wacht
> ein Stimm begunnt zu klagen.«

Dort heißt es:

> »Der schöne Mon will untergohn,
> für Leid nit mehr mag scheinen.
> Die Sternen lan ihr Glitzern stahn,
> mit mir sie wollen weinen.
>
> Kein Vogelsang noch Freudenklang
> man höret in den Lüften;

die wilden Tier traurn auch mit mir
in Steinen und in Klüften.«

Es ist, als schließe sich die Kreatur zusammen zu gemeinsamer Trauer über das Schicksal des Christus, der nicht nur um der Menschen, sondern um der Kreatur insgesamt willen zu leiden habe.

Es scheint mir nicht erlaubt, daß wir Menschen uns angesichts der Passion des Christus aus dem kosmischen Zusammenhang lösen, um allein noch an unsere Seele zu denken. Unser Glaube hat mit dem Ganzen der Schöpfung zu tun. Unsere Sünde auch und unsere Erlösung. Wir haben den Karfreitag der Schöpfung eingeläutet. Und unter uns Christen, die es besser wissen könnten, träumen viele, allzu viele noch den Traum von der Welt, die dem Menschen unterworfen und dienstbar sei. Bis sie zugrunde geht. Bis die Sonne ihren Schein verliert und es finster wird über der erfolgreichen Szene der Ausbeuter und der Zerstörer.

Der Kosmos klagt. Und wenn wir die Klage hören und sie nicht verdrängen, werden wir mitklagen – damit wir wach werden. Wir werden erkennen, daß eine Rettung nicht ohne Opfer zu haben ist. Wann sollten wir es begreifen, wenn nicht in diesem Zusammenhang? Die Welt wartet darauf, daß die Christenheit anfängt zu begreifen. Denn Gott begegnet uns im Gesicht der Leidenden. Heute begegnet er uns umfassender als je im Leiden der Kreatur. Und vielleicht werden wir ihm ein letztes Mal begegnen, wenn der Tod nicht mehr nur nach Wäldern und nach Seevögeln greift, sondern nach uns und unseren Kindern.

Einer der Begründer der modernen Naturwissenschaft war Francis Bacon, um 1600 Lordsiegelbewahrer am englischen Hof. Von ihm ist der markante Spruch überliefert: »Wir müssen die Natur jagen, bis wir sie zur Beute haben. Wir müssen sie auf die Folter spannen, bis sie uns ihre letzten Geheimnisse herausgibt.«

Dazu muß man wissen, daß Francis Bacon zugleich Generalstaatsanwalt der englischen Krone war und als solcher zuständig für alle Hexenprozesse seiner Amtszeit, verantwortlich für die Folterung und Verbrennung ungezählter Frauen. In ihm war jener männliche Wahn am Werk, dessen Opfer seit Jahrtausenden die Frauen waren und dessen Opfer seit Beginn der Neuzeit die Natur geworden ist.

In der Tat hat er als einer der Väter der modernen Naturwissenschaft weitergewirkt. »Die Natur auf die Folter spannen« und mit Genuß zuhören, was sie in ihrer Qual herausgibt, das ist heute noch keine ungerechte Beschreibung dessen, was ganze Zweige der Naturwissenschaft, und keineswegs nur die mit Tierversuchen beschäftigten, treiben, deren Methode weithin darin besteht, das zu zerstören, was sie erforschen.

Die Zeit ist vorbei, in der die Naturwissenschaft generell als die treibende Kraft einer menschenwürdigen Entwicklung gelten konnte. Ist sie nicht gerade in den letzten einhundertfünfzig Jahren zunehmend aus einer Wissenschaft zu einer Machenschaft geworden, in der es mehr um nutzbringendes Know-how als um Einsicht geht? Und stürzen uns nicht gerade die Erfolge von Wissenschaft und Technik in zunehmende Zweifel, ob wir Menschen auf die Länge der Zeit jenen schleichenden Vorgang vermeiden können, den wir aus unserer menschlichen Sicht als »Weltuntergang« beschreiben müßten?

Die westliche Zivilisation, die heute die Erde beherrscht, setzte ein mit einer Art kultureller Schizophrenie: mit der Aufspaltung unseres Denkens in einen spirituellen Bezirk einerseits, einen wissenschaftlichen andererseits. Vielleicht war dies vorübergehend notwendig nach dem Ende jener Menschheitsepoche, in der die Hochreligionen entstanden waren und das Nachdenken einseitig dominierten mit der Begleiterscheinung, daß sie das Untersuchen und Prüfen der nächstliegenden natürlichen Gesetze und Sachverhalte eher behinderten. Aber jede solche Spaltung muß überwunden werden, soll sie auf die Länge der Zeit nicht krankhafte Züge annehmen.

Heute ist deutlich: Die Naturwissenschaft ist weder Garant der Wahrheit noch Garant einer goldenen Zukunft. Sie ist so aufbauend, wie sie zerstörend ist. Die Zeit ist vorbei, in der sie ihre bedingungslose Freiheit proklamieren konnte. Wir glauben nicht mehr an die einsame Vollmacht der menschlichen Vernunft, gehorcht sie doch jedem noch so kleinen, jedem noch so destruktiven Willen. Kein Physiker und kein Biologe haben heute das Wissen, das sie instandsetzte zu begreifen, wie die Welt gebaut ist. Niemand hat das Wissen, das unerläßlich wäre, wollte er die Konsequenzen beschreiben und beurteilen, die ein noch so geringfügiger Eingriff in den Lebenszusammenhang der Schöpfung nach sich zieht. Das mechanistische Weltbild ist zu Ende.

Unser heutiges Bild von der Welt hat Raum für das Irrationale, das Unerwartete, das Schöpferische. Wir denken nicht mehr im Bild einer Weltmaschine, sondern in lebendigen, fließenden, unendlich differenzierten Zusammenhängen und Wechselwirkungen. Und wir wissen heute, daß, gelingt nicht rasch die Bildung eines Bewußtseins, das sensibler und ehrfürchtiger mit der Schöpfung auf dieser Erde verfährt als das der zu Ende gegangenen Neuzeit, die Menschheit ihr Ende als Spezies vor sich hat.

Wollten wir heute ernsthaft als Christen leben, so würde uns dies sehr viel kosten. Nicht nur an Wohlstand und Sicherheit, es würde uns vor allem unser naives Gewissen kosten, unser künstliches Selbstgefühl, unsern kindlichen Fortschrittsoptimismus. Christlicher Glaube wird heute daran unter anderem kenntlich sein, daß wir zur Scham fähig sind über das, was wir anrichten, was durch uns geschieht und was sich dabei über uns selbst offenbart.

Fragen wir aber nach der Tugend, die der christliche Glaube fordert und erschließt, so treffen wir auf die schöpferische Phantasie. Eine Phantasie, die nicht durch Besitzgier verstellt ist oder durch Machttrieb oder Geltungssucht. Diese Tugend ist die Offenheit für die Einfälle, die von oben kommen. Was wir aufbauen müssen, ist der Mut zu solchem Einfallsreichtum, zu solcher Inspiration. Dabei geht es zum Beispiel auch um den Erfindungsreichtum, der angesichts der gegenwärtigen und kommenden weltweiten Massenarbeitslosigkeit Arbeit erfindet, sinnvolle, die Kräfte freisetzt. Oder die Phantasie, die nötig sein wird, wenn die Grenzen zwischen den Völkern sich auflösen und ein neues Zusammenspiel gefunden werden muß. Oder die Phantasie, die nötig ist, um den Massenverbrauch von Energie zu begrenzen. Phantasie galt bisher nicht als christliche Tugend. Sie wird es in Zukunft sein.

## *Gerechtigkeit*

Ein drittes Thema, das heute auf uns alle zukommt, mag noch folgen, obwohl ich es nicht konkret durchwandert habe.

Ich erinnere mich des Tages, an dem ich begann, es wahrzunehmen. Es war wohl 1958. Ich stand vor dem Haus und erwartete einen Gast aus Amerika. Ein Volkswagen fuhr vor, und ein Mensch, der viel zu groß schien für die schmale Autotür, entfaltete sich langsam aus der Enge des Innenraums. Breit und groß richtete er sich vor mir auf, ein Schwarzer aus Jamaika, strahlendes Lachen über das ganze Gesicht, und streckte mir seine Pranke entgegen: Ich freue mich, dich zu sehen! Es war Philip Potter, der spätere Generalsekretär des Weltkirchenrats, ein Naturereignis aus Kraft und Güte und Wärme.

Aber dann folgten dichte und ernste Gespräche im Kreis von Freunden. Philip Potter zeigte uns, was in den nächsten Jahrzehnten auf die Weltkirche zukommen werde und wovon wir in unserem deutschen Ghetto von damals wenig oder nichts wußten: nämlich das Elend all der Länder, die nun begannen, selbständig zu werden, der früheren Kolonien in Asien, Afrika und Lateinamerika. Er sprach eindringlich von der kommenden Armut und dem kommenden Hunger. Es war die Zeit, in der andere Freunde zum erstenmal das Wort »Brot für die Welt« öffentlich zum Thema machten.

Aber mit dieser Idee »Brot für die Welt« war Potter ganz und gar nicht zufrieden. »Diese Länder brauchen nicht eure Almosen. Sie brauchen faire Handelsbedingungen. Und ich fürchte, die werden sie nicht bekommen. Sie werden an den Preisen zugrunde gehen, die ihnen die reichen Länder diktieren. Man wird ihnen Kredite zur Verfügung stellen, die so bemessen sind, daß sie sie nicht werden zurückzahlen können. Und damit werden sie so abhängig sein wie früher von ihren Kolonialherren. Die Kirchen werden ganz neue Wege suchen müssen, um das schreckliche Unrecht abzuwenden, das von den christlichen Industriestaaten ausgehen wird.«

Inzwischen hat sich, was Potter uns damals sagte, voll bestätigt. Für die Rüstung geben die Industriestaaten jährlich tausend Milliarden Dollar aus, fünfzig Milliarden für die Entwicklungshilfe. Für die eintausendzweihundertfünfzig Milliarden, mit denen die Dritte Welt verschuldet ist, zahlt sie jährlich mehr als fünfzig Milliarden Zinsen an die Gläubigerländer. So finanzieren heute die Armen die Reichen.

In der EG wird die Überproduktion an Lebensmitteln eingelagert. 1991 waren es dreihundertsiebzehntausend Tonnen Butter, fünfhundertsechzigtausend Tonnen Fleisch, siebzehn Millionen zweihunderttausend Tonnen Getreide. Niemand weiß, was man damit tun soll, also wird, was nicht verkauft werden kann, vernichtet. Durchschnittlich wurden bisher pro Jahr Getreidebestände – ganz schlicht mit einem Verwaltungsakt – verbrannt, die ausreichten, dreißig Millionen Menschen zu ernähren oder einhundert Millionen vor dem Hungertod zu retten.

In den Kirchen spendet man für den Hunger in kleinen Beträgen. Niemand aber bezeichnet den Umgang mit den europäischen Überschüssen als das, was er ist: ein ungeheures Verbrechen an der Menschheit. In Kreta sammelt man die Orangenernte, wiegt sie und schickt die Belege nach Brüssel. Danach werden die Orangen ins Meer gekippt.

Und da reden wir von Gerechtigkeit. Von Verantwortung. Von christlichen Werten. Die christlichen Werte bestehen in der Hauptsache aus Verdienstspannen und Wohlergehen. Was aber wird man tun, wenn das geschieht, was sich heute angesichts der ersten Wirtschaftsflüchtlinge aus der Dritten Welt abzeichnet? Aus Albanien flüchteten 1991 elftausend Menschen auf einem kleinen Fährdampfer nach Italien. Was wird man tun, wenn die ersten zehn Großtanker mit je hunderttausend Menschen an Bord die Elbe heraufkommen? Was wird man tun, wenn die Millionen aus dem Balkan oder Rußland zu Fuß zu unseren Grenzen strömen? Vielleicht werden die Kriege der Zukunft so aussehen, daß die reichen Länder aus purer Notwehr die Schiffe zusammenschießen werden, mit denen die Armut sie überschwemmen will. Ist das zu schwarz gesehen? Ich fürchte, die tatsächliche Zukunft wird mehr Phantasie haben, als uns heute vorstellbar ist.

# 11.
# Ist noch Hoffnung?

## *Worauf könnte sich Hoffnung gründen?*

Meine Lebenszeit reichte von den Jahren nach dem Ende des Ersten Weltkriegs bis heute, kurz vor dem Ende des Jahrtausends. Was ist in dieser Phase der Weltgeschichte zu lernen gewesen, wenn doch kein Zweifel mehr daran bestehen kann, daß die Menschheit nur überlebt, wenn sie in dieser Zeit etwas gelernt hat und es gemeinsam anzuwenden weiß?

Als ich zur Welt kam, war die sichere Welt des 19. Jahrhunderts mit Donnergetöse in sich zusammengebrochen. Der Ort, an dem ich geboren wurde, jener Hof im hessischen Bergland, war der mit schwachen Kräften und geringen Mitteln unternommene Versuch, eine praktische Antwort auf den großen Zusammenbruch zu finden: Suche nach Wegen zum Frieden, nach neuen Formen des Wirtschaftens und des gesellschaftlichen Lebens, nach einem neuen Umgang mit der Erde. Kulturkritik. Frauenbewegung. Meine Mutter war eine der Wortführerinnen der Jugendbewegung gewesen. Und in allem: die konkrete Anfrage an das Christentum, was es denn zu einem wirklichen Neuanfang beizutragen habe.

Es war die Zeit des Untergangs von Kaiser- und Zarenreichen. Der Krieg im alten feudalistischen Stil war in Gaswolken und Materialschlachten zu Ende gegangen. Staatsgehorsam und Kulturoptimismus verloren ihren Sinn.

Als ich zehn Jahre alt war, erhob das alte militärische und nationale Denken erneut sein Haupt. Faschismus in Deutschland und Italien, Franco in Spanien, Stalinismus in Rußland. Rassismus. Krieg als Zukunftstraum. Als ich achtzehn war, begann er mit seinen Orgien von Lüge und Gewalt und unendlichem Leiden.

Als ich dreiundzwanzig war, kam ich aus der Gefangenschaft zurück. Es begann die Zeit, in der die Kolonialreiche zerfielen, und es begannen die vierzig Jahre, in denen der Osten und der Westen einander bis zum Wahnsinn bewaffnet gegenüberstanden.

Als ich fünfunddreißig war, als in Korea Krieg und in Ungarn Aufstand war, rechnete man mit einem neuen Weltkrieg. Die wenigen, die noch von der Suche nach dem Frieden zu reden wagten, waren die Prügelknaben der politischen Szene.

Was war zu lernen in all den Jahren seitdem bis hin zum Herbst 1989, als plötzlich ein hochgerüsteter Staat zusammenbrach und das Elend und das ideologische Nichts hinterließ? Ich erzähle ja aus den Erfahrungen des vergangenen Krieges darum, weil sie für mich noch immer dastehen wie die Kulissen einer Bühne, auf der sich das Spiel zwischen den Völkern und den Ideologien bewegt und auf der noch immer die nach Worten suchen, die die letzten siebzig Jahre nicht verschlafen haben.

Und was ist heute zu tun? Man mag sich heute zu sehr verschiedenen Vorstellungen bekennen, man mag vieles (mehr rechts oder mehr links, falls man noch an die alte politische Geographie glaubt) verschieden entscheiden. Aber gibt es nicht doch ein paar Dinge, die für alle gleichermaßen vorbei und vergangen sind?

Welche Rolle spielen die militärischen Denkmuster heute noch, in einer Zeit, in der es mit aller Energie gilt, eine zivile Gesellschaft rund um die Welt aufzubauen? Was ist mit der tatsächlichen Ächtung von Massenvernichtungswaffen? Was mit der Umwidmung der Rüstungsetats auf eine soziale Außenpolitik?

Vier Jahrzehnte lang haben wir in den Kategorien des Ost-West-Konflikts und seiner Feindbilder gedacht. Die Feindbilder zerbröseln, aber was ist mit den neuen Feindbildern und der beginnenden autistischen Feindschaft gegen alles, was nicht »deutsch« ist? Und wie groß ist unsere Kraft, ethnische Vielfalt zu fördern und zu tolerieren mit allen kulturellen und religiösen Implikationen?

Das Ende des Ost-West-Konflikts bedeutete den Triumph des westlichen Wirtschaftssystems. Dieses System ist vor allem deshalb erfolgreich, weil es die nicht an ihm beteiligten zwei Drittel der Weltbevölkerung auszubeuten versteht. Aber soziales Denken ist mit dem Ende des östlichen »Sozialismus« keineswegs abgetan.

Wir haben Europa als Kriegsschauplatz erlebt vom Atlantik bis zur Wolga, vom Eismeer bis Afrika. Danach erlebten wir

Europa als die Zone in der Welt, in der ein Vernichtungspotential absurden Ausmaßes gestapelt lag, ausreichend, den Erdball unbewohnbar zu machen. Was Europa heute angeht, so wird sein Schicksal davon abhängen, ob wir in diesem reichen Erdteil zu einer neuartigen Kultur finden, einer Kultur des Teilens.

Millionen wissen heute nicht mehr, nach welchen Maßstäben sie ihre täglichen Entscheidungen treffen sollen, wo Leitbilder sind oder wer Prioritäten setzt. Das Zeitalter der autonomen Wissenschaft ist vorbei. Technologie, Produktion und Reichtum als Weg zum Glück – das ist vorbei. Die Wissenschaft kann uns nicht mehr sagen, wohin sie uns führen wird. Die Technologie muß sich fragen lassen, ob alles gemacht werden darf, was gemacht werden kann. Die Produktion schafft eine Erde, die aus Müllhalden besteht, und der Reichtum der einen im Gegenüber zur Armut der anderen wird dem 21. Jahrhundert seine kaum lösbaren Probleme schaffen.

Ich werde oft gefragt, ob ich eigentlich noch Hoffnung hätte für das Überleben der Menschheit und der Erde. Aber woher soll ich Hoffnung nehmen, wenn ich sehe, was geschieht und was nicht geschieht? Ich sehe Anfänge im Bewußtsein vieler einzelner Menschen, aber wenig Umdenken unter denen, die den Lauf der Welt politisch und wirtschaftlich verantworten. Denke ich von dem her, was ich sehe, so bin ich überzeugt, daß diese Erde ihr unausweichliches Ende vor sich hat. Die Menschheit ist offenkundig unfähig, eine Strategie des Überlebens zu entwerfen. Es ist zu spät. Schon Hildegard von Bingen hat gesagt: »So oft die Elemente der Welt durch die Verbrechen der Menschen geschändet werden, wird Gott sie durch die Qualen und Drangsale der Menschen wieder reinigen.«

Woher soll ich Hoffnung nehmen? Meine Hoffnung auf die Abschaffung des Krieges zum Beispiel? Es wird abgerüstet. Aber diese Abrüstung besteht weithin im Ersatz veralteter Waffen durch neue, tödlichere, handlichere. Um auf einem Quadratkilometer Erde alles Leben auszulöschen, brauchte man früher sechzehntausend Artilleriegranaten des Kalibers acht Zentimeter, also rund zehn Tonnen Sprengstoff. Das gleiche Ergebnis wird mit einer Tonne chemischen Kampfstoffs erreicht oder mit zehn Kilogramm Atomsprengstoffs vom Hiroshima-Typ oder mit zehn Gramm thermonuklearem Sprengstoff oder auch mit 0,1 g biologischem Kampfstoff. Also kann man die Armeen verkleinern. Am Ende wird man die Hiroshima-Bombe, die den Blitztod der Hunderttausende bewirkt hat, humaner finden als die Art, in der man die Menschheit mit Lungenpest oder Milzbrand ausrotten könnte. »Wir werden vierzigtausend Panzer verschrotten«, sagte unlängst einer aus der Rüstungsforschung, »aber den Rest werden wir vergolden. Er wird wirksamer sein als alles Bisherige zusammen.«

Woher soll ich Hoffnung nehmen? Schon die Sprache vertuscht, was geschieht. Man spricht nicht von Menschen, sondern von »Weichzielen«. Man spricht vom sanften Töten, von eleganten Waffen, von pfiffigen Ideen oder von chirurgischer Kriegführung. Man spricht vom Arbeitsplatz des Soldaten und meint das Schlachtfeld. Was wirklich geschieht, wird nicht ausgesprochen, und nur wenige ahnen es.

Woher Hoffnung? Sechstausend künstliche Himmelskörper umkreisen die Erde. Fünftausendsiebenhundert davon dienen der Kriegführung. Aber noch sind »die Lücken zu groß«. »Frieden schaffen mit immer weniger Waffen«? Das ist wohl nur im Zusammenhang eines Wahlkampfes gesagt worden. Und der so herrlich kurze Golfkrieg, falls wir uns an ihn noch erinnern? Er wurde um wirtschaftliche Interessen geführt. Und er war, nachdem er begonnen hatte, eine höchst erfolgreiche Messe, auf der alle jene Waffen vorgeführt wurden, die für die Großmächte überholt sind, die sich aber für den Bedarf der Dritten Welt noch lange eignen, und die Waffenarsenale der hungernden Völker füllen sich inzwischen mit allem, was im Golfkrieg eingesetzt worden ist. Die UNO? Die fünf ständigen Mitglieder des Sicherheitsrats sind zugleich die fünf größten Waffenexporteure der Welt. Nichts wäre hinderlicher als ein stabiler Friede.

Und die Psyche des Soldaten? Wird er bereit sein, mit Massenvernichtungsmitteln zu kämpfen? Wir haben seinerzeit im Zweiten Weltkrieg nicht auf Menschen geschossen, sondern auf Flugzeuge. Die Menschen waren in den silbernen Vögeln versteckt. Das erleichterte das Schießen ungemein. Heute ist das Abfeuern einer Rakete auf eine Großstadt psychisch einfacher, als auf einem Holzklotz einen Hasen zu schlachten. Wer auf einen Knopf drückt, braucht niemanden zu hassen. Er braucht keine Tötungshemmung zu überwinden. Am Ende wird man das Leben auf der Erde ausknipsen, wie man das Licht im Keller ausknipst. Mit Absicht oder aus Versehen. Niemand wird schuldig sein. Wie sagte Günther Anders? »Wir werden in einer Sintflut aus Unschuld ersaufen.«

Der Umgang der Menschheit mit ihrem eigenen Überleben erinnert mich an einen alten Oberfeldwebel, den ich im vergangenen Krieg kennenlernte. Ich saß in einem der legendären Wellblechflugzeuge, einer Ju 52, während meiner Ausbildung in Navigation. Wir flogen von Braunscheig aus über Norddeutschland von einer Ecke unseres vorgeschriebenen Kurses zur nächsten und schließlich nach Wesendorf in der Lüneburger Heide. Dabei transportierten wir zehn Fässer Treibstoff. Die Fässer waren nicht sehr dicht, und es roch zum Ersticken nach Benzin. Da saß nun einer dabei, der die Benzinfässer nach Wesendorf begleiten sollte. Ein Oberfeldwebel. Während des Flugs holte er aus seiner Tasche eine Zigarette und spielte mit ihr. Dann holte er ein Feuerzeug dazu. Weil er natürlich das Flugzeug nicht in die Luft sprengen wollte, probierte er einen ganz kleinen Funken. Es gab keine Explosion. Da probierte er einen etwas größeren. Dann einen noch stärkeren. Als die Maschine danach noch nicht explodiert war, konnte er beruhigt eine Flamme entzünden und mit ihr eine Zigarette. Am Ende saß er, stumpf vor sich hin rauchend, in einer Wolke aus Benzindunst. Seine Art Logik beherrscht heute die Köpfe weltweit. Woher soll ich Hoffnung nehmen, wenn meine Hoffnung auf der Vernunft von uns Menschen beruhen soll?

Aber das ist nur eine Variante für den Lebensabend der Menschheit. Solange gerüstet wird wie heute, wird die Biosphäre dieser Erde auch ohne Krieg zugrunde gehen. Wo immer Waffen hergestellt, getestet, gelagert und schließlich entsorgt werden, türmen sich Berge von giftigen Abfällen und durchdringen die Erde.

Auf den Plätzen der NVA warten dreihunderttausend Tonnen Munition darauf, entsorgt zu werden. Wie das geschehen soll, weiß bis heute niemand. Fünfundzwanzigtausend Tonnen Giftgas lagern in den USA, vierzigtausend in der früheren Sowjetunion. Mit dieser Menge könnte man die Menschheit zehntausendmal ausrotten. Es ruht in Bomben, die langsam vor sich hin rosten. Fünfzigtausend Nervengasgranaten ruhen vor der Küste von New Jersey auf dem Meeresgrund. Was geschieht, wenn die Granaten korrodiert sind, weiß niemand. Sicher ist nur, daß das Gift eines Tages frei sein wird.

Es bedarf keines Kriegs. Man kann sich heute zehn oder zwanzig verschiedene Vorgänge vorstellen, die die Menschheit an das Ende ihrer Laufbahn bringen werden. Funktioniert die eine nicht, funktioniert doch mit großer Sicherheit eine andere.

Ob es die Regenwälder sind, das Ozonloch, die Abschmelzungen der Polkappen und daraus folgende Überschwemmungskatastrophen, der Energieverbrauch, die Strahlung aus geborstenen Atommeilern, der Schrott aus der Industrieproduktion, eine Luft- und Klimakatastrophe, die Versumpfung der Meere, die Vergiftung der Böden bis zur Unfruchtbarkeit der Felder – vier Milliarden Tonnen Ackerboden werden jedes Jahr zerstört –, aber auch die Vergiftung des Trinkwassers, oder was immer es sei. Man kann diese Szenarien heute anschaulich durchspielen und darf doch sicher sein, daß die, die die Macht haben, nicht die Phantasie haben werden, sie sich vorzustellen.

Man wirft dem Christentum immer wieder vor, daß es den Menschen als »Sünder« definiere. Aber was ist das doch angesichts des weltweiten Zynismus für ein harmloses Wort? Der Mensch ist nicht die Krone der Schöpfung, sondern deren einziger wirklicher Schädling. Der Ekel vor dem Menschen ergreift von immer mehr prominenten Denkern Besitz. Es gibt heute eine ganze Anzahl von Philosophen, denen die Überzeugung gemeinsam ist, die Menschheit müsse abgeschafft werden, etwa die Denker des Präapokalypticums Levi-Strauß[4], Foucault[5], Cioran[6], Horstmann[7] oder Rieseberg[8], die heute in der Arena stehen wie seinerzeit die römischen Gladiatoren und den Caesaren zurufen: Morituri te salutant! »Der Mensch ist der Krebs der Erde«, lesen wir. Oder: »Das Paradies ist die Abwesenheit des Menschen.« Oder: »Der Mensch ist ein Attentat der Natur auf sich selbst.«

Viele Zukunftsforscher sind sich heute darin einig, daß es nicht mehr um die Verhinderung des Weltuntergangs gehe – dies sei nicht mehr möglich –, sondern darum, daß, wie Horstmann sich zu formulieren versteigt, »die Chance, unwiderruflich und erinnerungslos mit der Menschheit Schluß zu machen, jetzt nicht vertan wird«.

## *Wächst das Rettende auch?*

Hölderlin in der Hymne »Patmos«:
»Nah ist
und schwer zu fassen der Gott.
Wo aber Gefahr ist, wächst
das Rettende auch.«

Die Frage, die sich uns heute stellt, lautet: Wollt ihr überhaupt für diese Erde auf etwas Rettendes hoffen? Nichts lebt, wenn es nicht hofft, und Hoffnung zu wecken und weiterzugeben in einer Welt, die zur Hoffnung keine Voraussetzungen hat, Zeichen der Zuversicht zu setzen gegen die Zeichen der Verzweiflung, ist unsere, nein, deine und meine Aufgabe. Wer Hoffnung hat, hält die Zeichen des Untergangs aus. Er hält das Leben aus, das Leid, die Wunden und Verletzungen, die ihm seine Zeit zufügt. Und diese Hoffnung will nicht als diffuses Gefühl, als optimistische Grundstimmung formuliert sein, sondern in klaren Worten und Gebärden. Sie will Fleisch und Blut annehmen. Sie will anschaubar werden in den Bildern, die wir vor unsere Seele und vor die Augen der Menschen stellen. Wo nehmen wir solche Bilder her?

Vielleicht spiegelt das Rettende sich in der seltsamen, bewegenden Kraft einer Utopie, die im Bewußtsein von Menschen erwacht. Eine Utopie ist eine elementare Hoffnung etwa auf ein politisches oder soziales Ziel, das an die Stelle gegenwärtiger Verhältnisse treten soll. Es ist eine Zielvorstellung, der man zunächst in Gedanken nachgeht, die man dann einer öffentlichen Diskussion aussetzt und auf die man am Ende konkret zugeht, bis sich die Verhältnisse ändern.

So wurde unter den schwarzen Bürgern Amerikas der Traum von ihrer Gleichberechtigung den Weißen gegenüber generationenlang geträumt, bis er plötzlich als politische Macht in Erscheinung trat und die Szene grundlegend veränderte.

So wurde der Gedanke von den Freiheitsrechten der Menschen gegenüber ihren Herrschern jahrhundertelang von Aufrührern und von Dichtern geträumt, ehe er sich in Revolutionen und neuen Formen staatlichen Lebens durchsetzte.

Alles, was die Arbeiterbewegung im Lauf von mehr als hundert Jahren erreichte, etwa, daß der Mensch ein Mensch bleibe an seinem Arbeitsplatz und daß er ein Recht auf ein Leben habe, das nicht nur aus Sklaverei besteht, begann in den Träumen von Literaten und von betroffenen Menschen.

Eine Utopie ist im Wortsinn ein Gedanke, der noch keinen »Ort« hat in der konkreten Wirklichkeit. Utopie heißt: etwas Ort-loses. Etwas, das noch keine Gestalt angenommen hat. Eine geistige Kraft, die sozusagen noch nicht »inkarniert« ist. Der Irrtum führt irgendwann in eine Sackgasse. Die Utopie aber kann Merkzeichen einer künftigen Entwicklung sein. Und zwar auf zwei verschiedenen Wegen.

Sie kann einmal in der Erkenntnis einzelner Menschen Gestalt annehmen und als Prophetie, als Ansage des Künftigen, hervortreten. Und sie kann zum anderen sich als heimliches Erwachen in der Breite ganzer Generationen artikulieren.

Die Utopie kann man auch den »Tagtraum« nennen. Ein solcher Tagtraum erfaßt oft eine ganze Generation, eine ganze Epoche. Er deutet, ohne schon den Weg zu wissen, ein fernes Ziel. Ungenaue Bilder, aus Ahnung und Hoffnung hervorgehend, werden in Millionen Menschen gleichzeitig wach. Irgend etwas liegt in der Luft. Irgend etwas will neu gesehen und verstanden werden. Und von dem, was sich da andeutet, hängt das Leben ab.

Da wird irgend etwas Ankommendes erfahren. Etwas Hereinkommendes. Da will sich, wie wir das nennen, etwas inkarnieren. Woher immer es in die Wirklichkeit hereindrängen mag.

Die politische Utopie tritt in Symbolen ans Licht. Sie sagt: Mit dem Bau von Raketenstellungen darf es nicht weitergehen. Also schafft sie das Symbol der Wegsperre. Sie sagt: Laß doch einmal das politische Gelärme, das so unwahr ist – denk nach! Und schafft das Symbol eines Kreises schweigender Menschen auf einem Marktplatz. Sie sagt: Begreift doch endlich, was da in den Befehlszentralen geplant wird! Und schafft eine hundert Kilometer lange Menschenkette durch das Land von einer Befehlszentrale zu einer Stellung von Atomwaffen.

Wer darum seiner Zeit vorausgeht, muß, was er tut, an den Fragen messen: Zeigt, was ich tue, genau, was ich will? Ist, was ich zeige, allgemein zu begreifen? Ist, was durch mich geschieht, so, daß viele Menschen es übernehmen und nachvollziehen können? Hilft es dazu, daß ein Mensch, der bereit ist umzudenken, durch mich dabei unterstützt wird?

Denn was dabei entscheidend wichtig ist, das ist die behutsame Kommunikation der Avantgarde mit denen, die sie gewinnen will. Wer in seiner Zeit vorausgeht, muß in Rufweite bleiben zu denen, die hinterhergehen. Wer einer Auffassung widerspricht, muß in Rufweite bleiben zu denen, deren Auffassung er entgegentritt. Hier liegt der Sinn der politischen Geduld.

Wer die Diskussion über Rüstung, Abrüstung, Frieden und Krieg seit vierzig Jahren mitverfolgt hat, staunt immer wieder über den scharfen Wandel im Bewußtsein unserer Mitbürger in den letzten drei bis vier Jahren. Plötzlich und elementar kommt ein neues Nachdenken über die Gefahr scheinbar festgefügter Friedensdoktrinen auf.

Wir denken heute anders über das Gegenüber von Staat und Bürger als noch vor dreißig Jahren. Wir denken anders über Demokratie und entdecken, daß das, was wir haben, nur eingeschränkt mit diesem Wort abzudecken ist.

Als vor etwa zwanzig Jahren die ersten den Hunger in der Dritten Welt zum Thema machten, da waren sie einsame Humanitätsapostel. Heute kann kaum einer mehr als politisch seriös gelten, der diese Zusammenhänge zwischen Rohstoffpreisen, Handelsdiktaten, Hunger und Wohlstand nicht durchschaut.

Noch vor wenigen Jahren wurden Leute, die sich um die Lebensfähigkeit der Natur Sorgen machten, als sentimentale Randfiguren bespöttelt, so lange, bis das Unheil, das unserer Umwelt und damit auch uns Menschen selbst ins Haus steht, nicht mehr übersehen werden konnte und man heute, plötzlich und ganz unmotiviert und meist widerwillig, die Fürsorge für die Umwelt auf jeder Wahlversammlung beschwören muß, weil unter den Bürgern die Unruhe immer mehr um sich greift.

Plötzlich ist etwa auch der feierlich proklamierte freie Markt mit seinen Selbstheilungskräften ins Gerede gekommen, und man beginnt, über die Grenzen der Freiheit des wirtschaftenden Menschen nachzudenken.

Noch vor zwanzig Jahren glaubte man – und zwar im Osten wie im Westen gleichermaßen – an den Fortschritt und an seinen Motor, den wissenschaftlichen und technischen Materialismus der Neuzeit. Heute ist kein Jahr mehr denkbar, in dem nicht durch einen prominenten Naturwissenschaftler ein Buch auf den Markt kommt, das darstellt, wie endgültig diese Epoche beendet sei. Heute denkt man nach über eine Physik, die ihre Denkstrukturen aus einer mystischen Religiosität bezieht, oder über eine Biologie, die mehr von morphogenetischen Feldern redet als von Naturgesetzen. Die Grundlagen der materialistischen Naturwissenschaft brechen in unseren Jahren vollends zusammen.

Vor allem wissen wir heute, daß Veränderungen im Bewußtsein einer Epoche nur begriffen werden können, wenn man versucht, auch hinter massiven politischen und wirtschaftlichen Macht- und Geldfragen geistige Entwicklungen wahrzunehmen.

Sie schlagen sich ja auch auf dem religiösen Feld nieder. Da ist die Wendung von einem staatstragenden Volkskirchentum zur Basisgemeinde. Aber auch die Wendung von der Dominanz einer hochreflektierten Theologie zur religiösen Erfahrung, von den Konfessionskirchen zu fließenden Übergängen zwischen den Konfessionen bis hin zur Entstehung einer Art dritten Gruppe, einer Gemeinschaft der Menschen, die mit Konfessionen nicht mehr leben wollen. Da ist eine sehr bedeutsame Verschiebung des religiösen Interesses von den innerkirchlichen Auseinandersetzungen von früher hin zum Gespräch mit den großen Religionen der Welt und den religiösen Wahrnehmungen vieler einzelner Menschen bei uns.

Oder: Es entsteht heute das Bild einer Gesellschaft, in der etwa die Dominanz des Mannes über die Frau ebenso untragbar erscheinen wird wie früher die Leibeigenschaft der Bauern im Besitz regierender Barone. Sehen wir eine Chance, daß die Menschheit lernt? Sie hat in den letzten Jahrhunderten durchaus dazugelernt.

Es ist erst einige Jahrhunderte her, daß man weiß, daß ein Mensch nicht der Sklave eines anderen Menschen sein kann. Erst seit einigen Jahrzehnten erkennt man, daß man den Verwundeten nicht auf dem Schlachtfeld liegen läßt und daß der Gefangene ein Mensch bleibt auch in der Hand des Feindes. Daß es nicht erlaubt ist, den Verbrecher zu töten, wußte man vor wenigen Generationen noch nicht. Was gerecht ist unter den Menschen, müssen wir für unsere heutige Welt erst finden, und was man bisher für Träume hielt, erkennen wir als unsere Aufgabe. Gibt es eine Fürsorgepflicht eines reichen Landes für ein armes am anderen Ende der Erde? Absurd! – würde ein Politiker früherer Zeiten sagen, wie ein König des 18. Jahrhunderts es für absurd gehalten hätte, zu behaupten, er habe kein Recht, einen Krieg zu führen. Selbstverständlichkeiten von Jahrtausenden verlieren ihren Sinn, und wir beginnen zu sehen, daß die Bergpredigt die Umrisse einer bewohnbaren Welt zeichnet. »Selig sind die Friedensstifter.« »Selig sind die Sanftmütigen, denn ihnen soll die Erde gehören.« »Selig sind, die sich um Gerechtigkeit willen verfolgen lassen.« »Ihr sollt nicht schwören.« »Ihr sollt nicht töten.« »Ihr sollt Gewalt nicht erwidern.« Sollten in diese Richtung nicht die nächsten Schritte der menschlichen Entwicklung führen?

Und es muß uns deutlich sein: Entwicklungen dieser Art sind keine Sache, die sich im nächsten Augenblick wieder umkehrt. Sie gehören nicht zu den Erscheinungen, die kommen und gehen. Wer aber einmal aufgewacht ist und gemerkt hat, wie ungeheuer stark der Widerstand des Beharrenden ist, wie gefährdet die neue Einsicht ist, wie schutzbedürftig, wer sieht, wie wenig Zeit uns bleibt, um noch zu tun, was dem Leben dient, der wird anders über das Recht und die Pflicht zur Mitwirkung des freien Bürgers nachdenken, als frühere Generationen dies getan haben.

## *Anfänge des Verstehens*

Als ich eben, etwas ratlos, daran war zu beschreiben, warum es so schwer sei, heute Hoffnung für die Erde zu bewahren, kam mir ein faszinierendes Buch in die Hand: Brian Swimmes, des amerikanischen Astrophysikers, »Das Universum ist ein grüner Drache«[9]. Es ist ein Hoffnungszeichen, ein Liebeslied auf die Erde und das Universum, eine Ursprungsgeschichte der Welt voll Ehrfurcht und Bewunderung. Zugleich ein Zeichen für die tiefe Wandlung, die heute mit dem Bewußtsein von Menschen geschehen kann, und für eine neue, tiefe Einbettung des Menschen in die Gemeinschaft des Kosmos, seiner Kräfte und seines Lebens. Es signalisiert eben jenen alles durchdringenden Paradigmenwechsel. Ich habe noch kaum eine ähnlich überzeugende Sicht der Zukunft gesehen wie Swimmes Darstellung, die zudem noch verwandt ist etwa auch mit Hawkings «Kurze Geschichte der Zeit«.

Die unselige Abspaltung der naturwissenschaftlichen Forschung von den Geisteswissenschaften, die unselige Isolierung des Menschen gegenüber dem, was er erforscht, ist in der Tat überwunden, und Physiker wie die genannten beiden knüpfen mühelos an an Bilder und Worte der alten Hochreligionen, vor allem auch der abendländischen Mystik, um die Musik zu schildern, die sie hören, wenn sie das Ganze des Universums von seiner unermeßlichen Dynamik bis hin zur Struktur und Funktionsweise kleinster »Teilchen« beschreiben, wenn sie die treibenden Kräfte nachzeichnen, die in der Entstehung des Universums und der unbegreiflichen Zielsuche der Evolution wirksam sind, oder wenn sie von der Leere sprechen, aus der die Fülle der Welt hervorgegangen sei und die auf dieselbe Weise, wie die Mystik in vielen Religionen seit Jahrtausenden beschrieben hat, zugleich ein unvorstellbares Übermaß an Fülle gewesen sei.

Es wäre ein verhängnisvoller Fehler, wollte die Theologie versuchen, diese Wandlung der Naturwissenschaft einfach als Beweis für das zu vereinnahmen, was sie selbst schon immer gesagt habe. Aber es ist eine neue Nähe entstanden, die uns dankbar macht. Es hat etwas Faszinierendes, wie die heutige Physik, je tiefer sie in das Wesen der Dinge eindringt, desto entschiedener darauf verzichtet, die Wirklichkeit beschreiben zu wollen. Sie sagt uns, die durch naturwissenschaftliches Forschen erfaßbare Wirklichkeit stelle keineswegs die eigentliche, die ganze Wirklichkeit dar, ja, die Wissenschaft habe nicht einmal die Mittel, den für uns Menschen wesentlichen Aspekt der Wirklichkeit zu beschreiben. Wie es nach dem Urteil gegenwärtiger Forscher keine »Teilchen« »gibt«, keine zeitlich durchgängig existierende Welt, so auch lasse sich die Wirklichkeit nicht erfassen, sie lasse sich lediglich in komplementären Bildern andeuten. Was es wirklich gebe, sei eine gewisse Erwartung, die Welt werde morgen der ähnlich sein, die wir heute erleben. Dieselben gedanklichen Strukturen vom Widerspruch und vom Ineinanderfallen der Widersprüche, von denen schon Nikolaus von Cues und mit ihm die Mystik aller Zeiten gesprochen hat, bestimmen heute das Feld der wissenschaftlichen Forschung.

Das alles formuliert sich in einer Sprache, die wir von den Frommen und Weisen aus Zeiten kennen, ehe es eine Naturwissenschaft gab. Sie redet in immer behutsameren Sprachbildern. Wenn die Wirklichkeit des Universums ein Meer sei, so sei, was die Wissenschaft zu beschreiben vermöge, etwas wie die Wellen an seiner Oberfläche. Wenn sie ein Strom sei, so sei, was erkannt werden könne, etwas wie der Wirbel, der, sich ständig verändernd, dort entsteht, wo irgendein Widerstand sich dagegenstellt. Es ist heute im Weltbild der Naturwissenschaft und anderer Wissenschaften viel Raum für Geist und Phantasie, für planende Intelligenz und vorausgreifenden Gestaltungswillen im Universum. Und mancher redet heute wieder, behutsam andeutend, von jenem Geist und jener Kraft, jenem abgründigen Geheimnis, das doch vor unser aller Augen am Werk ist und das die christliche Überlieferung »Gott« nennt.

Was Leute wie Brian Swimme beschreiben, ist die Welt, die ich immer schon in ihrer Abgründigkeit und Überlegenheit geliebt habe, und ich gäbe etwas darum, könnte ich so klar und so bewegend schildern, was ich gesehen habe. Swimme strahlt gerade als Physiker mit seiner tiefgrabenden Weisheit unendlich viel Hoffnung aus. Vielleicht ist es keine Hoffnung, die uns mit der verunglückten Menschheitsgeschichte versöhnen kann, wohl aber eine, die weit über sie hinausführt in die Erneuerung der Erde, in der nichts verloren ist, was einmal war. Im Grunde sind Bücher wie das seine Gesänge ähnlich den Schöpfungshymnen, die wir aus der Schule von Chartres im 12. Jahrhundert hören. Ist es also doch nicht ohne Hoffnung, sich vorzustellen, das Bewußtsein des Menschen dieser Erde könne sich noch ändern, ehe es zu spät ist, und zu wünschen, die Kraft solcher Bewußtseinsänderung möge stärker sein als die Kräfte, die die Menschheit und die Erde in den Tod treiben?

Kann sich also der technisch-wissenschaftliche Geist noch mit einem neuen ökologischen verbinden, der gewalttätige männliche mit dem weiblichen, der individualistische mit einem neuen gemeinschaftlichen, der dogmatisch-christliche mit dem schöpfungsbewußt mystischen, der arrogante Geist der Weißen mit dem Ahnungsvermögen der farbigen Völker bis zurück in die Weisheit der schamanischen Stammesgesellschaften? Ist es denkbar, daß wir unsere psychische Energie künftig weniger für Banalitäten vergeuden oder für Haß, für Verzweiflung, für Verachtung und für Streit? Daß also Ehrfurcht und Sensibilität nicht endgültig verloren sind?

Im Treppenhaus meines Hauses hängt ein kleiner Ichthyosaurus, knapp einen Meter lang, der vor einhundertsechzig Millionen Jahren geboren wurde, im Alter von zwei oder drei Monaten zu Tode kam und im Posidonienschiefer der Schwäbischen Alb bis zum heutigen Tag erhalten blieb. Er tröstet mich manchmal, wenn ich vor ihm stehe, wenn ich seine zweihundert Zähne betrachte und seine zweihundert Wirbel und er mich mit seinem großen, wunderbaren Auge anschaut, als sagte er mir: Warte hundertsechzig Millionen Jahre, vielleicht wird es dann wieder so schöne Geschöpfe aus Gottes Hand geben wie mich, die diese Erde neu bevölkern. Nimm den Menschen nicht so wichtig. Das ist freilich keine christliche Hoffnung.

Ich kann aber meine Hoffnung auch an der Ahnung festmachen, in unserer Welt seien Kräfte am Werk, die ich nicht kenne und die fähig sind, die Erde zu retten, etwas wie gute Geister, die bewirken, was der Mensch nicht bewirken kann oder will. Vor etlichen Jahren, als ich verzweifeln wollte über den hoffnungslosen Zustand der Schöpfung und die stumpfe Gedankenlosigkeit auf allen Seiten, über die Blindheit, die nicht sehen kann und nicht sehen will, was sie anrichtet, wurde ich durch einen seltsamen Traum geführt. Mir träumte: Ich stand zu Hause im Wohnzimmer, da klopfte es an die Tür, und eine kleine Frau trat ein mit den Gesichtszügen und in der Tracht einer Thailänderin und sagte mir mit Angst in jeder Bewegung: »Ich werde verfolgt! Schützen Sie mich!« Ich nahm sie auf, und während ich kurz das Zimmer verließ, legte sie sich auf den Tisch. Eingerollt wie zu einem Kreis fand ich sie wieder. Das ist ja ein Kreis! dachte ich, ein Kreis wie die Erde. Danach schlief sie so über eine lange Zeit. Es war nach meinem Empfinden mehrere Tage später, als wieder die Hausglocke läutete. Ich ging zur Tür und erschrak. Etwa sechs junge Männer standen draußen und fragten nach der fremden Frau. Ich dachte: Jetzt ist sie verloren! Aber die Männer traten freundlich ein, es waren ungewöhnlich schöne Menschen, gingen zu ihr, halfen ihr, vom Tisch aufzustehen, nahmen sie in ihre Mitte und sagten: »Es wird ihr nichts geschehen. Wir stehen zu ihr.« Und verließen mit ihr das Haus.

Erzählte mir der Traum von guten Geistern, die dem Zerstörungswerk des Menschen entgegenwirken? Ich mag nicht gerne darauf verzichten zu glauben, es gebe diese Möglichkeit.

Soll ich von Engeln reden? Wir leben in einer Zeit, in der rund um die Welt unter Christen und Nichtchristen eine Neuentdeckung der Engel stattfindet. Unsere eigene Theologie hat sie weitgehend in den Randbereich des Kitsches verbannt, hin zu Nikoläusen und Osterhasen. Diesem breiten Traditionsverlust setzt die postmoderne Welt eine Wiederentdekkung des spirituellen Erbes der Weltreligionen entgegen, so auch der Vorstellung von Engeln. Eine primitive vielfach, eine naive, aber auch eine echte und ernst zu nehmende.

Ich möchte von Engeln reden. Ja. Aber ich möchte sie auch davor bewahren, daß sie harmlos werden oder zu Dienern unserer menschlichen Interessen. Vielleicht werde ich einem Engel, vielleicht gar meinem Engel, begegnen im Augenblick meines Todes. Vielleicht auch wird die Menschheit der Engel ansichtig in der lang hingezogenen Stunde ihres Untergangs.

Wenn ich mir Engel denken kann, dann so, daß sie mehr von Gott vernehmen als wir Menschen. Daß sie andererseits dichter mit der Schöpfung verbunden sind und mehr von dem Leiden wissen, das diese Welt leidet. Die Schöpfung klagt, sagt Paulus zu einer Zeit, als von moderner Technik noch nichts war. Sie ist verwundet. Sie leidet wie eine Frau, die ein Kind zur Welt bringt. Sie liegt in Wehen. Sie stöhnt. Mit ihr aber klagen wir, die von ihr getrennt leben und daran beteiligt sind, ihr Leid anzutun. Mit ihr zu leiden könnte eine Aufgabe für Menschen sein, die das Tun der Engel zu ihrem Maß nehmen.

Hoffnung entsteht heute in Worten einer zerbrechlichen religiösen Poesie, in Worten eines leisen Rühmens, in der Feier eines letzten Festes, ehe der Untergang unausweichlich wird und das Neue, eine von Gott neu ausgehende Welt, durch die Elemente der alten, vergehenden Welt hindurch schaubar wird.

Ich lasse mir also nicht verbieten, weder von den Herrschenden dieser Erde noch auch von meiner eigenen Resignation, für das Leben dieser Erde zu kämpfen, und in der Tat hat, wenn ich dies glaube, nur der Kampf für das Leben, der unbeugsame, wirklichen Sinn.

Ich glaube nicht, daß alles von uns abhängt. Das wäre das Ende aller Hoffnung. Es gibt keinen Ort mehr auf dieser Erde, an den wir uns flüchten könnten vor den Folgen unseres Tuns. Der christliche Glaube aber sagt auch, wir seien in Gott bewahrt, selbst wenn Gott nicht die Absicht habe, diese Erde durch einen Eingriff uns unbekannter Kräfte noch einmal zu retten.

Ich glaube auch, daß der Weg Gottes in diese Welt herein noch nicht beendet ist und daß noch viel Befreiendes, viel Rettendes geschehen kann. Ich glaube, daß wir diesen Weg mitgehen sollen, auch wenn er mühsam ist und von vielen Rückschlägen gezeichnet. Immerhin wachsen die Kräfte, die in dieser Richtung neue Wege suchen, von Jahrzehnt zu Jahrzehnt allmählich und stetig an. Und ich vertraue darauf, daß das Geringe, da und dort in aller Einfachheit getan, die Welt vom Tode zum Leben bringt.

Wir sind gerade als Glaubende aufgerufen, zu tun, was in unseren Kräften ist. Und wir werden gut daran tun, von unseren Kräften allein das Heil nicht zu erwarten. Wir bewahren unsere Hoffnung ja eben deshalb, weil wir wissen, mit welcherlei Kräften wir uns verbinden, wenn wir das Unsere tun. Denn es liegt alles daran, daß wir unserer Zukunft nicht abwehrend gegenüberstehen, nicht angstvoll verschlossen, sondern erwartend offen. Nichts ist festgelegt, und das Verhängnis ist nicht das Ende.

Und zuletzt wird, wer überhaupt noch Visionen in seinem Leben Raum gibt, wer überhaupt noch das Große sehen will, immer wieder erschrocken vor den grandiosen Bildern von Ende und Erlösung stehen, die ihm das Evangelium anbietet. Von jenem Gott, in dessen Hand das Unheil und das Heil liegen. In dessen Gedanken alles anders aussieht als in unserem Kopf. In dessen Plan und Willen das Unwahrscheinliche, das Absurde, das Herrliche und das Erlösende sind. Und so wird, wer die Zukunft überhaupt noch sehen will, voll Erwartung sein, voll von Bildern, von Ahnungen, und voll Hoffnung. Er wird nur wenig noch nach rechts und links schauen und schon gar nicht zurück, sondern nur noch, offenen Auges, nach vorn.

Ich habe von dem Wort gesprochen, das für mich aus jener Zeit in dem französischen Gefängnis wichtig und leitend gewesen ist. »In der Welt habt ihr Angst. Aber seid getrost, ich habe die Welt überwunden.«

Das sagt Jesus einfach so hin, als gäbe es nichts Selbstverständlicheres: In der Welt habt ihr Angst. Die keine haben, machen sich etwas vor. Oder sie sehen nicht, was geschieht. Angst kommt von eng. Die Zeitspanne unseres Lebens ist eng. Unser Dasein ist eng. Wie eingezäunt. Wer sehnt sich nicht nach mehr Bewegungsfreiheit? Und je älter wir werden, desto enger wird alles. Je weiter die Menschheit in ihre Zukunft vorangeht, desto enger wird alles, desto verzweiflungsvoller.

Wer hat denn, so fragen wir uns, wer hat denn in dieser Welt die Macht, daß das so ist? Wir sind alle nicht gegen Krankheit gefeit, und wenn sie kommt, hat sie die Macht. Die Schwermut greift immer mehr nach der ganzen Gesellschaft, in der wir leben, und wo sie ist, da hat sie die Macht. Der Kleinkrieg in den Familien, der Streit, der Haß, wo sie sich austoben, haben sie die Macht. Was durch die Menschheit und durch uns selbst geschehen ist und geschieht an Schuld und Versäumen, geht uns nach, holt uns ein, und wo es sichtbar wird, hat es die Macht. Und dazu kommt eine Angst, von der die Welt nichts weiß, die innerste und verborgenste, der Jesus im Vaterunser Ausdruck gibt in der Bitte: Führe uns nicht in Versuchung. Denn was da in unserer Sprache Versuchung heißt, das war zur Zeit Jesu etwas ganz Bestimmtes und Genaues. Die Bitte besagt: Wenn das Ende aller Dinge, das Ende der Welt über uns hereinbricht und das Leid und das Elend uns überwältigen, wenn wir untergehen alle miteinander am Ende der Tage, dann bewahre uns davor, daß wir an dir, Gott, irre werden. Das ist die »Versuchung«. Führe uns nicht in die Situation, in der wir unseren Glauben wegwerfen, in der wir deine Hand verlieren und uns vielleicht gar in die Menge der Zyniker und der Verächter einreihen. Führe uns nicht in die letzte Verzweiflung, in der wir alles wegwerfen werden, was uns heilig ist. Sondern erlöse uns von dem Bösen.

Ich habe die Welt überwunden, sagt Jesus. Was kommt auf uns zu an Gefahren? Ich höre ihn sagen: Ich führe euch durch die Gefahr hindurch. Was kommt an Mühen? Ich führe durch die Mühen hindurch. Was kommt an Feindschaft? Geht durch die Feindschaft hindurch als Liebende. Was kommt an Krankheit? Ich geleite euch durch die Krankheit auf euer Ziel zu. Was kommt an Todesangst? Der Tod ist eine Tür. Ich führe euch hindurch.

Die Zukunft ist ein Weg. Ihr seid begleitet. Geht ihn. Ich nehme nicht alle Angst von euch. Aber ich habe die Macht überwunden, die die Angst über eure Seele hat.

Wenn ich das so sage, fällt mir auf, daß ich, je älter ich werde, im Grund immer dasselbe sage. Vielleicht ist das gut so. Als der Apostel Johannes alt war, konnte er am Ende nicht mehr viel sagen außer: Kinder, liebt einander. Das war alles, und es war das Ganze.

Und so soll es mich auch nicht stören, wenn sich mir das Evangelium immer mehr vereinfacht auf ein paar Sätze. Wenn ich also sage: Geht euren Weg. Laßt das Vertrauen nicht fahren. Ihr seid begleitet. Es wird euch eines Tages einer empfangen. Dann wird es gut sein um das Leben, das hinter euch liegt. Und es wird gut sein mit dem Leben, das euch erwartet. Das ist das Evangelium. Das ist alles. Und es ist das Ganze. Auch für die ganze, bedrohte Erde.

Nur wer es sich erlauben kann, mehr zu wagen, als wir normalerweise wagen, wird in Zukunft festen Grund unter den Füßen haben. Nur wer mehr vertraut, als wir normalerweise vertrauen, wird die Angst überwinden.

Martin Buber wendet sich einmal gegen die Zukunftsangst des sogenannten Realisten und sagt: »Das Einzige, das dem Menschen zum Verhängnis werden kann, ist der Glaube an das Verhängnis, denn er verhindert die Umkehr.«

Kehren wir aber um, fassen wir die Zukunft wirklich ins Auge, dann gehen wir wacher zwischen den Menschen und den Mächten, den Problemen und den Zeichen der Hoffnung hin und bereiter, unsere Verantwortung wahrzunehmen. Und es entscheidet sich für uns alles daran, ob wir Werkzeuge in der Hand dessen sein wollen, von dem her die Zukunft ist. Dag Hammarskjöld, der frühere Generalsekretär der Vereinten Nationen, schreibt in seinem Tagebuch:

»Mit Gottes Liebe das Leben und die Menschen lieben – warten wie er, beurteilen wie er, ohne zu verurteilen, dem Befehl gehorchen, wenn er ergeht, und niemals zurückschauen – dann kann er dich brauchen. Dann, vielleicht, braucht er dich.« [10]

# 12.
# Die Zeichensprache der Zuversicht

## *Ein Apfelbäumchen pflanzen*

Als Luther einmal gefragt wurde, was er tun würde, wenn ihm gesagt werde, morgen gehe die Welt unter, soll er die inzwischen berühmt gewordene Antwort gegeben haben: Ich würde ein Apfelbäumchen pflanzen. Manche sagen auch, es handle sich um eine chassidische Anekdote. Gleichviel. Der Sinn ist: Ich will ein kleines Zeichen meiner Hoffnung setzen. Vor zwanzig Jahren, als mir zum erstenmal klarzuwerden begann, wie chancenlos alle Bemühungen um die Erhaltung der Schöpfung auf dieser Erde seien, wie zwangsläufig alles auf eine unvorstellbare Katastrophe zulaufe, und als ich den genannten Text »Die letzten sieben Tage der Erde« schrieb, habe ich in einer Ecke von Stuttgart mit Freunden zusammen ein Bäumchen gepflanzt, ganz privat. Ich war mir klar darüber, daß sich damit auf dieser Welt so gut wie nichts ändern würde, außer vielleicht, daß es ein paar Kinder gäbe, die ein freundlicheres Verhältnis zur Erde und ihren Geschöpfen gewinnen. Ich wußte, daß ich gegen den Untergang so wenig ausrichten würde, wie ein Kind ausrichtet gegen eine anrollende Panzerdivision.

In all den Jahren, in denen ich Pfarrer gewesen bin, haben mich die Folgen der menschheitlichen Mißwirtschaft, die in der Psyche des Menschen auftreten, besonders beunruhigt, vor allem ihre Folgen für unsere Kinder. Etwa ein Drittel aller Kinder, mit denen ich zu tun hatte, hätte einer besonderen, helfenden Zuwendung bedurft. Ich fand viele unter ihnen, die wie wurzellos schienen, mit viel zu geringem Spiel- und Lebensraum und ohne Verbindung mit dem elementaren Grund. Dabei hat mich der Umgang mit Jugendlichen und mit Kindern immer am meisten beglückt. Meine Kindheit mit ihren unzähligen Tagen und Wochen des Stromerns und des Vagabundierens lebte in mir weiter, und ich habe mir oft vorgenommen, dieser so reglementierten Generation etwas von der Freiheit meiner jungen Jahre zu verschaffen.

Denn das Schicksal von Kindern dieser heutigen Zeit hat für mich etwas Schmerzliches an sich. Wir durchstreiften Wälder oder Heiden, wie es uns Spaß machte. Wir zelteten, wo wir wollten. Wir badeten in jedem Wasser. Wir brieten unsere Kartoffeln in jedem Wald. Wir schliefen in Heuschobern und unter Heustöcken. Heute leben unsere Kinder in einer Welt aus Zäunen. Feuer machen verboten. Die Wege nicht verlassen. Zelten nur auf Campingplätzen. Wohin sind wir geraten?

In den Seelen junger Menschen spiegelt sich die Künstlichkeit dieses Daseins. Die Kunststoffwelt. Die Betonwände und die Betonstraßen beherrschen die Szene. Betongesetze. Das Grundleiden, das keine Psychologie heilen wird, ist der Verlust alles Elementaren. Natur ist nur noch im Urlaub und auch dort fast nur noch in präparierter Form zu haben. Je mehr dem Wilden und Ursprünglichen entfremdete Menschen das Ursprüngliche suchen, desto schneller geht das Ursprüngliche zugrunde. Nicht der Wald vor der Tür allein, auch der ferne Himalaya wandelt sich in eine Müllkippe. Von unseren Enkeln erfahren viele nie, was Erde ist und was Feuer, und so steigt in ihnen aus dem Elementaren auch keine Kraft mehr auf. Es ist alles fertig. Sie dürfen nichts ändern, nichts in ihrem Sinn neu gestalten. Wohin sind wir geraten?

Ich habe mich als Pfarrer immer wieder bewußt an meine Kindheit erinnert. Ich saß damals gelegentlich mit einem Freund oder einem meiner Brüder in einer urgeschichtlichen Höhle, und wir spielten Steinzeit. Halbnackte Urgestalten waren um uns, wenn wir am Feuer saßen, und verschwanden wieder, wenn das Feuer erlosch. Oder ich fuhr an den Federsee im schwäbischen Oberland – es gab damals keinerlei Tourismus – und mietete mir bei einem Fischer für einen Tag ein Boot. Es kostete fünfzig Pfennig oder eine Mark. Danach versenkte ich mich in völliger Einsamkeit in das Dasein von Menschen im Pfahlbau, irgendwo, wo ein paar Pfosten ins Moor gerammt standen, und genoß es im übrigen, zehn Stunden lang keinen Menschen zu sehen oder zu hören.

Unweit des Hauses, in dem ich heute wohne, stehen Schulen für körperlich und geistig behinderte Kinder. Freunde fragten nach den Therapieformen, die dort angeboten wurden, und so auch nach der für spastisch gelähmte Kinder besonders wichtigen Reittherapie. Es gab sie nicht. Weder der Staat noch die Stadt noch die Eltern konnten sie sich leisten. So pachteten wir in der Nähe ein Grundstück und gründeten einen Verein als Träger einer Jugendfarm, in der diesen Kindern das nötige Reiten auf Rauhpferden, auf Isländern, Norwegern und Shetländern ermöglicht wurde. Dabei entdeckten wir, daß auch geistig Behinderte in die Therapie einbezogen werden können. Wir erlebten zu unserer Überraschung, wieviel an geistiger Lebendigkeit in diesen Kindern erwachen konnte dadurch, daß sie sich selbst auf einem Pferd erlebten. Sie waren gewöhnt, daß sie geführt wurden, betreut und versorgt, ohne daß sie viel zu ihrem Ergehen beitragen konnten, und entdeckten plötzlich, daß sie »oben« waren, daß Pferde, diese großen und starken Tiere, ihnen gehorchten. Es war wie ein Aufstehen in ein neues Selbstgefühl, das zu einer Quelle neuer geistiger Entwicklungen führte.

Von der Gründung an waren zugleich gesunde Kinder einbezogen. So entstand im Laufe der Zeit für beide, die behinderten und die gesunden, ein Tier- und Kinderparadies mit Pferden und Eseln, Ziegen und Schafen, Hasen und Meerschweinchen, Hühnern und Gänsen, Hunden und Katzen, mit einem Dorf, das aus Hütten besteht, die die Kinder aus altem Holz errichten, mit einem Reitplatz und einer Reithalle, mit Kutschen, die mit Eseln bespannt werden, mit einem Garten, in dem Kindern für einen Sommer ein Beet überlassen wird, mit einem Haupthaus mit Stall, Scheune und Jugendräumen, mit einer Töpferei, einer Käserei für die Ziegenmilch und einem Werkhaus, in dem die Kinder schreinern, schlossern, malen oder schmieden können und wo sie sich die abenteuerlichsten Fahrzeuge bauen. Was von den Mitarbeitern, den älteren Jugendlichen und den Eltern der Kinder selbst gestaltet werden konnte, wurde durch Jahre hin an den Samstagen gebaut, und nur was niemand von uns konnte, ging an einen Handwerker. Die Erfahrung, die wir in diesen langen Jahren in pädagogischer und therapeutischer Hinsicht gesammelt haben, wäre ein Buch wert. Es ist dazu nie gekommen. Die Kinder waren wichtiger.

Eines Tages ging ich zum Stall. Ein Ring von Kindern drängte sich um etwas, das ich nicht sah. Ich sprach mit einem

*In den Anfangsjahren der Farm besuchte uns eines Tages der damalige Präsident des Bundestags Kai Uwe von Hassel. Während in jenen Tagen im Bonner Parlament die Fetzen flogen, begrüßte der dreizehnjährige Bürgermeister der Farm ihn in der Kinderversammlung mit dem Satz, er freue sich, dem Herrn Bundestagspräsidenten ein funktionierendes Parlament vorstellen zu können – wobei der Ton deutlich auf »funktionierendes« lag.*

Gast und lachte über irgend etwas, das er erzählte. Eine Zehnjährige drehte sich um und fuhr uns mit funkelnden Augen an: »Die Sara hat ein totes Kind, und ihr lacht!« Sara war eine Eselin. Wir traten in den Kreis der Kinder, die leise wie in einer Kirche um das Tier mit seinem toten schwarzen Fohlen herumstanden. Geburt und Tod gehören dazu, wenn man mit Tieren leben will. Und Ehrfurcht vor den Wundern und vor dem Unglück.

Eine Gans brach sich das Bein. Also bekam die Gans einen Gipsverband, fachgerecht vom Tierarzt. Und das Bein heilte. Nie ist eine Gans bei uns liebevoller gestreichelt worden als sie, wenn sie mit ihrem Gipsbein über den Platz humpelte.

Ein kleiner Junge schlug mit einer Latte nach einem Esel. Ein Elfjähriger faßte ihn am Arm: »Du! Wenn du Probleme hast, dann schlag dich mit uns, aber schlag nicht den Esel!«

Denn so verschieden sind Mensch und Tier nicht. Erleiden und Erleben prägen beide, und die seelischen Verwundungen sind durchaus vergleichbar. Je länger ich zugleich mit Kindern und mit ihren Tieren zu tun habe, desto ähnlicher erscheinen sie mir. Die Neurosen haben hier wie dort ähnliche Ursachen, und die Symptome sind nicht entscheidend anders hier und dort. Ein Tier reagiert mit Angst oder mit Krankheit oder mit Widerstand, wie ein Menschenkind reagiert.

Es ist mir wichtig, daß Kinder das sehen. Tiere haben ihr Schicksal. Sie tragen an ihrem Leid, ihrer Einsamkeit, ihren Krankheiten wie wir auch. Tiere sind *auch* Menschen, sagen wir. Wir fanden auch eine Art von »elementarer Therapie« an verhaltensgeschädigten Kindern. Was ich damit meine, das mag eine kleine Geschichte erzählen, die sich schon vor fünfzehn Jahren abgespielt hat. Ich will die Namen ändern, auch den Namen des Pferdes, das darin vorkommt.

Die Sonne stand warm über dem Platz. An ihren selbstgebauten Hütten nagelten ein paar Buben. Im Garten drüben säten die Kleinen ihre Rettiche. Im Hühnerstall und bei den Ziegen war große Fütterung, und bei den Gänsen gab es Geschrei, weil einige Neulinge nicht wußten, wie man mit Gänsen spricht. Auf dem Reitplatz saßen die Behinderten, spastisch gelähmte Kinder, auf den Pferden und ließen sich um das große Oval führen. In der Keramikwerkstatt entstanden Tassen für das nächste Fest. Fröhlich ging es zu und lebhaft.

Eines der größeren Mädchen sprach mich an: »Das kann doch nicht wahr sein! Walter soll weg! Sie werden im Heim nicht mehr fertig mit ihm. Er soll irgendwohin gebracht werden, wo er strenger verwahrt wird.« Andere hörten zu und fingen an, erregt zu diskutieren: »Walter?« »Schrecklich.« »Muß das sein?« »Warum können die Lehrer und die Erzieher mit so einem wie Walter nicht vernünftig umgehen?« Verwirrung breitete sich aus und Protest.

Ich kannte die Lebensgeschichte des 14jährigen. Es war die

*Wer auf unserer Jugendfarm auf einem Esel reiten will, muß ihn auch versorgen. Er muß ein Gespür dafür bekommen, was Tiere von uns Menschen brauchen, wenn wir sie schon in unseren Dienst nehmen. Die Kinder tun es zuverlässig unter Anleitung einer erfahrenen Tierpflegerin.*

eines herumgestoßenen, unerwünschten Kindes. Er hatte viel hinter sich. Ungehorsam. Widerstand. Diebstahl. Einbruch. Körperverletzung. Sachbeschädigung – wie man das eben unter Erwachsenen nennt. Was tun? Die Farm war der einzige Ort, an dem er sich wohl fühlte – und die sollte künftig für ihn unerreichbar sein.

Ich nahm das Telefon ab. »Hören Sie«, sagte der Mann am anderen Ende, »ich habe hier einen Isländer, der ist zu nichts mehr zu gebrauchen. Er ist krank. Ich würde ihn schlachten. Aber wenn Sie ihn wollen, können Sie ihn haben.«

Wir haben so viele geschädigte Kinder, dachte ich, nun auch noch ein geschädigtes Tier! »Was fehlt ihm?« »Asthma.« Asthma? Ich wurde hellhörig. Wenn mir ein Kind mit Asthma begegnet, denke ich nicht zunächst an die Atmungsorgane. Ich denke an das Kind und frage mich, wie seiner bedrängten Seele zu helfen sei.

»Ich kann Ihr Pferd gebrauchen«, sagte ich, »bringen Sie es bitte auf den Platz.« Und das Pferd kam. Ein schöner brauner Isländer mit dichtem Stirnhaar und langer Mähne. Er kam schwer und laut atmend. Sichtbar krank.

In der Herde der übrigen zehn Pferde fand er keinen Freund. Ein so auffälliges Tier wird von den anderen weggestoßen. Erst wenn die anderen sich sattgefressen hatten, durfte er sich der Krippe nähern. Er stand denn auch fast immer allein am Ende der Koppel, während die anderen zum Reitplatz gingen, vor dem Stall lagen oder miteinander stritten oder spielten. Der Unterschied zwischen Tieren und Menschen und ihrem Verhalten in der Gruppe ist nicht groß. Wotan, so hieß das kranke Pferd, begegnete seinem bisherigen Lebensschicksal, als er zu uns kam, aufs neue.

Denn das war sein bisheriger Lebenslauf gewesen: allein in der Box zu stehen. Eigentum eines reichen Mannes, der keine Zeit hatte zu reiten. Jahr um Jahr hatte er an seinem Platz gestanden, ohne Herde, ohne Freund, ohne einen Menschen auch, der freundlich mit ihm umging. Versorgt von einem mürrischen Stallmeister. Er reagierte, wie ein Kind reagiert, dem es ähnlich ergeht.

Die junge Reiterin saß vor mir auf dem Stangenzaun, der die Koppel umgab. Dreizehn Jahre. Ein waches Kind mit großer Leidenschaft für Pferde. »Sabine, hast du ein paar Minuten Zeit?« »Natürlich.« »Ich brauche deine Hilfe«, sagte ich. »Bringst du es fertig, über das, was wir jetzt besprechen, zu keinem Menschen etwas zu sagen?« »Selbstverständlich«, sagte sie. »Willst du versuchen, mit mir zusammen dem Walter zu helfen?« »Natürlich«, kam es aus dem klaren, offenen Gesicht. »Weißt du, woher es kommt, daß Walter so große Schwierigkeiten in seinem Heim hat?« »Er ist krank«, sagte sie. »Sie haben ihn immer herumgestoßen, da kann er nicht so sein, wie er möchte. Und jetzt stoßen sie ihn wieder irgendwohin.« Mit Zorn in den Augen und in der Stimme sagte sie es.

»Du hast das neue Pferd gesehen?« »Den Isländer, den Wotan?« »Ja. Der ist auch krank. Er hat das gleiche erlebt wie Walter«, sagte ich. »Er ist immer herumgestoßen worden, seit er lebt. Von einem Stall zum anderen. Und war immer allein. Er ist kaum je geritten worden. Er hat sein Futter bekommen und seinen Stall. Sonst nichts. Er hatte keine Herde, keine Spielkameraden, keinen Reiter, der ihn kannte. Und nun ist er krank. Und weil er an seiner Seele krank ist, darum ist er es nun auch an seinem Körper. Er konnte nie frei aufatmen, und jetzt kann er es auch körperlich nicht mehr. Wir müssen Walter und Wotan zusammenbringen. Vielleicht können sie einander helfen. Manchmal können kranke Leute einander besser helfen als Gesunde den Kranken.« »Was kann ich da tun?« »Willst du mit Walter zusammen das Pferd versorgen?« »Klar.«

Ich erbat vom Direktor des Heims eine Frist für einen Versuch. Drei Monate, in denen Walter noch im Heim bleiben durfte.

Wir saßen miteinander am Rand der Koppel, Walter, Sabine und ich, und ich erzählte den beiden die Lebensgeschichte Wotans. Ich habe eine Menge hinzuerfunden, so viel eben, daß es genau Walters Lebensgeschichte war. Die Geschichte eines herumgestoßenen, verlassenen Kindes. »Was sollen wir jetzt mit ihm tun? Er soll doch gesund werden!«

»Wir müssen mit ihm sprechen«, schlug Walter vor. Eine lange Geschichte von Gesprächen, in denen Lehrer und Therapeuten und andere wohlmeinende Leute versucht hatten, mit ihm zurechtzukommen, indem sie mit ihm sprachen, stand hinter seinem Vorschlag. »Schön!« sagte ich. »Das ist gut. Das müssen wir tun. Was noch?« »Wir müssen ihn streicheln«, sagte er, und eine lange Erfahrung des Mangels stand hinter seinen Worten. »Großartig. Das werden wir tun. Aber wie macht man das: ein Pferd so streicheln, daß es ihm richtig wohl wird?«

Sabine kannte sich aus: »Man nimmt eine Bürste und fährt immer das Fell entlang. Von der Stirn über die Mähne und den Kamm, über den Widerrist, den Rücken, das Kreuz und die Hinterbacke und bis zur Fessel hinunter.« Walter saß mit großen Augen. »Oder vom Schulterblatt hinunter, oder vom Rücken

*Ein blindes Mädchen kratzt einem Pferd die Hufe sauber. Sie ist eine ausgezeichnete und sehr mutige Reiterin, die auch völlig sicher kutschiert, wenn neben ihr ein sehendes Kind sitzt und ihr sagt, wo die Wege weitergehen.*

zum Bauch. Oder von der Rübe aus den Schweif hinunter, oder man kann mit der Hand die Nüstern streicheln. Sie mögen es auch, wenn man sie auf den Mund küßt.«

Das war ein ganzes Programm. »Wollt ihr das miteinander versuchen?« »Natürlich«, kam es von beiden Seiten. Sabine dachte weiter: »Das müssen wir drüben tun, auf der anderen Seite. Hier ist es zu laut. Man muß mit einem Pferd leise sprechen. Vor allem mit einem kranken.« »Und was wollt ihr ihm erzählen?« Sabine fing an zu fabulieren: »Wir müssen ihm erzählen, was eine Kinderfarm ist. Er weiß ja noch gar nicht, wo er jetzt ist. Wir müssen ihm erzählen, warum hier so viele Kinder sind. Und wie die Pferde alle heißen.« Walter spann den Faden weiter: »Wir müssen ihm erklären, was ein Schaf ist. Er hat ja noch nie eines gesehen. Und eine Ziege. Und woher die Kinder alle kommen. Und von der Schule. Und vor allem müssen wir ihm sagen, daß er unser Freund ist. Das ist das Wichtigste.« Das Spiel ging eine Weile. Am Ende hatten sie Stoff für viele Wochen.

Sie pflegten ihr Pferd mit großer Hingabe, Tag um Tag. Walter war pünktlich zur Stelle, und Sabine und er freundeten sich an wie Ärzte, die zusammenarbeiten. Wenn ich vorbeikam, brauchte ich nie nachzufragen, wie sich Walter fühle. Ich fragte nur nach dem Pferd: »Wie geht es Wotan?« Und Walter erzählte genau, wie es Wotan erging. Es war seine eigene Seelenlandschaft, die er schilderte. Es war seine eigene Sorge, die er in Wotan wahrnahm. »Er weiß noch nicht, der Wotan, ob wir wirklich bei ihm bleiben. Aber ich sage es ihm immer wieder: Wir bleiben bei dir!« »Er möchte auch zur Herde gehören«, fügte Sabine an, »aber das dauert noch. Da müssen wir vorher noch mit den anderen Pferden sprechen.«

Eines Tages, es war vier Wochen später, erzählte Walter: »Heute nacht hatte Wotan einen furchtbaren Traum: Er war in einem Keller. Ganz allein. Und es war dunkel und eng. Er konnte kaum atmen. Und man wollte ihn schlachten. Aber dann war da auf einmal noch ein anderes Pferd. Das schaute ihn freundlich an. Und Wotan dachte: Vielleicht weiß das Pferd, wo der Ausgang ist?« »Es weiß ihn«, sagte ich. »Ich bin sicher, daß es den Ausgang weiß. Ihr seid miteinander schon auf dem Weg nach draußen.«

Nach zwei Monaten war alles geschafft. Walter versorgte »sein Pferd«, und das Pferd liebte ihn. Er durfte im Heim bleiben. Es war nichts mehr schiefgegangen. Er wurde ein zuverlässiger Pfleger seines Wotans. Und ich meine, ein Kind, das die Mühsal auf sich nimmt, ein Tier gut zu versorgen, und diese Arbeit auf die Dauer durchhält, ist auf einem guten Weg. Es ist nicht krank, und von einer Neurose soll man nur noch behutsam reden.

Da war der große, warme Körper eines starken Tiers. Da ging Kraft auf ein Kind über. Da war eine elementare Lebendigkeit, an die man sich lehnen konnte, die einen trug, an der man selbst lebendig wurde. Und da war ein Leidensgenosse, der wußte, mit welchen Gefühlen man von der Schule kam.

Oft habe ich Walter gesehen, wie er den Arm um Wotans Hals legte und das Gesicht an ihn drückte, als sollte da eine pulsierende Wärme in ihn übergehen. Als sollte da alles, was einmal erstarrt war, aufbrechen wie das Eis im Frühling. Und vor allem: als hätte auch das Kind dem Pferd etwas zu geben, nämlich die Kraft seiner Zärtlichkeit und Zuverlässigkeit.

Oft habe ich ihn gesehen, wie er, leise redend, den Mund am Ohr Wotans hatte. Manchmal lag Wotan auf der Erde, wie ein Pferd es tut, das Vertrauen gewonnen hat, und Walter legte, wenn er von der Schule kam, seinen Kopf auf den warmen Pferdebauch. Allmählich sah Sabine nur noch aus der Ferne zu und zog sich dann zurück. »Walter kann das jetzt allein.«

Wenn Walter zu Wotan kam, wußte er: Wotan braucht mich. Und ich meine, in der überwältigenden Erfahrung eines Kindes, es werde gebraucht, es werde zumal von einem leidenden Wesen gebraucht, geschehe mehr Erlösendes als in hundert therapeutischen Gesprächen. Nach beiden Seiten, meine ich, zum Kind hin und zum Pferd. Es ist eine Art gemeinsamen Aufstehens aus der Resignation.

Denn auch Wotan änderte sich. Sein Atem wurde freier und tiefer, wenn sich auch das Asthma nie ganz verlor. Die Lunge war schon zu sehr geschädigt. Er ließ sich reiten, von Sabine zunächst, aber dann auch von Walter und den anderen Kindern. Und als wir ihn in die Reihe der Pferde einbezogen, die wir an der Reittherapie für die Behinderten beteiligten, da zeigte sich: Er kann es. Er wurde sogar für einige Zeit unser bestes Therapiepferd. Einer jener aufmerksamen Helfer, die es merken, wenn ein Kind auf ihrem Rücken behindert ist, die es empfinden, wenn das Kind unsicher wird, und stehenbleiben. Die es spüren, wenn das Kind wieder sicher ist, und vorsichtigen Schrittes weitergehen. Wotan konnte das. Er war selbst eines von ihnen gewesen, von diesen verängstigten, unsicheren, gefährdeten Kindern, und ich meine, seine Krankheit habe ihn sensibel gemacht, wie ja mancher Arzt erst nach eigenem schwerem Leiden ein wirklicher Arzt wird.

Eines Tages verabschiedete sich Walter. Er wurde aus dem Heim entlassen und sollte ins Rheinland übersiedeln zu seiner Familie. Er hatte den Schulabschluß und wollte mit einer Lehre beginnen. »Ich werde es schaffen«, sagte er. Und er schaffte es. Drei Jahre später schrieb er uns, er habe seine Prüfung bestanden und sei nun Tischler. Danach besuchte er eine Ausbildungsstätte für Sozialpädagogen und wurde schließlich ein Helfer einer Gruppe von behinderten Jugendlichen. Er machte seine eigene Erfahrung zum Programm und Auftrag seines Lebens.

Freilich, Wotan lebte nach dieser Zeit nicht mehr. Sabine hatte ihn nach Walters Abschied übernommen, versorgt und geritten; so litt er nicht zu sehr unter Walters Abschied. Aber schon nach zwei Jahren holte ihn seine Krankheit ein.

Eines Tages hörte ich auf der Farm: »Wotan stirbt!« Ich sah ihn, während der Tierarzt neben mir stand: Der braune Isländer lag auf dem Rücken, schlug mit den Beinen wild um sich und wälzte sich von einer Seite auf die andere. Die Kinder standen im Stall um ihn her, in sicherem Abstand, und die Tränen liefen wie Bäche.

Sabine hatte zu der Stunde Unterricht. Ich fuhr zu ihrer Schule, rief sie aus der Klasse und sagte: »Sabine, Wotan stirbt. Willst du zu ihm gehen?« Der Lehrer hatte Verständnis. Und sie fuhr mit mir zurück zur Farm; ohne ein Wort, wie abwesend, saß sie neben mir. In fliegender Erregung rannte sie zum Stall, und als sie dort die Kinder und die jungen Helfer um Wotan herumstehen sah, schrie sie sie an wie eine Verzweifelnde: »Was soll das dem Wotan helfen, wenn ihr hier herumsteht und flennt? Raus mit euch!« Und sie jagte sie alle aus dem Stall.

Sie setzte sich auf den Stallboden und nahm Wotans Kopf in ihren Schoß. Es war nicht ungefährlich. Das schwere Tier wälzte sich unberechenbar nach allen Richtungen. Sie saß, den Kopf Wotans im Arm, und streichelte ihn. Sprach mit ihm, leise, wie Walter und sie immer mit ihm gesprochen hatten. Stundenlang. Bis in die Nacht. Ich blieb im Hintergrund dabei,

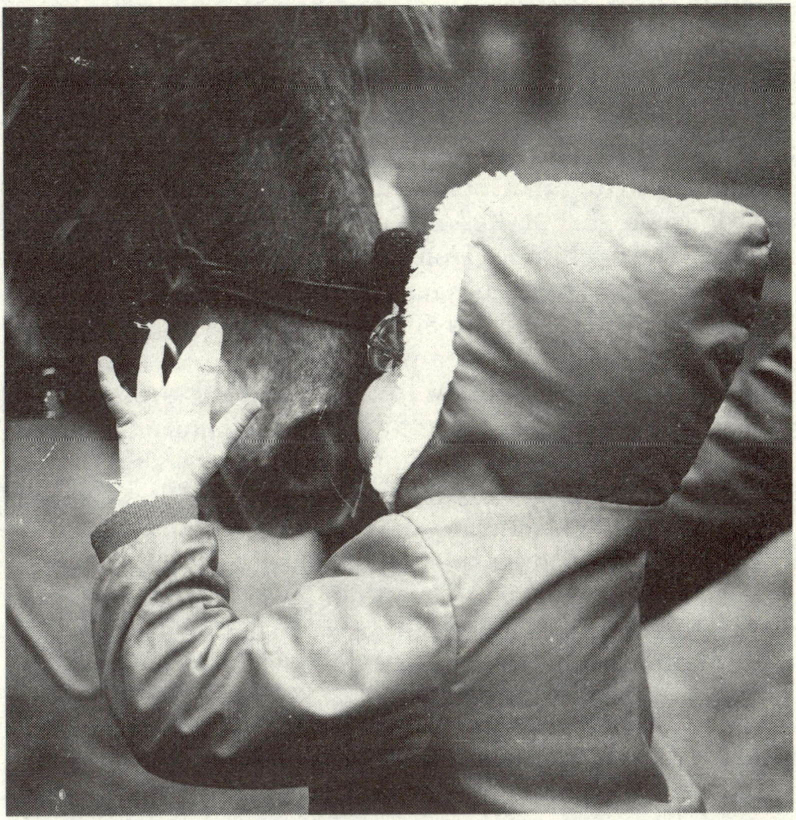

*Ein behindertes Kind bedankt sich mit einem Kuß bei dem Pferd, auf dem es zur Therapie gesessen hat.*

zur Sicherheit. Wenn doch – so ging es mir durch den Kopf – alle Menschen, die im nahen Krankenhaus sterben, jemand hätten, der sie so begleitet!

Wie versteinert stand sie am Ende dabei, als der Kadavertransport ihn abholte.

Sabine bestieg von der Nacht an nie mehr ein Pferd. »Auf einem anderen Pferd reiten? Das tue ich Wotan nicht an«, sagte sie. Für sie begann ein neuer Abschnitt ihres Lebens. Aber die Geschichte mit Wotan fand denn in seinem Tod noch ein tröstliches, ein – fast – schönes Ende.

## *Hoffnung feiern*

Alle Apfelbäumchen, die wir Menschen pflanzen, könnten auch wieder ein Anlaß sein zur Resignation oder zur Verzweiflung, hätte uns Gott nicht eines gepflanzt. Als ich ein paar Wochen alt war, ließ mir ein junger Pfarrer, ein Freund meiner Eltern, ein paar Tropfen Wasser über die Stirn laufen und sprach dabei meinen Namen aus und zugleich den Namen Gottes, des Vaters und des Sohnes und des Heiligen Geistes. Ich weiß nichts davon, aber es ist geschehen. Als unsere vier Kinder nacheinander zur Welt kamen, hat ihr Großvater sie getauft. Und kürzlich habe ich meine Enkel, als der amtierende Großvater, in der Annenkirche in Berlin getauft. Es war ein wunderschönes Fest. Aber was soll ein solches Zeichen gegen den großen Untergang?

Für unsere Vorfahren spielten die Quellen in der Osterzeit eine geheimnisvolle, lebendige Rolle. Wenn die Schmelzwasser die Klüfte in den Bergen füllten, wenn die Quellen lebendiger und kräftiger rauschten und die Bäche anschwollen und lebhafter als sonst murmelten und plauderten, dann gingen die Frauen und Mädchen aus den Dörfern hinaus zu einer Quelle, am Ostermorgen vor Tag zu der Stunde, zu der nach dem Evangelium die Frauen ans Grab gegangen waren, um Jesus zu betrauern, und zu der ihnen der lebendige Christus begegnet war. Unsere Vorfahren durften auf dem ganzen Weg nicht sprechen. Wenn aber die Sonne aufging, dann tranken sie von dem frischen Wasser und füllten ihren Krug für die Daheimgebliebenen. Sie brachten Frühlingsblumen mit, legten sie in die Quelle, wuschen die Augen mit dem Wasser und hofften, auf diese Weise wie das Wasser jung und schön zu bleiben. In ihren Krügen brachten sie das Osterwasser nach Hause und gaben es den Kindern, den Alten und den Tieren zu trinken als eine lebendige Kraft, die vor Leid und Krankheit schützen sollte. Sie feierten das Zeichen, daß da neues Leben quellfrisch aus der Erde kam, klar und rein und in grenzenloser Fülle.

Als unsere Kinder noch klein waren, spielten wir die alte Sitte nach. Noch in der Nacht standen wir auf, gingen schweigend hinaus zu einer kleinen Quelle im Wald vor der Stadt und tranken dort das Osterwasser. Wenn wir getrunken hatten, durften wir wieder sprechen wie aus einem großen Anfang heraus.

Ich habe das Wasser immer besonders geliebt, das die beiden Enden des Daseins, die Geburt und den Tod, für unsere Seele so elementar verbindet, das quellende Leben und die verschlingende Gefahr und das wiederaufbrechende Leben, wie ich das Meer bis heute liebe in seiner Schönheit und elementaren Gewalt. Segeln, schwimmen, tauchen war für mich durch alle die Jahre seit dem Krieg Ausdruck für meine Liebe zu diesem wunderbaren, abgründigen, sich unablässig wandelnden Element.

Aber was ist Wandlung? Wandlung kann Wachstum sein, Wachstum von einem Zustand in den nächsten, von der Zelle zur Frucht, zum Kind, zum Jugendlichen, zum Erwachsenen, zum Alten, zum Vergehenden. Vom Engeren zum Weiteren, vom Kleineren zum Größeren, von geistiger Enge zur Weisheit, von Ichbezogenheit zu hingebender Güte. Nichts wächst, wenn es nicht seine Gestalt wandelt.

Wandlung kann aber auch Wiederherstellung des Ursprünglichen sein, Heilung nach einer Störung, Wiederaufbau nach dem Zerbrechen einer früheren Gestalt, Wiedergewinnung einer Kraft, die verloren schien, ein Neuanfang, der die Energie wiederfindet, die in einem ersten Anfang am Werk war.

Wandlung kann endlich darin bestehen, daß eine verborgene Zielgestalt sich allmählich und immer deutlicher offenbart, von einer Phase der Reifung zur nächsten.

Die Taufe sagt: Du bist gemeint, wenn von Leben und Tod und neuem Leben die Rede ist. Du bist gemeint, wenn von einem aus Unheil und Tod erlösten Menschen die Rede ist, von dem freien, aufrechten, sehenden Menschen, den Jesus schildert, der es mit seiner Zukunft und seinem Auftrag aufnimmt, dem Kräfte zufließen, die nicht aus ihm selbst sind. Du brauchst nicht in der Angst unterzugehen und dich nicht in deiner Sorge zu verzehren. Du bist von Gott, wie du bist, bejaht und geliebt und darfst dich ihm anvertrauen im Leben und im Sterben. Wer das weiß, braucht sich nicht selbst zu etwas zu machen, jedenfalls nicht zu mehr, als er ist. Er braucht nicht an sich zu verzweifeln und sich nicht selbst zu zerstören. Er darf wissen, daß wir Menschen zu einem großen Ziel gerufen sind, daß wir nicht auf uns selbst zu gründen brauchen, daß wir weder unsere eigenen Retter zu sein brauchen noch unsere eigenen Tröster oder Liebhaber. Wir wissen alle nicht, warum in dieser Welt alles so ist, wie es ist, warum da so viel geschieht, dessen Sinn wir nicht erkennen. Warum so viel Unrecht ist. Warum so viel gelitten werden muß. Aber wir brauchen, und das ist eine wunderbare Entlastung, nicht die zu sein, die ihrem Leben die Deutung und den Sinn geben.

Aber die Taufe redet ja nicht nur von unserem Schicksal. Sie ist eine Berufung auf einen Weg, den wir in voller Freiheit in den Jahren unseres Lebens auf dieser Erde gehen. Sie sagt: Du bist auf einen Weg berufen, auf dem mehr durch dich geschehen kann, als daß du eben dein Leben hinter dich bringst: Es kann Gerechtigkeit von dir ausgehen. Es kann Frieden entstehen um dich her. Es kann Trost von dir ausgehen, Freiheit, Mut zur Zukunft und Hoffnung auf die Wandlung aller Dinge in Gottes Reich. Wer getauft ist und weiß, was das bedeutet, der findet sich in einer weltweiten Dienstgemeinschaft von seiner unmittelbaren Nähe bis zu den letzten und rechtlosesten Menschen in irgendeinem Elendsquartier dieser Erde. Wer getauft ist und verstanden hat, in was für einem Zusammenhang er damit steht, wird das Evangelium vom Reich Gottes dem sagen, der es braucht, und er wird es in der Sprache der Politik formulieren ebenso wie der Wirtschaft oder des ganzen Kulturraums, in dem er lebt. Er wird sich dem, was in der Welt geschieht, zuwenden und wird seinen Glauben, seine Einsicht, seine Kraft und seinen Mut einbringen um der Hoffnung willen, auf die er getauft ist.

Das alles ist uns gesagt in einem Zeichen, in einem Sakrament, und ich bin dankbar dafür, daß dies eine Bekundung ist von außerhalb unserer Menschenwelt, die sich widerständig gezeigt hat gegenüber allem, was in zweitausend Jahren geschah. Denn damit bleibt uns auch das widersprüchliche, das leidvolle, das von Zerstörung und Tod bedrohte Leben nicht ganz unleserlich. Wir entziffern unsere Auferstehung in den Gesten und Worten eines Sakraments, und das ist viel. Es ist wieder ein Bild aus jener Zeichensprache, in der sich das Heilige und das Erlösende artikulieren.

Das Apfelbäumchen »Taufe« ist in unsere Erde gepflanzt. Wir wissen alle, daß unsere Kinder ihren Weg auf dieser gefährdeten Erde gehen werden. Wir wissen, daß sie einem Schicksal entgegengehen, das wir ihnen mit aller Leidenschaft unseres Herzens ersparen möchten, indem wir unsere Stimmen erheben gegen das Unheil. Dennoch wagen wir es, Kindern das Leben zu geben. Wir haben es seinerzeit gewagt, als wir eben aus einem schrecklichen Krieg kamen. Und unsere Kinder haben es gewagt, heute, da des Schrecklichen nicht weniger geworden ist. Wir geben aber unseren Kindern das große, alte Zeichen der Taufe mit, das wie ein Gegenbild gegen die Bilder des Unheils steht, wie eine Gegensprache gegen die Sprache des Schrecklichen.

Das Bild eines Baums, einer alten Buche, hilft mir dabei, Hoffnung zu bewahren. Sie steht an einem verborgenen Platz im Tal der Wildgutach im Schwarzwald. Vor mehr als hundert Jahren hatte jemand ein Kruzifix, einen aus Stein gehauenen Christus, an ihrem Stamm befestigt. Dann wuchs der Baum um die Figur herum und schloß die Christusgestalt allmählich immer mehr ein, unmerklich und in langen Zeiten. Eines Tages wird er ihn ganz einschließen. Heute schaut nur noch der Kopf mit dem Gesicht des Leidenden zwischen den Wülsten der Rinde hervor. Am Ende wird der Stamm wieder heil sein und Christus unsichtbar in sich bergen.

Der Grund meiner Hoffnung ist, daß ich Gott in mir weiß, den Gott, der aus dem Wort, das in mich fiel, in mir gewachsen ist, der immer mehr von meinem eigenen Wesen verbraucht durch sein Wachstum. Ist es denn noch wichtig, wer ich selbst sein werde?

Ich weiß, daß ich auf keine Weise Gott bin. Aber ich weiß auch, daß der, der allein Gott ist, in mir Wurzel geschlagen hat. Das ist der Grund der Demut wie des Stolzes. Ich bin Gras, »das am Morgen blüht und am Abend verdorrt«, ich bin aber auch der Grund, aus dem die Blüte, die Gott ist, aufwächst, wenn ich darauf verzichte, selbst Blüte zu sein. Was ich also bin am Ende meines Lebens, ist nichts, das aus mir selbst ist. Ist also der Tod ein Opfer, so ist es ein Opfer Gottes an Gott.

Wer so durch den Tod geht, löscht sich selbst aus, um Licht zu werden. Er geht den Weg der Selbstaufgabe, um endlich etwas zu werden, um das es sich lohnt, daß es ist.

Ich kann auch auf Christus hin sagen: Geht, indem wir auf ihn, den Auferstandenen, zuleben, nicht sein Leben in uns ein? Geht nicht sein Geist in unseren Geist und Leib ein? Seine Lebendigkeit in unsere Seele? Indem er allmählich in uns hineinwächst, nehmen wir seine Gestalt in uns auf. Am Ende wird sie, die des Lebendigen, ganz in uns verborgen sein. Er ist in uns und vollendet uns zu dem Bild, nach dem wir geschaffen sind. Wir werden endlich wissen, was Ostern, was Auferstehung und Neuwerden ist, und werden am Ziel sein.

## *Wollen, was Gott will*

Wenn einer alt wird, kommt eine Zeit, in der alles davon abhängt, daß er bejahen kann, was gewesen ist und was ihm beschieden war. In der geistlichen Tradition war ein Wort immer von besonderem Gewicht: das Wort conformitas voluntatis, Übereinstimmung des Willens. Es meint, ich solle wollen, wie Gott will und was Gott will. Ich solle bejahen, was Gott bejaht. Ich solle annehmen, was Gott mir geben will. Er hat mich ins Leben gestellt, also nehme ich dieses Leben an. Er hat mich so gestaltet, wie ich bin, also nehme ich meine Gestalt an. Er hat mich mit Begabungen ausgestattet, andere hat er mir verweigert, also wirke ich mit meinen Begabungen und klage ihn nicht an um derer willen, die ich nicht habe. Er hat mir Schwächen und Grenzen mitgegeben, also nehme ich meine Grenzen und Schwächen an. Er hat mir alle Fragwürdigkeiten zugemutet, die uns Menschen gemeinsam sind, also lebe ich mit ihnen. Ich empfange mich aus Gott und nehme an, was ich bin, denn ich bin ja nicht das Wichtigste. Das Wichtige ist größer als ich. Das Wichtige liegt vor mir. Ich aber diene dem, was wichtig ist. Wenn uns das deutlich ist, wird alles andere merkwürdig klein. Auch wir selbst. Wir aber sind glücklich in dem, was allein groß ist.

Wenn ich auf meinen Weg zurücksehe, begegne ich dem Willen Gottes. Dieser Wille hat sich ausgewirkt auf allen den merkwürdigen Wegen, auch in allem Unerklärlichen und Seltsamen, das geschehen ist. Ich habe viel Güte und Liebe empfangen. So war es sein Wille.

Sein Wille war auch auf allen dunklen Wegen des Zweifels und der Sorge am Werk. Er war und ist meine Kraft in meiner Schwäche. »Habe deinen Weg lieb«, hat einer gesagt, »denn es ist der Weg Gottes mit deiner Seele, und ihn schilt nur, wer ihn nicht versteht.«

Hier finde ich eines der abgründigsten Themen, die die Frömmigkeit hat. Ich weiß: Gott gibt sich nie in einen fremden Willen, aber er gibt sich ganz, wo er in einem Menschen seinen Willen wiederfindet. Gottes Willen zu wollen ist also die eigentlich schöpferische Tätigkeit des Menschen. Schöpferisch im Gegenüber zu Gott ist ein Mensch, der versteht, sich selbst wegzuräumen, und der so Gott erlaubt, in ihm schöpferisch zu sein.

So ist Glaube das Zeichen für die gestaltende Kraft Gottes in der Seele. Und die Seele wächst durch die gestaltende Kraft Gottes zu jenem Baum, den der erste Psalm preist. Wenn Gott unser Ziel ist, so muß er – nach Meister Eckehart – der Täter unserer Taten sein. Und wir werden auf den Wegen unseres Lebens zu jenem »Ganzen«, dem ungespaltenen Menschen, der zu sein man sich in seiner Jugend gewünscht hat.

Und so muß das geschehen, was derselbe Meister Eckehart die Geburt Gottes in der Seele nennt; jene Geburt, durch die ein Mensch fähig wird, ganz nach innen und ganz über sich hinaus zu leben. Jene Geburt, aus der die Seele ihre Glut gewinnt und zugleich ihre unstörbare Stille. Wenn sie geschieht, verstehen wir, daß wir selbst unser Hindernis sind, und sehnen uns aus uns selbst hinaus in jenes andere Ich, das aus Gott ist.

Wenn ich heute zurücksehe, denke ich an die rund fünfundsechzig Neujahrsnächte, die ich bewußt erlebt habe. In meiner Kindheit, lange vor dem Reich Hitlers und vor dem Krieg, bin ich jede Neujahrsnacht mit meinen drei Brüdern und mit meiner Mutter zusammen aus der Stadt Ulm hinausgewandert, so daß wir mit dem Schlag zwölf Uhr oben auf einem der Berge waren, die sich um Ulm her erheben. Da fingen dann die Glokken des Ulmer Münsters an, zusammenzuläuten, tief und voll mit ihrer ganzen tragenden Kraft. Es war ein Geläute, das wohl so leicht nicht seinesgleichen anderswo wiederfindet. Alle Anfänge in meinem Leben hatten irgendwie etwas mit diesen Glocken zu tun. Und ich höre sie bis heute sagen: Es mag dir widerfahren, was will. Es führt dich einer. Er hat einen Plan mit dir. Was du hast an Kraft und Güte, ist ein Geschenk. Alle Wahrheit, die du verstehst, alle Liebe, die dir begegnet, hat dir einer zugedacht. Alles, was dir zufällt, fällt dir aus einer guten Hand zu. Was dir schwer aufliegt, ist dir auferlegt durch einen großen und wissenden Willen. Öffne dich also dem, was kommt. Du brauchst nichts zu fürchten, auch nicht das Altwerden. Auch nicht das Abnehmen der Kräfte. Es hat alles seinen Sinn in den Gedanken Gottes. Wie solltest du etwas fürchten, das Sinn hat?

Jene Glocken haben mir die Vision mitgegeben von einem geistigen Kraftfeld, das unter Menschen wirksam ist und das in der Übereinstimmung vieler mit dem Willen Gottes besteht, in der »Gemeinschaft der Heiligen«.

Wenn ich heute zurücksehe, so bemerke ich, daß da viele deutliche Zeichen sind, daß ich geführt worden bin. Ich widerstrebe also Gottes Führung auch nicht in der Zeit, die vor mir liegt. Bisher ist in meinem Leben eins aus dem anderen hervorgegangen, das Spätere aus dem Früheren, in bemerkenswerter Geradlinigkeit. Auch die Zukunft wird aus dem, was inzwischen mit mir und durch mich geschehen ist, ganz selbstverständlich hervorgehen. Es gab Wendungen, die ich nicht wissen, nicht planen und nicht bewirken konnte. Es wird sie auch künftig geben, und ich könnte mit meinem Verstand und Willen auch für die Zukunft nichts wissen oder bewirken. Ich brauche also nichts wirklich um meines Lebens willen in meine eigenen Hände zu nehmen, sondern versuche, hörsam zu werden, so daß ich von Jahr zu Jahr immer wieder vernehme, was sein Wille ist.

Das alles könnte so scheinen, als zöge ich mich in die Passivität der Gottesbetrachtung zurück. Aber das täuscht. Denn ich mache meinen Willen nicht kleiner, wenn ich Gottes Willen als den größeren ehre. Mein Wille ist durchaus wirksam. Ich weiß, was ich will, und bin gewöhnt, zu erreichen, was ich will. Ich fange mit meinem Willen durchaus etwas an und will ihn beweglich und wirkungskräftig. Und eben diesen gesunden, kräftigen, eigenen Willen schlage ich nicht tot. Ich töte ihn nicht ab, wie man es oft genug in der christlichen Geschichte gefordert hat. Ich sperre ihn nicht ein, ich breche ihn nicht. Wohl aber bringe ich ihn ein in den Strom des Willens Gottes und in die Zielrichtung, in der er wirkt.

## *Hinüberschauen*

Vor einigen Jahren schrieb ich ein kleines Buch mit dem Titel »Ich werde gerne alt«. Inzwischen möchte ich es wiederholen: Ich werde wirklich gerne alt. Ich weiß, es ist keine Kunst, das zu sagen, wenn man noch zu zweit ist und die Mühsale des Alters erträglich sind. Aber ich meine es tiefer.

Ich meine, wir können ein Ja dazu finden, daß das Leben mühsamer wird. Daß es einsamer wird um viele Freunde, die vor uns gehen. Daß es seinen vordergründigen Sinn zu verlieren scheint, daß es dem Tode näher rückt, daß der Glaube, der ein Leben lang getragen hat, sich neu fragen lassen muß, ob er denn so gewiß sei, wie er vorgibt. Wir könnten ein Ja finden zur Schwäche. Zur Schwäche des Gedächtnisses, aber auch der Augen, des Gehörs, der Hände, der Beine, zur Langsamkeit der Bewegungen und der Reaktionen. Zur Fremdheit gegenüber den Jüngeren, die unseren Platz einnehmen. Wir könnten ein Ja finden zur Kürze der Zukunft, für die es kaum mehr möglich ist, Pläne zu machen, die über das Nächstliegende hinausgehen.

Ich meine, wir könnten in einem äußersten Sinn auch ein Ja finden zu dem, was in unserem Leben mißlungen ist, was nicht gut war, was wir bislang gerne unter dem Deckel der Verdrängung gehalten haben, zu Schuld und Versagen, zu unserem Ehrgeiz und zu allen nicht so ganz lauteren Motiven, zu allem, was vertuscht und verdeckt worden ist. Zu dem auch, was die Bibel »Sünde« nennt und was ja etwas ganz anderes ist als das, was man gemeinhin so nennt. Sünde spielt ja nicht zwischen anderen Menschen und uns, oder zwischen uns und uns selbst, sondern in erster Linie zwischen Gott und uns, und sie bedeutet, daß wir sehr grundsätzlich abseits der Aufträge Gottes unsere Wege suchen, daß wir dort, wo wir ihm begegnen sollen, ihm ganz natürlich immerfort ausweichen und daß wir stumpf werden gegenüber seinen Zeichen und unempfindlich gegenüber seiner Nähe. Wenn ich dazu ja sage, dann meine ich damit nicht: Es war schon recht, es war nicht so schlimm. Sondern ich meine: So war es. Kein Zweifel: Es war so und nicht anders. Und das alles lege ich in Gottes Hände und bitte ihn, es möge mich nicht von ihm trennen. Denn das heißt ja »Vergebung der Sünden«: daß, was gewesen ist, seine Macht über unsere Seele verliert und die Heimkehr zu Gott nicht mehr hindert.

In diesem Sinn werden wir, meine Frau und ich, miteinander alt. Wir hüten gelegentlich miteinander unsere Enkelkinder und wünschen ihnen, daß ihnen etwas vom Wunderbaren eines gemeinsamen Menschenlebens bewahrt bleibe, auch in dieser so anderen Epoche, und daß ihnen die andere Welt, die stillere, in der das Gnadenhafte geschieht, offen sei, wie sie sich uns selbst Jahr um Jahr immer wieder aufgetan hat.

Unter den Menschen, die an der Schwelle des Todes gestanden hatten und wieder ins Leben zurückgeholt werden konnten, erzählen unzählige immer wieder etwas erstaunlich Ähnliches: Sie begegnen an der Grenze zu einer anderen Welt einem großen Licht und empfinden eine überwältigende, sie umfangende Liebe. Zugleich erkennen sie in schonungsloser Deutlichkeit ihr vergangenes Leben. Alles liegt plötzlich offen, auch die Last, die Schuld, das Versäumen. Und doch, die

Lichtgestalt, der sie begegnen, empfängt sie mit unendlicher Wärme. Und gerade am Maß dieser Liebe geht ihnen auf, was alles geschehen oder nicht geschehen sei. Da erwacht das plötzliche Bewußtsein: Ich habe ja vieles nicht getan. Im Grund habe ich nichts von dem getan, was ich eigentlich hätte tun müssen. Ich habe das Entscheidende immer versäumt. Ich habe das Ganze meines Daseins versäumt. Daneben wird Gott uns aber auch zeigen, was in unserem Leben gelungen ist, was gut war und fruchtbar, alle die kleinen Versuche, zu lieben, zu glauben und zu hoffen.

Und in dem Mißverhältnis zwischen den Versuchen zu lieben und den unansehnlichen Ergebnissen unserer Bemühungen liegt die Größe und die Tragik unseres Lebens. Indem wir uns selbst gegen alle Erfahrung ernst nehmen, gewinnen wir die Kraft, durchzuhalten. Und vielleicht wird uns am Ende diese Selbsttäuschung von dem barmherzigen Gott noch als Glauben zugerechnet werden.

Ich denke mir nach allem, was das Evangelium andeutet, daß ich da viel werde nacherleiden müssen, nachleben, viel betrauern, was versäumt wurde, daß ich aber nicht daran zugrunde gehen werde, weil mich die Güte Gottes festhalten wird. Daß ich da werde eine Wandlung erleiden müssen in den, der ich eigentlich zu sein bestimmt war, bis endlich jene Übereinstimmung mit dem Wesen und dem Willen Gottes erreicht ist und jene Vergebung geschehen, die ausgesprochen sein muß, ehe das Dasein die Fülle und Kraft erlangen kann, die ihm eigentlich zugedacht war. Bis jene Gestalt, jenes große Gegenüber Gott, sagt: Es ist gut. Es ist alles gut. Komm nun und nimm den Ort ein, nimm die Aufgaben wahr, die dir zugedacht sind für die große Zukunft meines Reiches.

Ich stelle mir vor, daß sich, wenn ich dann zurückblicken werde, vieles oder alles vor meinen Augen ändern wird. Ich werde sehen: Was Mühe war, ist in Wahrheit Gottes Güte gewesen. Was da Erfolg war oder Mißerfolg, war in Wirklichkeit das stille, leise Werk Gottes durch meine Hände. Was ich am Ende bin, das hat Gott in den langen Jahren in mir bewirkt. Und ich nehme an, was da war und wurde, und danke dem, der mir mit seiner Liebe begegnet. Ich gebe mich in seine Hand zurück. Und das kann ich heute schon tun, wenn ich hinübersehe über die Grenze. Ich fühle, wie eine große, andere Wirklichkeit auf mich zuströmt. Ein Strom aus neuen Erfahrungen.

Die Meister der spirituellen Überlieferung sprechen davon, der letzte dem Menschen mögliche Beitrag zum Einssein mit Gott sei die »Kontemplation«, die ruhige, gelassene Betrachtung, die Versammlung aller Kräfte und Gedanken in der reinen Gegenwart vor Gott. Der Mensch, so sagen sie, ist nun zu Hause. Er ist, wie Jesus sagt, »in dem, das seines Vaters ist«. Das war für Jesus der Tempel. So deuten wir »Kontemplation« als ein solches »im Tempel Gottes weilen«, als ein Zu-Hause-Sein in Gott.

Unter den vielerlei Erfahrungen, die mir das Leben gebracht hat, ist die wichtigste die, daß Gott hier sei, gegenwärtig. Und wie ich Menschen liebe, in deren Gegenwart nicht geredet zu werden braucht, weil sie mit ihrer ganzen Seele gegenwärtig sind, so meine ich, wenn ich Gott sage, den, der uns leise begegnet, der uns so ausfüllt, wie der Duft einer Rose ein Zimmer füllt, ohne dabei Raum einzunehmen.

Wenn sie vom inneren Gebet sprachen, so redeten die geistlichen Meister aller Zeiten leise und scheu. Sie rührten an etwas vom Zartesten, das im Menschenleben Raum hat, so, als redeten sie über eine tiefe, alles erfüllende Liebesbeziehung. Sie sprachen von einem Gespräch mit Gott, das in ihnen selbst stattfand, ohne Zeugen, ohne äußeren Rahmen, mit wenig Worten vielleicht, ganz ohne Worte auch, und deuteten in ihm das Intimste, das neben dem schweigenden Einssein mit einem geliebten Menschen sich in unserer Seele ereignen kann. Aber das innere Gebet ist nicht den Meistern vorbehalten. Wer es sucht, kann es erfahren und kann seine Kraft, seine Geborgenheit und seine Gewißheit darin finden.

In der Stille dieser Anbetung ist die Quelle. Das »Wasser des Lebens«, sagt die Bildersprache des geistlichen Weges, der Quellort meiner selbst und meines Wissens um mich selbst, meines Friedens mit mir selbst.

Was uns in der Anbetung, in der Kontemplation zuwachsen

kann, ist das Licht, also die Klarheit, die Einsicht, die Weisheit. Es ist das Leben, das behutsam und tatkräftig angefaßte. Und es ist zum dritten die Liebe, die wir empfangen und die von uns ausgehen wird.

Und dies alles in ruhiger Gelassenheit. Nach dieser Gelassenheit habe ich mich mein Leben lang gesehnt, wenigstens nach den Anfängen dazu. Manchmal rührt sie mich an. Und heute gilt meine Gelassenheit vor allem der Tatsache, daß der Weg zur Gelassenheit so unendlich weit ist und daß sie zu den Dingen gehört, zu denen mein irdischer Mensch nicht taugt, die ich mir aber erhoffe.

Die Schwester der Gelassenheit ist die Bescheidung. Was ich in diesem Buch geschildert habe, ist nicht die volle und ganze Wahrheit des christlichen Glaubens. Es war meine Erfahrung, nicht mehr. Mein sehr persönliches Suchen nach Wahrheit, mein Verständnis des biblischen Wortes und meine Weise, nach dem Maß meines Verstehens zu handeln. Die Wahrheit ist tiefer und höher und breiter, als was wir von ihr wahrnehmen, und wahrscheinlich sieht der Leser die ihm anvertraute Wahrheit an Stellen, die ich nicht gesehen habe.

Jedem von uns ist immer nur eine Teilwahrheit anvertraut. Was mir anvertraut ist, soll ich verantworten, und mehr als das ist nicht gefordert. Diese Teilwahrheit grenzt sich von Gottes Wahrheit ab wie der Rand einer Zeit, einer Kultur, einer Tradition, einer Begabung, einer Biographie. Und mehr als diese begrenzte Einsicht brauchen wir nicht zu bezeugen.

Ich kann nur sagen, wonach ich ausschaue. Für mein Nachdenken ist es wie ein Stern, nach dem einer den Kurs seines Schiffes bestimmt. Für mein Herz ist es mehr: Es ist wie ein Leuchtfeuer, das die Stadt am Ufer der Zeit anzeigt, die mich nach den wenigen Jahren meiner Fahrt aufnehmen wird. Und was mein Leben auf dieser Erde betrifft, so glaube ich an die Zeichensprache, die uns hier gegeben ist und die von dem ganz Unvorstellbaren spricht, das uns beim Abschied von dieser Erde begegnen wird. Ich habe zum Gelingen meines Lebens nichts gegeben und habe alles, was dazu wichtig war, bekommen. So soll ich mich auch nicht davor fürchten, für das, was ich werden soll in Gottes Reich, das zu geben, was doch unwichtig ist: das Leben auf dieser Erde.

Da sehe ich dann ein einfaches Bild vor mir: Ich werde an ein Haus kommen, dessen Tür offensteht. Es wird mir einer entgegenkommen und sagen: Komm! Ich weiß nicht, ob alle meine Fragen ihre Antworten finden werden, aber ich darf die Fragen, die ich Gott stellen wollte, vor der Tür ablegen wie ein Gepäck, das ich nicht mehr brauche.

Ich stelle mir vor, daß ich nicht allein sein werde, sondern umgeben von Wesen vielerlei Art, die schaffend und bewahrend für diese Welt wirken. Und ich stelle mir vor, daß ich mit ihnen allen zusammen meinen Weg weitergehen werde und meine Aufgabe im Ganzen des Gottesreichs finden. Ich stelle mir vor, daß ich nicht in Gott versinken werde wie ein Tropfen im Meer, sondern daß ich ein Wesen eigener Gestalt und eigenen Auftrags sein werde. In der Offenbarung Johannes ist an einer ihrer lichtvollsten Stellen von einem weißen Stein die Rede, den der empfangen wird, der seinen Weg vor Gott zu Ende gegangen ist. Auf ihm werde ein neuer Name stehen, den nur der kennen wird, der ihn empfängt. Eine neue Art von Freiheit und eine neue Art von Gegenwärtigkeit vor Gott wird es sein. Und darauf möchte ich hinleben, bis ich diesen »weißen Stein« und damit mich selbst in meiner Hand halte.

Vor kurzem träumte mir: Ich stehe auf einem weiten Feld. In einiger Entfernung sehe ich, breit von links nach rechts hin, eine Mauer nach beiden Seiten ins Unendliche sich erstrekken. Sie ist sicher zehn Meter hoch. Ich interessiere mich dafür. Ich will wissen, was dahinter ist, und gehe auf sie zu. Beim Näherkommen bemerke ich, daß sie nicht auf der Erde aufsteht, sondern einen guten Meter über der Erde schwebt. Dahinter deutet sich parkartiger Rasen an mit etwas Gebüsch. Als ich noch näher komme, sehe ich, daß unter der Mauer ein Wasser ist, ein Teich, und wie ich in den Teich blicke, sehe ich ein Schloß, nein, die Spiegelung eines Schlosses goldglänzend im Wasser. Es steht auf dem Kopf mit Türmen, Dächern, Fenstern. Ich bleibe stehen und bewundere, was ich sehe. Schön ist das! denke ich.

Als ich aufwache, fällt mir Rilke ein:

> »Mag auch die Spieglung im Teich
> oft uns verschwimmen:
> Wisse das Bild.«

Wir wissen nicht, was sein wird und wie. Aber das Bild nehmen wir wahr. Und wissen: Zwischen uns und dem Leben ist nichts mehr. Wir stehen am Rand des Lichts.

# *Anmerkungen*

1 Dag Hammarskjöld, Zeichen am Weg, (c) 1965 Droemer Knaur Verlag, München S. 70
2 Clarita Schmid mit freundlicher Genehmigung von Sr. M. Martine Rosenberg, Kloster Baldegg
3 Bertolt Brecht, Die Dreigroschenoper, Gesammelte Werke, Stücke 2, (c) Suhrkamp Verlag Frankfurt am Main 1967, S. 486
4 Claude Levi Strauss, Das wilde Denken, Frankfurt / Main 1973
5 Michel Foucault, Von der Subversion des Wissens, München 1974
6 E. M. Cioran, Vom Nachteil, geboren zu sein, Wien 1977
7 Ulrich Horstmann, Das Untier, Suhrkamp TB 1983
8 Hans Joachim Rieseberg, Verbrauchte Welt, Ullstein Sachbuch 1991
9 Brian Swimme, Das Universum ist ein grüner Drache. Ein Dialog über die Schöpfungsgeschichte oder von der mystischen Liebe zum Kosmos. Aus dem Amerikanischen übersetzt von Peter-Johannes Athmann, München 1991
10 Dag Hammarskjöld, Zeichen am Weg, S. 112

# *Bildnachweis*

S. 35 Gerd Fritz; S. 60 Jörg Zink; S. 63 mit freundlicher Genehmigung des Bergwinkelmuseums Schlüchtern; S. 66 unbekannt; S. 69 unbekannt; S. 73 unbekannt; S. 109 unbekannt; S. 130 Willy Kablitz; S. 156 unbekannt; S. 162 unbekannt; S. 168 Jörg Zink; S. 211 unbekannt; S. 215 Jörg Zink; S. 216 Jörg Zink; S. 224 Copyright by Süddeutscher Runkfunk Stuttgart, Aufnahme: Hugo Jehle; S. 240 Markus Werners; S. 246 Jörg Zink; S. 250 Jörg Zink; S. 253 Klaus Niehörster, Dortmund; S. 256 Jörg Zink; S. 257 Jörg Zink; S. 261 Jörg Zink; S. 265 Jörg Zink; S. 326 Alfred F. Müller, Stuttgart; S. 329 Alfred F. Müller, Stuttgart; S. 333 Vincent Böckstiegel, Werther b. Bielefeld; S. 374 Foto Kirschner, Ostfildern; S. 376 Jörg Zink; S. 379 unbekannt; S. 383 unbekannt

## Auf den Spuren von Mose , Abraham und Jesus durch den Orient.

Ein Fotoband zur Bibel, der nicht allein Jerusalem und Galiläa, sondern den gesamten altorientalischen Raum lebendig werden läßt. Archäologie und Religionsgeschichte der alten Welt und die Überlieferung von Abraham bis Jesus werden von Jörg Zink auf unnachahmliche Weise anschaulich gemacht. Der Autor vermittelt in diesem Band Eindrücke und Erkenntnisse von mehr als fünfundzwanzig Orientreisen. Eine Kultur- und Geistesgeschichte, die durch Jahrtausende führt.

Jörg Zink
**Tief ist der Brunnen der Vergangenheit**
Eine Reise durch die Ursprungsländer der Bibel
*400 Seiten mit 800 Fotos und mehreren Landkarten, Hardcover mit Schutzumschlag*

## Das unübertroffene Jesusbuch als Sonderausgabe:

Wie der Autor dem Leser den Wanderprediger von Galiläa nahebringt, das ist etwas vom Bewegendsten und Tiefgründigsten in der christlichen Literatur der Gegenwart. Hier »muß« man nichts glauben, hier geht es um Erfahrungen, um Verstehen, um Verstandenwerden. In einfacher und eindringlicher Sprache erzählt und erklärt Zink dem Leser von heute die alten Geschichten der Bibel.

Jörg Zink
**Erfahrung mit Gott**
Einübung in den christlichen Glauben
*478 Seiten, Paperback*

Kreuz: Was Menschen bewegt.